災害税制の研究

～ 米国災害税制を含めて東日本大震災までを振り返る ～

増山　裕一

実務出版

はしがき

　災害時の支援税制は通常時の税制と異なり，緊急・臨時的であるがゆえに，被害状態が確定する前に制定されることもあるから，その税制創設までの検討経緯や背景は分かりにくく，しかも，従前の災害救済は被害の直接責任が国や自治体にはないという前提で，政治的・道義的責任の範囲で実施されてきたため，災害税制の研究は注目されてこなかった。

　しかしながら，阪神淡路大震災及び東日本大震災という二つの大災害を受けて，我が国における災害税制は大きく前進し，未だ十分とはいえないが，米国と同様に災害からの復旧と復興の施策として注目されるようになった。

　それは，従前の災害税制は納税義務の免除軽減が中心であったが，東日本大震災では阪神淡路大震災当時の施策に加え，被災地復興のための賃貸住宅建設支援，高台移転等の土地区画整理事業支援，事業再建，雇用支援，企業誘致支援，寄附金支援など，あらゆる被災地支援策と税制が結びつき，税制上の特例が数多く設けられたからである。換言すれば，被災者支援や被災地復興が効果的・効率的に実施できるかどうかの一翼が税制に期待され，その効果を左右することになったのである。

　このように，東日本大震災は災害税制の大きな転換点であり，今後は数多くの災害関連法と連携を保つため整備され，米国の災害税制のように災害時の重要な施策として充実されるであろう。

　我が国における災害税制の史的展開は，明治維新以降の租税国家の成立期，関東大震災，シャウプ勧告，阪神淡路大震災，東日本大震災などが大きな画期となった。他方，米国の災害税制は戦後日本税制のモデルとなったが，2005年以降は先進的な制度に発展し，東日本大震災における震災特例法にも影響を与えている。

そこで，明治期からの災害税制の展開と効果を丁寧に分析し，我が国における災害税制の特徴を明らかにして，さらに，米国の災害税制と日本税制との比較検討をすることによって，我が国の災害税制の特徴を明らかにし，改革の課題と方向性を示した。

　災害税制を研究テーマに取り上げたのは，これまで災害税制の分野では十分な研究がされていないこともあるが，阪神淡路大震災などでその税制に携わった経験からである。阪神淡路大震災直後の被災地で見た倒壊した建物や高速道路，燃え尽きた商店街，被災者の声も鮮明なまま強烈に心に留まって忘れることはできない。また，山林被害の惨状も自然と向き合うことの厳しさを突きつけられた。さらに，東日本大震災が発生したが，これまでの災害税制の歴史は被災から得た教訓ばかりではなく，将来のために立ち向かった人々の姿勢でもあるから，そのようなことを本書から読み取ってもらいたい。

　本書をまとめるには，多くの方々のご指導と援助を受けている。
　まず，恩師である北村裕明先生（滋賀大学教授）に，深く感謝の意を表したい。この研究テーマが得られたのも北村先生との出会いがあったからであり，心から感謝している。本件の研究と執筆が難渋していたときに災害税制の重要性を説かれ，指導と激励を惜しまれなかった北村先生からは，研究のみならず多くのことをご教授いただいた。また，梅沢直樹先生（滋賀大学名誉教授），内田耕作先生（滋賀大学元教授）にも多くのご指導をいただいた。
　内山昭先生（成美大学学長）からは貴重な助言をいただいた。財政学会や国際公共経済学会での私の報告や公表論文に対して，きめ細かい有益なコメントをいただいた多くの方々にもお礼申し上げる。さらに，藤本清一先生（元大阪経済大学教授）には長年にわたって蓄積された資料と情報を寛容，寛大なお心で快く提供していただき多くの助言をいただいた。奈良県吉野町の中尾庄平氏からは，山林経営に関する貴重な資料の提供があって山林所得の災害税制について研究することができた。そのほか本書を刊行するに際して多くの方々から

資料の提供とご教授ご指導をいただいていることにも感謝の意を表したい。

　佐和隆光滋賀大学学長をはじめ，良好な研究環境を提供していただいた滋賀大学経済学部のスタッフにも感謝したい。また，実務出版の池内淳夫氏には，本書の完成に至るまで辛抱強く励ましていただいた。最後に，本書の完成を見守ってくれた家族と妻 尚美にも，この場を借りて心から感謝したい。

　なお本書は，「国立大学法人滋賀大学教育研究支援基金による出版助成制度」の助成を受けた出版物であることを記し，援助してくださった大学当局に対し，厚く感謝の意を表したい。

　2016年1月

増　山　裕　一

目　次

序章　災害と災害税制 …………………………………………… 1
1．本書の課題と災害税制の現状 ………………………………… 1
2．本書の構成 ……………………………………………………… 3
3．我が国の災害税制の概要 ……………………………………… 6
　(1)　災害減免法（6）
　(2)　所得税の雑損控除（7）
　(3)　地方税の雑損控除と災害減免条例（8）
　(4)　震災特例法（8）
　(5)　災害通達（9）

第1章　災害減免法による災害救済 …………………………… 14
1．災害減免法の概要と課題 ……………………………………… 14
2．災害減免法の沿革 ……………………………………………… 15
　2－1　明治維新前後の減免制度 ……………………………… 16
　2－2　地租改正条例と減免制度 ……………………………… 19
　2－3　地租条例と減免制度 …………………………………… 21
　2－4　凶歳租税延納規則による減免制度 …………………… 22
　2－5　備荒儲蓄法の成立と破綻 ……………………………… 24
　　2－5－1　備荒儲蓄法の成立（24）
　　2－5－2　備荒儲蓄法の破綻（26）
　2－6　災害地地租免除法の成立 ……………………………… 29
　　2－6－1　水害における地租免除まで（31）
　　2－6－2　災害による地租免除への拡大（33）
3．関東大震災と旧災害減免法の成立 …………………………… 39
　3－1　関東大震災における所得税等の減免 ………………… 39
　　3－1－1　住宅又は家財が被害を受けた場合の所得税の減免額（43）
　　3－1－2　災害等で所得が減少したときの減損更訂（46）

3-1-3　関東大震災における地租の減免　(46)
　　3-2　関東大震災後の災害減免制度 ························· 49
　　3-3　旧災害減免法の成立 ································· 49
　　　3-3-1　旧災害減免法の成立経緯　(49)
　　　3-3-2　旧災害減免法の問題点　(51)
　　3-4　戦時災害国税減免法と非戦災者特別税 ··················· 52
　　　3-4-1　戦時災害国税減免法による所得税等の減免　(52)
　　　3-4-2　非戦災者特別税による特別課税　(55)
　　3-5　災害減免法の成立 ··································· 56
　　　3-5-1　災害減免法の成立経緯　(56)
　　　3-5-2　災害減免法の所得制限　(59)
　4．災害減免法の現状と問題点 ································ 61
　　4-1　災害減免法の適用状況 ······························· 61
　　4-2　災害減免法と雑損控除の有利不利 ····················· 63
　　4-3　災害減免法と雑損控除の関係 ························· 64
　5．小括 ··· 67
　　5-1　我が国の災害税制の成立過程からの教訓 ··············· 67
　　5-2　災害減免法の今後の在り方 ··························· 68

第2章　日本と米国の雑損控除制度 ························· 78
　1．雑損控除制度の概要と課題 ································ 78
　2．雑損控除制度の沿革 ····································· 79
　　2-1　明治20年の所得税法創設 ······························ 79
　　2-2　所得税創設時の災害等による所得税の減額 ············· 80
　　2-3　予算方式による申告と減損更訂制度 ··················· 82
　　2-4　前年実績基準の課税制度による所得税の減免 ··········· 83
　　2-5　昭和22年の災害損失制度 ····························· 85
　　2-6　雑損控除制度の創設 ································· 87
　　2-7　昭和36年の税制調査会の検討と改正 ··················· 89
　　2-8　昭和40年以後の資産損失制度の改正 ··················· 91

3．米国の災害損失控除制度 ……………………………………… 92
　3－1　米国所得税の概要 ……………………………………… 92
　3－2　災害損失控除制度の概要 …………………………………… 93
　3－3　一般的な災害による災害損失控除 ………………………… 94
4．雑損控除制度の検討 ……………………………………………… 94
　4－1　雑損控除制度の存在意義 …………………………………… 95
　　4－1－1　米国における災害損失控除の廃止議論　*(95)*
　　4－1－2　日本における雑損控除制度の廃止議論　*(97)*
　4－2　雑損控除の発生原因 …………………………………………… 98
　　4－2－1　米国災害損失控除の発生原因　*(99)*
　　4－2－2　雑損控除の対象となる発生原因　*(99)*
　　4－2－3　雑損控除の対象となる災害と人災　*(101)*
　4－3　雑損控除の対象となる資産の範囲 ………………………… 103
　　4－3－1　米国災害損失控除の適用資産　*(104)*
　　4－3－2　雑損控除の適用資産　*(104)*
　　4－3－3　生活に必要な資産　*(105)*
　4－4　災害損失額の算定基準 ……………………………………… 107
　　4－4－1　米国災害損失控除額の算定基準　*(108)*
　　4－4－2　雑損控除の災害損失額の算定基準　*(109)*
　4－5　損失控除限度額 ………………………………………………… 111
　　4－5－1　米国の100ドルと10％の制限規定　*(111)*
　　4－5－2　雑損控除の10％の制限規定　*(113)*
　4－6　災害損失の繰越しと繰戻し ………………………………… 113
　　4－6－1　米国税制における損失の繰越しと繰戻し　*(114)*
　　4－6－2　雑損控除の災害損失の繰越し　*(114)*
　　4－6－3　雑損控除の災害損失の繰戻し　*(116)*
　4－7　災害関連費用 …………………………………………………… 117
　　4－7－1　災害関連費用と雑損控除　*(117)*
　　4－7－2　災害関連費用の範囲　*(119)*
　　4－7－3　防災費用と雑損控除　*(120)*

4－8	所得控除と税額控除 ………………………………………… 121
4－9	雑損控除と他の所得控除との関係 ………………………… 124

5．小括 ……………………………………………………………… 126
   5－1 日米の雑損控除制度の比較 ………………………………… 127
   5－2 雑損控除制度の今後の在り方 ……………………………… 128

第3章 阪神淡路大震災と東日本大震災の災害税制 ……… 137

1．大災害時の災害特例の概要と課題 ……………………………… 137
2．阪神淡路大震災と東日本大震災における特別措置法の比較 …… 137
   2－1 阪神淡路大震災における旧震災特例法 ………………… 138
   2－2 東日本大震災における震災特例法 ……………………… 138
   2－3 阪神淡路大震災と東日本大震災の特別措置法の相違 … 140
3．震災特例法を適用した雑損控除と災害減免法の検討 ………… 140
   3－1 雑損控除及び災害減免法等の選択方法 ………………… 141
   3－2 雑損控除と災害減免法の減免税額の比較 ……………… 142
   3－3 震災特例法による申告年分の選択 ……………………… 146
   3－4 所得税と住民税の申告順序による災害特例の不適用 … 147
4．阪神淡路大震災と東日本大震災の災害通達の検討 …………… 149
   4－1 災害通達の沿革と適用状況 ……………………………… 150
   4－2 災害通達による簡易計算 ………………………………… 152
   4－3 災害通達の被害区分と罹災証明 ………………………… 154
      4－3－1 阪神淡路大震災における罹災証明の被害認定基準 *(154)*
      4－3－2 阪神淡路大震災の被害実態と災害通達の被害区分 *(156)*
      4－3－3 阪神淡路大震災後の被害認定基準の改正 *(158)*
      4－3－4 阪神淡路大震災と東日本大震災の災害通達と被害認定基準の比較 *(161)*
   4－4 災害通達による建物価額の時価算定 …………………… 161
      4－4－1 災害通達による建物時価算定の改正経緯 *(162)*
      4－4－2 国税庁通達による建物時価算定の問題点 *(163)*
   4－5 災害通達による家財価額の評価方法 …………………… 165
   4－6 土地の損失 ………………………………………………… 168

5．小括 ………………………………………………………… 169

第4章　日本と米国の大規模災害税制 ………………………… 183
　1．大規模災害税制の概要と課題 ………………………………… 183
　2．米国の災害支援制度 …………………………………………… 183
　　2 - 1　スタフォード法とFEMA ……………………………… 185
　　　2 - 1 - 1　スタフォード法の制定経緯　*(185)*
　　　2 - 1 - 2　スタフォード法の概要　*(186)*
　　2 - 2　FEMAの成立経緯と役割 ……………………………… 187
　　2 - 3　日米の災害対応組織と防災計画 ……………………… 189
　　2 - 4　災害と民間支援団体の関係 …………………………… 191
　3．米国の災害税制 ………………………………………………… 192
　　3 - 1　一般災害時の災害損失控除 …………………………… 193
　　3 - 2　大統領が大規模災害と宣言したときの災害損失控除 … 193
　　　3 - 2 - 1　大統領が大規模災害と宣言した災害　*(193)*
　　　3 - 2 - 2　大規模災害に適用される特例　*(194)*
　4．甚大な大規模災害時の特別措置法 …………………………… 196
　　4 - 1　2001年9月11日テロ被害者減税法 …………………… 197
　　4 - 2　2005年ハリケーン・カトリーナ緊急減税法 ………… 198
　　4 - 3　2005年メキシコ湾岸特区法 …………………………… 201
　　　4 - 3 - 1　被災者の特例　*(202)*
　　　4 - 3 - 2　被災地域の復興支援の特例　*(203)*
　　　4 - 3 - 3　被災者支援のための寄附金等の特例　*(204)*
　　4 - 4　2008年中西部とハリケーン・アイク救援減税法 …… 204
　　4 - 5　2010年メキシコ湾岸原油流出事故 …………………… 206
　5．米国の特別措置法との比較検討 ……………………………… 207
　　5 - 1　災害損失控除と雑損控除の比較 ……………………… 208
　　5 - 2　甚大な大規模災害時における特例の比較 …………… 209
　　5 - 3　被災者救済のための特例 ……………………………… 211
　　　5 - 3 - 1　災害損失の繰越控除と繰戻還付　*(211)*

5-3-2　教育費に関する特例措置　*(212)*

　5-4　被災地域復興のための特例 ……………………………… 214
　　5-4-1　被災者向け賃貸住宅の建設　*(214)*
　　5-4-2　商業施設建設のための特例　*(217)*
　　5-4-3　雇用関係の税額控除の特例　*(218)*

　5-5　被災者支援のための特例 …………………………………… 219
　　5-5-1　民間支援団体と寄附金税制　*(219)*
　　5-5-2　ボランティア活動費用の寄附金控除　*(222)*
　　5-5-3　被災ペットの保護　*(223)*

6．小括 …………………………………………………………………… 225
　6-1　災害対応の統一 ……………………………………………… 225
　6-2　大災害における災害税制の在り方 ……………………… 226
　6-3　大災害における災害税制と民間投資 …………………… 228

第5章　大規模災害時における事業所得等の災害税制 …………… 236

1．事業所得等の災害税制の概要と課題 ……………………………… 236
2．事業所得等の災害損失制度の沿革 ………………………………… 237
　2-1　所得税創設時の損失控除 …………………………………… 237
　2-2　関東大震災と災害減免法による事業用資産の損失控除 … 238
　2-3　所得税法による事業用資産の損失控除 ………………… 238
3．大規模災害時の事業所得等の災害通達及び特別措置法による特例 … 240
　3-1　阪神淡路大震災までの災害通達 ………………………… 241
　　3-1-1　昭和39年の新潟地震での災害通達　*(241)*
　　3-1-2　昭和42年の西日本干害での災害通達　*(242)*
　　3-1-3　昭和43年の十勝沖地震での災害通達　*(243)*
　　3-1-4　昭和46年の台風第25号等での災害通達　*(243)*
　3-2　阪神淡路大震災における特別措置法と災害通達 ……… 244
　　3-2-1　阪神淡路大震災における特別措置法　*(244)*
　　3-2-2　阪神淡路大震災における旧諸費用通達　*(244)*
　3-3　東日本大震災における特別措置法と災害通達 ………… 246

        3－3－1　東日本大震災における特別措置法 *(246)*

        3－3－2　東日本大震災における諸費用通達 *(246)*

　　3－4　東日本大震災の震災特例法と諸費用通達の特徴 ……………… 248

4．事業所得と雑所得の区分と災害損失 ……………………………………… 249

　　4－1　棚卸資産の災害損失の計算方法 ……………………………… 250

　　4－2　事業用資産と業務用資産の災害損失の相違 ………………… 250

　　4－3　雑所得の災害損失の必要経費算入と雑損控除の選択規定 …… 252

5．不動産所得の災害損失 ……………………………………………………… 253

　　5－1　事業的規模と業務的規模の区分と損失の範囲 ……………… 254

　　5－2　不動産所得の事業用資産と災害損失 ………………………… 256

6．農業所得の災害損失 ………………………………………………………… 258

　　6－1　農業所得の収穫基準と災害損失 ……………………………… 258

　　6－2　農業所得の事業規模と損失の範囲 …………………………… 260

　　6－3　農業所得の事業用資産の災害損失と災害通達 ……………… 261

7．小括 …………………………………………………………………………… 262

　　7－1　事業規模と災害損失税制 ……………………………………… 262

　　7－2　青色申告と白色申告者の事業損失と災害損失の繰越控除及繰戻還付 …… 263

　　7－3　大災害における災害通達の在り方 …………………………… 264

第6章　大規模災害時における山林所得の災害税制 ……………………… 269

1．山林所得の災害税制の概要と課題 ………………………………………… 269

2．山林所得の沿革 ……………………………………………………………… 270

　　2－1　山林所得の課税方法 …………………………………………… 270

　　2－2　山林所得の必要経費 …………………………………………… 272

　　2－3　山林所得の概算経費控除 ……………………………………… 274

　　2－4　山林の災害損失制度 …………………………………………… 276

3．大規模災害時における山林災害通達 ……………………………………… 280

　　3－1　近年の山林災害の発生状況 …………………………………… 280

　　3－2　山林災害通達の内容 …………………………………………… 281

4．山林所得の災害損失の検討 ………………………………………………… 283

4－1　山林災害損失の対象となる災害の範囲 …………………… 284
　　4－2　山林所得の事業規模と必要経費の範囲 …………………… 285
　　4－3　山林災害損失の判定単位 …………………………………… 289
　　　4－3－1　山林災害損失の判定単位の問題点　*(289)*
　　　4－3－2　山林災害損失の判定単位に係る裁決事例　*(290)*
　　　4－3－3　山林災害損失の判定単位の在り方　*(291)*
　　4－4　山林災害通達による標準取得原価 …………………………… 292
　　　4－4－1　標準取得原価と各種時価等との比較　*(292)*
　　　4－4－2　農林水産省の育林費調査報告　*(294)*
　　　4－4－3　山林災害通達と育林費調査報告　*(295)*
　　　4－4－4　山林災害通達と森林国営保険　*(296)*
　　　4－4－5　奈良県吉野町の林業家の育成費実額　*(298)*
　　4－5　損失の生じた直後の山林時価評価 …………………………… 300
　5．小括 ……………………………………………………………………… 301
　　5－1　大規模な山林災害と災害通達 …………………………………… 302
　　5－2　山林災害における取得原価の在り方 …………………………… 303
　　5－3　高齢林の森林保険金の圧縮記帳 ………………………………… 304

終章　災害税制の展望 ……………………………………………………… 313
　1．災害税制の在り方 …………………………………………………… 313
　　1－1　災害税制の現状と問題点 ……………………………………… 314
　　1－2　米国災害税制からの示唆 ……………………………………… 315
　　　1－2－1　災害対応の一元化　*(316)*
　　　1－2－2　大規模災害における税制の在り方　*(317)*
　　　1－2－3　災害損失の繰越しと繰戻しの在り方　*(319)*
　2．災害税制の再編成 …………………………………………………… 320
　　2－1　災害減免法と雑損控除の統合 ………………………………… 320
　　2－2　災害通達と災害税制の統一 …………………………………… 322
　　2－3　災害税制と補助金及び保険制度等との関係 ………………… 323
　3．災害税制の今後の在り方 …………………………………………… 325

3-1　大規模災害税制の整備 ……………………………………… 325
3-2　災害予防から被災地復興までを含めた災害税制 …………… 326

【参考文献】…………………………………………………………… 330
　〈和文文献〉……………………………………………………… 330
　〈統計報告〉……………………………………………………… 338
　〈欧文文献〉……………………………………………………… 338

序章　災害と災害税制

1. 本書の課題と災害税制の現状

　我が国は地理的・地形的要因から自然現象による災害が多いが，従前の災害救済は被害の直接責任が国や自治体にはないという前提で，政治的・道義的責任の範囲で実施されてきたため，災害ごとに救済内容の異なる不十分で不公平なものであった。しかし，自然災害による甚大な被害の発生と長年の議論によって個人に対する各種災害救済制度が設けられ，税制においても関東大震災後に基本法として旧災害減免法が創設され，戦後，米国の災害損失控除制度を参考にして税務行政官庁の裁量の入り込む余地のない救済策として雑損控除制度を新たに加え，昭和34年の伊勢湾台風以後は雑損控除適用のための災害通達，昭和39年の新潟地震以後は事業所得等や山林所得の災害通達が公表され，阪神淡路大震災や東日本大震災では特別措置法が創設されるなど，現在では，国民の生命・財産を守る危機管理は行政の重要な責務と位置づけられ，災害のたびに被災者救済が国家的な問題として議論され，見直されてきた。

　米国では，災害対応は州地方政府の所管とされ，連邦政府は税制を含め災害による被災者救済を積極的に行っていなかったが，多くの大規模災害やテロなどの国家的危機を経験することで，国家的災害や危機に積極的に関与する姿勢に転じた。その結果，ロバート・T・スタフォード災害救助及び緊急援助法と連邦緊急事態管理庁（Federal Emergency Management Agency：FEMA）が創設され，9・11テロ以後は税制による救済制度も見直され，現在では被災地支援から被災地復興までを含む充実した制度となっている。

　東日本大震災は，阪神淡路大震災に引き続き戦後最大の災害で，税制による最大限の支援が期待されているが，これまで税制の問題が本格的に論じられることは少なく，災害税制の在り方やリスク[1]と税制という観点からはあまり研

究がされてこなかった。そのため，我が国の災害税制についての研究は，災害時に災害特例の選択や計算方法などの災害税制を解説した実務研究[2]，事業や投資による損失を含めた損失全般の制度研究[3]は多いが，大災害時の特別措置法や災害通達まで含めて研究したものはなく，災害税制を体系的に研究したものはとんど見当たらない[4]。一方，米国災害税制に関する研究については，米国でも災害税制の解説に関するものが多く[5]，我が国では一般災害における災害損失控除制度に関する研究はあるが[6]，大規模災害時の税制については，阪神淡路大震災の前年に生じたノースリッジ地震やその後における税制を取り上げたものが数件あるにすぎない[7]。

　災害税制について研究が少ない理由は，災害税制の難解な規定に加え，大災害の都度法律改正や特別措置法が創設されるなど頻繁に見直されてきたこと，大災害時には税制も注目されるが平常時には関心が持たれにくいこと，訴訟事件も少なく問題点が表面化していないことも一因であろう。しかしながら，阪神淡路大震災及び東日本大震災では，特別措置法が創設されて各種特例が設けられるとともに，東日本大震災の復興財源として最長25年間増税が行われることから，災害時の税制がにわかに脚光を集めることになった。

　災害税制の位置づけについては，自然災害や社会リスクに適切な対応が求められているなかで，米国の災害税制は被災者に減免するためのものから，災害からの復興を支援するための税制に変化してきた。そして，我が国の災害税制も被災者中心の救済税制から，東日本大震災の特別措置法では「被災者等の負担の軽減及び東日本大震災からの復興に向けた取組の推進を図る」という税制による「復興」への最大限の支援が期待されている。

　本書のテーマは，このような時代を背景として取り上げたもので，税制は災害時にどのような役割を果たすことができるかという問題意識から出発したものである。そのため米国災害税制との比較検討を含め，災害税制について包括的で体系的研究を行い，各災害関連法との関係も含め幅広く検討することによって，今後の災害税制の在り方を考察したい。

2. 本書の構成

　本書は，上記の課題に応えるために，以下の構成で分析を進める[8]。
　第1章「災害減免法による災害救済」では，我が国独自の災害税制である災害減免法について，その沿革を概観し，雑損控除との効果比較に基づき，災害減免法の問題点と今後の在り方を検討する。
　明治政府は統一国家形成に当たっての民心掌握のために災害救貧行政に積極的で，凶歳租税延納規則，窮民一時救助規則及び備荒儲蓄法などを制定し，帝国議会の開設後は明治24年の濃尾震災に伴う震災地方租税特別処分法など，災害の都度に特別法を数多く創設したが，関東大震災における画期的な特別法が昭和14年の旧災害減免法の成立に引き継がれた。そのため日本の災害税制は関東大震災以後からといわれ，それ以前の災害税制は注目されることはなかったが，明治初期からの幾多の災害に対する審議と特別法の積み重ねが今日の災害減免法の基礎にあることから，その発展経緯を確認し，災害税制の問題点を明らかにする。
　災害減免法は我が国独自の制度であり，関東大震災において初めて所得税の減免を認めるなどの画期的な制度を基礎とした災害税制の中心的規定であるが，災害減免法の適用者は，阪神淡路大震災では被災者の10％，東日本大震災では1％にも満たなかった。これは災害減免法による被災者救済効果が低下していることを示しており，現行制度に問題があると考えられる。
　第2章「日本と米国の雑損控除制度」では，我が国の雑損控除制度について，米国の災害損失控除制度と比較検討する。所得税の雑損控除制度は，戦後，シャウプ勧告に基づき米国の災害損失控除制度をモデルに創設されたものである。シャウプ勧告は当時の所得税法第52条に規定していたあいまいな災害損失制度を強烈に批判し，税務行政庁の裁量の入り込む余地のない明確な規定に基づく救済策として，米国の災害損失控除制度にならって，雑損控除制度を導入するよう勧告した。
　所得税の雑損控除は，従前の所得税に規定されていた災害損失制度に比べて

理論的には合理的な制度であるが，災害の意義や適用対象資産の範囲が法文上明確ではなく，災害損失額を時価算出することも困難で問題の多い制度でもある。そのため，米国では申告誤りの多さと事務処理の困難性から，米国会計検査院長が制度の廃止を議会に提言し，我が国でも廃止を含めた検討が税制調査会でされたことがある。

雑損控除制度が創設された昭和25年の所得税法では，米国の災害損失控除制度とほぼ同じ内容であったが，その後の改正で米国災害損失控除制度と乖離が広がっており，米国の一般災害時の災害損失控除制度と比較することによって，雑損控除の問題点を明らかにし，今後の在り方を検討する。

第3章「阪神淡路大震災と東日本大震災の災害税制」では，阪神淡路大震災と東日本大震災で設けられた災害税制について検討する。

東日本大震災では，阪神淡路大震災以来となる特別措置法が制定され，雑損控除適用のための災害通達も公表された。災害通達は昭和34年の伊勢湾台風以後，大規模な災害の都度，国税当局が公表してきたもので，大災害時の申告手続きの混乱を避け，被災者の便宜を図るために設けられている。

大災害時には特別措置法が創設され，災害通達が公表されるということは，雑損控除の現行規定は大規模災害に十分対応できないことを意味している。したがって，阪神淡路大震災と東日本大震災の特別措置法と災害通達を比較検討し，我が国の大災害時の災害税制の問題点と今後の在り方を検討する。

第4章「日本と米国の大規模災害税制」では，米国の災害対応と大災害時の災害税制を分析し，阪神淡路大震災及び東日本大震災の特別措置法と比較検討する。

米国では，災害対応は州地方政府の所管とされ，連邦政府は災害被災者への税制上の支援には消極的であったが，2001年9月11日の同時多発テロと2005年8月末にメキシコ湾岸地域を襲い米国災害史上最大の被害をもたらしたハリケーン・カトリーナ以後，連邦政府は国家的災害や危機に積極的に関与する姿勢に転じ，税制による支援制度も見直され，現在では充実した制度となっている。

米国の災害税制の研究はあまりされていないので，米国税制と比較検討する

ことによって，大災害時における我が国の問題点と今後の災害税制の在り方を考察する。

　第5章「大規模災害時における事業所得等の災害税制」では，事業所得等における災害税制を検討する。

　大規模災害時には，事業所得等の特例的申告を認める災害通達が公表されてきたが，東日本大震災では特別措置法と国税庁通達による特例が設けられた。事業所得の災害通達は，関東大震災以来といわれる昭和39年の新潟地震で初めて設けられ，大災害時には新たな災害通達が公表されており，これらを含めて事業所得等の災害税制を検討する。

　第6章「大規模災害時における山林所得の災害税制」では，山林所得における災害税制を検討する。

　山林所得は，極めて長期間に蓄積された所得が譲渡により一時に実現するという，経常的に毎年発生する事業所得と異なる特徴もあるが，過去には国民生活に直結する重要な産業と位置づけられていたから，政策的な税制改正が頻繁に行われ所得計算や税額計算に特別な規定が設けられている。また，その必要経費も事業所得の期間対応方式に対して個別対応方式という違いがある。

　山林災害損失は，山林の植林費用や管理費用などの支出額を単純に合計した取得原価を基準として算定するが，過去の支出額は戦前・戦後のインフレや貨幣価値の変動などで，現在では非常に低額な金額となってしまう。また，山林は成長資産であるから時価は樹齢とともに上昇し，取得原価で計算することは成長部分の利益が一切考慮されない不合理な結果となる。

　これまで山林災害税制はほとんど研究されていないため，奈良県吉野町の山林家の経営実態を調査の上，大災害時に公表された山林災害通達を含めて検討し，今後の在り方を検討する。

　最後に，終章では，第1章から第6章までの分析を基に，災害税制全体の今後の在り方を示して結びとする。

3. 我が国の災害税制の概要

　東日本大震災は戦後最大の災害であり税制による最大限の支援が期待される中，阪神淡路大震災以来の震災特例法が制定され，被災地の各市町村で災害減免条例も制定された。また，平成23年4月27日付で国税庁の指示文書「東日本大震災に係る雑損控除の適用における「損失額の合理的な計算方法」について」により，住宅や家財の時価及び被害額が簡易計算できることとされ，従来からの雑損控除と災害減免法を加え特例措置が整った。

　東日本大震災では，雑損控除，災害減免法，災害減免条例，震災特例法及び国税庁通達に基づく方法から選択又は併用して申告することができるが，これら現行の災害税制の概要は次のとおりである。

(1) **災害減免法**

　災害減免法は所得税など国税の減免を規定しており，住宅や家財の損害金額がその時価の2分の1以上で，かつ，災害にあった年の所得金額の合計額が1,000万円以下で，雑損控除を受けない場合に所得税は軽減又は免除される。減免税額は，合計所得金額が500万円以下のときは所得税額を全額免除し，500万円を超え750万円以下の者は2分の1を軽減し，750万円を超え1,000万円以下の者については4分の1を軽減するが，損失の繰越控除はできず，翌年以降の所得税額には影響を及ぼさない制度である（災害減免法第2条，災害減免法政令第1条）[9]。

　災害減免法では住宅又は家財のみが対象で，更に損害金額が住宅又は家財の価額の2分の1以上という厳しい要件が付されている（災害減免法第1条，災害減免法政令第1条）。一方，雑損控除では生活に通常必要な資産に限られるが，総所得金額等の10％を超える損害は対象となるので，災害減免法より適用対象は拡大されており，損失は翌年以後3年間繰り越すこともできる（所得税法第72条）[10]。

　災害によって住宅や家財に被害を受けたときは，災害減免法又は雑損控除のいずれか有利な方を選択して，所得税の全部又は一部を軽減することができる。

表 O-1　災害減免法及び雑損控除等の概要

区分		災害減免法	災害減免条例	雑損控除
損失の発生原		災害	天災, 貧困, その他の事情	災害, 盗難, 横領
減免の基準となる資産の範囲		住宅, 家財	住宅, 家財, 農作物等	生活に通常必要な資産
減免される税目等		所得税の減免	住民税の減免	所得税・住民税の所得控除
減免税額の計算方法	被害が50%以上　500万円以下	全額免除	全額免除	次の①と②の多い方の金額が雑損控除の対象 ①差引損失額－総所得金額×10% ②損失額のうち災害関連支出の金額－5万円
	被害が50%以上　500万円超～750万円以下	2分の1減免	2分の1減免	
	被害が50%以上　750万円超～1,000万円以下	4分の1減免	4分の1減免	
	被害が30%以上50%未満　500万円以下	―	2分の1減免	
	被害が30%以上50%未満　500万円超～750万円以下	―	4分の1減免	
	被害が30%以上50%未満　750万円超～1,000万円以下	―	8分の1減免	
	死亡したとき	―	全額免除	
	生活保護法による生活扶助を受けることになったとき	―	全額免除	
	障害者になったとき	―	10分の9減免	
	農業所得が減少したとき	―	全額免除～10分の1減免	
翌年以降への損失の繰越し		―	―	3年

出所：各法令から筆者作成。

　また，地方税にも所得法と同様の雑損控除の特例と地方税独自の災害減免条例があり，被災者はこれらの特例から有利なものを選択又は連続して適用できる（表 O-1 参照）。

(2)　**所得税の雑損控除**

　所得税の雑損控除は，居住者又はその者と生計を一にする配偶者等の有する住宅家財等などの生活に通常必要な資産について災害又は盗難若しくは横領による損失が生じた場合には，その災害等により損失の生じた年分の所得税の計算上，次の算式により計算した金額のいずれか多い方の金額を総所得金額等[11]から所得控除でき，その年に控除不足がある場合は翌年以降3年間更に繰越控除できる（所得税法第72条）。

　イ　（災害損失の金額＋災害関連支出の金額）－（総所得金額等×10%）

　ロ　災害関連支出の金額　－5万円

災害関連支出とは，滅失等した住宅等の取壊し又は除去費用，災害後1年以内（大規模な災害では3年以内）の土砂や障害物の除去費用，住宅家財等の原状回復費や損壊等の防止費用，被害の拡大又は発生を防止するための緊急な支出などである（所得税法施行令第206条）。

(3) 地方税の雑損控除と災害減免条例

地方税には，所得税と同様の雑損控除と地方税独自の災害減免条例が設けられている。個人住民税の雑損控除は所得税と控除額の計算方法に違いはないが，所得税と個人住民税とでは基礎控除や扶養控除額が異なるため雑損控除額も一致せず，税率も異なるため所得税の減免税額とは一致しない（地方税法314の2①，取扱通達（市）2章18）。

災害減免条例は，地方税法第323条（市町村民税の減免）に「市町村長は，天災その他特別の事情がある場合において市町村民税の減免を必要とすると認める者，貧困に因り生活のため公私の扶助を受ける者その他特別の事情がある者に限り，当該市町村の条例の定めるところにより，市町村民税を減免することができる。」との規定に基づき，各市町村が災害などの特別の事情があるときには個々に条例を定めて住民税を免除するものである。

災害減免条例による減免は，天災のほか貧困，その他特別の事情ある場合が対象となっており災害減免法よりも対象者が広く，災害以外の特殊事情についても市町村が自主的な判断で救済措置を講ずることができる。とはいえ，被害市町村がそれぞれ財政状況に左右されて減免率等に大きな喰い違いが生ずるような条例を制定することは，住民の税負担の均衡等よりしても好ましいことではないし，災害に伴う減税要求等に押され，ややもするとその財政事情を無視して減免を競う傾向も見受けられるので，国は自治省通達で条例作成案を示しているが，各市町村では独自の条例が設けられており全国統一されてはいない[12]。

(4) 震災特例法

東日本大震災では，阪神淡路大震災以来となる二度目の震災特例法が制定された。

災害減免法，雑損控除や事業所得の災害損失を前年分で申告でき，被災者向け優良賃貸住宅の割増償却，被災事業用資産の代替資産等の特別償却などのほか，東日本大震災では，損失の繰越控除の期間が3年間から5年間に延長，震災関連寄附金の限度額の拡充，復興特別区域に係る特例として，被災者等を雇用した場合の税額控除，事業用の機械は即時償却又は税額控除，事業用の建物・構築物の割増償却又は税額控除，復興居住区域での被災者向け優良賃貸住宅建設の割増償却又は税額控除などが創設された。

特例を個々に比較すると，阪神淡路大震災の旧震災特例法は被災者救済や復興住宅建設が中心で，東日本大震災の震災特例法は，阪神淡路大震災ではなかった被災地復興のための特例が増えており，全く性質の異なる特別措置法になっている。

(5) **災害通達**

災害通達は，大災害時に多数の被災者の申告時の混乱を避け，被災者の便宜を図るために国税当局が公表しているもので，雑損控除，事業所得等及び山林所得の取扱いに関するものがある。

雑損控除に関する災害通達は，昭和34年の伊勢湾台風以来，大災害の都度公表されている。雑損控除を申告するためには，住宅や家財等の損失額を個々に計算しなければならないが，実際に家族が被災前に有していた財産の明細を作成し，その損失額を時価基準で算定し証明することは容易なことではない。そこで，災害通達によって，建物や家財の被災額を簡便な方法で算出できる簡易計算の方法を公表しており，阪神淡路大震災では被災者の約8割が災害通達で定めた簡易計算に基づき雑損控除の申告を行い，東日本大震災でも大部分の被災者は，被害損失額等を災害通達の簡易計算に基づき申告している。

事業所得等の災害通達は，昭和39年の新潟地震，昭和42年の西日本干害，昭和43年の十勝沖地震，昭和46年の台風第25号等などの大規模災害時に事業所得，不動産所得及び農業所得などに関する特例的取り扱いを認め，阪神淡路大震災及び東日本大震災でも公表された。

山林所得の災害通達は，被災山林の時価や植林から数十年間の必要経費の実

績額を明らかにすることは困難であるから，課税当局は被災者の便宜を図るため山林の標準取得原価を定めて公表している。
　これらの災害通達は，課税当局と被災者とのトラブルや訴訟の発生を防止し，課税庁及び納税者双方の負担とコストを軽減することを目的としているが，災害の原因と規模に応じて国税当局が独自の基準で設けているので，どのような災害のときに通達は公表され，どのような基準になるのか全く予測できず，その各計数の根拠も説明されていない。また，所得税の本則規定の例外として，被災者にとって有利な特例が数多く設けられているため，通達の公表されなかった災害時の被災者は不利な取扱いを受けることにもなるため，その位置づけに問題がないとはいえない。

(序章／Endnotes)

[1] ベックは，言語と現実の乖離を世界リスク社会と呼び，生態系の危機，世界的な金融危機及びテロの危険性に区分している。また，ギデンスは，リスクを二種類に分けており，伝統と自然に起因するリスクを「外部リスク」といい，人間の知識が深化することにより生じるリスクを「人工リスク」としている。本論文では，主に自然に起因する外部リスクを対象とする。

　Giddens, Anthony. (1999), *Runaway World*, Profile Books（邦訳，佐和隆光訳『暴走する世界』ダイヤモンド社，2001年，58頁），Beck, Ulrich. (2002), *Das Schweigen der Wörter-Über Terror und Krieg*, Suhrkamp Verlag（邦訳，島村賢一訳『世界リスク社会論―テロ・戦争・自然破壊』筑摩書房，2010年，24～29頁）。

[2] 三宅伸二 (1998)「災害時における税制のあり方―災害減免法の意義と効果を巡って」『兵庫大学論集』第3巻，上前 剛 (2011)「雑損控除と災害減免法の選択判断」『税理』第54巻第7号，実藤秀志 (2011)「災害時の税務ポイント（東日本大震災の税務）」『税務弘報』第59巻第6号，橋本恭典 (2011)「雑損控除と災害減免法の選択適用ケーススタディ」『税務弘報』第59巻第7号。

[3] 藤田良一 (1979)「所得税法上の資産損失制度に関する一考察」『税務大学校論叢』第13号，北陸税理士会 (2010)『日税連公開研究討論会―損失関連税制の検討―税理士の視点から問題点を探る』日本税理士会。

[4] 本多三朗 (1989)「成長済の山林について生じた災害による損失の金額は，立木ごとに計算するべきであるとした事例（昭和61年3月31日裁決）」『税務大学校論叢』第19号，金子宏ほか (2001)『所得税における損失の研究』日税研論集第47号，松原有里ほか (2011)「特集 所得課税における損失の意義と取扱い」『税研』第159号。

[5] United States General Accounting Office (1979), *The Personal Casualty and Theft Loss Tax Deduction : Analysis and Proposals for Change*, Lunder, E. (2005), "Katrina Emergency Tax Relief Act of 2005" *CRS Report for Congress*, Lunder, E. et al. (2006), "The Gulf Opportunity Zone Act of 2005" *CRS Report for Congress*, Aprill, Ellen P & Schmalbeck, Richard L. (2006), "Post-Disaster Tax Legislation : A Series of Unfortunate Events" *Duke Law Journal*, 51, Tolan, Jr. P. E. (2007), "The Flurry of Tax Law Changes Following the 2005 Hurricanes : A Strategy for More Predictable and Equitable Tax Treatment of Victims" *Brooklyn Law Review*, Vol. 72 (3), Lindsay, B. R & Murray, J. (2010), "Disaster Relief Funding and Emergency Supplemental Appropriations" *CRS Report for Congress*, Lunder, E. K., et al. (2012), "Tax Provisions to Assist with Disaster Recovery" *CRS Report for Congress*.

[6] 小川正雄（1985）「アメリカ連邦個人所得税における事故災害損失控除の研究」『龍谷法学』第17巻第4号。

[7] 山内　進（2008）「災害税務に関する日米比較：阪神・淡路大震災とロサンゼルス・ノースリッジ地震を比較して」『福岡大学商学論叢』第52巻第3・4号，石村耕治（2011）「アメリカの被災者支援税制の分析：日米の税財政法上の課題の検証を含めて」『白鴎法学』第18巻2号。

[8] 本書は，滋賀大学博士（経済学）学位論文「災害税制の研究」（平成26年3月）を基に加筆して書物としてまとめたものである。なお，本書の各章と，筆者による既発表論文との関係は次のとおりである。

　第1章「災害減免法による災害税制の検証」は，増山裕一（2012）「災害減免法による災害救済―災害減免法の成立までを振り返る」『大阪経大論集』第63巻第4号を大幅に加筆訂正した。

　第2章「日本と米国の雑損控除制度の比較検証」は，平成24年12月8日京都大学で開催された国際公共経済学会第27回研究大会で発表した報告論文「災害税制の現状と今後の課題-日米の災害税制を比較して」を基礎に書き上げた2つの論文，増山裕一（2012）「所得税法の雑損控除の問題点―米国税制と比較して」『大阪経大論集』第64巻第5号，増山裕一（2013）「災害税制の現状と今後の課題―日米の災害税制を比較して」『国際公共経済研究』第24号を加筆訂正した。

　第3章「阪神淡路大震災と東日本大震災の災害特例の検証」は，平成23年10月22日成城大学で開催された日本財政学会第68回大会で発表した報告論文「所得税における損失と税制について」を基礎に書き上げた論文，増山裕一（2012）「災害時の所得税及び住民税の救済税制―東日本大震災おいて国税庁が示した合理的計算方法」『大阪経大論集』第63巻第4号を加筆訂正した。

　第4章「日本と米国の大規模災害税制の比較検証」は，平成24年12月8日京都大学で開催された国際公共経済学会第27回研究大会で発表した報告論文「災害税制の現状と今後の課題-日米の災害税制を比較して」及び平成25年10月6日慶応大学で開催された日本財政学会第70回大会で発表した報告論文「米国の災害税制と東日本大震災」を基礎に書き上げた2つの論文，増山裕一（2013）「アメリカの災害税制と東日本大震災（上）」『大阪経大論集』第64巻第1号，増山裕一（2013）「アメリカの災害税制と東日本大震災（下）」『大阪経大論集』第64巻第2号を加筆訂正した。

　第5章「大規模災害時における事業所得等の災害税制の検証」は，増山裕一（2014）「災害税制の研究」を加筆訂正した。

　第6章「大規模災害時における山林所得の災害税制の検証」は，増山裕一（2014）「大災

害時における山林所得の災害税制」『大阪経大論集』第64巻第6号を大幅に加筆訂正した。

終章「災害税制の展望」は，本書のために書き下ろした。

[9] 災害減免法における災害とは，具体的には，次に掲げるものをいう。
  (1) 震災，風水害，冷害，雪害，干害，落雷，噴火その他の自然現象の異変による災害
  (2) 火災，鉱害，火薬類の爆発，交通事故その他の人為による異常な災害
  (3) 害虫，害獣その他の生物による異常な災害

昭和53年6月21日付官総4-21（例規）「災害被災者に対する租税の軽減免除，納税の猶予等に関する取扱要領」，1頁。

[10] 災害減免法と所得税法の雑損控除の家財の範囲は，昭和27年7月25日付直所1-101例規通達「災害被災者に対する租税の減免，徴収猶予等に関する法律（所得税関係）の取扱方について」において，別荘，書画，骨とう，娯楽品等で生活に必要な程度をこえるものは含まないとされており，実質的に同種の資産が対象になる。

[11] 総所得金額等とは，純損失，雑損失，その他各種損失の繰越控除後の総所得金額，特別控除前の分離課税の長（短）期譲渡所得の金額，株式等に係る譲渡所得等の金額，上場株式等に係る配当所得の金額，先物取引に係る雑所得等の金額，山林所得金額及び退職所得金額の合計額をいう。

[12] 東日本大震災の被災地では，災害の凄まじさから独自の条例が設けられており，宮古市では「長期避難世帯」も全壊と同様の全額免除としているほか，給与所得や不動産所得等が減少した場合も特例対象としている（平成23年6月28日宮古市条例第14号「東日本大震災の被害者に対する市税の減免に関する条例」）。福島市は，被害の割合「30％以上50％未満」を「20％以上50％未満」に拡大するなど被災地の実情に応じた条例を設けており（平成23年4月26日福島市条例第10号「東日本大震災による被災者に対する市税の減免に関する条例」），全国一律の規定ではない。

阪神淡路大震災では，兵庫県と神戸市が独自に所得基準を600万円以下から1,000万円以下に引き上げ，損害の程度も災害減免法の5割以上から3割以上に引き下げるなど住民税の減免条件を大幅に引き下げた。『日本経済新聞』平成7年2月14日記事。

第1章　災害減免法による災害救済

1．災害減免法の概要と課題

　本章の課題は，第1に我が国の災害税制の変革をみることによってその問題点を検証することであり，第2に所得税法の雑損控除との効果比較に基づき，災害減免法の在り方を検討することである。

　災害減免法は，災害による被災者が被った経済的損失による担税力の著しい低下を所得税負担の軽減又は免除により迅速に救済し，又は災害の止んだ後一定期間は徴収を猶予し，被災者が蒙った経済的損失の早期回復を期待して，その回復の後において円満に徴税を図ろうという配慮に基づき，又はそういう目的を持って制定された[1]。

　明治政府は，統一国家形成に当たっての民心掌握のために災害救貧行政に積極的で，租税についても災害の都度に特別法を数多く創設したが，それは救済程度の異なる不十分なものであった。大正12年の関東大震災における画期的な特別法を基に昭和14年に旧災害減免法は制定されたため，日本の災害税制は関東大震災以後からといわれ，それ以前の災害税制は注目されることはなかったが，明治初期からの幾多の災害に対する審議と特別法の積み重ねが今日の災害減免法の基礎にあることから，その発展経緯を確認し，災害税制の問題点を明らかにしたい。

　戦後，所得税法に雑損控除制度が創設されると災害減免法の廃止も検討されたが，災害減免法は家屋又は家財の半分以上が損害を受けたという外形的な基準によって判断するので，大災害時には公平で簡潔かつ迅速に事務処理できるという利点があるため残され，災害税制は災害減免法と雑損控除のいずれか有利な方を選択できるとされた。しかし，災害減免法の適用者は，阪神大震災では被災者の10％，東日本大震災では1％にも満たなかった。これは災害減免法

による被災者救済効果が低下し，制度に問題が生じているといえる。

2．災害減免法の沿革

　災害減免法は，その起源をどこに求めるかについては諸説あるが「日本古来の制度」というべきである。権利としての災害税制とはいえないが，古くから災害時には税の減免は行われていたようで，租税が誕生してからの歴史は，その反面として租税の減免の歴史でもある。したがって，災害と租税の関係は租税が誕生してから表裏の関係として続いており，災害に対する国家の関わり方の変化に応じて災害税制も変化してきた。

　日本最古の地震記録として日本書紀第13巻に「五年秋七月丙子朔己丑　地震」と允恭 5（416）年 7 月14日の允恭地震が記録されているが，被害状況や税の減免の有無については明記されていない[2]。次に記録された推古 7（599）年 4 月27日の推古地震では「推古天皇七年夏四月乙未朔辛酉　地動　舎屋悉破　則令四方　俾祭地震神」と地震で建物はことごとく崩壊したと記し[3]，聖徳太子伝暦に「下勅天下　今年調庸租税竝免」と税を免除したことが記されている[4]。また，続日本紀第32巻の宝亀 3（772）年10月10日の記述に「大宰府言上 去年五月廿三日　豊後國速見郡敵見郷山崩　塡澗水為不流積十余日忽決漂没百姓卌七人被埋家卌三區　詔免其調庸　加之賑給」とあり，宝亀 2（771）年 5 月23日に現在の大分県別府市で山崩れが発生し，土砂は天然ダムを形成して十数日後に崩壊し47人死亡43軒が土砂で埋没する被害があったので，税を免除し食料等を支給したとの記述があり[5]，災害の実情に応じて個々に税の減額や免除は行われてきた。その後，江戸時代には災害時や凶作時の主な救済策である破免，夫食貸，種貸肥料貸及び延売貸等の制度が各地で実施され，災害等により半分以上の損耗があるときは租税を免除していた。

　我が国の近代税制の歴史は明治時代にはじまるが，明治維新後，租税はしばらく旧慣によることとされ，災害時の対応も旧藩体制のまま税の減免を行っていた。明治政府は江戸時代の各地の税制や救済制度を検討し，明治 6 年になっ

て，地租改正条例，凶歳租税延納規則と窮民一時救助規則という全国一律の制度を成立させ，その後の備荒儲蓄法，災害地地租免除法などに引き継がれた。

　当時の主要な税である地租は，土地の私有権が確立する前の地租（収穫高に課税）と明治の地租改正以後の地租（土地に課税）では内容が大きく異なり，豊凶に関係なく毎年の負担は一定とされ，天災によって土地が耕作不適地にならない限り減免は予定していなかった。税収の安定は近代国家の形成には貢献したが，度重なる災害と凶作によって一切の減免をしないとすることはできず，税の延納から減額免除へ次第に変化していくのである。

　関東大震災では，租税を減免猶予することは公共の安全を保持するためにも緊急の対応として実施すべきものと位置づけられ[6]，被災者救済のために創設された大正13年7月18日の震災被害地ノ地租免除等ニ関スル法律で，地租のほか所得税や相続税などの新税も減免・徴収猶予の対象としたことが，画期的な旧災害減免法の成立につながり，今日の災害減免法に引き継がれている。

　明治初期から関東大震災までは，災害の都度に特別法を創設して地租の徴収猶予や延納を認めていたので，災害税制史としては十分な研究がされていない。そこで，地租を中心とした災害税制の経緯を国立国会図書館[7]及び国立公文書館[8]の公文書や帝国議会の議事録，明治財政史編纂会著『明治財政史[9]』，大蔵省編纂『明治大正財政史[10]』，勝正憲著『日本税制改革史[11]』，井手文雄著『要説近代日本税制史[12]』，林健久著『日本における租税国家の成立[13]』などを基に，災害税制の基本法が成立するまでを確認し，更に，現在までの災害減免法の経緯をみてみたい。

2-1　明治維新前後の減免制度

　江戸時代において租税制度の中心をなしていたのは，地租（田租），小物成，運上，冥加等の雑税及び課役の三者であった。これらの中では封建的貢租である地租（田租）が最も重要であり，幕府・各藩ともその歳入の大部分は地租が占めていた[14]。

　明治維新とともに成立した新政府にとっては，税制を改革して歳入の増加を

図ることが急務であったが，政権の基礎は弱体であったため，新政府は明治元年8月7日太政官布告で「諸国税法之儀其土風ヲ篤ト不相弁新法相立候テハ却テ人情ニ戻リ候間先一両年ハ旧慣ニ仍リ邊可申若苛法弊習又ハ無余儀事件等有之候ハ、一応会計官ヘ伺之上処置可有之事」とし，租税はしばらく旧慣によって徴収し，やむを得ない事情のあるものについてのみ改廃することとした[15]。

明治維新後は災害が多発しており，明治元年には全国で水害が発生し，愛知県の大洪水では死者1000余名の被害，近畿地方では明治元年5月，明治3年9月，明治4年5月，明治5年9月，明治6年8月に相次いで大阪淀川や大和川の堤防決壊等により甚大な被害となり[16]，東海・関東の各地でも大きな被害になった。

明治元年6月8日太政官布告では，関係府県に「此度洪水ニ付秧苗之埋没十三日ヲ過キ猶水底ニ沈ム所ハ当年之年貢　御免被　仰出候但十日前後水退ノ分ハ巡検之上追テ可被　仰出候間此旨可相心得事」と地租を減免することとし[17]，同年6月22日太政官第502号では「聖意ヲ體認シ其民ヲシテ安堵セシムルハ今日府縣之責ナリ・・・没田之民ハ全ク其租賦ヲ免ジ其他漲溢ノ田畑ハ荒敗ノ軽重ヲ量リ蠲免其宜ヲ得ヘキ事・・・奏可ヲ待タズ府縣ヘ専任シ宜ク可得其道事」と戊辰戦争が継続しており，各府県に対応を委ねざるを得なかったこともあり，各府県が被災の実情によって旧藩体制のまま減免するように指示している。

明治政府は災害救貧行政に積極的であったが，罹災窮民救助が公的扶助制度として早期に確立していったことについては3つの理由が考えられる。第一は，維新政府の統一国家形成に当たっての民心掌握であり，第二は，世直し一揆にみられる農民の圧力，第三は，幕藩体制下の罹災農民救助制度の継承である[18]。

明治4年7月に藩廃置県が行われ，同年11月24日には府県の地方官の任務を定めた県治条例（太政官第623号）を発布し，同時に出された大蔵省布達県治条例中窮民一時救助規則では，各藩で行われていた被災者救助制度を参考にして被災者（水火ノ難ニ逢ヒ家屋蕩燼流失シ目下凍餒ニ迫ル者）への米の支給や

家屋再建不能者への建築費貸与，農具代の貸与，種もみの貸与が行われた。

明治7年12月8日には[19]，恤救規則（太政官第162号）が公布され，その前文で「済貧恤救ハ人民相互ノ情誼ニ因テ其方法ヲ設クヘキ筈ニ候得共目下難差置無告ノ窮民ハ自今各地ノ遠近ニヨリ五十日以内ノ分左ノ規則ニ照シ取計置委曲内務省ヘ可伺出此旨相達候事」と，恤救は人民相互の情誼によるべしとし，それで救済できない極貧，重病者，老衰して産業を営む能力のない者，13歳以下の児童等には一定の米代を支給することが定められた[20]。

恤救規則（明治7年12月8日太政官第162号）

済貧恤救ハ人民相互ノ情誼ニ因テ其方法ヲ設クヘキ筈ニ候得共目下難差置無告ノ窮民ハ自今各地ノ遠近ニヨリ五十日以内ノ分左ノ規則ニ照シ取計置委曲内務省ヘ可伺出此旨相達候事
一　極貧ノ者独身ニテ廃疾ニ罹リ産業ヲ営ム能ハサル者ニハ一ケ年米壱石八斗ノ積ヲ以テ給与スヘシ
　　但独身ニ非スト雖モ余ノ家人七十年以上十五年以下ニテ其身廃疾ニ罹リ窮迫ノ者ハ本文ニ準シ給与スヘシ
一　同独身ニテ七十年以上ノ者重病或ハ老衰シテ産業ヲ営ム能ハサル者ニハ一ケ年米壱石八斗ノ積ヲ以テ給与スヘシ
　　但独身ニ非スト雖モ余ノ家人七十年以上十五年以下ニテ其身重病或ハ老衰シテ窮迫ノ者ハ本文ニ準シ給与スヘシ
一　同独身ニテ疾病ニ罹リ産業ヲ営ム能ハサル者ニハ一日米男ハ三合女ハ二合ノ割ヲ以テ給与スヘシ
　　但独身ニ非スト雖モ余ノ家人七十年以上十五年以下ニテ其身病ニ罹リ窮迫ノ者ハ本文ニ準シ給与スヘシ
一　同独身ニテ十三年以下ノ者ニハ一ケ年米七斗ノ積ヲ以テ給与スヘシ
　　但独身ニ非スト雖モ余ノ家人七十年以上十五年以下ニテ其身窮迫ノ者ハ本文ニ準シ給与スヘシ
一　救助米ハ該地前月ノ下米相場ヲ以テ石代下ケ渡スヘキ事

出所：国立公文書館デジタルアーカイブ資料から筆者作成。

2-2 地租改正条例と減免制度

　明治政府は，明治２年版籍奉還を行うと同時に各藩の税制を報告させ，明治４年に廃藩置県を断行し政権の基礎が確立すると，課税基準や税率が各藩で相違していたものを統一するために地租改正を行った。歳入の増加を図るため地租（年貢）以外で，江戸時代には小物成といわれていた1,500種以上の雑税の中から，酒税や船税などは統一的な規定を設けるとともに若干の租税を新設するなど，雑税整理や地方税制の整備を次々に実施した[21]。その結果，明治７年には諸税1594種あったが，明治13年には大科目19種（地租，海関税，鉱山税，会社税，銃猟税，牛馬売買免許税，度量衡税，版権免許料，海外旅行券其他免許手数料，売薬税，代言免許料，船税，車税，北海道産物税，酒類税，煙草税，証券印紙税，郵便税，訴訟罫紙諸税），小科目49種になった[22]。

　明治６年７月28日には，上諭（勅諭）に続き，従来の田畑貢納制を廃止して地価の３％を地租として新たに徴収し，併せて村に納める税である村入費は地租の３分の１以内とする旨の１か条のみで構成された地租改正法（太政官第272号）を公布した。そして具体的な規定を定めた地租改正条例，大蔵省布達の地租改正施行規則，地方官に対して，地券発行に際しての心構えや地価決定の方法等を示した地方官心得書も同時に発布した[23]。

　新しい地租は，従来の制度を抜本的に改正したものである。従前は収穫量を課税標準として直接に耕作者（百姓）から生産物をもって徴収したが，新税は地価を課税標準とし，物納の代わりに金納で，税率は豊凶によって変更することなく地価の３％の定率としたので毎年の税収は安定した。しかし，当時の地租の税率３％は，地租の税収が「旧来の歳入を減じない」という目的も併せ持たれたため，収穫高を100とするとその４分の１程度の負担にもなる旧年貢を引き継いだ高額の納税であった[24]。そのため，江戸時代の年貢収入額を維持する高額課税を引き継ぐ地租改正の実施に対して，地租改正反対一揆が各地で発生し，政府は明治７年１月に地租を2.5％に引き下げることを発表，続いて５月に地租改正条例に第８条を追加して地租の５年間据置を定めて勝手な引き上げを行わないことを約束した[25]。

地租の減免については，地租改正条例の第二章で「地租改正施行相成上ハ土地ノ原価ニ随ヒ賦税致候ニ付以後仮令豊熟ノ年ト雖モ増税不申付ハ勿論違作ノ年柄有之候トモ減租ノ儀一切不相成候事」と規定し，地租は豊作や凶作に関わらず地租の増減を行わないことを原則とした。ただし，第三章で「天災ニ因リ地所変換致シ候節ハ実地点検ノ上損稽ノ厚薄ニヨリ其年限リ免税又ハ起返ノ年限ヲ定メ年季中無税タルヘキ事」とあるように天災によって土地が耕作不適地になった場合のみ，実地調査の上，損壊の厚薄により復旧するまでは免税又は無税とされた。

地租改正法（明治6年7月28日太政官第272号）

　上諭　朕惟フニ租税ハ国ノ大事人民休戚ノ係ル所ナリ　従前其法一ナラス　寛苛軽重率ネ其平ヲ得ス　仍テ之ヲ改正セント欲シ乃チ諸司ノ群議ヲ採リ地方官ノ衆論ヲ尽シ更ニ内閣諸臣ト弁論裁定シ之ヲ公平画一ニ帰セシメ地租改正法ヲ頒布ス　庶幾クハ腑ニ厚薄ノ弊ナク民ニ労逸ノ偏ナカラシメン　主者奉行セヨ

　今般地租改正ニ付旧来田畑貢納ノ法ハ悉皆相廃シ更ニ地券調査相済次第土地ノ代価ニ随ヒ百分ノ三ヲ以テ地租ト可相定旨被　仰出候条改正ノ旨趣別紙条例ノ通可相心得且従前官庁並郡村入費等地所ニ課シ取立来候分ハ総テ地価ニ賦課可致尤其金高ハ本税金ノ三ケ一ヨリ超過スヘカラス候此　旨布告候事

地租改正条例（別紙）
第一章　今般地租改正ノ儀ハ不容易事業ニ付実際ニ於テ反覆審按ノ上調査可致，尤土地ニ寄リ緩急難易ノ差別有之各地方共一時改正難出来ハ勿論ニ付必シモ成功ノ速ナルヲ要セス詳密整理ノ見据相立候上ハ大蔵省ヘ申立允許ヲ得ルノ後旧税法相廃シ新法施行イタシ候儀ト可相心得候事
　但一管内悉皆整理無之候共一郡一区調査済ノ部分ヨリ施行イタシ不苦候事
第二章　地租改正施行相成候上ハ土地ノ原価ニ随ヒ賦税致シ候ニ付以後仮令豊熟ノ年ト雖モ増税不申付ハ勿論違作ノ年柄有之候トモ減租ノ儀一切不相成候事
第三章　天災ニ因リ地所変換致シ候節ハ実地点検ノ上損稽ノ厚薄ニヨリ其年限リ免税又ハ起返ノ年限ヲ定メ年季中無税タルヘキ事
第四章　地租改正ノ上ハ田畑ノ称ヲ廃シ総テ耕地ト相唱其余牧場山林原野等ノ種類ハ其

　　　　名目ニ寄リ何地ト可称事
　　第五章　家作有之一区ノ地ハ自今総テ宅地ト可相唱事
　　第六章　従前地租ノ儀ハ自ラ物品ノ税家屋ノ税等混淆致シ居候ニ付改正ニ当テハ判然区分シ地租ハ則地価ノ百分ノ一ニモ可相定ノ処未タ物品等ノ諸税目興ラサルニヨリ先ツ以テ地価百分ノ三ヲ税額ニ相定候得共向後茶煙草材木其他ノ物品税追々発行ニ相成歳入相増其収入ノ額二百万円以上ニ至リ候節ハ地租改正相成候土地ニ限リ其地租ニ右新税ノ増額ヲ割合地租ハ終ニ百分ノ一ニ相成候迄漸次減少可致事
　　第七章　地租改正相成候迄ハ固ヨリ旧法据置ノ筈ニ付従前租税ノ甘苦ニ因リ苦情等申立候トモ格別偏重偏軽ノ者ニ無之分ハ一切取上無之候条其旨可相心得尤検見ノ地ヲ定免ト成シ定免ノ地無余義願ニ因リ破免等ノ儀ハ総テ旧貫ノ通タルヘキ事
　　右之通相定候条猶詳細ノ儀ハ大蔵省ヨリ可相達事
　　第八章　（明治7年5月12日太政官第52号による追加改正）
　　　地租改正後売買ノ間地価ノ増減ヲ生シ候共改正ノ年ヨリ五箇年ノ間ハ最初取定メ候地価ニ拠リ収税致スヘキ事但地価昂低ヲ生シ候節ハ券状裏面ヘ其地方官ニ於テ朱書ニテ記シ置可申事

出所：国立公文書館デジタルアーカイブ資料から筆者作成。

2-3　地租条例と減免制度

　地租改正条例導入後，地租は農民にのみ重課される制度であって，経済の発展に伴って商工業者との負担の不公平が顕著になってきた。

　地租改正条例第六条では「茶煙草材木其ノ他ノ物品税」が200万円以上になったときは地租を地価の1％にまで引き下げると規定し，また明治7年5月12日（太政官第52号）によって追加された地租改正条例第八章では，6年ごとに地価を修正すると定められているのに明治18年の地価改訂を実施できない状況にあることなども問題となってきた。

　税収の減少を望まない政府は，明治17年3月15日に地租条例（太政官第7号）を新設し，地租改正条例そのものを廃止し減租の公約を破棄し，反対に課税強化の規定を盛り込んだ地租条例を創設し，税率は2.5％とした[26]。

　地租条例第2条では「地租ハ年ノ豊凶ニ由リテ増減セス」と地租改正条例と同じく，収穫の豊凶は土地とは無関係であるから，減免の対象とならない。た

だし，地租条例第20条で「荒地ハ其被害ノ年ヨリ十年以内免租年期ヲ定メ」とし[27]，第23条では「免租年期明ニ至リ尚ホ荒地ノ形状ヲ存スルモノハ更ニ十年以内免租継年期ヲ定ム」と規定し，災害によって土地が荒地となった場合などに限っては一定期間地租を免除するとした[28]。免租の期間は，被害を受けた年から10年又は20年以内を限度とし，明治17年4月5日付の地租条例取扱心得書によれば土地所有者の出願に基づき，損害の軽重，重起返ノ難易[29]と原状回復の必要期間などに応じて免租期間を判定した。

地租条例（明治17年3月15日太政官第7号）

第一条　地租ハ地価百分ノ二箇半ヲ以テ一年ノ定率トス
　　　　但本条例ニ地価ト称スルハ地券ニ掲ケタル価額ヲ謂フ
第二条　地租ハ年ノ豊凶ニ由リテ増減セス
（第三条から十九条まで記載省略）
第二十条　荒地ハ其被害ノ年ヨリ十年以内免租年期ヲ定メ年期明ニ至リ原地価ニ復ス
第二十一条　免租年期明ニ至リ其地ノ現況原地価ニ復シ難キモノハ十年以内七割以下ノ低価年期ヲ定メ年期明ニ至リ原地価ニ復ス
第二十二条　低価年期明ニ至リ尚ホ原地価ニ復シ難キモノ及ヒ免租年期明ニ至リ原地目ニ復セス他ノ地目ニ変スルモノハ其地ノ現況ニ依リ地価ヲ定ム
第二十三条　免租年期明ニ至リ尚ホ荒地ノ形状ヲ存スルモノハ更ニ十年以内免租継年期ヲ定ム其年期明ニ至リ原地価ニ復シ難キモノハ第二十一条第二十二条ニ依テ処分ス
第二十四条　川成海成湖水成ニシテ免租年期明ニ至リ原形ニ復シ難キモノハ更ニ二十年以内免租継年期ヲ許可ス其年期明ニ至リ尚ホ原地目ニ復セス他ノ地目ニ変セサルモノハ川海湖ニ帰スルモノトシ其地券ヲ還納セシム

出所：国立公文書館デジタルアーカイブ資料から筆者作成。

2-4　凶歳租税延納規則による減免制度

明治政府は，明治8年7月12日に県治条例の付録として定められていた窮民一時救助規則を廃止し，被災者救済として食料提供と家屋建築費の貸与などを定めた窮民一時救助規則（太政官第132号），明治10年9月1日に租税の減免・徴収猶予を定めた凶歳租税延納規則（太政官第62号）を全国一律の制度として

成立させた。

　窮民一時救助規則は，従前の県治条例中の窮民一時救助規則を踏襲しているが，府県が予備金（常備金）の中から捻出して救助できる災害の対象を「水火」から「水火風震ノ難ニ逢ヒ家産蕩燼流失シ目下凍餒ニ迫ル者」「流行病ニ罹リ目下飢餓ニ迫ル者」「連村連市一時ニ暴災ニ罹リ目下窮困ニ迫ル者」に追加し，更に内務省に伺いを立てた上で「耕牛馬非常ノ災変ニ斃レ代価拝借」を認めた。

　内務省は県治条例中の窮民一時救助規則の廃止理由について，水火災等救助の際に規則に反したり，規則に疑問を発したり，或いは実際のやむを得ない急な事件では地方官の専断による実施もあり，地域により異なった処分も少なくなく不都合であること，また，救済に関係する各規則も次第に布達されるようになって，窮民一時救助規則だけが治県条例の付録では体裁が悪いので法律として独立制定したと述べている[30]。

　凶歳租税延納規則は，地租の延納について定めたもので，水旱等非常の凶災により「一村田方平均五歩以上」の損耗が発生したときに，その割合の税を割合の数の延納（例えば，損害6割であれば6年の延納）を認め，その延納期間に再度災害が発生し荒地となったときは延納金を免除することを追加したが，税の免除ではなく延納という一次的な先送りであった[31]。

　災害救済が5割以上の損害に限られたのは江戸時代の凶作時の主な救済策の破免，夫食貸，種貸肥料貸及び延売貸等の制度の名残であると考えられる。破免は原則5割以上の損耗時には減免，夫食貸は米の無償支給や生活費の無利息貸付，種貸肥料貸は無利息又は有利息の貸付金，延売貸は凶作のため年貢を完納することができない郷村に，年貢納付に充てる金穀を貸付け翌年以降取り立てるものであった[32]。

　凶歳租税延納規則と窮民一時救助規則は災害救済の二つの両輪であったが，二重制度となっている部分もあり，明治13年6月15日備荒儲蓄法（太政官第31号）の成立によって両制度は統一され廃止された。

2-5　備荒儲蓄法の成立と破綻

　近代における災害対策法制は，被災者に食料支給や金銭貸与を定めた県治条例中窮民一時救助規則にみられる罹災救助法制が先行的に整備されてきた。そして，同規則を改正した窮民一時救助規則と凶歳租税延納規則を廃止して，国・府県が儲蓄金を設け，非常災害時における農村困窮者への食料・小屋掛料等の支給と共に地租を補助・貸与する人的災害救済と災害税制を併せた備荒儲蓄法が制定された[33]。

2-5-1　備荒儲蓄法の成立

　備荒儲蓄法は現在の災害救助法の原型となるもので，20年間の期限立法として明治13年に制定され明治14年1月1日施行された。その内容は人的救済と税制を併せた一体的な救済制度であって，国と地方が支出する災害救援金や地租を延納許可したことによる減収分について，事前に基金として積立てて準備しておこうとするものである。

　それまで明治政府は，明治2年2月5日の諸府県施政順序規則で「常社倉等ノ制ニ倣ジ其部内ノ人口ヲ量リ凶年非常救邮ニ備ル様漸次ニ取立ルヲ要ス」と江戸時代に飢餓や災害に備えて穀物を倉庫に備蓄しておく義倉，社倉，常平倉と呼ばれた制度を奨励していたが，当時米は生糸や茶と並ぶ重要な輸出品であり，政府としても余分の米を備蓄するより現金で国庫に組み入れる方がよかった。また，当時の政府の財政難は明治7年頃から顕在化し，各種政策の実施が極めて困難なものとなっており，緊縮化政策を取り始めたときの明治10年2月に西南戦争が起こり政府財政は更に厳しさを増し，災害時に十分な予算を捻出することが困難となっていたことも制度創設の背景にある[34]。

　備荒儲蓄法の第1条では「備荒儲蓄金ハ非常ノ凶荒不慮ノ災害ニ罹リタル窮民ニ食料，小屋掛料，農具料，種穀料ヲ給シ，又罹災ノ為メ地租ヲ納ムル能ハサル者ノ租税ヲ補助シ，或ハ貸与スルモノトス」と定め，被災者に対して法で定められた限度内の食料，小屋掛料，農具種穀料を支給し，また，地租の延納は第6条で「地租ヲ補助及ヒ貸与スルハ罹災ノ為メ土地家屋ヲ売却スルニアラサレハ地租ヲ納ムル能ハサル者ニ限ル」と土地家屋を売却しなければ地租の納付

が困難な者に限り租額を補助又は貸与することにした。

当時の大蔵大臣大隈重信の建白書には「凶荒ノ如キハ即チ天地ノ生シタル傷害ニシテ，之ヲ防備スルハ亦政府ノ職務ナリ」とあり，災害保険制度のない当時は，政府が中心的な役割を果たさなければならないと説明している[35]。明治20年6月に発行された『実用手続日本所得税法註釈』鍋島成善では「備荒儲蓄金トハ，府県会ノ決議ニ依テ課税スルモノニシテ，之ヲ一府一県毎ニ取纏メ，其府県庁ニ儲蓄シ置キ，兇年飢饉等ノ際救他救恤スルノ目的ナリ。然レトモ本金ハ租税ニアラスシテ，人民ノ共有金ト云フヘキモノナリ」と解説しているから[36]，その実質は，全農民が強制加入しなければならない税の延納制度を含んだ農業共済金制度という方が現在では理解しやすいかもしれない。

江戸時代において現金を貯蓄し災害に備えた大規模な救援制度としては，寛政4年から明治まで続いた「七分金積立」という制度が有名である。

当時の幕府老中松平定信は，町法を改正し冗費の節約を図り，これによって江戸市中より支出する町費は1年間におよそ3万7000両余剰金が生ずることになった。そこで，その2割を納税者たる地主に還付し，1割を町費の予備費に充て，残りの7割を積立て，同時に町会所を設立してこの金を管理させ，倉を建て，籾を貯蔵し大火・洪水等の際には罹災者の救済に充てた[37]。幕府からの下賜金1万両もあり，明治維新後に制度は廃止され東京市に引き継いだ総額は170万両にもなり[38]，この資金は市民の共有財産でもあったことから，東京府庁舎の新築，道路や橋などの公共工事，養育院設立，共同墓地，ガス灯街燈設置，外濠浚渫，商法講習所などの公共施設の建設資金に充てられた[39]。

備荒儲蓄法（明治13年6月15日太政官第31号布告）

第一条　備荒儲蓄金ハ非常ノ凶荒不慮ノ災害ニ罹リタル窮民ニ食料小屋掛料農具料種穀料ヲ給シ又罹災ノ爲メ地租（國税ノ部分ニ限ル）ヲ納ムル能ハサル者ノ租額ヲ補助シ或ハ貸與スルモノトス

第二条　各府縣ハ土地ヲ有スル人民ヨリ地租ノ幾分ニ當ル金額ヲ公儲セシメ以テ儲蓄金ヲ設クヘシ各人ヨリ公儲スルノ割合ハ府縣會ノ議決ヲ以テ之ヲ定メ其總額ハ政府ヨリ

配付スル金額ヨリ少カラサルヲ要ス但市街ハ府縣會ノ議決ヲ以テ政府ノ許可ヲ得郡村
　　ト其徴收法ヲ異ニスルヲ得
第三條　政府ハ毎歳百貳拾萬圓ヲ支出シテ儲蓄金ヲ補助スヘシ
第四條　政府ヨリ補助スル金額ノ内三拾萬圓ハ中央儲蓄金トシテ大藏卿之ヲ管掌シ九捨
　　萬圓ハ各府縣ノ地租額ニ應シテ之ヲ配付スヘシ
第五條　府縣儲蓄金ヲ徴收シ管守シ支給シ及ヒ之ヲ一處ニ集儲シ數所ニ分儲シ或ハ米穀
　　ヲ購入スルノ方法ハ府知事縣令ヨリ之ヲ府縣會ニ付シ其議決ヲ取リ内務大藏兩卿ニ具
　　狀シ其許可ヲ得テ之ヲ施行スヘシ但シ米穀ヲ儲積スルハ儲蓄金ノ半額ヲ超ユヘカラス
　　他ノ半額ハ公債證書ニ交換シ置クヘキ者トス
第六條　府縣會ニ於テ議決スル儲蓄金支給ノ方法ハ左ノ制限ヲ超ユヘカラス
　第一　食料ヲ給スルハ罹災ノ爲メ自ラ生存スル能ハサル者ニ限ル其日數ハ三十日以内
　　　トス又同上ノ窮民ニ小屋掛料ヲ給スルハ一戸捨圓以内農具料種穀料ヲ給スルハ一戸
　　　貳捨圓以内トス
　第二　地租ヲ補助及貸與スルハ罹災ノ爲メ土地家屋ヲ賣却スルニアラサレハ地租ヲ納
　　　ムル能ハサル者ニ限ル
第七條　各府縣窮民ノ救助地租ノ補助及ヒ貸與ノ金額府縣ノ儲蓄金三分二以上ヲ供用支
　　出スルトキハ府知事縣令ノ具申ニ依リ内務大藏兩卿ノ協議ヲ以テ中央儲蓄金ヨリ補助
　　スヘシ
第八條　從前人民公儲ノ儲蓄金アル府縣郡區町村ハ之ヲ以テ今般施行スル所ノ備荒儲蓄
　　金ニ補充スルコトヲ得
第九條　各府縣内儲蓄金ノ出納ハ大藏卿歳次或ハ臨時ニ之ヲ檢査スヘシ
第十條　府知事縣令ハ毎年七月中ニ其府縣儲蓄金出納ヲ内務大藏兩卿ニ報告シ兩卿ハ毎
　　年中央及ヒ府縣儲蓄金ノ出納ヲ全國ニ公布スヘシ
第十一條　此方法ハ二十箇年間施行スルモノトス滿期ノ後ニ至リ各府縣ニ存在スル儲蓄
　　金ハ府縣會ノ議決ヲ以テ其保存方法ヲ定ムヘシ

出所：明治財政史編纂会（1972）『明治財政史　第10巻』吉川弘文館，856〜858頁。

2-5-2　備荒儲蓄法の破綻

　備荒儲蓄法の財源は，政府補助金と土地所有者から公儲させた金額からの二通りの方法で確保されることになっていた。毎年政府は国庫補助金として120万円を支出し，そのうち30万円は中央儲蓄金として大蔵省が管理し，90万円は各府県に地租額に応じて配分し（備荒儲蓄法第3，第4条），各府県はこの配分額以上を土地所有者から公儲金として徴収することにした（備荒儲蓄法第2

図表1-1　災害時の食料等の支給及び地租の補助・貸与額及び中央儲蓄金の預金残高

年度	食料		小屋掛料,農機具等の金額	地租補助		地租貸与		合計額	中央儲蓄金預金残高
	人員	金額		戸数	金額	戸数	金額		
	人	円	円	戸	円	戸	円	円	円
明治13年	142,001	26,898	58,698	—	—	—	—	85,597	995,956
明治14年	172,753	49,870	222,466	417	809	1,323	4,994	278,140	1,748,246
明治15年	186,118	56,718	225,076	477	2,097	3,308	24,043	307,937	2,047,695
明治16年	283,687	103,274	216,931	89,321	121,937	87,028	253,804	695,946	2,380,215
明治17年	1,962,094	193,141	617,402	34,341	41,059	48,118	190,859	1,042,461	2,703,774
明治18年	1,048,233	173,534	342,397	30,614	58,576	69,794	303,238	877,745	2,711,628
明治19年	2,921,304	116,390	348,695	14,081	34,306	21,121	68,092	567,483	3,061,986
明治20年	201,383	50,144	233,523	7,557	18,237	7,678	23,714	325,618	3,417,653
明治21年	3,573,061	54,609	225,755	3,695	7,891	3,326	14,080	302,335	3,823,156
明治22年	1,078,420	316,301	380,380	56,452	179,770	30,241	132,835	1,009,286	4,090,571
明治23年	699,139	224,307	419,719	35,916	46,634	49,368	184,565	875,225	3,452,699
明治24年	1,313,993	551,800	1,253,234	7,657	18,106	3,979	19,958	1,843,098	2,107,605
明治25年	640,031	141,532	291,212	13,787	16,831	11,842	31,098	480,673	2,095,781
明治26年	917,395	257,666	352,831	36,061	25,138	18,527	104,373	740,008	1,837,744
明治27年	440,285	148,865	259,870	27,967	49,843	15,021	68,420	526,998	1,828,045
明治28年	454,731	129,596	213,915	13,527	11,483	14,297	27,170	382,164	1,748,347
明治29年	2,610,231	1,054,011	963,849	16,547	38,131	6,623	40,474	2,096,465	382,822
明治30年	705,028	256,070	305,941	15,537	13,903	—	58,719	734,633	8,928
明治31年	515,730	301,807	320,723	3,817	6,588	—	9,572	638,690	46,001
明治32年	30,471	12,626	52,290	90	33	—	—	64,980	50,156

出所：小林惟司（1983）「明治初期における保険思想の一源流－備荒儲蓄法の制定をめぐって」『生命保険文化研究所所報』第65号，97～99頁の各表を筆者が整理した。

条)[40]。

　蓄積期間を20年間としたのは，20年で救済制度を廃止するのではなく，毎年国庫から120万円と土地所有者からの公儲金およそ90万円の合計210万円のうちから，年々救助費約70万円を支出するものとし，残額140万円の蓄積利殖期間を20年と仮定すると満期には少なくとも3000万円になる。ここに備荒儲蓄の基本基金が完成し，以後はその利子で救助や貸与ができるという見込みであった[41]。

　図表1-1は備荒儲蓄法施行後の災害時の食料等の支給及び地租の補助・貸与額及び中央儲蓄金の預金残高である。

　当初10年間はおおむね中央儲蓄金は計画どおり積み立てられていたが，被災

者への支給金は，被災者自身が事前に二重課税され積み立てていた租税からであり，予め定められた金額以上は自己責任で税の免除も認められず，積み立てを急ぐあまり支給額も抑えられた。その後は，折からの不況で各県もこれ以上農民に大幅な負担を強いることはできず，改正要望を提出するなど同法の運用に問題ありとの意見が多くなってきた[42]。

このため政府は明治23年2月7日に同法を改正（法律第5号）し，荒儲蓄金を中央儲蓄金と府県儲蓄金の二つに分け,前者の中味は,明治22年度までの中央儲蓄金とその利息とし,後者もまた明治22年度までの府県儲蓄金とそれから生ずる利殖金からなるものとし積立期間は計画の半分の10年間で終了した。

明治23年以後は，同年に埼玉県の水害，明治24年愛知・岐阜両県の濃尾地震，明治26年佐賀県の風蝗災，明治29年滋賀・岐阜両県の水害及び秋田県の陸羽震災，明治30年新潟県の水害のほか連年して各地で大災害が相次いで発生し，震災地方租税特別処分法及び水害地方地租特別処分法による地租の免除をせざるを得ず，また中央儲蓄金の運用益では賄いきれず中央政府の儲蓄は支出し尽くしてしまったため，明治32年に備荒儲蓄法はついに廃止されたのである[43]。

備荒儲蓄法は，被災した農民の救済が主目的であったため儲蓄金は十分ではなく，明治29年の三陸地震津波では漁民救済のために漁具や船舶等の購入資金に充てることが許されないなど，被災者救済面からも十分ではなかった[44]。備荒儲蓄法は被災者の救済と税の減免・延納という総合的な共済制度として設けられたのであるが，国が主体となっても制度の破綻は避けられず，災害に備えた基金を事前にすべて確保しておくというようなことは無理であった。

備荒儲蓄法を廃止した後，府県の基金をなるべく独立させる必要があるとの観点から，明治32年3月22日に罹災救助基金法（法律第77号）が成立した。同法は被災者を財政面で支援することにあり,罹災救助基金を支出できる費目は，避難所費，食料費，小屋掛費などであり，都市部における給与所得者や商工業者を含めた被災者には原則として現物給付されるが[45]，地租等の免除，補助，貸与等の規定は盛り込まれていない。

罹災救助基金法の主管省は大蔵省であったが，災害救助に関する国の役割は

基金管理に限られ，実際の救助業務は府県が中心になって行ったため，地方ごとの財政力の違いや救助に対する考え方の相違などから，救助の実態には濃淡があり，救助活動が府県ごとにバラバラで関係機関相互の連絡に統一を欠くことも多くなっていった[46]。

昭和21年の南海地震の際には，第二次大戦後の物価高騰も激しかったが，各府県でインフレ率加算に違いがあり支給額に33倍もの差が生じたことから，罹災救助基金法の矛盾点が更にクローズアップされた。このため，円滑かつ迅速な救助実施のためには，救助活動全般にわたる規定を設けるとともに，国と都道府県との費用分担関係を明確にしておく必要があるとの考えに基づき，昭和22年10月新たに災害救助法が国会で成立した[47]。さらに，昭和34年の伊勢湾台風をきっかけに，災害予防や復旧を含めた総合的な立法の必要性が指摘され，昭和36年に災害対策に関する基本的事項を定めた一般法として災害対策基本法に引き継がれたのである。

2-6　災害地地租免除法の成立

備荒儲蓄法は廃止され，被災者の税の減免・延納制度がなくなったことから，政府は災害の発生するごとに臨時の特別法を設けざるを得なくなった。

備荒儲蓄法廃止前の明治25年以降，深刻な被害が生じた地震による災害時に特別法は設けられたが，備荒儲蓄法の廃止後は，被害が激しく備荒儲蓄法での救済ができなくなった水害についても特別法が設けられた。その後，明治34年には水害に対する一般法として水害地方田畑地租免除ニ関スル法律（法律第27号）が制定され，大正3年には，すべての災害と天候不順を原因とした収穫皆無地の地租免除が災害地地租免除法で認められることに繋がった。（図表1-2参照）

災害地地租免除法成立までの経緯は，帝国議会での貴族院と衆議院の対立，日露戦争による特殊事情も影響しているため，帝国議会での議事録を中心にその経緯を振り返ってみたい。

図表1-2 災害時の特別法と減免税目

特別法	減免される税目等
震災地方租税特別処分法 (明治25年6月14日法律第1号)	造石税，菓子製造税，度量衡税，醤油営業税，菓子営業税，売薬営業税及び煙草営業税は減免，地租は地価修正と延納
震災地方租税特別処分法 (明治28年4月16日法律第29号)	造石税，菓子製造税，度量衡税，醤油営業税，菓子営業税，売薬営業税及び煙草営業税は減免，地租は地価修正と延納
震災地方租税特別処分法 (明治30年3月29日法律第22号)	造石税，菓子製造税，売薬営業税は減免，地租は地価修正と延納
水害地方地租特別処分法 (明治30年3月31日法律第30号)	地租
水害地方地租特別処分法 (明治31年7月28日法律第22号)	地租
水害地方地租特別処分法 (明治32年2月2日法律第3号)	地租
水害地方地租特別処分法 (明治33年1月9日法律第1号)	地租
虫害地地租特別処分法 (明治33年3月1日法律第24号)	地租
水害地方田畑地租免除ニ関スル法律 (明治34年4月13日法律第27号)	地租
虫害地地租特別処分法 (明治35年3月18日法律第25号)	地租
雹害地地租特別処分法 (明治35年3月18日法律第26号)	地租
災害地地租延納ニ関スル件 (明治36年2月3日勅令第8号)	地租
災害地地租延納ニ関スル法律 (明治36年6月16日法律第3号)	地租
渡良瀬川沿岸地方特別地価修正法 (明治37年4月1日法律第16号)	地租
災害地方田畑地租免除ニ関スル法律 (明治39年3月17日法律第10号)	地租
災害地地租免除法 (大正3年2月20日法律第1号)	地租
改租延納年賦金免除ニ関スル法律 (大正3年2月20日法律第2号)	地租
震災被害者ニ対スル租税ノ減免等ニ関スル件（大正12年9月12日勅令第410号）	所得税及び営業税は減免又は徴収猶予，地租及び相続税は徴収猶予
震災被害者ニ対スル租税ノ減免等ニ関スル件ノ施行ニ関スル件（大正12年9月30日勅令第433号）	震災地及び震災被害者の定義，所得税の具体的な減免額の計算方法等
震災被害者ノ営業税課税標準算定ノ特例等ニ関スル件（大正13年2月23日勅令第21号）	営業税の計算方法の特例，地租，第一種所得税及び相続税は徴収猶予
震災被害地ノ地租免除等ニ関スル法律 (大正13年7月18日法律第4号)	地租は減免又は徴収猶予，第一種所得税及び相続税は徴収猶予

出所：各法令から筆者作成。

2-6-1　水害における地租免除まで

　初めての特別法は，明治24年10月28日発生の濃尾地震における震災地方租税特別処分法（明治25年6月14日法律第1号）である。同法では被害地域である三重県，愛知県，滋賀県，岐阜県及び福井県において地租は免除されず，地価修正，低価年期限付与，地租延納年賦金免除及び地租延納許可等の措置が行われた。また，建物が焼失倒壊又は大破したときは酒造石税，醤油造石税，菓子製造税，度量衡税，醤油営業税，菓子営業税，売薬営業税，煙草営業税などを減免した。

　明治25年5月召集の第3回帝国議会で政府の提出した震災地方租税特別処分法案は，地租の延納期間は5年とし，同法案の第8条では「所得納税者ニシテ所得ヲ減損シタル者ハ其減損高所得税法第二十三条規定ノ制限ニ達セサルモ其資力ヲ斟酌シテ明治二十四年後半年分所得税金ヲ減免スルコトヲ得」と当時の所得税法では所得の半分以上が減損するときは免税できたが，今回の濃尾地震では半分未満の被災者も減免すると提案した。しかし，衆議院は地租の延納期間を3年に短縮し，所得税の納税者は富民であるのに救済の度が過ぎるという理由で同法案の第8条を削除した[48]。貴族院では，災害損失に対して税制上による措置は必要なのか，特別法を創設する必要性はあるのか，そして，本件法案による救済程度は適切であるかについて特別委員会で審議が行われた。その結果，租税の賦課物件の破壊や個人財産の蕩尽[49]により租税に関係を及ぼすことは明らかで，通常の税則では救済は困難であるから特別法が必要であり，特別法の内容は被災者の実態からみて適切であるとして同意した[50]。

　その後，明治27年10月の山形県庄内地震でも震災地方租税特別処分法（明治28年4月16日法律第29号）が設けられたが，地租は免除されず濃尾地震に準じた措置が行われた。

　特別法が地震被害に限られた理由は，明治32年までは備荒儲蓄法が施行されており水害等は同法で対応可能であったこと，また，地租は地震による被害を想定した救済規定が設けられていなかったからである[51]。すなわち，地震では自己の農地には被害はなく荒地になってはいないが，人的被害，水路や道路の

寸断，農作業器具や役馬・役牛の被害によって耕作不能となるなどのケースは考慮されていなかったのである。

明治29年12月召集の第10回帝国議会では，明治29年8月の秋田・岩手県陸羽地震における救済を目的として，山形県庄内地震による措置と同様の震災地方租税特別処分法（明治30年3月29日法律第22号）が成立した。

また，同帝国議会では，明治29年7月から10月までの水害に対して，衆議院では地租を免除するという水害地方地租特別処分法案が提出された[52]。政府は，地租条例は「年の豊凶によって増減せず」という原則があり，備荒貯蓄法によって救済も行っているとして強硬に反対したが，先に震災地方租税特別処分法は成立しているが，水害に対して地租条例は不完全で備荒貯蓄法でも十分な救済ができないとして，水害地方地租特別処分法（明治30年3月31日法律第30号）は可決された[53]。

その後，明治30年7月から10月の洪水による水害地方地租特別処分法（明治31年7月28日法律第22号），明治31年8月から10月の洪水による水害地方地租特別処分法（明治32年2月2日法律第3号），明治32年の7月から10月の洪水による水害地方地租特別処分法（明治33年1月9日法律第1号）及び明治32年徳島県の虫害被害による虫害地地租特別処分法（明治33年3月1日法律第24号）などでは，収穫皆無となった土地の地租免除を認めた。

明治32年11月召集の第14回帝国議会では，衆議院提出による明治32年の7月から10月の洪水による水害地方地租特別処分法（明治33年1月9日法律第1号），明治32年8月から9月における徳島県の虫害被害における虫害地地租特別処分法（明治33年3月1日法律第24号）が成立している。審議では，虫害は科学的には防止できるものであり，水害等の自然災害とは異なるとの反対もあったが，収穫皆無地に課税は困難であるとして同法案は成立し，水害以外の原因で地租免除が認められた。

明治33年12月召集の第15回帝国議会では，発生の頻度が高く被害も甚大である水害について，明治34年4月に水害地方田畑地租免除ニ関スル法律（明治34年4月13日法律第27号）を永久的な法律として制定した。この法案の提出理由

について政府委員若槻禮次郎は，災害の都度法律が成立しても，災害後1年，1年半経って水害の状況を調査することは困難であるが，元となる法律があれば災害時に調査ができるからと述べている[54]。これまでは災害時にその都度法律を制定して地租徴収の特別処分方法を定めてきたが，いちいち特別の法律を制定することは手続きが煩雑であるのみならず，事後に法律を制定していては災害発生直後に必要な調査を行うこともできず，その処分は往々にして事実に適合しない不公平なこともあったからである[55]。そこで，政府は水害発生直後に十分な調査を実施し，その結果収穫皆無と認められる土地の地租を免除することにしたのである。

同法案の審議では，前年に虫害地地租特別処分法が成立したこともあり，衆議院では水害に加え，虫害，風害及び旱害についても今後は免除すべきとしたが，貴族院の否決によって認められず，両院協議会での協議の結果，附則において1年限りとして，その文言が加えられた[56]。

水害地方田畑地租免除ニ関スル法律（明治34年4月13日法律第27号）

　一府県又ハ数府県ノ全部若ハ一部ニ亙レル水害ニ因リ収穫皆無ニ帰シタル田畑ノ地租ハ其ノ年分ニ限リ之ヲ免除ス
　前項ニ依リ免租ノ処分ヲ受ケムトスル者ハ罹災後三十日内ニ主務官庁ニ申出ツヘシ此ノ期間内ニ申出テサル者ハ免租ノ処分ヲ受クルコトヲ得ス
　附則
　本法ノ規定ハ之ヲ本法施行前一年間ニ水害，虫害，風害又ハ旱害ヲ被リタル田畑ニ準用ス但シ申出期間ハ本法施行ノ日ヨリ起算ス

出所．国立公文書館デジタルアーカイブ資料から筆者作成。

2-6-2　災害による地租免除への拡大

明治34年は栃木県の雹害，明治35年には徳島県では虫害による被害が相次いで発生した。水害地方田畑地租免除ニ関スル法律では水害以外の災害や天候不順は免除されないので，従前どおり，個別の特別法をその都度制定しなければならなかった。

明治34年12月召集の第16回帝国議会では，衆議院から被害により収穫皆無となった土地の地租を免除する旨の虫害地地租特別処分法案及び雹害地地租特別処分法案が提出された。一方，政府は特別法ではなく，備荒儲蓄法も廃止されたため，災害によって収穫皆無となった田畑の地租は免除するとした地租条例中改正法案を提出した。

　審議の結果，明治35年徳島県の虫害被害による虫害地地租特別処分法（明治35年3月18日法律第25号）及び明治34年の栃木県の雹害による雹害地地租特別処分法（明治35年3月18日法律第26号）は成立し，水害と同様に収穫皆無になったものは地租免除とされた。一方，政府案の地租条例中改正法案は特別法ではなく基本法を改正し恒久化するという思い切ったもので，衆議院では賛成されたが，貴族院は地租は年の豊凶に関係なく負担は一定とする原則から外れるとして断固反対したため成立しなかった[57]。

　明治35年12月召集の第17回帝国議会では，明治35年の東北地方は深刻な凶作となったので，政府は地租を免除せず延納とする地租条例中改正法律案を提案したが，議会は解散して成立させることができなかった。そこで，帝国憲法第8条第1項の規定に基づき[58]，地租を3年間納税猶予とする勅令災害地地租延納ニ関スル件（明治36年2月3日勅令第8号）を発して対応した[59]。

　明治36年5月召集の第18回帝国議会では，政府は帝国憲法第8条第2項の規定に基づき勅令の事後承認を求めた[60]。しかし，衆議院では，青森ほか東北地方の冷害を主因とする凶作は深刻であることと，地租は水害しか免税にならない不公平を是正する必要があるとして，災害時には地租を免税とする災害地地租免除ニ関スル法律案を可決し，勅令第8号を承諾しなかった。

　貴族院では，地租は年の豊凶に関係なく負担は一定とする地租条例の原則から外れるとして免除には断固反対した。しかし，第16回帝国議会で水害地方田畑地租免除ニ関スル法律の「水害」を「災害」に変更して法制化すればよいと谷干城議員（地租条例中改正法律案特別委員会会長）が答弁していたこと[61]，被災地の惨状からすれば何らかの救済は必要であることを考慮し，災害地地租免除ニ関スル法律案の「免除」を「延納」と改め10年以内の延納とした[62]。

衆議院は貴族院と対立していたが，勅令の3年間から10年間に期間延長されたので，不満ではあるが同意し[63]，災害地地租延納ニ関スル法律（明治36年6月16日法律第3号）は成立した。そして，同時に明治36年勅令第8号ノ効力ヲ将来ニ失ワシムルノ件（明治36年6月16日勅令第100号）をもって明治36年2月3日勅令第8号は将来に向かってその効力を失うとされた[64]。

明治37年11月召集の第21回帝国議会では，衆議院はまたも災害地方田畑地租免除ニ関スル法律案を提出したが，政府及び貴族院は水害以外は免除せず延納とすることで決着しているとして賛成しなかった。

明治38年12月召集の第22回帝国議会では，明治38年に東北地方が冷害を主因として深刻な大凶作となり，衆議院では本年度の地租を免除する旨の災害地方田畑地租免除ニ関スル法律案が提出され可決された。これまで地租免除に反対してきた政府及び貴族院も，今回の凶作が東北地方を中心とする東日本一帯の広範囲で天保以来の大凶作であることと，耕作に従事すべき壮丁[65]が日露戦争の戦役に召集され人手不足で農村の生産力は著しく減退しているなど特殊な事情があることから，1年限りの免租に同意し，災害地方田畑地租免除ニ関スル法律（明治39年3月17日法律第10号）は成立し，天候不良の凶作についても地租は初めて免除されることになった。

明治39年12月召集の第23回帝国議会では，前年に引き続き青森県が災害により凶作となったため，災害地方田畑地租免除ニ関スル法律案が衆議院に提出された。衆議院では可決したが，政府及び貴族院は，被害地が限定的であることと，前年は耕作に従事すべき壮丁が日露戦争の戦役に召集されるという特殊事情があったから認めたものであるとして，今回は反対否決した。

明治40年12月召集の第24回帝国議会では，政府は災害地地租特別処分法案を提出している。この法案は地租の延納期間内に再び同一田畑に延納許可を受けたときは未納分を免除するというもので，災害により延納に次ぐ延納を重ねることによって，農民はその負担に耐えられなくなっている実情に配慮した法案であった。しかし，衆議院では他の政府提出の税制改正案を含めた税制の在り方が問題となり，本法案はほとんど審理することなく一括して否決された。

明治42年12月召集の第26回帝国議会では，政府は災害地地租特別処分法案を再度提出したが，衆議院は免除ではなく延納という延納主義を認めず，法案の「延納」の文言を削除し「免除」と修正した。貴族院では，年々歳々両院が意見を異にしているので本案には同意すべきとの意見もあったが，災害による地租は補助するなど相当の救済方法を講ずるべきとして修正案を今回も拒否した。

　明治44年12月召集の第28回帝国議会では，秋田庄内地方の稲熱病の被害及び東京府における雹害が生じたため，衆議院では災害地地租特別処分法案が提出された。同法案は，第26回帝国議会において衆議院が修正可決した災害地地租特別処分法案と同内容であったが，政府は地租条例の原則，財政上の問題及び免除認定処分判定の困難性などから絶対反対の立場をとったこともあり，衆議院は災害地地租特別処分法案委員会において7名中4名の反対で否決し，本会議でも否決した。

　大正元年12月召集の第30回帝国議会では，前年に三重県と愛知県の台風被害等が生じたため，衆議院に災害地方田畑地租免除ニ関スル法律案が提出された。政府は反対したが衆議院では可決され，貴族院では台風被害は水害という一面もあり免除すべきとの意見もあったが，審議未了となって不成立となった。

　大正2年12月召集の第31回帝国議会では，東北地方及び北海道の広範囲で冷害により凶作となり甚大な被害が生じたため，政府は唐突に災害地地租免除法案と改租延納年賦金免除ニ関スル法律案を衆議院に提出した[66]。地租の延納だけでは議会の同意は得られず，衆議院と貴族院は対立し，このままでは被災者の救済は図れないとして，ついに政府は水害以外の災害のときにも地租を免除すると方針を変更し，衆議院及び貴族院の可決により両法案は成立した。

　災害地地租免除法（大正3年2月20日法律第1号）は成立し，収穫皆無に帰した田畑の地租は納税義務者の申請に基づき免除した。なお，収穫皆無の意義は最も注目されたところであるが，政府は従前から収穫皆無とは全く収穫がなかったということではなく，三分程度の収穫（七分の被害）があっても収穫皆無と判断してきたと説明している[67]。また，同時に水害地方田畑地租免除ニ関

スル法律及び災害地地租延納ニ関スル法律は廃止され，同法に基づく延納68万5,372円の未徴収分を免除した。

改租延納年賦金は，大正3年1月1日現在で1,762円の未納金と，その納付義務者2,600余人がいた。政府は災害地地租免除法で延納分を免除したこととの整合性と，延納制度は官民ともに事務が煩雑であることから，改租延納年賦金免除ニ関スル法律（大正3年2月20日法律第2号）を設けて「改租延納年賦金ニシテ未タ徴収セサルモノハ之ヲ免除ス」として，これら全部を納税者からの申請を待たず，すべて免除した[68]。

ここでようやく地租に対する災害救済制度は，地租条例が荒地の地租免除を規定し，特別法で災害と天候不順による地租免除を定めるという関係に整理されたのである。災害時の地租免除に強硬に反対していた政府が一転して災害地地租免除法を提出した理由は次の要因が重なったからと考えられる。

明治後期は災害や凶作が続いているが，大正2年の天候不順による凶作は明治38年と同様に天保以来の大凶作であり，東北地方の悲惨な状況は諸外国にも報道され，当時の新聞にも「倫敦（ロンドン）市民の同情」との見出しで「数日来当地諸新聞は，北海道及び東北地方飢饉の惨状を報道する東京発ロイテル電報を屢（しばしば）掲載したる為，当国人中難民に同情を寄せ当館に種々の問い合わせを為し又は既に義捐金の転送を依頼し来るものあり」と注目を集め義捐金が送られ[69]，地租の免除要望も高まり[70]，政府としては十分な対応を迫られたこと。政治的には，憲政擁護運動で倒れた第3次桂内閣の後を継いだ第一次山本内閣は日露戦争による地租増税の負担軽減とその後の不景気に伴う所得税や営業税の減税廃止など，民衆ないし世論の圧力の方向に沿った政策を行なわねばならなかったこと[71]。もちろん，衆議院では災害時の地租免除法案が幾度も審議されており，もはや延納を基本とする政府案では衆議院の同意が得られない状況に追い込まれていたこと，所得税には減額更訂という救済税制があるが地租は免除されない不公平があったことなど，多くの要因が考えられるが，その中心は公平な災害救済を税制においても求める意識の高まりが原動力といえる。

災害地地租免除法（大正3年2月20日法律第1号）

第一条　北海道又ハ府県ノ全部又ハ一部ニ亙ル災害又ハ天候不順ニ困リ収穫皆無ニ帰シタル田畑ノ地租ハ納税義務者ノ申請ニ困リ其ノ年分ニ限リ之ヲ免除ス
　　前項ノ申請ハ被害現状ノ存スル間ニ於テ其ノ事実ヲ証明シテ之ヲ為スコトヲ要ス

第二条　地目変換若ハ開墾成功ノ届出アリタル土地又ハ耕地整理工事完了シ地価ノ配当ノ申出アリタル土地ニシテ土地一帳ニ登録セラレサルモノニ付テハ　其ノ成功地目カ田畑ナルトキハ現地租ニ付前条ノ規定ヲ準用ス　但シ耕地整理ノ場合ニ於テ免除スヘキ地租ノ金額ハ配賦スヘキ地価ニ依リ算出シタルモノトス

第三条　被害ノ調査中ハ其ノ年分地租ノ徴収ヲ猶予スルコトヲ得

第四条　第一条又ハ第二条ノ規定ニ依リ免除シタル地租ハ法律上総テノ納税資格中ヨリ之ヲ控除セス

　附則

第五条　本法ハ大正三年四月一日ヨリ之ヲ施行ス

第六条　明治三十四年法律第二十七号及明治三十六年法律第三号ハ之ヲ廃止ス

第七条　本法ハ本法施行前一年内ニ北海道又ハ府県ノ全部又ハ一部ニ亙ル災害又ハ天候不順ニ因リ収穫皆無ニ帰シタル田畑又ハ第二条ニ該当スル土地ノ地租ニ之ヲ適用ス　但シ明治三十四年法律第二十七号又ハ明治三十六年法律第三号ニ依リ地租ノ免除又ハ年賦延納ヲ出願シ不許可ト為リタルモノニ付テハ此ノ限ニ在ラス
　　前項ノ規定ニ依リ免租ノ処分ヲ受ケムトスル者ハ大正三年五月三十一日限リ被害ノ事実ヲ証明シテ之ヲ申請スルコトヲ要ス　但シ明治三十四年法律第二十七号又ハ明治三十六年法律第三号ニ依ル地租ノ免除又ハ年賦延納ノ出願ハ本法ニ依ル地租ノ免除ノ申請ト看做ス

第八条　明治三十六年法律第三号ニ依リ許可シタル延納年賦金ニシテ未タ徴収セサルモノハ之ヲ免除ス

改租延納年賦金免除ニ関スル法律（大正3年2月20日法律第2号）

　改租延納年賦金ニシテ未タ徴収セサルモノハ之ヲ免除ス
　附則
　本法ハ大正三年四月一日ヨリ之ヲ施行ス

出所：国立公文書館デジタルアーカイブ資料から筆者作成。

3. 関東大震災と旧災害減免法の成立

　関東大震災は，大正12年9月1日（土）11時58分32秒（日本時間），神奈川県相模湾北西沖を震源として発生したマグニチュード7.9の地震災害である。190万人が被災，10.5万人余が死亡あるいは行方不明になった。建物被害は，全壊10.9万余棟，全焼21.2万余棟という日本災害史上最大級の被害であった。

　この関東大震災時に創設された緊急勅令によって，初めて所得税の減免が認められ，この特例を基礎として，恒久的な災害救済の法律として旧災害減免法は昭和14年3月導入された。

3-1　関東大震災における所得税等の減免

　関東大震災発生の翌日の大正12年9月2日には，非常徴発令（大正12年勅令第396号），臨時震災救護事務局官制（大正12年勅令第397号），一定ノ地域ニ戒厳令中必要ノ規定ヲ適用スルノ件（大正12年勅令第398号）が発せられた。

　大正12年9月12日には，震災被害者ニ対スル租税ノ減免等ニ関スル件（勅令第410号）を議会の承認を得ず緊急勅命として発布した[72]。その第1条では「政府ハ震災被害者ノ納付スヘキ大正十二年分ノ第三種所得税及営業税ニ付各納税者ノ被害ノ状況ニ応シ命令ノ定ムル所ニ依リ之ヲ免除又ハ軽減スルコトヲ得」とし，大正12年分の震災被害者の納付すべき第3種所得税及び営業税を，各納税者の被害状況に応じて免除又は軽減し，第2条では「政府ハ震災地ニ於テ大正十二年度ニ納付スヘキ左ノ租税ニ付命令ノ定ムル所ニ依リ其ノ徴収ヲ猶予スルコトヲ得」として地租のほか，所得税，営業税及び相続税を被害の有無に関わらず徴収猶予した。

　当時の所得税法では，所得金額の決定期限が震災前々日の8月30日で，所得金額通知書は発送途上で焼失したものもあり，第一期の納期である9月30日も迫るため，対応を急ぐ必要があった[73]。また，既に地租の国税に占める割合は急速に低下し，酒造税や所得税が歳入の主要な税目を占めるようになっていた[74]。そのため，これまでの災害は主に農村地帯であったので地租の免除が中

心であったが，関東大震災は都市災害であり，初めて所得税の減免も行われたのである[75]。

震災被害者ニ対スル租税ノ減税等ニ関スル件（大正12年9月12日勅令第410号）

第一条　政府ハ震災被害者ノ納付スヘキ大正十二年分ノ第三種所得税及営業税ニ付各納税者ノ被害ノ状況ニ応シ命令ノ定ムル所ニ依リ之ヲ免除又ハ軽減スルコトヲ得

第二条　政府ハ震災地ニ於テ大正十二年度ニ納付スヘキ左ノ租税ニ付命令ノ定ムル所ニ依リ其ノ徴収ヲ猶予スルコトヲ得
　一　地租
　二　所得税
　三　営業税
　四　相続税

第三条　第一条ノ震災被害者及前条ノ震災地ハ命令ヲ以テ之ヲ定ム

出所：大蔵省編纂（1957）『明治大正財政史　第6巻』経済往来社，351〜359頁。

具体的な所得税の減免額は，大正12年9月30日の震災被害者ニ対スル租税ノ減免等ニ関スル件ノ施行ニ関スル件（勅令第433号，以下「関東大震災の震災特例法」という。）及び大正12年10月31日付大蔵省令第26号で定められている。

震災被害者ニ対スル租税ノ減免等ニ関スル件ノ施行ニ関スル件（大正12年9月30日勅令第433号）

第一条　大正十二年勅令第四百十号第三条ノ規定ニ依リ震災地及震災被害者ヲ左ノ如ク定ム
　一　震災地
　　東京府　（西多摩郡及小笠原島ヲ除ク）
　　神奈川県
　　埼玉県　（秩父郡，兒玉郡及大里郡ヲ除ク）
　　千葉県　千葉市　千葉郡　市原郡　東葛飾郡　君津郡　安房郡
　　山梨県　中巨摩郡花輪村　東八代郡富士見村　南巨摩郡鰍澤村　南都留郡明見村　中野村忍野村
　　静岡県　沼津市　田方郡　駿東郡　賀茂郡
　二　震災被害者

　　　　大正十二年九月一日ノ震災（之ニ伴フ火災又ハ海嘯ヲ含ム以下同シ）ニ因リ損
　　　　害ヲ受ケタル者
第二条　震災被害者中政府ノ決定シタル所得金額一万円以下（同居ノ戸主又ハ家族ノ分
　　　トノ合算額ニ依ル）ノ者ニシテ自己（同居ノ戸主又ハ家族ヲ含ム）ノ所有ニ係ル其
　　　ノ住宅又ハ家財ノ過半カ震災ニ因リ滅失シ又ハ其ノ用ヲ為ササルニ至リタルモノニ
　　　付テハ大正十二年分第三種ノ所得ニ対スル所得税ヲ免除ス
第三条　震災被害者ニシテ前条ニ該当セサルモノノ大正十二年分第三種ノ所得ニ付テハ
　　　政府ノ決定シタル所得金額中ヨリ左ノ金額ヲ控除シ其ノ残所得金額ニ付所得税法第
　　　二十三条ノ規定ヲ適用ス
　　一　所得税法第十四条第一項第六号ノ所得ノ基因タル自己所有ノ家屋其ノ他ノ築造
　　　　物，船舶，機械，器具，商品，原料品等カ震災ニ因リ滅失又ハ毀損シタルトキハ
　　　　其ノ損害見積金額
　　二　自己（同居ノ戸主及家族ヲ含ム）ノ所有ニ係ル其ノ住宅又ハ家財カ震災ニ因リ
　　　　滅失又ハ毀損シタルトキハ左ノ金額
　　　　甲　住宅又ハ家財ノ過半カ滅失シ又ハ其ノ用ヲ為ササルニ至リタルトキ
　　　　　　所得金額中一万円以下ノ金額（同居ノ戸主又ハ家族ノ分トノ合算額ニ依ル以
　　　　　　下同シ）ノ全部
　　　　　　同　一万円ヲ超エ二万円以下ノ金額ノ八割
　　　　　　同　二万円ヲ超エ五万円以下ノ金額ノ六割
　　　　　　同　五万円ヲ超エ十万円以下ノ金額ノ四割
　　　　　　同　十万円ヲ超ユル金額ノ二割
　　　　乙　住宅又ハ家財ノ損害甲ノ程度ニ達セサルモ其ノ損害著シキトキ
　　　　　　所得金額中一万円以下ノ金額（同居ノ戸主又ハ家族ノ分トノ合算額ニ依ル以
　　　　　　下同シ）ノ五割
　　　　　　同　一万円ヲ超エ二万円以下ノ金額ノ三割
　　　　　　同　二万円ヲ超エ五万円以下ノ金額ノ二割
　　　　　　同　五万円ヲ超ユル金額ノ一割
　　　　丙　住宅又ハ家財ノ損害乙ノ程度ニ達セサルトキ
　　　　　　所得金額中一万円以下ノ金額（同居ノ戸主又ハ家族ノ分トノ合算額ニ依ル以
　　　　　　下同シ）ノ二割
　　　　　　同　一万円ヲ超エ五万円以下ノ金額ノ一割
　　三　第一号又ハ前号ノ規定ノ適用ヲ受クル者所得税法第十四条第一項第一号又ハ第

　　　　六号ノ所得ニ付震災ノ影響ニ依リ収入ノ全部又ハ大部分ヲ得ルコト能ハサルニ至リタルトキハ当該所得ノ三分ノ一ニ相当スル金額
　２　前項第二号ノ場合ニ於テ同居者一人毎ノ控除金額ハ各其ノ所得金額ニ案分シテ之ヲ計算ス
　３　震災被害者カ所得ノ基因タル自己所有ノ家屋ニ住居スル場合ニ於テハ其ノ選択ニ依リ第一項第一号又ハ第二号ノ規定ヲ適用ス
　４　同一人ニシテ山林ノ所得ト山林以外ノ所得トヲ有スル場合ニ於テハ前三項ノ規定ニ依ル控除ハ先ツ山林以外ノ所得ニ付之ヲ爲シ不足アルトキハ山林ノ所得ニ及フ
第四条　所得税法第六十四条第一項ノ請求ヲ爲ス者ニ付テハ前条ノ規定ヲ適用セス
第五条　第三条ニ依ル控除ヲ爲シ残所得金額八百円ニ満タサルトキハ所得税ヲ免除ス
　２　所得税法第二十条第二項ノ規定ハ前項ノ場合ニ之ヲ準用ス
第六条　震災ニ因リ所得税法第二十六条第一項ノ規定ニ依リ決定シタル大正十二年分第三種ノ所得金額ノ不明トナリタルモノニ付テハ政府ハ所得調査委員会ニ諮問シテ其ノ所得金額ヲ確定スヘシ
第七条　震災被害者ニシテ左ノ各号ノ一ニ該当スルモノノ大正十二年度分営業税第二期分ハ之ヲ免除ス
　一　営業ノ用ニ供スル家屋其ノ他ノ築造物、船舶、機械、器具等ノ全部又ハ大部分カ震災ニ因リ滅失シ又ハ其ノ用ヲ爲サナルニ至リタルトキ
　二　商品及原料品ノ全部又ハ大部分カ震災ニ因リ滅失シ又ハ其ノ用ヲ爲ササルニ至リタルトキ
　２　前項ノ規定ハ各営業場毎ニ之ヲ適用ス但営業税法第十五条第二項ノ規定ニ依リ合算シテ営業税ヲ課シタルモノニ付テハ各営業場ヲ通シテ之ヲ適用ス
第八条　前条ノ規定ニ依リ営業税ノ免除ヲ受ケタル者ニ付テハ第一期分ニ相当スル税額ヲ以テ営業税法第二十九条ノ其ノ年分営業税額ト看做ス
第九条　震災被害者ノ大正十二年分営業税ニ付営業税法第二十九条ノ規定ヲ適用スル場合ニ於テハ営業ノ用ニ供メル自己所有ノ家屋其ノ他ノ築造物、船舶、機械、器具等カ震災ニ因リ滅失シ又ハ毀損シタル損害ノ見積金額ヲ営業税法施行規則第五十五条ノ経費ト看做ス
第十条　震災ニ因リ営業税法第二十六条第一項ノ規定ニ依リ決定シタル大正十二年分営業税課税標準ノ不明ト爲リタルモノニ付テハ政府ハ営業調査委員会ニ諮問シテ其ノ課税標準ヲ確定スヘシ
第十一条　第二条第三条又ハ第七条ノ規定ニ依リ所得税又ハ営業税ノ免除又ハ軽減ヲ受

ケムトスル者ハ被害ノ状況及損害見積金額ヲ記載シタル申請書ヲ大正十三年一月三十一日迄ニ所轄税務署ニ提出スヘシ
2　震災当時ニ於テ納税地カ震災地ニ在リタル納税者ニシテ被害ノ事実顕著ナル者ニ付テハ前項ノ申請無キ場合ト雖モ政府ノ認ムル所ニ依リ所得税又ハ営業税ノ免除又ハ軽減ヲ為スコトヲ得
第十二条　政府ハ第三条ノ規定ニ依ル控除ヲ為シタルトキハ其ノ残所得額ヲ納税義務者ニ通知スヘシ
第十三条　本令ニ依ル所得税又ハ営業税ノ免除又ハ軽減ニ関スル処分対シ不服アルトキハ訴願又ハ行政訴訟ヲ為スコトヲ得
第十四条　震災地ニ於テ納付スヘキ地租，所得税（第二種所得税ヲ除ク），営業税及相続税ニシテ納付未済ニ係ルモノ及大正十二年十月三十一日迄ニ納期限ノ到来スルモノニ付テハ其ノ徴収ヲ猶予シ大正十二年十一月一日以後ニ於テ大藏大臣其ノ納期限ヲ定ム
2　震災地ニ於テ納付スヘキ地租，所得税（第二種所得税ヲ除ク），営業税及相続税ニシテ大正十二年十一月一日以後ニ納期限ノ到来スルモノニ付テハ大藏大臣ノ定ムル所ニ依リ其ノ徴収ヲ猶予ス

出所：大蔵省編纂（1957）『明治大正財政史　第6巻』経済往来社，351～359頁。

3-1-1　住宅又は家財が被害を受けた場合の所得税の減免額

　関東大震災の震災特例法による第三種所得税の減免額の計算は，面倒な算定方法になっている。所有する住宅又は家財の過半が滅失等した場合は，震災被害者の所得金額が1万円以下であれば所得税は全額免除されるが，1万円を超える場合は，被災の程度と所得金額に応じて減額率は異なる。
　まず，被害程度に応じて3段階に分けられ，所得金額に応じて段階的に減額割合が定められており，特例を適用した場合と適用しなかった場合の差額が減免額となる。なお，同法第5条では，それぞれの控除額の控除後の所得金額が800円に満たない場合は全額免除するとも規定している。
　住居又は家財の被害程度の3段階とは，（甲）住宅又は家財の過半が滅失等したもの，（乙）甲の程度に達しないが損害著しいもの，（丙）乙の程度に達しない程度のものとされ，その基準は極めて抽象的に定められている。

当時の震災税制について解説した西脇晋著『震災被害者租税ノ減免』では「全ク合理的ノ区別ニアラズ詮ズル所収税官吏ノ事実認定ノ問題ニ帰シ官民間ニ争端ヲ繁クスルノ弊アリ」と基準が不明確で訴訟となれば立法の趣旨を失うことにもなるので，寛大な取り扱いをすべきとしている[76]。

また，時事新報社著『震火災減免税便覧』によれば「住宅又は家財の過半が滅失等した場合」とは，自己所有の住宅か家財のいずれか一方又は両方の過半数が焼失したり，毀れて役に立たなくなった場合をいい，「甲の程度に達しないが損害著しいもの」とは，それ程の被害でなくとも例えば住宅の一部が焼けたとか毀れたとか或いは柱が曲がったとか，家財はたいてい出したつもりだったがそれでもいい加減焼けているような程度としている。また，「乙の程度に達しない程度のもの」とは，相当自己所有の住宅家財に被害があれば適用でき「東京とか横浜とかに住宅をもっている人はほとんど大部分減税の特典に浴される。多くの納税者は所得金額１万円以下であるから多少の被害があれば控除される。」と説明している[77]。

関東大震災の震災特例法では，所得金額で区分して一定額を減額すると規定しているが，所得税の税率は累進税率であるため，実際にどれほどの税額が減免されるのかは計算してみなければ分からない。先の説明書にも計算例は示されていないので，年間所得が６万円であった場合の減税額を被災の程度別に計算してみると，次のようになる。

(1) 甲　住宅又は家財の過半が滅失等した場合

住宅又は家財の過半が滅失等した場合で，所得金額が１万円以下であれば全額免除になるが，所得金額は１万円を超えているので，

６万円の中の最初の１万円は全部免除

１万円を超え２万円までの１万円は８割引で，課税対象となる所得は2,000円

２万円を超え５万円までの３万円は６割引で，課税対象となる所得は１万2,000円

５万円を超え10万円までの５万円は４割引で，課税対象となる所得は6,000

円
となり，全体では4万円が控除され，課税対象となるのは2万円だけとなる。
　減免がない場合と減免適用後の税負担を比べると
　　減免がない場合：　　6万円×17％（税率）－2,634円（控除額）＝7,566円
　　減免がある場合：　　2万円×11％（税率）－　634円（控除額）＝1,566円
と差引6,000円が減税額となり，おおむね8割の税額が減額される。

(2)　乙　甲の程度に達しないが損害著しいもの
　住宅又は家財の過半が滅失してはいないが，その損害の程度が著しい場合は，
　6万円の中の最初の1万円は5割引で，課税対象となる所得は5,000円
　1万円を超え2万円までの1万円は3割引で，課税対象となる所得は7,000円
　2万円を超え5万円までの3万円は2割引で，課税対象となる所得は2万4,000円
　5万円を超える金額の1万円は1割引で，課税対象となる所得は9,000円
となり全体では1万5,000円が控除され，課税対象となるのは4万5,000円となる。
　減免がない場合と減免適用後の税負担を比べると
　　減免がない場合：　　6万円×17％（税率）－2,634円（控除額）＝7,566円
　　減免がある場合：　　4万5,000円×15％（税率）－1,634円（控除額）＝5,116円
と差引2,450円が減税額となり，おおむね3分の1の税額が減額される。

(3)　丙　乙の程度に達しない程度のもの
　乙の程度に達しない程度の被害を受けた場合は，
　6万円の中の最初の1万円は2割引で，課税対象となる所得は8,000円
　1万円を超え5万円までの4万円は1割引で，課税対象となる所得は3万6,000円
　5万円を超える金額には割引はなく，課税対象となる所得は1万円
となり，全体では6,000円が控除され，課税対象となるのは5万4,000円となる。
　減免がない場合と減免適用後の税負担を比べると

減免がない場合：　　6万円×17％（税率）−2,634円（控除額）＝7,566円
減免がある場合：　　5万4,000円×17％（税率）−2,634円（控除額）＝6,546円

と差引1,020円が減税額となり、おおむね8分の1の税額が減額される。

3-1-2　災害等で所得が減少したときの減損更訂

　関東大震災の震災特例法第3条第1項第3号では「震災ノ影響ニ依リ収入ノ全部又ハ大部分ヲ得ルコト能ハサルニ至リタルトキハ当該所得ノ三分ノ一ニ相当スル金額」を控除できるとし、第4条では「所得税法第64条第1項ノ請求ヲ為ス者ニ付テハ前条ノ規定ヲ適用セス」と所得税法第64条の規定との選択としている。

　当時の所得税の計算は、貸預金、山林、賞与、配当は前年実績によって計算し[78]。これ以外の給与や商工農業の所得は、前年に引き続き同様の状況にあるときは前年の実績で計算し、同様でない場合は本年の予算（見込額）によって計算していた。

　すなわち、前年は所得があっても本年所得のない場合は計算せず、反対に前年所得はなくても本年所得があれば予算で算定するというものである。決定額（予算）よりの4分の1以上減損したときは、所得税法第64条及び第65条に定められた減損更訂という調整制度が設けられており[79]、この制度を適用すれば、家屋や家財等に被害はないが勤務先から解雇されたり、震災の影響で事業所得が大幅に落ち込んだりしたときにも所得の減少額に対する税金を減額できたのである。

　関東大震災では、震災の影響により営業不能となり又は失職して9月以降の収入の途絶えた者に対して、9月から12月までの4か月間に対応する3分の1に相当する税額と、上記家屋や家財が被害を受けた場合の所得税の減免額との合計額を差し引くことも認められた（関東大震災の震災特例法第3条第1項第3号、第4条）[80]。

3-1-3　関東大震災における地租の減免

　大正12年9月12日の震災被害者ニ対スル租税ノ減免等ニ関スル件（勅令第410号）では、地租は徴収猶予のみで免除されていなかったが、翌年の大正13

年7月18日の震災被害地ノ地租免除等ニ関スル法律（法律第4号）により，著しく利用を妨げられた土地の地租は5年以内の免租とされた。

地租の免除を当初認めなかった理由は，地租条例で被害の程度により15年以内の免租を認めていたこと，災害地地租免除法で収穫皆無となったときは地租免除を認めるという制度が既にあったことや市区町村の地租名寄帳の焼失もあるが，当時の政治情勢に大きな原因があった。

大正13年7月11日第49回帝国議会貴族院の震災被害地ノ地租免除等ニ関スル法律案外二件特別委員会において，黒田英雄政府委員（当時の大蔵省主税局長）は，「所得税ニ付キマシテハ，当時決定ヲ致シテ通知ヲ致スト云フ時期デアリマシタ，又第一期ハ九月ニ於テ納期モ始マリマスト云フ関係モアッタノデアリマス，営業税ニ付キマシテモ第二期ハ十一月ニアルト云フヤウナ状況デアリマシテ」と納期が9月及び11月に迫って，緊急を要する所得税と営業税をまず免除とした[81]。

なお，地租を免除しなかったことについては「震災ノ為ニ著シク利用ヲ妨ゲラレテ居リマシテモ荒地トシテ取扱フコトガ出来ナイモノガアルノデアリマス」と，土地自体は被害を受けておらず荒地となっていないが，水路や排水路が破壊されたため，復旧が完了するまで土地も利用できないときに，地租を免除するという法律はなかった。したがって，新たな法律を設けなければならなかったが，内閣総辞職による選挙等もあり，緊急性は少ないと判断したと説明している[82]。

当時の政府を振り返ると，大正12年8月24日の加藤友三郎首相の急逝に伴い山本権兵衛首相による組閣準備中の同年9月1日に関東大震災は発生した。東京が猛火に包まれつつある翌日2日に，赤坂離宮の芝生で前代未聞の新任式は行われ，混乱状態のさなかで組閣された[83]。すなわち，関東大震災の発生時には首相は空席で，加藤友三郎内閣で外務大臣であった内田康哉が臨時兼任していた。

山本内閣は，大正12年12月27日に第48通常議会の開院式に出席するため自動車で貴族院へ向かわれていた皇太子（昭和天皇）が狙撃されるという虎ノ門事

件が発生した責任を負いわずか4か月で総辞職した。山本内閣の後を継ぎ大正13年1月7日に首相となったのは清浦奎吾首相であったが，政界は大混乱を来し第48回帝国議会は何ら会議を行わずに衆議院を解散し，総選挙後には選挙敗退の責任を取り内閣総辞職した。6月11日に後を引き継いだ加藤高明首相になって政局は安定し第49回帝国議会において震災関連法案の審議も行われた[84]。

大正13年7月11日第49回帝国議会貴族院震災被害地ノ地租免除等ニ関スル法律案外二件特別委員会において，潮恵之助政府委員（当時の内務省地方局長）は地租の課税を「免除サレマスル結果，其儘捨置キマスト，当然是ノ等選挙権等ニ直チニ影響ヲシテ来ル」と述べている。当時の選挙権は，納税資格要件が存在していたことから，地租を免除すると総選挙ができないという事態になることを考慮し，震災被害地ノ地租免除等ニ関スル法律は先に延ばしたと説明している[85]。

選挙への影響を考慮し，大正13年7月18日に成立した震災ニ因リ地租ヲ免除セラルル者ノ法令上ノ納税資格要件ニ関スル法律（法律第5号）では「大正十二年九月ノ震災ニ因リ免除セラルル地租ハ法令上ノ納税資格要件ニ関シテハ免除セラレサルモノト看做ス」とされ，関東大震災で地租は免除されていないものとして，選挙権を行使できると定めている。

震災被害地ノ地租免除等ニ関スル法律（大正13年7月18日法律第4号）

第一条　大正十二年九月一日ノ震災（之ニ伴フ火災又は海嘯ヲ含ム）ニ因リ著シク利用ヲ妨ケラレタル土地ニシテ地租条例第二十条ノ適用ナキモノニ付テハ其ノ実況ニ応シ命令ノ定ムル所ニ依リ大正十二年ヨリ五年以内其ノ地租ヲ免除スルコトヲ得但シ大正十二年宅地租第一期分ニ付テハ此ノ限ニ在ラス

第二条　政府ハ大正十二年勅令第四百十号第二条ノ震災地ニ於テ大正十三年九月一日以後ニ納付スヘキ左ノ租税ニ付命令ノ定ムル所ニ依リ其ノ徴収ヲ猶予スルヨトヲ得
　　一　地租
　　二　第一種所得税
　　三　相続税

出所：国立公文書館デジタルアーカイブ資料から筆者作成。

3-2 関東大震災後の災害減免制度

　関東大震災が一つの転機となり，従来は地租のみの免税・軽減等であったが，昭和2年3月7日北丹後地震による震災被害者ニ対スル租税ノ免除猶予等ニ関スル法律（昭和2年3月30日法律第17号），昭和5年11月26日の北伊豆地震による震災被害者ニ対スル租税ノ減免猶予等ニ関スル法律（昭和6年4月1日法律第46号），昭和8年3月3日の昭和三陸地震による震災被害者ニ対スル租税ノ免除猶予等ニ関スル法律（昭和8年3月27日法律第13号），昭和9年3月21日と3月22日の函館大火による函館市ノ火災被害者ニ対スル租税ノ免除猶予等ニ関スル法律（昭和9年3月28日法律第21号），昭和9年7月11日の北陸豪雨及び9月21日の室戸台風による風水害ニ因ル被害者ニ対スル租税ノ減免猶予等ニ関スル法律（昭和9年12月10日法律第51号）では，地租に限らず所得税や営業収益税なども減免することとされた。

　これは，明治6年は地租が国税収入の93.2%を占めていたため[86]，地租の免税のみで被災者の救済はできたが，昭和2年には国税収入に占める地租は8.8%，所得税は28.5%，営業収益税は6.4%となり[87]，また，昭和14年には地租はわずか1.9%，所得税は35.6%，営業収益税は5.1%となり[88]，従前の地租の免税のみでは救済効果が薄れてきたことを表している。

3-3 旧災害減免法の成立

　旧災害減免法は，関東大震災において迅速な災害税制の制定と対応ができなかったことから，大災害の発生したときは直ちに租税上適切な救済措置を講じることができるように恒久的基本法として創設された。

3-3-1 旧災害減免法の成立経緯

　関東大震災では，地震発生から11日後の9月12日に震災被害者ニ対スル租税ノ減免等ニ関スル件（勅令第410号）は発布されたが，政治的な混乱も重なり，地租の免税は翌年の大正13年7月の震災被害地ノ地租免除等ニ関スル法律の成立まで約10か月も経過してからであったので，事前に根拠法を整えておくことが求められた。

恒久的な災害救済の法律として，昭和14年3月第74帝国議会で，昭和14年3月29日に災害被害者ニ対スル租税ノ減免，徴収猶予等ニ関スル法律（法律第39号，以下「旧災害減免法」という。）が成立し，昭和13年中に生じた災害より適用された。

旧災害減免法の趣旨について，昭和14年3月11日第74帝国議会衆議院本会議において当時の大蔵大臣石渡荘太郎は「従来相当広汎ナル地域ニ亙リマシテ，震災其ノ他ノ被害甚大ナル災害ガアリマシタ場合ニ於キマシテハ，其ノ都度法律又ハ緊急勅令ヲ制定シテ，租税ノ減免，徴収猶予等ヲ行ツテ参ツタノデアリマスガ，従来ノ如ク災害ノ都度法律等ヲ制定シテ救済ヲ致スト云フコトデハ，災害ノ発生致シマシタ時日ノ関係等ニ依リマシテ，十分敏速ニシテ適切ナル措置ヲ講ジ難イ憾ガアツタノデアリマス。随ヒマシテ此ノ際災害発生ノ場合ニ対処スル為ノ根拠法ヲ制定致シテ置キマシテ，被害甚大ナル災害ノ発生致シマシタ場合ニ於テハ，命令ノ定ムル所ニ依リ，直チニ租税上適切ナル救済措置ヲ講ジ得ルヤウニ致シテ置クコトヲ適当ト認メタ次第デゴザイマシテ，又衆議院ニ於ケル御要望ニモ副フ所以デアルト考ヘテ居ルノデゴザイマス。茲ニ此ノ法律案ヲ提出致シタ次第デゴザイマス。」と述べ[89]，災害の都度特別法を制定して救済することでは迅速で適切な措置を講じ難いため，恒久的基本法を制定しておくことで，被害甚大な災害の発生したときは直ちに租税上適切な救済措置を講じることができるというのである。

災害被害者ニ対スル租税ノ減免，徴収猶予等ニ関スル法律（昭和14年3月29日法律第39号）

第一条　政府ハ北海道又ハ府県ノ全部又ハ一部ニ亘リ震災其ノ他ノ被害甚大ナル災害アリタル場合ニ於テ特ニ必要アリト認ムルトキハ災害ニ因ル被害者ノ納付スベキ国税及災害ニ因ル被害物件ニ対シ課セラルベキ国税ニ付勅令ノ定ムル所ニ依リ之ヲ軽減又ハ免除スルコトヲ得

第二条　政府ハ前条ノ災害アリタル場合ニ於テ特ニ必要アリト認ムルトキハ災害ニ因ル被害者ノ納付スベキ国税ニ付勅令ノ定ムル所ニ依リ課税標準ノ決定又ハ更訂ニ関スル特例ヲ設クルコトヲ得

第三条　政府ハ必要アリト認ムルトキハ第一条ノ災害アリタル地方ニ於テ納付スベキ国

> 税ニ付勅令ノ定ムル所ニ依リ課税ニ関スル申告及申請並ニ納期ニ関スル特例ヲ設クルコトヲ得
> 第四条　政府ハ必要アリト認ムルトキハ第一条ノ災害アリタル地方ニ於テ納付スベキ国税ニ付勅令ノ定ムル所ニ依リ其ノ徴収ヲ猶予スルコトヲ得
> 第五条　第一条ノ規定ニ依リ軽減又ハ免除セラルル国税ハ法令上ノ納税資格要件ニ関シテハ軽減又ハ免除セラレザルモノト看做ス
> 　2　前項ノ規定ハ第一条ノ規定ニ依リ国税ノ軽減又ハ免除ヲ為ス災害ニ因リ軽減又ハ免除セラルル地方税ニ付之ヲ準用ス

出所：国立公文書館アジア歴史資料センター資料から筆者作成。

3-3-2　旧災害減免法の問題点

　旧災害減免法第2条では「政府ハ前條ノ災害アリタル場合ニ於テ特ニ必要アリト認ムルトキハ災害ニ因ル被害者ノ納付スベキ国税ニ付勅令ノ定ムル所ニ依リ課税標準ノ決定又ハ更訂ニ関スル特例ヲ設クルコトヲ得」と国税と地方税の減免を行うと明記された。しかし，どの税目を減免とし，どの税目を徴収猶予の対象とし猶予期限はいつまでか，具体的な適用災害と適用対象者，申請手続や申請期限などは定められておらず，不十分なものであった。

　このため，昭和13年6月から7月の兵庫県等での風水害では，昭和13年ノ災害被害者ニ対スル租税ノ減免等ニ関スル件（昭和14年4月22日勅令第220号）で所得税と営業収益税の減免の勅命，昭和15年1月の静岡大火災では，静岡市ノ火災被害者ニ対スル租税ノ減免及徴収猶予ニ関スル件（昭和15年2月24日勅命第69号），静岡市ノ火災被害者ニ対スル租税ノ減免及徴収猶予ニ関スル件ノ改正（昭和15年5月24日勅命第134号），静岡市ノ火災被害者ニ対スル租税ノ減免及徴収猶予ニ関スル件ノ改正（昭和15年6月4日勅命第389号），静岡市ノ火災被害者ニ対スル租税ノ減免及徴収猶予ニ関スル件施行方の勅命3件と命令1件を発布・発令しなくてはならず基本法としては不十分であった。

　これ以後も，昭和16年ノ災害被害者ニ対スル租税ノ減免徴収猶予ニ関スル件（昭和16年9月25日勅令第879号），昭和17年ノ災害被害者ニ対スル租税ノ減免及徴収猶予ニ関スル件（昭和17年10月7日勅令第671号），昭和18年ノ災害被害

者ニ対スル租税ノ減免，徴収猶予等ニ関スル件（昭和18年9月15日勅令第717号），昭和18年ノ災害被害者ニ対スル租税ノ減免，徴収猶予等ニ関スル件中改正（昭和18年11月24日勅令第881号），昭和19年ノ震災被害者ニ対スル租税ノ減免，徴収猶予等ニ関スル件（昭和19年12月29日勅令第674号），昭和20年ノ災害被害者ニ対スル租税ノ減免，徴収猶予等ニ関スル件（昭和20年12月28日勅令第720号），昭和21年の災害被害者に対する租税の減免，徴収猶予等に関する勅令（昭和22年2月5日勅令第42号），昭和22年4月20日の飯田市における火災の被害者に対する租税の減免及び徴収猶予等に関する政令（昭和22年7月22日政令第144号）と，図表1-3のとおり，毎年のように特別法を制定しなければならなかった。

3-4　戦時災害国税減免法と非戦災者特別税

　戦時災害国税減免法は戦争による空爆等で被災した場合の救済規定であり，非戦災家屋税及び非戦災者特別税は戦後臨時緊急な財政需要に応ずるため，災害や戦災の被害を免れた者に一回限りの課税を行ったものである。当時，災害被害者に対しては旧災害減免法が設けられていたが，旧災害減免法は震災や火災などの自然災害時を前提としたものであり，戦時災害は災害の対象でなかった。

3-4-1　戦時災害国税減免法による所得税等の減免

　戦時災害国税減免法（昭和17年法律第73号）は，太平洋戦争による戦局が熾烈化し，日本本土が戦場化し空襲等による被害も漸次拡大したため，戦時における国民生活の安定と国民経済の円滑なる運営の確保とを目的として昭和17年2月26日に公布された。

　戦争の際における戦闘行為又はこれに基因して生ずる戦時災害による被害者の納付すべき国税及び戦時災害に因る被害物件に対して課税される国税を一定の条件の下に軽減・免除するほか，課税標準計算上の特例を設け，また，申告，申請，所得調査委員会等の期限を延期するなどの措置が設けられた。

　その後，時局の進展に伴い戦時災害による被害者に対し実情に即した救済措

図表1-3 関東大震災後の特別法

特別法	減免される税目
震災被害者ニ対スル租税ノ免除猶予等ニ関スル法律（昭和2年3月30日法律第17号）	所得税，地租，資本利子税，営業収益税
震災被害者ニ対スル租税ノ減免猶予等ニ関スル法律（昭和6年4月1日法律第46号）	所得税，地租，資本利子税，営業収益税
震災被害者ニ対スル租税ノ免除猶予等ニ関スル法律（昭和8年3月27日法律第13号）	所得税，地租，資本利子税，営業収益税
函館市ノ火災被害者ニ対スル租税ノ免除猶予等ニ関スル法律（昭和9年3月28日法律第21号）	所得税，資本利子税，営業収益税
風水害ニ因ル被害者ニ対スル租税ノ減免猶予等ニ関スル法律（昭和9年12月10日法律第51号）	所得税，営業収益税
災害被害者ニ対スル租税ノ減免，徴収猶予等ニ関スル法律（昭和14年3月29日法律第39号）〔旧災害減免法〕	国税，地方税
昭和13年ノ災害被害者ニ対スル租税ノ減免等ニ関スル件（昭和14年4月22日勅令第220号）	所得税，営業収益税
静岡市ノ火災被害者ニ対スル租税ノ減免及徴収猶予ニ関スル件（昭和15年2月24日勅令第69号）	所得税及び臨時利得税は減免・徴収猶予，地租，酒造税，清涼飲料税，物品税及び遊興飲食税は徴収猶予
昭和16年ノ災害被害者ニ対スル租税ノ減免，徴収猶予ニ関スル件（昭和16年9月25日勅令第879号）	所得税及び営業税は減免・徴収猶予，所得税，営業税及び臨時利得税は徴収猶予
戦時災害国税減免法（昭和17年2月27日法律第73号）	国税，地方税
昭和17年ノ災害被害者ニ対スル租税ノ減免及徴収猶予ニ関スル件（昭和17年10月7日勅令第671号）	所得税，営業税，臨時利得税，地租及び家屋税は減免・徴収猶予，酒税，清涼飲料税，物品税及び遊興飲食税は徴収猶予
昭和18年ノ災害被害者ニ対スル租税ノ減免，徴収猶予等ニ関スル件（昭和18年9月15日勅令第717号）	所得税，営業税，臨時利得税，地租及び家屋税は減免・徴収猶予，酒税，清涼飲料税，砂糖特別消費税，遊興飲食税，入場税及び特別行為税は徴収猶予
昭和18年ノ災害被害者ニ対スル租税ノ減免，徴収猶予等ニ関スル件中改正（昭和18年11月24日勅令第881号）	所得税，営業税，臨時利得税，地租及び家屋税は減免・徴収猶予，相続税，酒税，清涼飲料税，砂糖特別消費税，物品税，遊興飲食税，入場税及び特別行為税は徴収猶予
昭和19年ノ災害被害者ニ対スル租税ノ減免，徴収猶予等ニ関スル件（昭和19年12月29日勅令第674号）	所得税，営業税，臨時利得税及び地租は減免・徴収猶予，相続税，酒税，清涼飲料税，砂糖特別消費税，物品税，遊興飲食税，入場税及び特別行為税は徴収猶予
昭和19年ノ災害被害者ニ対スル租税ノ減免，徴収猶予等ニ関スル件中改正（昭和20年2月6日勅令第51号）	所得税，営業税，臨時利得税及び地租は減免・徴収猶予，相続税，酒税，清涼飲料税，砂糖特別消費税，物品税，遊興飲食税，入場税及び特別行為税は徴収猶予
昭和20年ノ災害被害者ニ対スル租税ノ減免，徴収猶予等ニ関スル件（昭和20年12月27日勅令第720号）	所得税，営業税，臨時利得税及び地租は減免・徴収猶予，相続税，酒税，清涼飲料税，砂糖特別消費税，物品税，遊興飲食税，入場税及び特別行為税は徴収猶予
昭和21年の災害被害者に対する租税の減免，徴収猶予等に関する勅令（昭和22年2月5日勅令第42号）	所得税，臨時利得税，営業税及び相続税は減免・徴収猶予，酒税，清涼飲料税，物品税，遊興飲食税及び入場税は徴収猶予
昭和22年4月20日の飯田市における火災の被害者に対する租税の減免及び徴収猶予等に関する政令（昭和22年7月22日政令第144号）	所得税，増加所得税及び相続税は減免・徴収猶予，酒税，清涼飲料税，物品税及び入場税は徴収猶予
災害被害者に対する租税の減免，徴収猶予等に関する法律（昭和22年12月13日法律第175号）〔現行：災害減免法〕	所得税，相続税及び贈与税は減免，酒税，たばこ税，揮発油税，地方揮発油税，石油ガス税及び石油石炭税はその後の納付分から控除，自動車重量税は還付

出所：各法令から筆者作成。

置が実施されるよう，数度の改正が行われ最低限度額の引き上げなども行われた。

戦時災害国税減免法施行細則（昭和17年5月20日大蔵省令第35号）では，①所得の基因たる資産又は事業（営業）の用に供する資産に被害があった場合の所得税，営業税及び臨時利得税の減免並びに地租の徴収猶予，②住宅又は家財に被害があった者に対する所得税の減免，③戦時災害により死亡した場合の所得税及び営業税の減免，④所得の基因となる資産や事業の用に供する資産に被害を受けた場合は所得（純益又は利益）計算上必要経費とみなす特例など，被害割合に応じた詳細な規定が設けられている（戦時災害国税減免法施行細則第1条から第13条）。

なお，戦時災害国税減免法による減免等の申請は，一定の期限までに申請書を所轄税務署長に提出しなければならないが，戦時災害による特殊な減免である性質上，税務署長の一方的減免をもなし得ることとし，減免申請のない場合でも減免し得るとした（戦時災害国税減免法施行細則第18条）。

(1) 事業用の資産に被害があった場合

事業用の資産に10％以上の被害を受けた者は，被害のあった後最初に到来する納期において納付すべき所得税のうち，被害を受けた資産又は事業の部分より生ずる所得に対する所得税額の年換算額（総所得金額が1万円以下のときは全額，1万円超5万円以下のときは70％相当額，5万円超のときはその50％相当額）を被害後2年以内に納付すべき所得税から順次軽減免除した。ただし，甚大な被害を受けた総所得金額3千円以下の者については，被害のあった後最初に到来する納期において納付すべき所得税を年換算した金額を被害後2年以内で順次軽減免除した（戦時災害国税減免法施行規則第1条）。

(2) 住宅又は家財に被害があった場合

住宅又は家財の過半を滅失又は毀損するなどの甚大な被害を受けた者は，総所得金額が3万円未満であれば被害のあった後最初に到来する納期において納付すべき所得税の年換算額（総所得金額が5千円以下のときは全額，5千円超のときは50％相当額）を被害後2年以内に納付すべき所得税から順次軽減免除

するとともに，被害のあった時より1年以内に納付すべき甲種の勤労所得に対する分類所得税の全部（総所得金額が5千円以下のときは全額，5千円超のときは50％相当額）を軽減免除した（戦時災害国税減免法施行規則第2条）。

当時，昭和17年8月の台風第16号（周防灘台風）の被災者に対する昭和17年ノ災害被害者ニ対スル租税ノ減免及徴収猶予ニ関スル件（昭和17年10月7日勅令第671号）では，総所得金額が3千円以下のときは全額免除，5千円以下のときは5割減免，5千円を超えるときは2割減免され，総所得金額が2万円以上の者には減免されなかったことと比べれば，戦時災害国税減免法による減免額が多くなるように規定されている（昭和17年ノ災害被害者ニ対スル租税ノ減免及徴収猶予ニ関スル件第3条及び第4条）。

戦時災害国税減免法（昭和17年2月26日法律第73号）

第一条　政府ハ戦時災害（戦争ノ際ニ於ケル戦闘行為又ハ之ニ起因シテ生ズル災害ヲ謂フ以下同ジ）ニ因ル被害者ノ納付スベキ国税及戦時災害ニ因ル被害物件ニ対シ課セラルベキ国税ニ付勅令ノ定ムル所ニ依リ之ヲ軽減又ハ免除スルコトヲ得

第二条　政府ハ戦時災害ニ因ル被害者ノ納付スベキ国税ニ付勅令ノ定ムル所ニ依リ課税標準ノ計算ニ関スル特例ヲ設クルコトヲ得

第三条　政府ハ戦時災害アリタル地方ニ於テ納付スベキ国税並ニ戦時災害ニ因ル被害者ノ納付スベキ国税及戦時災害ニ因ル被害物件ニ対シ課セラルベキ国税ニ付勅令ノ定ムル所ニ依リ課税ニ関スル申告及申請並ニ納期ニ関スル特例ヲ設クルコトヲ得

第四条　政府ハ戦時災害アリタル地方ニ於テ納付スベキ国税並ニ戦時災害ニ因ル被害者ノ納付スベキ国税及戦時災害ニ因ル被害物件ニ対シ課セラルベキ国税ニ付勅命ノ定ムル所ニ依リ其ノ徴収ヲ猶予スルコトヲ得

第五条　第一条ノ規定ニ依リ軽減又ハ免除セラルル国税ハ法令上ノ納税資格要件ニ関シテハ軽減又ハ免除セラレザルモノト看做ス

第六条　樺太ニ於テハ本法ノ施行ニ関シ必要アルトキハ勅令ヲ以テ別段ノ定ヲ為スコトヲ得

出所：国立公文書館デジタルアーカイブ資料から筆者作成。

3-4-2　非戦災者特別税による特別課税

非戦災者特別税（昭和22年11月30日法律第142号）は，戦災者と非戦災者と

の間における犠牲の不均衡を是正するとともに，臨時緊急な財政需要に応ずるため，非戦災家屋税及び非戦災者税の二本立ての税制として昭和22年に創設された[90]。

昭和22年11月15日第1回国会衆議院財政及び金融委員会公聴会第1号において，小坂善太郎政府委員（当時の大蔵政務次官）は「戦災者と非戦災者との間の経済的な懸隔は，最近における経済事情等により，ますます助長されている事情でありまして，これが犠牲の均衡化を図るべしという論議も相当活発なるものがありますので，臨時緊急な財政需要が著しく増大しつつある現状に鑑み，この際戦災を免れた者に対し一回限りの特別課税を行うこといたした次第であります。」と制定理由を説明している[91]。

非戦災家屋税は終戦時すなわち昭和20年8月16日に現存する非戦災家屋を所有していた個人及び法人に対して課税し，非戦災者税は昭和22年7月1日現在で家屋を使用している非戦災者（家屋又は動産の損害額が3割程度を超えない者）である世帯主及び法人に課税された。

いずれも公用又は公共の用に供している家屋，文化財や教育施設のほか，賃貸価格30円未満の家屋等は課税対象外とされ，家屋台帳に登録された家屋の賃貸価格の3％が税率であった。

3-5 災害減免法の成立

昭和22年12月13日に旧災害減免法は災害被害者に対する租税の減免，徴収猶予等に関する法律（法律第175号，以下「災害減免法」という。）に改正され，昭和22年7月の東北・北海道地方の風水害の被害者を救済するため，昭和22年7月22日に遡及して適用された[92]。

3-5-1 災害減免法の成立経緯

旧災害減免法を改正し災害減免法を制定した理由は，旧災害減免法の規定が不十分で，毎年災害のたびに特別法を制定しなければならないことにあった。

昭和22年11月15日第1回国会財政及び金融委員会において，小坂善太郎政府委員（当時の大蔵政務次官）は「災害によりまして被害を受けた者に対します

る租税の減免，徴収猶予等につきましては，現在のところ災害が発生いたしました都度，減免等の内容に関する政令を公布しておったのでありますが，今回この法律を全面的に改正いたしまして，災害被害者に対する租税の軽減，免除又は徴収猶予，課税標準の計算又は申告及び申請の特例に関する具体的な規定を整備することといたしたのであります。」と基本法の必要性を説明している[93]。

また，昭和22年12月4日第1回国会参議院財政及び金融委員会において，黒田英雄委員長から旧災害減免法との違いを問われ，前尾繁三郎政府委員（当時の大蔵省主計局長）は「従来と違います大きな点は，従来でありますと地域的にかなり広い範囲にこういう災害が起こった場合に初めてその勅令を制定いたしまして，それによって減免しておったのでありますが，今回はもうあらゆる場合に仮に一縣でもそういうような災害が起こったという場合には適用が受けられる。自動的に受けられるというふうに改正したのであります。従来の政令で決めておりました災害減免は結局範囲が非常に問題でありまして，最近におきましては飯田市の火災にも適用したのであります。段々そうして考えますと限界が非常に難しくなり，むしろいかなる場合においてもこういうような不可抗力の災害が起こりました場合には，たとえ一縣であっても適用を受けるというのが最も公平な，本旨に副うものであるというふうに考えております。」と答弁し，旧災害減免法における欠陥を是正し公平な災害税制にするためのものと説明している[94]。

なお，災害減免法は「住宅又は家財」に被害を受けた場合と「所得の基因たる資産又は事業の用に供する資産」に被害を受けた場合に区分して所得税の減免措置を設けていたが，昭和25年に雑損控除制度が新設されると災害減免法についても改正が行われ，所得の基因たる資産又は事業の用に供する資産の災害損失を必要経費とみなすこととしていた同法第5条の規定は削除され，棚卸資産を除く事業用の資産の災害損失は所得税の雑損控除の対象とされた。そして，住宅又は家財の災害損失については，納税者の選択により，雑損控除と災害減免法のうちいずれか一方の制度のみが適用されることに改められた。

災害被害者に対する租税の減免,徴収猶予等に関する法律（昭和22年12月13日法律第175号）

第1条　震災，風水害，落雷，火災その他これらに類する災害（以下災害という。）に因る被害者の納付すべき国税の軽減若しくは免除，その課税標準の計算若しくは課税に関する申告及び申請（審査の請求を含む。以下同じ。）に関する特例又はその徴収の猶予については，他の法律に特別の定めのある場合を除く外，この法律の定めるところによる。

第2条　災害に因り住宅又は家財について甚大な被害を受けた者で被害を受けた年分の所得金額が80,000円以下であるものに対しては，命令の定めるところにより，当該年分の所得税額（所得税法第57条第1項の規定により追徴する税額を除く。）を，左の区分により軽減又は免除する。

　　　所得金額が25,000円以下であるとき　　　当該所得税額の全部
　　　所得金額が50,000円以下であるとき　　　当該所得税額の10分の5
　　　所得金額が50,000円を超えるとき　　　　当該所得税額の10分の2

前項に規定する被害を受けた年分の所得金額は，所得税法第8条に規定する同居親族については，その所得金額を合算した金額による。

第3条　昭和22年5月2日以前に開始した相続に対する相続税の納税義務者で災害に因り相続財産（相続開始前1年以内に被相続人が贈与した財産を含む。以下本条及び第6条中同じ。）について課税価格の決定後に甚大な被害を受けたものに対しては，命令の定めるところにより，被害があつた日以後において納付すべき相続税のうち，被害を受けた部分に対する税額を免除する。

第4条　昭和22年5月3日以後に開始した相続に対する相続税の納税義務者で災害に因り相続財産について相続税法第38条の規定による申告書の提出期限後に甚大な被害を受けたものに対しては，命令の定めるところにより，被害があつた日以後において納付すべき相続税（同法第59条第1項の規定により追徴する税額を除く。）のうち，被害を受けた部分に対する税額を免除する。

第5条　災害に因り所得の基因たる資産又は事業の用に供する資産について甚大な被害を受けた者の被害を受けた年分の所得税につき所得を計算する場合においては，当該資産の滅失又は損壊に因る損害金額を，命令の定めるところにより，所得税法に規定する必要な経費とみなす。

第6条　昭和22年5月2日以前に開始した相続に対する相続税の納税義務者で災害に因り相続財産について課税価格の決定前に甚大な被害を受けたものの納付すべき相続税については，その相続財産の価額は，命令の定めるところにより，被害を受けた

部分の価額を控除した金額により，これを計算する。
第7条　昭和22年5月3日以後に開始した相続に対する相続税の納税義務者で災害に因り相続財産について相続税法第38条の規定による申告書の提出期限前に甚大な被害を受けたものの納付すべき相続税については，その相続財産の価額は，命令の定めるところにより，被害を受けた部分の価額を控除した金額により，これを計算する。
第8条　災害に因り被害を受けた者の納付すべき所得税，法人税，特別法人税，相続税，酒税，清涼飲料税，物品税及び入場税については，被害のあつた日以後1箇月以内になすべき課税に関する申告及び申請は，災害の止んだ日から2箇月以内にこれをなすことができる。
第9条　政府は，災害に因り被害を受けた者の被害のあつた日以後1年以内において納付すべき所得税，増加所得税，法人税，特別法人税，相続税，酒税，清涼飲料税，物品税及び入場税については，命令の定めるところにより，各納期限から1年以内その徴収を猶予することができる。
第10条　第2条乃至第7条及び前条の規定の適用を受けようとする者は，命令の定めるところにより，政府に申請しなければならない。

出所：武田昌輔監修（2013）『DHCコンメンタール所得税法』第一法規，9460〜9461頁。

3-5-2　災害減免法の所得制限

　現行の災害減免法は，所得金額の合計額が1,000万円以下の被災者が対象で，1,000万円，750万円又は500万円以下により，減免税額は3段階に区分されている。

　災害減免法における減免限度所得額は，図表1-4のとおり大災害時に引き上げられているが，どのような根拠で定められているのであろうか。

　昭和49年の改正時に政府が提出した「所得税法及び災害被害者に対する租税の減免，徴収猶予等に関する法律の一部を改正する法律案」の説明資料として作成した昭和49年1月12日付「災害減免の改正を所得税法改正法案の附則で行う理由」から，その一端が読み取れる[95]。

　この文書には「現行の災害減免では災害被害者の所得が100万円以下の場合にはその者の所得税額の全額を免除することになっているが，今回の所得税の一般減税により，夫婦子2人の給与所得者の場合の課税最低限は170万円と大幅に引き上げられるので，災害減免による免税措置は無意味なものとなる。ま

図表1-4　災害減免法の減免額の経緯

災害減免法の改正	全額免除所得額	減免限度所得額	当時の主な災害
昭和22年12月13日法律第174号災害減免法	万円 2.5	万円 8	浅間山噴火、カスリーン台風
昭和25年3月31日法律第70号災害減免法	15	30	ジェーン台風
昭和27年3月31日律第60号災害減免法	25	80	十勝沖地震（M8.2）
昭和34年3月30日法律第65号災害減免法	50	120	伊勢湾台風
昭和41年4月13日法律第49号災害減免法	100	200	宮古島台風、台風24,26号
昭和49年3月30日法律第15号災害減免法	200	400	伊豆半島沖地震（M6.9）
昭和58年3月31日法律第17号災害減免法	300	600	日本海中部地震（M7.7）、三宅島噴火、山陰集中豪雨
平成7年2月20日法律第10号災害減免法	500	1,000	阪神淡路大震災（M7.3）

出所：各法令から筆者作成。

た，所得階層別の納税人口についてみると，今回の所得税減税により，給与収入（100万円）以下の納税人口（約900万人）は6割強，150万円以下（630万人）では3割強，200万円以下（約350万人）では3割弱減少するものと予想される。以上のような事情を考慮すれば，災害減免における減免のための所得区分を倍増することは，まさしく今回の所得税減税に伴い必要とされるものである。」と記載されている[96]。

さらに，昭和49年2月大蔵省主税局の作成した「所得税法関係改正事項の説明（災害減免法関係を含む。）」の45頁には「課税最低限（夫婦子2人の給与所得者）が100万円を超え，いまや170万円にもなる段階で，100万円までの全免というのはいかにも実情に合わない。もっとも，収入と所得との差はあるが，給与所得控除を別としても，今回の改正により，夫婦子2人の場合人的控除だけで96万円（24万円×4人）になる。昭和41年当時の減免税額との比較や雑損控除制度との関連を計数的に検討してみても，おおむね倍額程度に引き上げればよいという結論が出る。」と記載されている[97]。

これらの記録から，災害減免法の減免限度所得額は，給与所得者の人的控除を含めた課税最低限度との比較考慮によって決定されてきたことが判明する。

なお，阪神淡路大震災では甚大な被害が発生したため，平成7年2月に神戸市が国税に定める基準を上回る救済基準として600万円を1,000万円に引き上げ，損害額を半分以上から30％以上に引き下げることを発表した。これに追随

する形で国・府県の基準の引き上げも行われたので[98]，現在の減免限度所得額は給与所得者の課税最低限度とは直接関係はないといえる。

4. 災害減免法の現状と問題点

　災害時の所得税の減免は，災害減免法と雑損控除の特例制度があり，いずれか有利な方を選択して所得税の全部又は一部を軽減することができる。
　災害減免法と雑損控除では，雑損控除は所得金額の10％以上の損失があれば適用できるが，災害減免法は住宅又は家財の半分以上の損失がなければ適用されないこと，雑損控除に所得制限はないが災害減免法には所得制限が設けられていること，雑損控除は当年での控除未済の損失額があれば翌年以降繰越しできるが災害減免法は当年限りの制度という違いがある。
　災害減免法の問題点は，災害減免法は有効な制度として機能しているのか，所得税の雑損控除との二重の制度は必要なのか，災害減免法をどのように改善していくべきかという点にあるので，現状を分析しつつ今後の在り方を検討する。

4-1　災害減免法の適用状況

　災害減免法による減免制度の問題の１点目は，この制度が必要とされているかである。そこで，災害減免法の適用者数と雑損控除の適用状況をみてみたい。
　災害減免法の適用者数は各年の国税庁統計年報書で公表されており，図表１-５のとおり，平成元年以降は，平成６年分の６万9,627人，平成７年分の8,620人と阪神淡路大震災によるものが最大で，その後は平成23年の東日本大震災での2,607人を除き適用人数は毎年少なくなっている[99]。
　雑損控除の適用人数も公開されており，平成７年分は9,024人，平成23年は３万1,667人と発表されている。しかし，この数値は雑損控除を適用した後に申告納税額のある者の人数であり，所得金額があっても納税額のない者，例えば，所得金額より損失額が多く還付申告書を提出した者や損失を繰越しするた

図表1-5 災害減免法と雑損控除(税額あり分のみ)の適用状況

年分	災害減免法					雑損控除	
	適用人数	総所得金額	1人当たりの所得金額	減免税額	1人当たりの減免税額	人員	金額
	人	百万円	千円	百万円	千円	人	百万円
平成元年	—	—	—	—	—	4,372	1,210
平成2年	6	10	1,667	1	166	6,792	2,759
平成3年	9	17	1,889	1	111	7,853	3,483
平成4年	4	7	1,750	—	—	7,587	2,889
平成5年	135	303	2,244	14	103	10,883	4,862
平成6年	69,627	188,481	2,707	12,283	176	9,106	3,638
平成7年	8,620	22,379	2,596	1,435	166	9,024	3,559
平成8年	15	56	3,733	3	200	6,249	2,260
平成9年	2	3	1,500	—	—	5,005	3,827
平成10年	140	480	3,429	16	114	4,730	4,519
平成11年	6	18	3,000	1	167	5,904	1,405
平成12年	981	2,647	2,698	173	176	5,721	2,686
平成13年	34	111	3,265	6	176	14,605	7,494
平成14年	2	11	5,500	—	—	11,137	6,154
平成15年	55	163	2,964	9	164	5,970	3,202
平成16年	198	602	3,040	33	167	15,212	8,057
平成17年	19	56	2,947	3	158	11,952	4,832
平成18年	20	64	3,200	4	200	13,455	4,051
平成19年	52	165	3,173	6	115	7,209	5,059
平成20年	24	71	2,958	3	125	7,204	3,860
平成21年	25	66	2,640	2	80	6,536	3,009
平成22年	45	147	3,267	5	111	5,856	2,481
平成23年	2,607	7,534	2,890	287	110	31,667	21,262
平成24年	79	212	2,684	8	101	11,416	6,075

出所:国税庁「国税庁統計年報書(各年分)」〈http://www.nta.go.jp〉。

め損失申告書を提出した者などは調査対象から除かれているので,実際はもっと多くの申告が行われており正確な数値ではない。それは各種の所得控除の適用によって申告納税額がなくなった者は,いずれの所得控除を適用したのかまで区分できないことによる。したがって,雑損控除の適用人数や控除金額など全体のデータは公表されていない。

雑損控除の全体の適用者数は公表されていないが,阪神淡路大震災と東日本

大震災での被災者の申告状況については，甚大な被害であり国民の関心も高かったため，国税局はおおよその数値を公表している。それによると，阪神淡路大震災の災害損失の申告は63万件で，その約1割は災害減免法を適用し，残りの9割の被災者は雑損控除を適用して申告したと説明している。

東日本大震災では，住宅の全半壊家屋は40万101棟，一部破損は76万6,097棟（平成26年3月7日消防庁発表）あり，国税庁の発表によれば，雑損控除の適用者は平成22年分14万6,000人，平成23年分22万5,000人，平成24年分3万8,000人，平成25年分1万8,000人，平成26年分7,000人の合計43万4,000人である[100]。

他方，災害減免法の適用者は全国でも平成23年分2,607人と発表しているから，災害減免法の選択者は1％もいない。

4-2　災害減免法と雑損控除の有利不利

災害減免法による申告が少ないのは，災害減免法は雑損控除に比べて選択すべきでない不利な制度なのかということが，2点目の問題点である。

国税庁の説明書『暮らしの税情報〔平成25年度版〕』では，損害額が100万円の場合は災害減免法を適用した方が有利になり，200万円，300万円の場合は所得税法の雑損控除を受けた方が有利になると記載しているが，有利不利の分岐点がどの金額であるかまでは具体的に明記していない[101]。

そこで，雑損控除が災害減免法より有利になる災害損失額の分岐点を示したのが図表1-6と図表1-7である[102]。

計算手順は，所得金額ごとに災害減免法により減免された後の所得納税額を算出し，その税額から逆算して雑損控除額の対象となる災害損失額を計算したもので，図表1-6と図表1-7の「災害減免法と雑損控除の損害額の分岐点」の金額より災害損失額が多い場合は，災害減免法より雑損控除を適用する方が有利なことを示している。

図表1-6と図表1-7によれば，所得金額によって有利不利の分岐点は変化しているが，最大でも平成22年分は災害損失額303万円，平成23年分は災害損失額366万円以下の被害額のときに災害減免法を選択する方が有利で，これを

図表1-6　災害減免法と雑損控除の有利不利の分岐点（平成22年分）

所得金額	災害がないときの税額	減免割合	災害減免法		所得税の雑損控除			災害減免法と雑損控除の損害額の分岐点
			減免税額	A差引納税額	Aの差引納税額から逆算した課税総所得金額	扶養控除額等	雑損控除額	
円	円		円	円	円	円	円	円
2,500,000	1,500	全額免除	1,500	0	0	2,470,000	30,000	280,000
3,000,000	26,500		26,500	0	0	2,470,000	530,000	830,000
3,500,000	51,500		51,500	0	0	2,470,000	1,030,000	1,380,000
4,000,000	55,500		76,500	0	0	2,470,000	1,530,000	1,930,000
4,500,000	105,500		105,500	0	0	2,470,000	2,030,000	2,480,000
5,000,000	155,500		155,500	0	0	2,470,000	2,530,000	3,030,000
5,500,000	178,500	2分の1減免	102,750	102,700	2,002,000	2,470,000	1,028,000	1,578,000
6,000,000	278,500		139,250	139,200	2,834,000	2,470,000	696,000	1,296,000
6,500,000	378,500		189,250	189,200	3,084,000	2,470,000	946,000	1,596,000
7,000,000	478,500		239,250	239,200	3,334,000	2,470,000	1,196,000	1,896,000
7,500,000	578,500		289,250	289,200	3,584,000	2,470,000	1,446,000	2,196,000
8,000,000	678,500	4分の1減免	169,625	508,800	4,682,000	2,470,000	848,000	1,648,000
8,500,000	778,500		194,625	583,800	5,057,000	2,470,000	973,000	1,823,000
9,000,000	865,900		219,625	658,800	5,432,000	2,470,000	1,098,000	1,998,000
9,500,000	980,900		245,225	735,600	5,816,000	2,470,000	1,214,000	2,164,000
10,000,000	1,095,900		273,975	821,900	6,247,000	2,470,000	1,283,000	2,283,000

出所：平成22年分の所得税法及び災害減免法に基づき筆者作成。

超えると雑損控除が有利となった。

　東日本大震災では，平成24年3月31日の消防庁発表によると住宅の全半壊家屋38万3,436棟，床上浸水2万427棟，一部損壊及び床下浸水73万694棟という甚大な被害である。家屋又は家財の半分以上の損害があるのに，被災損失額は100万円から366万円程度ということは考えられないから，災害減免法が有利として申告するケースはほとんどないのである[103]。

4-3　災害減免法と雑損控除の関係

　3点目の問題点は，災害時に雑損控除との二重の制度は必要かということである。

4．災害減免法の現状と問題点　65

図表1-7　災害減免法と雑損控除の有利不利の分岐点（平成23年分）

所得金額	災害がないときの税額	災害減免法			所得税の雑損控除			災害減免法と雑損控除の損害額の分岐点
		減免割合	減免税額	A差引納税額	Aの差引納税額から逆算した課税総所得金額	扶養控除額等	雑損控除額	
円	円		円	円	円	円	円	円
2,500,000	33,000	全額免除	33,000	0	0	1,840,000	660,000	910,000
3,000,000	58,000		58,000	0	0	1,840,000	1,160,000	1,460,000
3,500,000	83,000		83,000	0	0	1,840,000	1,660,000	2,010,000
4,000,000	118,500		118,500	0	0	1,840,000	2,160,000	2,560,000
4,500,000	168,500		168,500	0	0	1,840,000	2,660,000	3,110,000
5,000,000	218,500		218,500	0	0	1,840,000	3,160,000	3,660,000
5,500,000	304,500	2分の1減免	152,250	152,200	2,497,000	1,840,000	1,163,000	1,713,000
6,000,000	404,500		202,250	202,200	2,997,000	1,840,000	1,163,000	1,763,000
6,500,000	504,500		252,250	252,200	3,399,000	1,840,000	1,261,000	1,911,000
7,000,000	604,500		302,250	302,200	3,649,000	1,840,000	1,511,000	2,211,000
7,500,000	704,500		352,250	352,200	3,899,000	1,840,000	1,761,000	2,511,000
8,000,000	804,500	4分の1減免	201,125	603,300	5,154,000	1,840,000	1,006,000	1,806,000
8,500,000	904,500		226,125	678,300	5,529,000	1,840,000	1,131,000	1,981,000
9,000,000	1,010,800		252,700	758,100	5,928,000	1,840,000	1,232,000	2,132,000
9,500,000	1,125,800		281,450	844,300	6,359,000	1,840,000	1,301,000	2,251,000
10,000,000	1,240,800		310,200	930,600	6,791,000	1,840,000	1,369,000	2,369,000

出所：平成23年分の所得税法及び災害減免法に基づき筆者作成。

　所得税法に雑損控除を創設した際に，災害税制は二重になるため災害減免法との整合性が問題となった。

　昭和25年3月24日第7回国会衆議院大蔵委員会において，平田敬一郎政府委員（当時の主税局長）は，住宅又は家財が半分でも損害を受けたという外形的な基準で減免するので，困難な損失額の時価算定の必要はなく，簡単であるから所得税の救済よりもはるかに徹底できるため災害減免法を存続させたと説明している[104]。

　当時の国税庁所得税課の小林繁氏も「雑損控除の方は，納税義務者の所得金額又は損失額に応じて所得税の軽減又は免除が行われるのに対し，災害減免法の方は，所得金額を三段階に分けるだけで極めて大雑把に所得税の軽減又は免

除を行うことにしているので，所得税本来の建前からするときは雑損控除の方が理論的であり，かつ，個別的事情に即応している制度であるといえる。しかしながら，災害減免法による減免措置は，災害によって一度に多数の納税者が被害を受けた場合に，簡潔かつ迅速に事務を処理することができる点効果的な制度といえよう。」と災害減免法は，大量一括処理できるところに利点があると述べている[105]。

雑損控除と災害減免法の二重制度となっていることについては，昭和39年の税制調査会でも問題になり，災害減免法を所得税法に吸収して税額控除として規定するべきであるとして検討されたが[106]，結局統一されることはなかった。

災害減免法による減免の性格については，減免額が少ないこともあって，佐藤英明教授は「災害減免法による所得税の減免は，所得課税の制度ではなく，その形を借りた一種の災害補助金であると考える方が妥当であると思われる。」と述べている[107]。

さらに，国税庁の奈良武衛氏も，本来災害により住宅又は家財に被害を受けても所得金額に影響がなく，当然には所得税を軽減又は免除する理由にはならないので，災害減免法による所得税の減免は「消極的な見舞金として減免するものである。」と解説しており[108]，災害減免法が災害救済税制の主役であるという認識は薄れてきた。

しかも，雑損控除と比較した結果によれば，災害減免法は，家屋又は家財の半分以上の大きな被害がなければ適用できないのに，その被害額が少ないときは雑損控除より有利になっており，被害程度と損害額とが反比例する矛盾した制度といえるだろう。

このような前提では，アパートに住む家財の少ない独身者や学生などの借家人が被災するなどの限られたケースでしか災害減免法が有利になることはない。また，納税している者だけを対象とする見舞金や災害補助金であると考えるにも無理があり，税制による災害救済制度をどのように位置付けるべきか見直す必要がある。

5. 小括

　本章では，明治期以後の我が国の災害税制の成立経緯を踏まえ，災害減免法の問題点を雑損控除と比較検討した。

　明治政府は，新政権成立後に災害が多発したこともあり，民心掌握を図る必要性から災害救貧行政には積極的で，罹災窮民救助は公的扶助制度として早期に確立したが，地租は豊凶に関係なく毎年の負担は一定とされ，税収を安定させるため地租の減免には消極的であった。しかし，度重なる災害と凶作によって，延納減免を実施せざるを得なくなり，所得税などの新税も減免対象に拡大され，基本法である災害減免法へと改正されてきた。

　災害減免法は関東大震災当時の災害税制を基にした画期的な制度であるが，その減免額は雑損控除より少ないから，災害減免法の適用者は，阪神淡路大震災では被災者の10％，東日本大震災では1％もなかった。これは災害減免法による被災者救済効果が低下し，制度に問題があると考えられることから，災害減免法と雑損控除との減免税額を比較検討したところ，災害減免法による減免額が有利となるケースはほとんどなく，特例の役割が発揮できるよう改正しなければならないことが明らかになった。

5-1　我が国の災害税制の成立過程からの教訓

　我が国の災害税制の発展の経緯から，いくつかの教訓を得ることができる。

　その第一は，災害の都度特別法を制定していては迅速な救済はできず不公平な結果を招くことである。

　旧災害減免法創設までは，災害の都度翌年に特別法を制定していた。また，関東大震災では，首相不在とその後の政治的混乱もあって，地租の減免は震災後10か月後となるなど救済は遅れた。そのため敏速にして適切な措置ができず，災害発生直後に必要な被災状況の調査を行うこともできず，被災事実に適合しない不公平な結果を招いた。したがって，災害の都度特別法を制定していては迅速な救済はできないから，大災害を見据えた基本法を制定しておき，大災害

発生のときは直ちに租税上の適切な救済措置を講じることができるよう準備しておく必要がある。

　第二は，財源を事前に準備しておくことは困難であるということである。

　備荒儲蓄法は，被災者の救済と税の減免・延納という総合的な共済制度として，事前に財源を積み立てて，その基金の運営益を財源とするから，災害時の新規財源措置は不要になるという画期的なものであったが，財源は税金の前払いで加重になり，大災害の発生，救済制度の充実やインフレなどで元本である基金を取り崩さざるを得ず，結局破綻した。大災害といえども限られた財源の中で災害支援を行う以上，無制限な支援はできないから，災害に強いインフラ整備，家屋の耐震改修や損害保険を活用するなど，社会全体や個人単位でもリスク対策を行い災害に備える必要がある。したがって，財源の在り方も含めて事前に検討しておくべきである。

　第三に，複雑な税制と抽象的な被害判定区分の基準は，災害時の行政機関の機能低下や非効率化，被災者の負担増加と不公平の発生など問題の多い不合理な制度となることである。

　関東大震災では，被害状況に応じ，累進税率という所得税制度に配慮した震災特例を創設したが，その減免税額の計算方法は複雑であった。また，極めて抽象的な被害区分の基準は事実認定で問題の多い不合理なものと非難された。公平であるが過度に複雑な制度を創設しても大災害時には限られた国税職員で対応することに限界があり，災害時の行政機関の機能低下や非効率化と被災者の負担とのバランスを考慮しなければならない。

5-2　災害減免法の今後の在り方

　災害減免法は，大災害時には公平で簡潔かつ迅速に事務処理ができるという利点があり，税額控除制度であるから，所得控除制度である雑損控除に比べて累進税率の影響を受けず公平な制度といわれているが，現在は，雑損控除の補完的なものとされ，災害減免法による減免額が有利となるケースはほとんどなかった。

災害減免法による減免額が少ないことについて，昭和25年3月24日第7回国会衆議院大蔵委員会において，平田敬一郎政府委員（当時の主税局長）は，災害減免法は「所得税法で救われないような場合において，災害減免法で減免を行う」のが趣旨で，「ごくちょっぴりの被害」に対する制度と述べており[109]，救済税制といえるのは雑損控除しかないというのが実情である。

　雑損控除は一部損壊の場合も特例の適用があり，災害損失額だけではなく後片付け費用などの災害関連費用も損失と認められ，その年に控除できなかった損失は翌年以降へ繰越しできるなど災害減免法より有利な規定が設けられているので，災害減免法にも同様の制度を設けるべきである。あまりにもバランスを欠いた災害税制が複数あることは望ましいものではない。

　災害減免法は税額控除で，雑損控除は所得控除という違いもある。所得控除は税率の累進構造との関連上，同じ金額の控除でも納税者に適用される上積税率の相違に応じて軽減される税額に差異が生じる。したがって，高い上積税率の適用を受ける高所得者ほど控除による税の減免額は大きく有利になるという問題である。しかし，現行所得税法は総合課税と分離課税が併存し相互に損失の損益通算は制限されているから，所得控除とすることですべての所得から控除できるという機能も有している。一方，税額控除の場合には，所得金額に関わらず各所得階層を通じて同一税額の減免を得られるので，一般的には公平の点では税額控除の方が優るといわれている。

　災害損失制度は税額控除と所得控除のいずれが望ましいかについては，昭和39年の税制調査会でも問題になっている。そこでは災害減免法を所得税法に吸収して税額控除として規定するべきであるとして検討が行われ，結論はでていないが[110]，災害減免法と雑損控除の減免税額に大きな差のあること自体に問題があり，そのことが「消極的な見舞金」であると存在価値すら否定されることにもなっている[111]。

　けれども，災害減免法は被災者を救済するため多くの情熱が注がれ改正されて現在の制度に引き継がれたものであり，現在は，被害程度については市町村から罹災証明が発行され，全壊，半壊，一部損壊等の判断が示されるので，こ

れに基づき災害減免法を適用すれば，損失額を個々に積み上げる雑損控除より被災者の負担が軽減され，納税額の還付によって当面の生活資金を素早く被災者に手渡すこともできるので，救済税制としての役目を果たすことのできる重要な制度といえる。

　そうすると，災害減免法は災害税制の共通的基本法として存続させるが，所得税の減免の部分は所得税法に吸収して税額控除として一体的に規定することが望ましい。とはいえ，災害減免法では所得税以外に相続税や酒税などの国税の減免なども規定しているから，二重の制度として存続させるのであれば，雑損控除と同程度の減免税額となるよう改善すべきである。

(第1章/Endnotes)

[1] 武田昌輔監修（2013）『DHCコンメンタール所得税法』第一法規, 9500～9501頁。
[2] 経済雑誌社編（1897）『国史大系　第1巻』経済雑誌社, 223頁。
[3] 経済雑誌社編（1897）『国史大系　第1巻』経済雑誌社, 374頁。
[4] 古代中世地震史料研究会（2013）「［古代・中世］地震・噴火史料データベース〈β版〉」〈http://sakuya.ed.shizuoka.ac.jp/erice/db/〉。
[5] 経済雑誌社編（1901）『国史大系　第2巻』経済雑誌社, 563頁。
[6] 大日本帝国憲法第8条第1項では「天皇ハ公共ノ安全ヲ保持シ又ハ其ノ災厄ヲ避クル為緊急ノ必要ニ由リ帝国議会閉会ノ場合ニ於テ法律ニ代ルヘキ勅令ヲ発ス」と規定し、これに基づき大正12年9月12日勅令第410号「震災被害者ニ対スル租税ノ減税等ニ関スル件」は発布された。
[7] 国立国会図書館デジタル化資料〈http://www.ndl.go.jp/〉。
[8] 国立公文書館デジタルアーカイブ資料〈http://www.archives.go.jp/〉。
[9] 明治財政史編纂会（1971）『明治財政史　第5巻』吉川弘文館, 明治財政史編纂会（1972）『明治財政史　第10巻』吉川弘文館。
[10] 大蔵省編纂（1957）『明治大正財政史　第6巻』経済往来社。
[11] 勝　正憲（1938）『日本税制改革史』千倉書房。
[12] 井手文雄（1959）『要説近代日本税制史』創造社。
[13] 林　健久（1965）『日本における租税国家の成立』東京大学出版社。
[14] 金子　宏（2013）『租税法〔第18版〕』弘文堂, 39頁。
[15] 明治財政史編纂会（1971）, 224頁。
[16] 大阪市（1934）『明治大正大阪市史　第4巻』日本評論社, 669頁。
[17] 明治財政史編纂会（1971）, 225頁。
[18] 笛木俊一（1973）「明治初期救貧立法の構造-備荒儲蓄法研究その1」『早稲田法学会』第23巻, 333頁。
[19] 太政官布告は慶應4年に布告されているが、慶応4年9月8日より明治に改元し、慶応4年1月1日に遡って明治元年と適用されたため、明治元年の太政官布告と記している。
[20] 恤救規則は、社会的弱者などの恒常的窮民の救済を目的にしており、救済の対象者は原則として独身者で、家族の中に労働能力のある者がいる限り救護を受けることはできず、親族扶養を優先させたので救済される被災者の範囲や救済の程度は限られていた。
[21] 井手文雄（1959）, 14頁。
[22] 大隈侯八十五年史編纂会（1926）『大隈侯八十五年史　第1巻』大隈侯八十五年史編纂会, 765頁。

[23] 林　健久（1965），138頁。

[24] 大蔵省編纂（1957），558頁。

[25] 林　健久（1965），151頁。

[26] 井手文雄（1959），6頁。

[27] 明治17年の創設当時の第20条は10年，明治22年に地租条例中改正ノ件（明治22年11月30日法律第30号）により15年に改正されている。

[28] 明治17の創設当時の第23条は20年，明治22年に25年に改正されている。

[29] 起返（おこしかえし）とは，荒れ地を開墾し元に戻すこと。

[30] 北場　勉（2012）「国民国家の形成と救済－恤救規則の制定に焦点をあてて」『日本社会事業大学研究紀要』第58巻，23頁。

[31] 大蔵省編纂（1957），595頁。

[32] 田中静夫（1932）『原始保険之史的研究』交通経済社出版部，357～366頁。

[33] 大蔵省編纂（1957），596頁。

[34] 小林惟司（1983）「明治初期における保険思想の一源流－備荒儲蓄法の制定をめぐって」『生命保険文化研究所所報』第65号，58頁。

[35] 明治財政史編纂会（1972），853～856頁。

[36] 鍋島成善（1887）『実用手続日本所得税法註釈』発行者須原鉄二，22～23頁。

[37] 東京府（1877）『東京府史行政編第三巻』東京府，655頁。

[38] 東京府（1877），656頁。

[39] 内務省地方局（1913）『民政史稿賑恤救済篇内務省地方局蔵版』内務省地方局，160頁。

[40] 笛木俊一（1973），327頁。

[41] 田中静夫（1932），232～233頁。

[42] 小林惟司（1983），69～84頁。

[43] 小林惟司（1983），68頁。

[44] 越村俊一（2005）「過去の災害に学ぶ（第4回）1896年明治三陸地震津波」『広報ぼうさい』第28号，19頁。

[45] 下山憲治（2009）「災害・リスク対策法制の歴史的展開と今日的課題（特集 災害・リスク対策の法的課題）」『法律時報』第81巻第9号，8頁。

[46] 自由法曹団（2011）『災害への保障は政府の責任－いますぐ被災者への直接助成を』自由法曹団，13頁〈http://www.jlaf.jp/menu/pdf/2011/110418_04.pdf〉。

[47] 八木寿明（2007）「被災者の生活再建支援をめぐる論議と立法の経緯」『レファレンス』第682号，33頁。

[48] 明治25年6月1日第3回帝国議会衆議院震災地方租税特別処分法案議事速記録第16号，15

頁。

[49] 洗い流されてなくなる。また，ほろび尽きるの意味。漢字源（改訂第四版）学習研究社。

[50] 貴族院における曽我祐準議員（震災地方租税特別処分法案特別委員会長広橋賢光は病気のため代理として答弁）による本件法案の特別委員会の審議報告。明治25年6月7日第3回帝国議会貴族院震災地方租税特別処分法案議事速記録第20号，1頁。

[51] 明治30年3月9日第10回帝国議会衆議院における目賀田種太郎政府委員（当時の大蔵省主税局長）の答弁。明治30年3月9日第10回帝国議会衆議院震災地方租税特別処分法案議事速記録第20号，7頁。

[52] 明治30年3月1日第10回帝国議会衆議院水害地方地租特別処分法案審査特別委員会速記録第1号，1頁。

[53] 明治30年3月6日第10回帝国議会衆議院水害地方地租特別処分法案議事速記録第18号，8～11頁，明治30年3月24日第10回帝国議会貴族院水害地方地租特別処分法案議事速記録第26号，36～39頁。

[54] 明治34年3月13第15回帝国議会衆議院水害地方田畑地租免除ニ関スル法律案外七件委員会会議録第1回，1頁。

[55] 大蔵省編纂（1957），598頁。

[56] 明治34年3月23日第15回帝国議会衆議院水害地方田畑地租免除ニ関スル法律案議事速記録第18号，7～8頁。

[57] 明治35年3月4日第16回帝国議会貴族院地租条例中改正法案議事速記録第20号，340～342頁。

[58] 大日本帝国憲法第8条第1項は，「天皇ハ公共ノ安全ヲ保持シ又ハ其ノ災厄ヲ避クル為緊急ノ必要ニ由リ帝国議会閉会ノ場合ニ於テ法律ニ代ルヘキ勅令ヲ発ス」と定めている。

[59] 当時の大日本帝国憲法下での法令は法律と勅令があった。法律は帝国議会の議決を必要としたが，勅令は法律以外で天皇が裁可した法規である。勅令で法律を改変するすることはできず，例外的に法律を改変可能な緊急勅令でも帝国議会の事後承認が必要であった（大日本帝国憲法第8条）。

[60] 大日本帝国憲法第8条第2項は，「此ノ勅令ハ次ノ会期ニ於テ帝国議会ニ提出スヘシ若議会ニ於テ承諾セサルトキハ政府ハ将来ニ向テ其ノ効力ヲ失フコトヲ公布スヘシ」と定めている。

[61] 谷干城議員（地租条例中改正法律案特別委員会会長）は，「法律27号（水害地方田畑地租免除ニ関スル法律）ノ「水害」ヲ廣ク「災害」ト改メテヤルガ宜カラウ，此地租条例ノ中ヘ而モ最初ノ所ヘ突然ト之ヲ入レルノハ甚ダ条例ノ精神ニ対シテ面白クナイト云ウ斯ウ云ウ論デ是ハ否決ト云フコトニナリマシテゴザイマス」と，地租条例は変更せず，水害地方田畑地

租免除ニ関スル法律（明治34年4月13日法律第27号）の「水害」を「災害」に変更して対応すべきと述べている。明治35年3月4日第16回帝国議会貴族院地租条例中改正法案案議事速記録第20号，341頁。

[62] 明治36年6月4日第18回帝国議会貴族院議事速記録第6号，129頁。

[63] 明治36年6月4日第18回帝国議会衆議院議事速記録第11号，52頁。

[64] 当時の情勢をみると，明治37年2月からの日露戦争開戦直前であり，政府は，海軍の戦艦等の増強のため財政事情も厳しく，地租に代わる税収確保も困難であったことも原因といえる。

[65] 軍役にあたる壮年の男子。

[66] 第31回帝国議会では，議員からも政府案と同趣旨の災害地免租ニ関スル法律案が提出されたが，衆議院は政府案を採用した。大正3年1月28日第31回帝国議会衆議院災害地地租免除法案外二件委員会議事速記録第3回，9頁。

[67] 政府委員菅原通敬の答弁。大正3年1月28日第31回帝国議会衆議院災害地地租免除法案外二件委員会議事速記録第3回，7頁。
収穫皆無の意義は，最も注目されたところであるが，政府は従前から収穫皆無とは全く収穫がなかったということではなく，七八分の被害をもって収穫皆無と判断すると政府委員は説明している。

[68] 大蔵省編纂（1957），794頁。

[69] 『読売新聞』大正3年1月17日記事。

[70] 新聞では，「本年の東北に於ける凶歉に就て罹災者から被害耕地地租の免除，及び延納を出願するものが相次ぐので，其所轄税務官署は之が為めに頗る多忙とのこと。」と報道されている。東京朝日新聞大正2年12月23日記事。

71 地租は，明治17年の地租条例創設時は2.5％であったが，日露戦争前の軍備予算確保のため明治32年4月より5年間限定で3.3％（市街地では5％）に引き上げた。明治37年2月に日露戦争が勃発すると2.5％に戻さず，非常特別税法（法律第3号）で逆に明治37年4月から4.3％（市街地では8％，郡部宅地では6％）に引き上げ，更に明治37年12月には非常特別税法を改正（明治37年法律第1号）して明治38年1月からは5.5％（市街地では20％，郡部宅地では8％）に再度引き上げられた。
　その後，増税批判が強まり，明治43年3月25日に地租条例の改正（明治43年法律第2号）で田畑4.7％（宅地は2.5％，その他5.5％）に減額し，大正3年3月にも改正（大正3法律第18号）され田畑は再度4.5％に引き下げられた。

[72] 勅命は大正12年12月召集の第47回帝国議会において事後承認を得ている。

[73] 所得税（大正9年7月31日法律第11号）法第51条

八月三十日迄ニ所得調査委員会成立セサルトキハ政府ニ於テ所得金額ヲ決定ス
所得調査委員会開会ノ日ヨリ第四十六条ノ期間内又ハ八月三十日迄ニ調査結了セサルトキハ政府ニ於テ調査未済ノ所得金額ヲ決定ス。

[74] 所得税の納税者数，税収及び租税収入に占める割合は，明治21年度は13万人，106万円，1.7％で，大正元年度は135万人，3893万円，10.7％で，大正12年度は190万人，1億6384万円，20.8％と増加している。一方，地租の税収及び租税収入に占める割合は，明治21年度は3465万円，57.6％で，大正元年度は7536万円，20.8％で，大正12年度は7313万円，9.2％と減少している。明治財政史編纂会（1904）『明治財政史　第3巻』丸善，412頁，大蔵省編纂（1956）『明治大正財政史　第3巻』経済往来社，686頁，大蔵省編纂（1937）『明治大正財政史　第4巻』財政経済学会，520頁，大蔵省主税局（1988）『所得税百年史』大蔵省主税局，131～136頁。

[75] 営業税については，営業税の第一期分（半額）は納付済みであり，11月の第二期分については，営業の用に供する家屋や機械等，また商品や原材料等の大部分が被害を受けた時は免除するとされた（関東大震災の震災特例法第7条）。

なお，一期分についても営業法第29条の規定により，営業利益が営業税額に達しないときは納付済税額の還付を請求できるとされた（同法第8条）。

[76] 西脇　晋（1923）『震災被害者租税ノ減免』西脇晋法律事務所，16頁。

[77] 時事新報社（1923）『震火災減免税便覧』時事新報社，27～28頁。

[78] 山林，賞与，配当が減損更訂の対象から除かれていたのは，1年おきに山林を伐採することや，1年おきに賞与や配当を支払うなど，人為的な所得金額の調整により減損更訂の制度の脱税目的での利用を防ぐためである。勝　正憲（1930）『所得税の話』千倉書房，276～277頁。

[79] 勝　正憲（1930），275～276頁。

[80] 時事新報社（1923），51頁。

[81] 大正13年7月11日第49回帝国議会貴族院震災被害地ノ地租免除等ニ関スル法律案外二件特別委員会議事速記録第1号，1頁。

[82] 大正13年7月11日第49回帝国議会貴族院震災被害地ノ地租免除等ニ関スル法律案外二件特別委員会議事速記録第1号，3頁。

[83] 勝　正憲（1938），138～139頁。

[84] 勝　正憲（1938），139～140頁。

[85] 大正13年7月11日第49回帝国議会貴族院震災被害地ノ地租免除等ニ関スル法律案外二件特別委員会議事速記録第1号，3頁。
衆議院の選挙権の納税要件は大正14年に廃止された。

86 小野塚久枝（2004）『現代租税論』税務経理協会，259頁。
87 大蔵省主税局（1929）『主税局第五十四回統計年報書昭和二年度』大蔵省主税局，1頁。
88 大蔵省主税局（1941）『主税局第六十六回統計年報書昭和十四年度』大蔵省主税局，2頁。
89 昭和14年3月12日第74回帝国議会衆議院本会議議事速記録第24号，546頁。
90 大蔵省昭和財政史室編（1977a）『昭和財政史　第7巻』東洋経済新報社，271頁。
91 昭和22年11月15日第1回国会衆議院財政及び金融委員会会議録
〈http://www.digital.archives.go.jp〉。
92 国税としての地租法も同年に廃止され，地租は地方税に移譲され，その後シャウプ勧告に基づく税制改正により地租も廃止され，昭和25年に新たに固定資産税の新設へと引き継がれ，災害時の免税制度も固定資産税の免税制度へ引き継がれている。
93 昭和22年11月15日第1回国会財政及び金融委員会会議録
〈http://kokkai.ndl.go.jp/SENTAKU/syugiin/001/1362/00111151362035a.html〉。
94 昭和22年12月4日第1回国会参議院財政及び金融委員会会議録
〈http://kokkai.ndl.go.jp/SENTAKU/sangiin/001/1362/00112041362047a.html〉。
95 内閣法制局（1974）「所得税法及び災害被害者に対する租税の減免，徴収猶予等に関する法律の一部を改正する法律案」内閣法制局長官総務室第一課，260頁，国立公文書館デジタルアーカイブ
〈http://www.digital.archives.go.jp〉。
96 内閣法制局（1974），260頁。
97 内閣法制局（1974），288～289頁。
98 『日本経済新聞（大阪夕刊）』平成7年2月14日。
99 国税庁「国税庁統計年報書（各年分）」
〈http://www.nta.go.jp/kohyo/tokei/kokuzeicho/tokei.htm〉。
100 国税庁（2015）「平成26年分の所得税及び復興特別所得税，消費税並びに贈与税の確定申告状況等について」〈http://www.nta.go.jp/kohyo/press/press/2014/kakusihin_jokyo/index.htm〉。
101 国税庁（2013a）『暮らしの税情報〔平成25年度版〕』国税庁，20頁。
102 計算においては，給与所得のみの者を前提（事業損失などを考慮せず）とし，家族は配偶者（収入なし），特定扶養親族1名（16～18歳），年少者の扶養親族1名（15歳以下）という夫婦子供2名の家族構成，扶養控除等人的控除以外の社会保険料控除は70万円一律とし，平成22年分は所得控除額247万円，平成23年分は184万円で計算した。
103 阪神淡路大震災時においては，所得控除額等の前提条件は異なるが，損害額が150万円以下であれば災害減免法が有利，150万円から350万円であれば判定が必要，350万円以上であ

れば雑損控除が有利になる。上前　剛（2011），65頁。
[104] 昭和25年3月24日第7回国会衆議院大蔵委員会会議録第39号，9〜10頁。
[105] 小林　繁（1962）「災害を受けた場合の所得税の軽減免税」『税経通信』第17巻第9号，100頁。
[106] 税制調査会（1964）『昭和39年3月税制調査会関係資料集－税法整備小委員会資料』税制調査会，5頁。
[107] 佐藤英明（1995）「地震による被害と所得税」『税務事例研究』第27号，68〜69頁。
[108] 奈良武衛（1948）「災害被害者に対する租税の減免・徴収猶予等に関する法律解説」『税経通信』第3巻第2号，26〜28頁。
[109] 昭和25年3月24日第7回国会衆議院大蔵委員会会議録第39号，10頁。
[110] 税制調査会（1964），5頁。
[111] 佐藤英明（1995），71頁。

第2章　日本と米国の雑損控除制度

1．雑損控除制度の概要と課題

　本章の課題は，第1に，雑損控除制度は，戦後，米国の災害損失控除制度をモデルに創設したものであるが，その後の改正によって両国の災害損失制度には相違点も多いことから，両国の改正経緯と現行制度を比較することによって，我が国の雑損控除制度の問題点を抽出することであり，第2に，判例分析なども加えて雑損控除制度の在り方を検討することである。

　シャウプ勧告は，当時の所得税法第52条に規定していたあいまいな災害損失制度を強烈に批判し，税務行政庁の裁量の入り込む余地のない明確な規定に基づく救済策として，米国の災害損失控除制度にならって雑損控除制度を導入するよう勧告した。

　雑損控除制度は，一般的な家計の負担の水準を上回って偶発的に損失や支出を余儀なくされるもので，災害，盗難又は横領という不可避的な損失に対して，納税者の税負担を軽減するための税制上の配慮として設けられている[1]。すなわち，災害，盗難又は横領という異常な損失により減少した担税力に即応して課税するための制度である[2]。

　雑損控除制度が創設された昭和25年の所得税法では，米国の災害損失控除制度と同様に個人資産のすべてを雑損控除の対象とし災害損失を幅広く認めていた。しかし，昭和37年の改正で事業用の資産と生活に通常必要でない資産の2つを雑損控除の対象から外し，昭和40年に業務用資産について別途規定が設けられるなど，雑損控除の適用される資産は徐々に切り取られ，その適用範囲は大幅に縮小されてきた。その結果，雑損控除の対象となる資産を具体的に特定列挙した規定はなく，適用除外する資産のみが規定されて，この残された個人資産の範囲が明確でないことが訴訟で問題となり，米国の災害損失控除制度と

の乖離も広がってきた。

　また，雑損控除が損失額の測定を時価基準としていることには批判も多い。特に生活に通常必要な資産に関しては，その被災した多岐にわたる財産を個々に書き上げ，その財産ごとに時価損失額を算定し，証明することは困難という実務上の難点もある。

　このように雑損控除制度は合理的な制度であるが，日米両国では過去に廃止も含めた提案がなされるなど，問題もある制度である。

2. 雑損控除制度の沿革

　所得税の雑損控除は戦後シャウプ勧告に基づき米国の災害損失控除を参考に創設したものであるが，戦前の所得税に災害損失を考慮する規定がなかった訳ではない。明治20年に制定された所得税法はわずか29か条の簡素なものであったが，既に所得減少に伴う減損更訂制度が設けられていた。

2-1　明治20年の所得税法創設

　所得税法は，明治20年3月19日（勅令第5号）創設され，同年7月1日から施行された[3]。

　明治20年1月に松方蔵相は所得税創設の理由や目的を記した「請議[4]」を内閣に提出したが，海軍費を中心として国家経費が増大したこと，北海道物産税を減税することによる補充が必要なため財源を確保する必要があること，そして，現行の税制は明治維新当時に制定したもので，今日の経済情勢に適合せず負担の均衡を失しており，現行諸税の税率を単に引き上げて歳入を増加することが出来ないためであると，所得税の創設理由を述べている[5]。

　当時の国税収入は地租と酒税の比重が圧倒的に大きく，そのため農業者と商工業者，富者と貧者の間で税負担の不公平が生じていたことも確かであるが，他にも，新税導入を急ぐ必要があった。

　地租改正法第六章に茶煙草材木その他の物品税が200万円以上になったとき

は，地租の税率3％を1％まで減少させると条文に明記されていたこと，茶煙草材木その他の物品税など間接税は不景気による民間需要の落ち込みで，間接税増税路線は行き詰まりを見せるに至ったこと[6]，明治23年の帝国議会の衆議院議員の選挙人，被選挙人の資格として納税額が関連するため，地租は地主層，所得税は自営業者という両者のバランスが必要であったこと[7]，国会が開設されても「旧税ハソノ力ヲ保ツ[8]」という原則が設けられたので，国会開設以前にできるだけ多数の税目を『旧税』として制度化して政府の財政権を確立しておこうという意図があったことなど差し迫った理由もあった[9]。このような理由で，所得税法の規定はわずか29か条という非常に簡素なものとなった[10]。

2-2　所得税創設時の災害等による所得税の減額

創設された所得税法の規定はわずか29か条であったが，第23条には天災等によって所得が減少するときの所得税の減額規定が設けられていた。災害等によって所得が減少するとき所得税を減額するという救済規定は，当時のプロイセン法第7条の影響を受けて創設されたものである。

当時の所得税法では「資産又ハ営業其他ヨリ生スル所得」が300円以上である個人に対し累進税率により所得税を課税するが，課税対象から「営利ノ事業ニ属セサル一時ノ所得」を除外しており，一時的・臨時的な資産の譲渡である譲渡所得は非課税所得とされていた。このような制限的所得概念のもとにおいては，その当然の帰結として事業所得以外の損失や譲渡損失は課税上何ら考慮する余地はなく，そもそも，所得税法は予算方式による賦課課税方式で，その年の納税額は事前に確定しているから災害と納税額とは関連はない制度であった。

とはいえ，所得税法第23条に「納税者其納期前ニ於テ，所得金高十分ノ五以上ヲ減損シタルトキハ郡区長ニ申出ルコトヲ得，郡区長ハ事実ヲ審査シテ其税額ヲ減シ，所得金高一箇年三百円ヲ下ルモノハ之ヲ免税スヘシ，但既納ノ税金ハ之ヲ還付セス」との規定が設けられ，通知を受けた所得金額が納期前に，災害，疾病その他の理由により50％以上減少するときは，郡区長に納税額の減額

を求めることができた。

　当時のプロイセン法第7条では，所得高を秤量するに当たり納税者の財力に影響を及ぼす事態，例えば，多数の子があること，貧窮な親戚を扶助する義務のあること，長病にかかること，その他莫大な負債及び非常の災厄などを酌量して所得税の基礎となる等級を決定できた[11]。また，同法第36条では非常の損害によって所得に4分の1以上の減額を生じたときには税額の減額を申し出ることができる旨の規定があり[12]，これらを参考にしたのである。

　我が国の所得税法創設時の原案における第21条では「資産営業其ノ他所得ヲ生スヘキモノ十分ノ五以上ヲ減損シタルトキハ」とプロイセン法の4分の1基準を10分の5基準とし，保有資産の損失で判断するとしていたが，法案審議の段階で「所得金高十分ノ五以上」と所得額を減損の基準とすることに変更された[13]。

　保有資産の損失で判断せず所得額を基準とした理由について，所得税法創設に関する元老院の議事録みると，当時法案作成に携わった槇村正直議官は，保有資産の減損を基準にすると，その個人のすべての財産を確認しなければならず非常に困難で基準としても厳しいものとなるから，資産に関する部分を削除し所得金額で判断することに変更したと説明している[14]。

（所得税法の草案と原案）

（所得税法の草案）
第二十条　納税者其納期前ニ於テ資産営業其他所得ヲ生スヘキモノ十分ノ五以上ヲ亡失シタルトキハ府県知事ハ事実ヲ審査シ其税額ヲ減等シ減シテ一箇年税額三円ヲ下ルモノハ之ヲ免除税スヘシ但既納ノ税金ハ之ヲ返付セス

（所得税法の原案）
第二十一条　納税者其納期前二於テ資産営業其他所得ヲ生スヘキモノ十分ノ五以上ヲ減損シタルトキハ郡区長二申出ヘシ郡区長ハ事実ヲ審査シ其税額ヲ減等シ減シテ一箇年税額三円ヲ下ルモノハ之ヲ免税スヘシ但既納ノ税金ハ之ヲ返付セス

所得税法（明治20年3月23日勅令第5号）
第二十三条　納税者其納期前ニ於テ所得金高十分ノ五以上ヲ減損シタルトキハ郡区長ニ

> 申出ルコトヲ得郡区長ハ事実ヲ審査シテ其税額ヲ減シ所得金高一箇年三百円ヲ下ルモ
> ノハ之ヲ免税スヘシ但既納ノ税金ハ之ヲ還付セス

出所：磯部喜久男（1998）「創設所得税法概説－明治20年の所得税法誕生物語」『税務大学校論叢』第30号，251頁。

2-3　予算方式による申告と減損更訂制度

　所得税の減免申請を税務署長ではなく地方の住民の代表者である郡区長に行うのは，所得税法の施行当初は所得税を含め国税の執行はすべて府県に委されており，今日の申告納税制度と違って，申告書は単なる参考資料に過ぎず，税額の決定はすべて郡区長の権限とされていたからである。

　創設時の所得税法は，所得のうち「商工業及商工ニ類似セル諸業ノ所得並労銀」「貸預及其他ノ金穀ヨリ生スル所得」「学術技芸ニ関スル諸般ノ所得」については申告制であり，その年の所得の種類や金額を記載した届出書（所得金額の見積書）を毎年4月30日までに，居住地の戸長を経て郡区長（郡役所・区役所）に提出し（所得税法第6条），郡区長（郡長・区長）は所得税調査委員会の決議に基づき所得額を決定した（所得税法第17条）。

　その際，各郡区役所管内に郡区長の諮問に応ずる所得税調査委員会が設置され[15]，所得税に関する調査を行う（所得税法第7条）。所得税調査委員会制度導入の趣旨は，所得税法案と一緒に閣議に提出された『所得税法説明書』によれば「官吏ヲ以テ之ヲ調査セシムレハ調査精密ヲ得ヘシト雖モ苛細ニ渉リ民情ヲ傷ルノ嫌ヒアリ。故ニ各国ノ例ニ照シ殊ニ普国（プロイセン）及巴華里（バイエルン）等ノ例ヲ参酌シテ之（所得税調査委員会）ヲ定ムルモノナリ」と記されている[16]。

　すなわち，所得税調査委員の役割は「官民ノ権衡ヲ維持」するためと納税者の実状を知るためであり，申告内容は納税者に身近な戸長がチェックし，所得税調査委員への諮問を経て郡区長が決定するという手順を採用したのである[17]。このように，戦前の所得税の実質的な決定権は調査委員会にあり，税務署長の役割はこの調査委員会をうまく運営していくことであり，昭和22年の申

告納税制度導入まで維持された[18]。

減免の手続きは郡区長に対して行うこととされている（所得税法第23条）が，当時の解説書によれば「所得税を納むる者にして其税金を上納する期限，即ち其年の9月と翌年の3月の前に，其所得金高の10分の5（2分の1）以上を減損したる場合には，其趣きを所轄の郡区長に申し出て減税を請ふことが出来るなり。然る時は，郡区長は事の次第を審査（とりしら）へて，其上納する税金を減し，其所得の金高1年300円を下るものは免税とするなり。但し，此場合にても其の既に上納したる税金は其本人に還付（かえさ）れぬことなり。」とある[19]。

当時の所得税法第5条によれば，所得税額は1年分を2度に分けて納税することになっており，前半年分をその年の9月に納税し，後半分を翌年3月に納税することになっていたから[20]，8月までに減損が認められたときは9月分と3月分は減額された税額を納付し，9月以降に減損が認められたときは既に納付済分は還付されないが，今年分の所得の減少は翌年に納付する所得税を減額するという方法で行われた。

明治32年には，所得の減損更訂の対象となる所得金額を2分の1から4分の1に引き下げて，より多くの被災者を減免の対象とするために適用範囲を拡大し徴収猶予の規定も設けられた[21]。しかし，大正15年の税制改正では，営業税の減損更訂が2分の1であったことから[22]，営業税との整合性を図るため，所得税の減損更訂の基準は4分の1から2分の1に戻された[23]。

2-4　前年実績基準の課税制度による所得税の減免

昭和15年の税制改正では，所得の計算方法は予算方式から前年の実績に基づく実績課税方式に改められた。予算方式を廃止したのは予算方式を悪用した脱税的手法が横行したためである。

昭和15年2月26日の第75回帝国議会衆議院所得税法改正法律案外三十件委員会で大矢半次郎政府委員（当時の大蔵省主税局長）は「減損更訂ニ於テ除程不合理ノ場合ガ生ズル事例ニ，最近屡々出会シタ訳デアリマス」と，減損更訂制

度は所得金額を毎年高低させ継続的に波打ちさせていけば納税額を低くしたままにできるという手法が横行し，法改正せざるを得なかったと説明している[24]。

　所得税法の改正によって，前年実績課税方式に改められたため課税方法は極めて明確になった。しかし，所得の生じた時期と納税の時期（第1期納期は7月31日）との間に相当な隔たりができたので，前年の実績によれば課税を受くべき所得のある者がまだ納税しない前に，災害，失業その他の事由により著しく資力を喪失し，納期に至り納税に支障を来す場合も予想された。

　そこでこうした場合の納税上の苦痛を救済するため，納税義務者が災害，失業，その他の事由により著しく資力を喪失し納税困難と認めるときは，所得税を軽減又は免除できると所得税法第75条及び第76条に定められた[25]。

　ところが，所得税法第75条は「政府ハ命令ノ定ムル所ニ依リ所得税ヲ軽減又ハ免除スルコトヲ得」と具体的な減免基準は示さず，所得税法施行規則でも軽減又は免除は税務署に申請し（所得税法施行規則第83条），認められる場合は通知（所得税法施行規則第85条）し，認められない場合は却下（所得税法施行規則第84条）するとあいまいな規定が設けられていた。これは前年に成立した旧災害減免法と同様，一般的な規定であり，災害以外のどのような事情で，どの程度の金額まで減少した場合に減免が適用できるかについてはあいまいな規定である。また，「失業其ノ他ノ事由ニ依リ著シク資力ヲ喪失シ納税困難ト認ムルトキハ」という基準も明確ではない。

　当時の所得税の解説書によれば「納税者が，此の規定に依って所得税の減免を受けようとするときは，其の事由を記載した申請書を所轄税務署長に提出せねばならない（所得税法施行規則第83条）。申請書には一定した書式はない。災害等が生じたとか，その状況とか，減免を請求する旨を記載して提出すればよい。申請の時期についても別段の規定がないが，その事由の発生した直後に於て申請すればよい。資力喪失減免の請求があると，税務署長は其の実情を調べ，納税困難と認めれば減免し，納税困難と認められないときはその申請を却下する（所得税法施行規則第84条）。」とあり，申請基準や減免基準については

記載されていない[26]。

さらに，大蔵省主税局発刊の調査資料でも「軽減又は免除を行うかどうかは，一に政府の裁量にかかっており，税務行政上の便宜に基づく減免の規定であった。」と認めている[27]。

すなわち，減損更訂制度を利用した脱税に対して，所得金額の減少だけではなく，所有資産をも含めて税負担応力の有無を検討して判断するというもので，具体的で明確な基準を示さないことによって，税務署の恣意的判断が可能となっていたのである。

所得税法（昭和15年3月29日法律第24号）
第七十五条　納税義務者災害，失業其ノ他ノ事由ニ依リ著シク資力ヲ喪失シ納税困難ト認ムルトキハ政府ハ命令ノ定ムル所ニ依リ所得税ヲ軽減又ハ免除スルコトヲ得 第七十六条　政府ハ前条ノ規定ニ依リ軽減又ハ免除セラルル所得税ニ付軽減又ハ免除ニ関スル処分ノ確定スルニ至ル迄税金ノ徴収ヲ猶予スルコトヲ得 所得税法施行規則（昭和15年3月31日勅令第134号） 第八十二条　納税義務者災害，失業其他ノ事由ニ因リ著シク資力ヲ喪失シ納税困難ト認ムルトキハ納税義務者ノ申請ニ依リ其ノ不動産所得，乙種ノ配当利子所得，事業所得，乙種ノ勤労所得，山林ノ所得若ハ乙種ノ退職所得ニ対スル分類所得税又ハ総所得ニ対スル綜合所得税ニ付之ヲ軽減又ハ免除ス 第八十三条　納税義務者前条ノ規定ニ依リ所得税ノ軽減又ハ免除ヲ受ケントスルトキハ事由ヲ具シ所轄税務署ニ申請スベシ 第八十四条　所得税法第七十五条ノ規定ニ依ル所得税ノ軽減又ハ免除ニ関スル申請アリタル場合ニ於テ税務署長納税困難ト認ムル能ハザルトキハ之ヲ却下スベシ 第八十五条　税務署長所得税法第七十五条ノ規定ニ依リ所得税ヲ軽減又ハ免除シタルトキハ之ヲ納税義務者ニ通知スベシ

出所：勝　正憲（1940）『所得税及び法人税』千倉書房，407頁，431頁。

2-5　昭和22年の災害損失制度

第二次世界大戦後，GHQ指導の下での昭和22年度税制改正によってなされた総合所得税一本化という流れは，シャウプ勧告によって更に推し進められ，

課税ベースを包括的所得にした所得税を税制の中心とし，通常の所得計算の過程でとらえられない財産の減少を担税力の減殺要素として控除することが認められた[28]。

昭和22年の改正は，日本国憲法の制定に伴う全面的制度改革であり，所得税・法人税・相続税等の直接国税の分野で全面的に申告納税制度が採用された。

所得税の課税方法は，前年実績課税から当年実績課税に改められたため，減免の方法も前年実績と被災状況を勘案して本年の納税額を決定する方式から，既に減額した所得金額であっても納税できない場合に免除するか否かの判定だけになった。

災害その他の事情がある納税者の所得税の減免は所得税法第52条１項に規定されたが，戦前の所得税法第75条と同様，所得税の減免は命令の定めるところとされ，所得税施行規則第50条においても具体的な適用事由と基準は設けられなかった。

したがって，確実に救済されるかどうかはあいまいで，納税者は権利として救済を請求し得ないという問題は残された。

所得税法（昭和22年3月31日法律第27号）

第26条　第１条第１項又は第２項第１号の規定に該当する個人は，その年中における所得金額が4,800円を超えるときは，翌年１月31日までに，命令の定めるところにより，左に掲げる事項その他必要な事項を記載した申告書を，政府に提出しなければならない。（この申告書を確定申告書という。）

第52条　納税義務者が，災害その他の事由に因り著しく資力を喪失して，納税困難と認められるときは，政府は，命令の定めるところにより，所得税を軽減又は免除することができる。
　　2　政府は，前項の場合において，同項の規定による軽減又は免除の処分が確定するまで税金の徴収を猶予することができる。

所得税法施行規則（昭和22年3月31日勅令第110号）

第50条　納税義務者が，災害その他の事由に因り著しく資力を喪失して，納税困難と認められるときは，税務署長は，納税義務者の申請により，所得税を軽減又は免除す

ることができる。
　２　納税義務者，前項の規定により，所得税の軽減し又は免除を受けようとするときは，事由を具し，納税地の所轄税務署長に申請しなければならない。
　３　税務署長は，第１項の規定により所得税の軽減又は免除に関する処分をなしたときは，これを納税義務者に通知する。

出所：国立公文書館デジタルアーカイブ資料から筆者作成。

2-6　雑損控除制度の創設

　昭和25年に行われたシャウプ勧告は，それまで損失を斟酌することに消極的であった所得税の転換が行われたという意味でも重要なものである。

　シャウプ税制使節団は連合国最高司令官の要請によって編成され，経済安定９原則[29]に基づき日本の税制を公正で生産性あるものとするため改編するよう勧告した。その基本方針は，公平な租税制度の確立，租税行政の改善及び地方財政の強化の３点に要約することができ[30]，長期安定性ある税制の確立と負担公平の原則に則って徹底的に租税制度の合理化を図るとともに大規模な減税が行われた[31]。

　所得税については，総合累進所得税の考え方を強力に推進し，課税対象となる所得の範囲を広く構成することとした。損失については，①譲渡所得はその全額を課税対象とする反面，譲渡損失はその全額を他の所得から控除すること，②火災，盗難その他の災害損失等（昭和26年所得税基本通達327（二）において横領による損失も含めた[32]。）の控除を認める雑損控除制度を設けること，③青色申告書を提出する者については欠損の繰越し及び繰戻しを認めることなどを勧告した。

　シャウプ勧告は，昭和22年の所得税法の改正による災害損失制度を強烈に批判している。勧告では「現行法においては税務当局に『災害その他の理由で納税資力を喪失』した個人の所得税を減免する権限を与えている一般的な規定がある[33]。法律はこのような場合に与えられるべき救済は施行規則によって規定することを指示しているが，施行規則も同様にあいまいである。一般的にこの

ようなあいまいな規定は好ましくない。なぜなら，一方では差別待遇の起こる余地を与え，他方ではどういう結果になるかについての保証もなく，納税者に申請を行うはっきりした基礎を与えていないからである。実際，納税者は無視されることにしかならないから，このような規定の特別措置を受けるため申請するのは無意味だと考えるようになるかもしれない。徴収額を増加するため，税務署に直接又は間接に重圧が加われば，特にそうである。」と従前の規定の問題点を指摘した[34]。

そして，「現在のところ，納税者が『納税資力を著しく喪失している』と税務署が判断する場合，その税額の軽減を認めてはいるが，その権限はあいまいであるのに対し，われわれの勧告は，この点，税法上一段と明確さを加える結果となるのである。現在のような広範な自由裁量を認めることは，概して好ましくない多数の争を引き起し，情実に流れ，不正行為すらも生ずるような機会をつくるものであることを考え合せると，できる限りこれを避けるべきである。」と指摘し[35]，あいまいな従前の災害損失制度を廃止し，税務行政庁の裁量の入り込む余地のない救済策として，米国の災害損失控除制度にならって雑損控除制度を導入するよう勧告した[36]。

また，当時の米国所得税は災害損失額の全額控除を認めているが，勧告では総所得金額等の10％を超える部分のみ控除すると制限したのは，「合衆国において普通与えられている救済の形式は，火災，盗難のようなものによって蒙ったある種の個人損失の控除を認めている。しかし，この結果は，多数の小さな種目の控除が行われて税務行政に甚だしく手間をかけるが，それを認めて公平が増加するということにはなっていない。[37]」という当時の米国災害損失制度の問題点を踏まえ，税務行政の負担の軽減を意図してのことである[38]。

昭和24年11月17日衆議院委員会において池田大蔵大臣は，所得税法の臨時特例等に関する法律案外二法律案に対する提案理由説明で「シャウプ税制使節団の勧告の基本原則を尊重し，さらに，これに適当と認められる調整を加えて現下の我が国財政経済の実情に即応した国税及び地方税を通ずる税制の全面的改正を行い，国民の租税負担の軽減合理化を図る」として，雑損控除制度につい

ても採用した[39]。

　成立した雑損控除制度は、災害又は盗難（昭和26年所得税基本通達327（二）において横領による損失も含められた[40]。）により、棚卸資産以外の資産について生じた損失額が総所得金額の10%を超えるときは、その超過額を総所得金額から控除することとされ、現行の雑損控除制度と異なり、事業用の固定資産や生活に通常必要でない資産なども幅広く雑損控除の対象資産とするものであった。

所得税法（昭和25年3月31日法律71号）

第11条の3　第1条第1項の規定に該当する個人が、震災、風水害、火災その他これらに類する災害又は盗難に因り資産（商品、原材料、製品、半製品、仕掛品その他命令で定める資産を除く。以下本条において同じ。）について損失を受けた場合において、当該損失額（保険金、損害賠償金等に因り補てんされた金額を除く。）が、その個人の総所得金額の10分の1を超過するときは、その超過額を、その個人の総所得金額から控除する。第1条第2項第1号の規定に該当する個人のこの法律の施行地にある資産に係るこれらの損害についても、また同様とする。

所得税法施行規則（昭和25年3月31日政令第69号）

第12条の11　法第11条の3及び法第21条の3第7項第2号に規定する命令で定める資産は、たな卸資産とする。

出所：国立公文書館デジタルアーカイブ資料から筆者作成。

2-7　昭和36年の税制調査会の検討と改正

　昭和34年5月19日池田勇人内閣総理大臣は税制調査会に「国税及び地方税を通じ我が国の社会経済事情に即応して税制を体系的に改善整備するための方策」を諮問し、税制調査会は3年間で税制全般について体系的な検討を行った。

　そして、昭和35年12月に当面実施すべき税制改正に関する答申（税制調査会第一次答申）、昭和36年7月に国税通則法の制定に関する答申（税制調査会第二次答申）、昭和36年12月7日には諮問に対する税制調査会の意見をまとめた

税制調査会答申を提出しているが，その中で損失制度について検討が行われている。

(1) **雑損控除で問題となった事項**

当時の雑損控除の対象資産は，棚卸資産を除くすべての資産としており，事業用の固定資産や生活に通常必要でない資産まで控除の対象とし，高額の資産所有者の資産損失を無制限に控除することを認めていた。

税制調査会では，無制限に控除することを認めることは制度本来の趣旨から適当かどうかという疑問が提起された[41]。それは，雑損控除の資産の範囲に事業用固定資産のほか貴石，書画，骨とう，競走馬，別荘などの通常生活に必要でない資産が含まれていたからであるが，そもそも貴石や書画骨とうの時価評価は実務上困難という問題もあった。

当時は，災害損失を時価基準とするのか取得原価基準で計算すべきかの明確な規定はなく「雑損控除の対象となる損失額の算定については，損失時の時価によることも妨げない」とする通達に基づき時価基準（再取得価額）で計算していたが[42]，事業用固定資産の損失は取得原価基準で計算すべきとの意見もあり，雑損控除制度の在り方が問題とされた。

(2) **税制調査会による検討**

税制調査会では，別荘などを有する資産所有者についての雑損控除が行き過ぎとならないように制限を設けることの必要性が指摘され[43]，医療費控除と同様に上限の限度額規定の導入なども議論されたが，その限度金額を定める合理的な根拠は見当たらなかった。

税制調査会の結論としては，我が国と同様，一般的に財産増加説的な所得概念をとっている米国税制においても，事業ないし利潤を得るための取引により生じた損失とその他の損失とを区別し，前者については，資産損失をも含めて広くその損失の控除を認めている反面，後者については，やはり我が国の雑損控除に準ずる場合に限ってその控除を認めていることなどが考慮された[44]。

結局，事業に関する資産損失は，原則として事業用の固定資産の除却損，廃棄損，災害損等のすべての資産損失を必要経費として控除するのが適当であること，雑損控除については，その対象資産を生活に通常必要な資産に限定し，

通常生活に必要でない特定の資産を控除の対象外に置くことが最も無難な方法とされた[45]。

そして,雑損控除の対象となる資産の範囲は,通常生活に必要であると認められる資産に限るものとし,貴石,書画,骨とう,競走馬等のように,その損失が直ちに担税力を減殺しないと認められる通常生活に必要でない資産は除外することとされた。

そのような訳で,事業用固定資産を取得基準として雑損控除から切り離し,評価算定が困難な通常生活に必要でない資産を雑損控除の対象資産から除外した。また,損失額は,その資産を復元するための支出に具体的な担税力の減殺が認められるのであるから,当時通達で認めていた時価(その再取得価額から減価償却費を控除した額)による評価方法を明定することにした[46]。同時に,損失発生原因に横領を加え,通常生活に必要でないと認められる資産の損失は,その発生年分又は翌年分の譲渡所得の金額の計算上控除することとし,他の所得との損益通算は認めないとされた(所得税法第62条)。

2-8 昭和40年以後の資産損失制度の改正

昭和40年には,所得税法の法体系的整備,法文の平明化・明確化を目的に法文の整理統合が大幅に行われ,雑損控除は所得税法第72条に規定された。同時に一定の親族等の有する資産も主たる納税者の雑損控除の範囲に含めるなど,現行の損失制度が確立した。

雑損控除の対象に控除対象配偶者,扶養親族等の資産が含められたのは,配偶者や扶養親族等の資産について生じた損失について,結局は主たる納税者がその復旧費を負担するなど,その納税者の担税力に影響があるからである[47]。

昭和56年度の税制改正では,雑損控除の最低限度額を年間所得金額の10%相当額から,年間所得金額の10%相当額又は5万円のいずれか低い金額とされ,平成23年には,大規模災害などでの災害関連支出を雑損控除の対象とする期限が1年から3年以内に延長された(所得税法施行令第206条1項2号)。また,平成26年には,損失額の計算は原則時価ベースに加え,簿価ベースとの選択と

された（所得税法施行令第206条3項）。

3．米国の災害損失控除制度

　米国の所得税は南北戦争の戦費調達のため1862年に創設されたが，この税は一時的なもので1872年に廃止され，1894年に再導入したが最高裁判所が違憲としたため廃止，1913年に合衆国憲法への憲法修正第16条[48]によって議会に所得税に関する立法権限が与えられ，恒久制度とする現在の所得税は1913年に創設された。
　最初に災害損失控除が規定されたのは1867年で，特別な事情のある納税者の租税負担を軽減させるため火災や難破により発生した損失を控除することを認め[49]，1870年には洪水から発生する損失を追加した。
　1913年に恒久的な法令として所得税が規定されると，火災，暴風雨若しくは難破に基因する損失のみを控除の対象にし，1916年には事故災害と盗難を追加した。また，1964年の税制改正で災害1件につき一律100ドルの制限規定を創設し，1982年には10％制限規定を追加した。

3-1　米国所得税の概要
　米国個人所得税では，あらゆる所得を総所得に算入することを原則としているが，贈与，相続，死亡保険金や損害賠償金など一定の総所得除外項目（Exclusions from Gross Income）[50]は除外して総所得（Gross Income：GI）は算出される。総所得から調整総所得前控除（Deductions for Adjusted Gross Income，Above the Line Deductions）を控除して調整総所得（Adjusted Gross Income:AGI）を算出し，さらに，調整総所得後控除（Deductions from Adjusted Gross Income，Below the Line Deductions）を差し引くという2段階の控除項目が設けられている。
　調整総所得前控除は，事業等の必要経費，個人退職金積立口座（IRA）の掛金，慰謝料・養育費，転勤費用，自営業者の健康保険料などであり，調整総所

得後控除は，医療費控除，諸税控除，支払利子控除，寄附金控除，災害損失控除及び雑控除などである。

調整総所得後控除には，項目別控除（Itemized Deductions）と標準控除（Standard Deduction）があり，いずれか有利な一方を選択して控除することができ，その選択は年度ごとに変更することができる。

項目別控除は，実額控除とも呼ばれ，医療費控除，諸税控除，住宅や投資の支払利子控除，寄附金控除，災害損失控除，雑控除などがある。このうち，医療費，災害及び盗難損失，雑控除項目（一部を除く）については，調整総所得（AGI）の一定額を超えた場合に限り，超過部分のみを控除できる。

その後，人的控除（Personal Exemption）として，基礎控除，配偶者控除及び扶養控除があるが，納税者が高所得者の場合は一定額が減額される（内国歳入法第151条）。そして，課税標準である課税所得（Taxable Income）に超過累進税率（Tax Rate）を適用して所得税額（Income Tax）が算出される。

3-2　災害損失控除制度の概要

災害や盗難などによる損失を控除する方法には，標準控除方式と項目別控除方式の2種類の方法があり，有利な方を選択して申告できる。

項目別控除は，災害損失控除など6種類あり，各控除項目の金額を積上計算する実額控除制度で，災害損失控除は内国歳入法第165条（Losses）に定められている。

標準控除方式は1944年に採用されたもので，具体的な経費項目を挙げて支出額を立証しなくても一定概算額による控除が認められる簡易な制度で，低額所得者の税額計算の簡素化と申告にかかる行政コストの削減のために設けられている[51]。標準控除額は，独身者申告（Single），夫婦合算申告（Married Filing Jointly），夫婦個別申告（Married Filing Separately）などの納税者の申告の区分や高齢者・障害者等により異なる。

標準控除方式は，我が国でも，昭和30年に低額所得者の負担軽減と税制の簡素化を図る観点から，概算所得控除を租税特別措置法で導入したことがある。

当時の概算所得控除は選択により，雑損控除，社会保険料控除及び医療費控除に代えて，総所得金額等の合計額の5％に相当する金額（1万5,000円を限度）を総所得金額等から控除（昭和30年分については，社会保険料控除額等の2分の1に相当する金額と所得金額の100分の2.5％（7,500円を限度））との選択を認めるものであった。

しかし，控除原因がないのに控除を認めるという税制からみた最大の欠陥と中小事業者の利用の多い生命保険料控除は，その選択の範疇に入らないという指摘がなされ[52]，昭和32年の税制改正で廃止されるという短命の税制に終わっている[53]。

3-3　一般的な災害による災害損失控除

項目別控除である災害損失控除は，個人の住居や家財道具などを，突然の非日常的な出来事である災害，嵐，難破やその他の原因により，財産を失った場合や財産の価値が著しく下落したときに損失控除の対象となる（内国歳入法第165条（h）（4））。

控除の対象となる資産は，業務又は営利を目的として保有している資産以外の資産（非事業用資産）であり，生活に通常必要でないと考えられる奢侈品，贅沢品の類を除外する規定はなく，宝石や美術品等，自動車を広く含むが，共同申告を行う夫婦を除き，納税者自身の所有する資産でなければならない[54]。

なお，災害及び盗難損失として控除できる災害損失控除額は，一つの災害等から生じた損失につき100ドルを控除した金額から調整総所得（AGI）の10％を差し引いた金額である（内国歳入法第165条（h））。

4．雑損控除制度の検討

資産の損失をどのように考慮するのかは，所得税を包括所得概念としてみるか制限的所得概念による所得とみるかで取扱いも違っている。包括的所得概念のもとでは，純資産の減少をもたらす損失は所得の計算上消極的要素として，

他において生じた所得から損失を減額することは当然の要請といえるが，制限的所得概念を採用する諸外国では雑損控除制度のない国々もある。また，雑損控除制度の現実的な実行面からみると，雑損控除の対象となる損失原因，時価損失額の判定や対象となる資産の範囲などについて問題も生じている。

4-1　雑損控除制度の存在意義

雑損控除制度の問題の1点目は，そもそもこのような制度が必要なのかどうかという問題である。

米国の災害損失控除は，被災直前の時価から被災直後の時価を控除した金額を災害損失額とし，100ドルと10％の制限規定を設けている。我が国の雑損控除制度は米国の災害損失控除制度にならって，昭和25年に導入した制度であるから，その基本的な制度に大差はなく，時価基準によって損失額を計算し10％の限度規定も設けている。損害額を時価損失として個々に算定して所得控除する方法は理論的で，かつ，個別事情に即応した制度といわれている。にもかかわらず，日米で雑損控除の存在意義について議論されたことがあって，日本では昭和36年の税制調査会であり[55]，米国では1979年の米国会計検査院による提言である。

4-1-1　米国における災害損失控除の廃止議論

米国では1979年12月5日に，当時のUnited States General Accounting Office（米国会計検査院，2004年にUnited States Government Accountability Officeに名称変更：GAO）米国会計検査院長から，災害損失控除は廃止も視野にいれて修正すべきとの報告書が議会に提出されている[56]。

米国会計検査院の調査は，米国内国歳入庁（Internal Revenue Service，以下「IRS」という。）の不服審査部で係属中のランダムに選択した124件の事例及び判決済の32件の裁判事例の詳細な検討と，IRSの所得統計部データも利用して分析したものである。報告書は災害損失控除の適用要件として1982年に調整総所得の10％基準を導入する直前の報告書であり，本件報告書による提言に基づき10％制限規定は導入されたが，その中で災害損失控除制度の問題点を数

多く指摘している。

報告書では，災害損失控除には定義，評価及び計算において多くの複雑な問題があり，税制の中で最も困難な事実認定が必要なため，納税者と税務当局双方に適正・公平な法令適用を困難にしている。また，災害損失控除によってもたらされる減税には一貫性がなく，所得税を支払う資力とは無関係であるばかりか，容易に不正に利用されたり，乱用されたりしているため，わずかな減税効果よりも災害損失控除を執行する行政上の困難は大きくなっていると述べている[57]。

IRSの納税者申告水準測定調査（Taxpayer Compliance Measurement Program：TCMP）[58]では，1万ドル以下の所得層にある事業納税者以外の納税者の78％以上で災害損失控除申告に誤りがあり，全体では64％が誤った金額を控除していた。

124件の係争事例のサンプルでは，損失財産の27％は観賞用の樹木や植え込み及びその他の動産であって，これらの損失は所得税における担税力には大きく影響しないものであった。また，被害財産の69％は保険に加入せず，残り31％のうち37％は財産価値に対して不十分な保険であった。さらに，災害損失控除の規定にあいまいさがあるため，突然の損失であるのか，進行性の悪化であるのか，公正市場価値，資本的支出であるのか修繕費用であったのかなどが納税者との争点になっており，これらの項目がサンプル事例の40％を占めている。

そして，災害損失控除の損失は高所得者に有利であること，申告年分の前後10年間の損益通算が認められていること，貴金属や美術品など納税者の担税力に大した影響を及ぼさないものにも適用できることなどにも問題があると指摘し，税制上の優遇措置があるから納税者は十分な保険金をかけていない原因にもなっていると分析している[59]。

結論として，災害損失控除を廃止し損害保険金の保険料は全額控除するべきとしている。また，存続するとしても，適用対象者を制限するため10％基準の導入か損失対象となる災害の範囲や対象財産の制限を議会に求めている。

災害損失控除を廃止すれば，財務省の歳入増加は推計4億2,520万ドルとなる

が，10％の制限を設けると3億1,120万ドル少なくなるので，1億1,400万ドルの増加となる。しかし，損害保険料全額の控除を認めると年間歳入損失は推計12億5,000万ドルとなってしまうと試算されたため，損害保険料控除は全額控除すべきではなく，歳入増加額相当額で打ち切るべきであると提言している[60]。

米国の災害損失制度は，日本の雑損控除制度とは異なり，個人の非事業用資産であれば生活に通常必要でないと考えられる奢侈品，贅沢品の類を除外する規定はなく，宝石や美術品等も対象となることや災害損失の発生原因も広く認めていることに特徴がある。また，当時は災害1件につき100ドルの制限規定しかなかったため，些細な災害損失についての控除申告が多発して，税務執行面での混乱が生じていたのである。

しかしながら，議会では災害損失制度は維持するべきとされ，1982年に調整総所得の10％基準を導入して実務上の問題を解決することで決着した。

4-1-2　日本における雑損控除制度の廃止議論

昭和36年の税制調査会では，雑損控除制度の存在意義について検討がされている。戦後の所得税は一般に源泉説的な所得概念から財産増加説的な所得概念へ転換したと説明されているが，財産増加説という立場にとらわれて所得を生み出す基因とならない資産の損失まで広く控除する必要があるかどうかについては大いに疑問があり，雑損控除という制度は必要あるのかという点が問題になった[61]。

所得税の課税の中で雑損控除をどのように位置づけるかは，その国の所得税が所得というものをどのように考えるかという問題でもあり，諸外国では所得概念の相違等に応じて雑損控除制度を設けている国もあるが，このような制度のない国もある。

所得から資産損失を控除することについては，①所得の稼得に直接関与する資産の損失のみ，その所得の計算上の必要経費として控除するという考え方と，②所得の稼得に直接関与しない資産の損失であっても，その損失が予期されない異常なものであるときは，その資産の所有者の担税力を減殺するという観点から，これを調整するため，その者の所得から特別に控除する考え方の二つが

ある。

　我が国の所得税の考え方は，個人の担税力に応じて課税するものであるが，個人は消費生活を営むものであるから，これに対しては，一般的な基礎控除等の設定により個人消費による担税力の減殺を織り込んだ所得の高を基準として担税力を把握せざるをえない。しかし，通常の消費生活において予期しない異常な損失があったときには，所得を基準として課税する制度だけではその損失が実際上その担税力を低下させているにもかかわらず，これを課税に反映させる途がない。

　したがって，この種の異常な損失については，特別に課税上配慮を加えることで，担税力に即応した公平な課税を実現することができるため，資産損失の控除を認めている[62]。

　税制調査会では，現行の雑損控除制度には損失の範囲やその原因について若干の問題があると認められるものの，災害等により被害を受けたことによる担税力の減殺を考慮すべきとされた。そして，現行の雑損控除の制度を基本的に維持するべきであるとして，雑損控除制度は存続されたが，資産の範囲から担税力を減殺しないと認められる資産の除外，担税力の減殺要因である災害等に伴う間接的損失を加えるなどの提言を行った[63]。

　昭和39年から昭和46年の税制調査会では，昭和32年の税制改正で廃止された概算所得控除制度再導入の是非についても再度検討が行われている[64]。それは，雑損控除などの所得控除制度の仕組みが複雑であるうえに，個々の支出について立証を要するという煩わしさがあるからであったが，概算限度額やその対象となる所得控除の範囲などが問題となり，結局採用されなかった[65]。

4-2　雑損控除の発生原因

　雑損控除制度の2点目の問題は，災害，盗難又は横領という3つの要件の範囲が不明確であることである。

　所得税法は，災害損失とは自然現象の異変，鉱害や害虫などによる異常な災害による損失をいい，通常発生する被害ではなく「異常な災害」による損失と

している（所得税法施行令第9条）。

　例えば，通常の風雨でトタン板が飛ぶなどは異常な災害と判断されないであろうが，強風や豪雨は異常な災害と認められるとすれば，どのような基準で判断するのであろうか。また，「自然災害」と「人災」に区分があるかについても不明確で，異常性の判断も簡単ではない。

4-2-1　米国災害損失控除の発生原因

　日米両国とも損失の発生原因は，災害，盗難及び横領を対象にしている点で同様であるが，解釈において差異が見られる。

　災害とは，IRSの解釈によれば「突然で，予期せぬ，または，通常でない異常な出来事から生じた損害，破壊又は損失」で，日常性がなく予期せぬ突発的なことで，故意ではない出来事である[66]。具体的には，ハリケーン，地震，竜巻，洪水，暴風雨，地すべり，噴火などの自然現象，火災，難破，自動車事故，鉱山陥没，衝撃波，暴動，動乱及びテロのほか，政府による危険物除去命令に基づくものなどである[67]。なお，盗難とは，不法行為による強盗，窃盗，横領，恐喝，誘拐犯への身代金支払までをも広く含んでおり，可罰的であるかどうかを問わないし，詐欺についても，盗難と言える程度に甚だしいものであるかが判断基準にされている[68]。

　災害損失は，災害の生じた課税年度の申告で控除する（内国歳入法第165条(e)）が，申告に際して，①災害の種類，②損失は災害に直接的に基因していること，③被災した資産の所有者であったということ，また，被災した資産が賃借物であった場合には，災害による損失を法的に賠償しなければならないことなどを証明しなければならない。IRSのホームページでは，災害を被る前の状況を示す写真，損失状況を示す写真，災害の報道記事，警察署への被害届，消防署の報告書，購入時の領収証，保険会社へのレポート，修繕費の領収証，鑑定士や建築家などの専門家の鑑定書等を損失の証拠書類として保管しておく必要があると説明している[69]。

4-2-2　雑損控除の対象となる発生原因

　雑損控除が認められる発生原因は，災害，盗難又は横領による損失に限定し

ており，横領については昭和37年に通達によって実務上盗難と同様に認められていたものを制度上条文として明記したものであるから，制度創設当初から変更されていない。しかし，雑損控除制度のモデルとした米国の災害損失控除は損失原因を自動車事故，恐喝や盗難と言える程度の甚だしい詐欺などまで自然災害や人災も幅広く認めている。

雑損控除の対象と損失原因について，昭和57年2月24日福岡高裁判決[70]では「所得税法第72条に規定する災害又は盗難若しくは横領による損失とは，納税者の意思に基づかない損失をいうものと解するのが相当である。」と，雑損控除の対象となるものは，本人の意思とは関係なく発生する損失と述べている。

多くの被害者を出し社会的問題となった豊田商事の純金商法の被害者が，雑損控除の適用を求めて提起した昭和63年10月31日名古屋地裁判決[71]では「課税行政の明確性，公平の観点からみて，右控除の事由は限定的に規定されており」「何よりも類推ないし拡張解釈によってもたらされる課税行政の混乱を考慮」すべきとして類推ないし拡張解釈を認めず，発生原因を限定的に解釈している。ところが，「もっとも，右所得税法第72条が災害，盗難及び横領の三事由のみに限定して雑損控除を認めることの立法論的な当否については，議論の余地があろうと思われる」と述べており，雑損控除の対象となる発生原因を3つに限定したことに疑問を投げかけている。

昭和36年の税制調査会では，雑損控除の範囲が問題とされ，保証債務の履行より生じた損失，詐欺・脅迫に基づく損失，交通事故等により資産が受けた損失等，自己の所有する構築物の倒壊等により他人に損害を与えた場合の損害賠償金等，管理中の他人の資産について盗難等により損失を生じた場合の損害賠償金等や災害関連費用について拡大するべきか検討された。しかしながら，所得概念的な考えはともかく，そもそも所得を生み出す基因とならない資産の損失を認めることが適当であるのか，原則として認めたとしても控除限度額をどのようにするのかなどの問題もあり，結局，現行制度の見直しは行われず[72]，現在まで変更は行われていない。

詐欺か横領かの判断についての訴訟では，名古屋地裁昭和63年10月31日判決

のいわゆる詐欺的投資商法事件[73]，横浜地裁平成15年9月3日判決の巧妙な小切手詐欺事件[74]，平成23年5月23日国税不服審判所裁決のいわゆる振り込め詐欺事件[75]などで，実質的に横領といえるのではないかと争われ，判決ではいずれも雑損控除の適用は認められていないが，巧妙な犯罪では判断が困難なケースもある。

4-2-3 雑損控除の対象となる災害と人災

所得税における災害とは，震災，風水害，火災その他政令で定める災害をいう（所得税法第2条1項27号）と規定し，政令では，冷害，雪害，干害，落雷，噴火その他の自然現象の異変による災害及び鉱害，火薬類の爆発その他の人為による異常な災害並びに害虫，害獣その他の生物による異常な災害とすると規定しており（所得税法施行令第9条），いわゆる人災を含んでいる。

災害という用語は多くの場合，自然現象に起因する自然災害（天災）を指すが，一般的には人為的な原因による事故（人災）のうち，被害や社会的影響が大きく，救助や復旧に際して通常の事故よりも大きな困難を伴うような事態も災害に含んでいる。

災害対策基本法では「災害」を「暴風，豪雨，豪雪，洪水，高潮，地震，津波，噴火その他の異常な自然現象又は大規模な火事若しくは爆発その他その及ぼす被害の程度においてこれらに類する政令で定める原因により生ずる被害」と定義している（災害対策基本法第2条1号）。なお，「これらに類する政令で定める原因」とは「放射性物質の大量の放出，多数の者の遭難を伴う船舶の沈没その他の大規模な事故」が定められている（災害対策基本法施行令第1条）。したがって，災害対策基本法上の災害には自然災害以外の原因による災害も含まれる。

雑損控除に人災を含むとすると，どのような人災が対象となるかは，平成18年11月29日第165回衆議院国土交通委員会において耐震強度の偽装が行われたマンションの入居者が蒙った損失は雑損控除の対象となるか否かという事例が参考になる。

委員会において，岡本佳郎政府参考人（当時の国税庁課税部長）は「耐震強

度の偽装が行われたマンションは，所得税法上，災害により損害を受けたものというふうに認められます。このため，本件のマンションの入居者については，雑損控除，または災害減免法による所得税の減免措置のいずれか有利な方を選択することによりまして，所得税の全部又は一部を軽減することができる仕組みになっております。」と雑損控除の対象となる旨回答している[76]。

現在はアスベストの被害も大きな問題となっているが，平成21年2月16日国税不服審判所裁決では，アスベストの除去費用が雑損控除の対象になるかが争点になった。

国税不服審判所は，所得税法第72条に規定する「災害」の語義として，それを「納税者の意思に基づかない事象」とすることは広きに過ぎ，雑損控除の範囲を適切に画することができなくなることからすれば「納税者の意思に基づかない事象」のみをもって同条に規定する「災害」に該当するとの考えは法解釈としては妥当ではなく，所得税法第2条第27号及び所得税法施行令第9条の規定からすれば「災害とは，自然界に生じた天災ないしはそれと同視すべき事象を指すものであると解され，また，人為によるものであっても，予見及び回避不可能で，かつ，鉱害，火薬類の爆発など自然界に生じた天災と同視すべき劇的な過程を経て害を被る事象であることを要する」と述べており，限定的に解釈している[77]。

なお，本事件の平成23年5月27日大阪地裁及び平成23年11月17日大阪高裁判決でも，アスベストの除去費用は人為による異常な災害とみることはできないとしている[78]。

大阪地裁及び大阪高裁判決では「人為による異常な災害」により損失が生じたというためには，少なくとも，納税者の意思に基づかないことが客観的に明らかな，納税者の関与しない外部的要因（他人の行為）による，社会通念上，通常ないことを原因として損失が発生したことが必要であると述べている。また，異常な災害というためには，納税者による当該事象の予測及び回避の可能性，当該事象による被害の規模及び程度，当該事象の突発性偶発性（劇的な経過）の有無などの事情を総合考慮し，社会通念上通常はないといえる「異常な」

災害性を具備していると評価できることが必要と判断している。

しかも，国税不服審判所裁決では，雑損控除は「資産」に対する被害を対象にしているが，アスベスト被害は「心身」に対するものであるから対象にならないとも判断している。また，大阪高裁は，本件建物建築当時，アスベストを含む建築部材を使用することに法的な問題はなかったのであるから，建築施工業者が本件建築部材を使用して本件建物を建築したことが「異常」であるとはいえず，それが人災をもたらすという意味での「人為性」があるともいえないとしている。

我が国の雑損控除における災害などの原因は，シャウプ勧告で導入された経緯から，当初，米国同様の原因を念頭においていたが，国税不服審判所裁決や裁判所判決のとおり，現実の取扱いでは発生原因は狭く解され，米国のように広範囲に認めておらず，「納税者の責任によらない損失」のみが対象とされるから，詐欺や恐喝などは対象となっておらず，限定された損失のみを対象にしている。

人災については，まずは損害賠償問題として加害者と個々に解決すべきであるが，実際には十分な原状回復ができないことも多い。雑損控除は損失によって，その担税力が低下することによる事実に基づいて適用されるものであり，災害において天災や人災の区別を厳しく区分し制限することは，雑損控除創設の趣旨からは的外れな議論であり，広く認めるべきである。

4-3 雑損控除の対象となる資産の範囲

雑損控除制度の問題の3点目は，適用対象となる資産の範囲の不明確さである。

所得税法第72条は，雑損控除の対象となる資産について，居住者等の有する資産のうち，生活に通常必要でない資産（所得税法第62条1項）及び被災事業用資産（所得税法第70条3項）に規定する資産を除くとしているだけで，認められる具体的な資産について規定していないからである。

4-3-1 米国災害損失控除の適用資産

　米国所得税で災害損失控除の対象となる資産は，事業用以外の個人用資産すべてであり，我が国の雑損控除の対象資産よりも広い範囲の損失を控除できる。
　対象となるのは事業用又は利益目的の取引に用いられる以外の個人用資産すべてであり，宝石や美術品等まで広く含む。我が国の制度とは異なり，生活に通常必要でないと考えられる奢侈品，贅沢品の類を除外する規定はなく，自動車（乗用車）も含まれる[79]。
　なお，資産の所有者別にみると，米国所得税法の災害損失控除の対象となる資産は，共同申告を行う夫婦を除き，納税者自身の所有する資産でなければならず，この点では「生計を一にする配偶者その他の親族」の有する資産をも対象とする我が国よりも狭くなっている。
　我が国の雑損控除創設時は，納税義務者の資産について生じた損失の金額に限り認められていたが，昭和40年の税制改正により，合計所得金額が基礎控除額以下である親族の資産を適用対象に加えることとされた。その理由は，控除対象配偶者や扶養親族等の資産について生じた損失については，結局は納税義務者においてその復旧費を負担しなければならないなど，納税義務者の担税力を減殺する要因となるからである[80]。

4-3-2 雑損控除の適用資産

　我が国の雑損控除制度が創設された昭和25年の所得税法では，棚卸資産以外はすべて雑損控除の対象としていた。昭和37年の改正で事業用固定資産（所得税法第70条3項）と生活に通常必要でない資産（所得税法第62条1項）の2つを雑損控除の対象から外し，昭和40年に業務用資産について別途規定を設けた。その結果，雑損控除の適用される資産は徐々に切り取られてきた。
　所得税法によれば，個人の資産は事業（営業）用の資産と生活用資産に分かれ，前者は更に不動産所得，事業所得又は山林所得を生ずべき事業用固定資産（所得税法第51条1項），棚卸資産（所得税法第37条），不動産所得又は雑所得を生ずべき業務の用に供され又はこれらの基因となる業務用資産（所得税法第51条4項）とに分かれる。他方，生活用資産は「生活に必要な資産」と「生

に必要でない資産」に分けることができる。

　生活用資産に該当するか争われたマカオ賭博訴訟大阪高裁平成8年11月8日判決[81]において，雑損控除の適用があるかどうかは「生活に通常必要でない資産であるかどうかに照らして判断すべきものである」と直接に生活用資産に該当するかという判断はせず，逆説的な認定を行っており，生活用資産についての具体的な明示はしていない。

　したがって，税務実務では消去法的に，生活に必要でない資産以外は生活用資産であり「生活に必要な資産」でもあるから雑損控除が適用できると解釈されている。

　このように雑損控除の対象となる資産を具体的に特定列挙した規定はなく，図表2-1のとおり，適用除外する資産のみ所得税法は規定している。そして，この残された個人資産の範囲は明確でないことがサラリーマン・マイカー訴訟[82]，マカオ・チップ訴訟[83]やリゾートホテル訴訟[84]などで問題となっている。

4-3-3　生活に必要な資産

　雑損控除の適用範囲を「生活に必要な資産」と定義できるとしても，所得税法において「生活」という概念の不明確さがある。その結果，ある資産が個人の生活にとって通常必要であるかどうかは，判断に幅があり統一することは困難である。

　「生活」概念の理解を巡って争われた事件として，最高裁平成2年3月23日第二小法廷判決いわゆるサラリーマン・マイカー訴訟[85]がある。

　事故により廃車目的でスクラップ同然の価額で譲渡した通勤用自動車は「生活に通常必要な動産」に該当するか争われ，昭和61年9月24日神戸地裁判決では「生活に通常必要な動産」に該当するから所得税法第9条の規定により損益通算できないと判断した。しかし，昭和63年9月27日大阪高裁及び平成2年3月23日最高裁第二小法廷判決では，休日にはレジャー用に利用していたことや特段通勤用に使用する必要性が認められず「生活に通常必要でない動産」に該当するから，所得税法第62条2項の規定により損益通算できないと判断している。

図表2-1　生活用資産の損失の取扱い

資産		資産の定義	損失事由	控除方法	損失金額
生活用資産	生活に必要な資産	具体的品目の規定はない	災害，盗難，横領	雑損控除	時価
	生活に通常必要な動産	家具，じゅう器，衣服など	上記以外	不可	—
	生活に通常必要でない資産（不動産，動産，会員権等）	①競走馬等の射こうてき行為となる動産 ②趣味・娯楽又は保養目的の不動産 ③趣味・娯楽又は保養目的のゴルフ会員権等 ④生活に通常必要な動産以外	災害，盗難，横領	譲渡所得からのみ控除可能	原価
			上記以外	不可	—
	上記以外	具体的品目の規定はない		譲渡所得から控除	原価

出所：各法令から筆者作成。

　神戸地裁と最高裁での根拠条文は異なるが，結果的には，いずれにしても本件自動車の譲渡損失と給与所得との損益通算を認めていない。

　第一審で原告は，一般的な家庭用資産を，①生活に必要な資産（最低限度の生活に必要な動産），②生活に通常必要でない資産，そして，①及び②以外の一般資産の3つに区分できると主張した。一方，被告は，生活用動産については「生活に通常必要な動産」と「生活に通常必要でない動産」の区分けがあり，本件通勤用自動車は「生活に供する動産」ではあるが「生活に通常必要な動産」ではないと主張するなど，所得税法に適用資産の範囲が明確にされていないことが争点になった。

　なお，最高裁は，本件自動車の使用目的・状況といった「通常性」に加えてその「必要性」にまで踏み込んで判断し，所得税法第9条にいう「生活に通常必要な資産」とは「生活用」「通常性」「必要性」を重視している。このことからすれば，雑損控除では「生活用」はともかく「通常性」「必要性」は必要ないという反対解釈になる。

　このような分かりにくい規定になった理由は，昭和36年12月の税制調査会答

中で，当時，損害額のうち所得金額の10%を超える損失を無制限に控除していたことが問題となったことにある。

雑損控除の適用について，金額による限度額を設けることなどが検討されたが，結局，貴石，書画，骨とう，競走馬等のように，その損失が直ちに担税力を減殺しないと認められる「生活に通常必要でない資産」については，主に高所得者がそのような資産を所有していることからすると，災害の損失を無制限に控除することは，担税力に即した公平な課税の観点から適当ではないとして，昭和37年の税制改正で除外された[86]。

ところが，生活に通常必要かどうかの判定は，解釈においてはかなり事実の認定に委ねられる場面が多く，個人資産を生活に通常必要な資産と必要でない資産という区分は容易に判断できるものではない。

個々の人ごとにその人の生活環境などから判定するのか，社会一般の通念から判定するのかという問題はあるが，個々の人ごとに判定するとなると，自宅にあるどのような資産でもその者にとっては生活に通常必要であるという見方もあれば，不要品もあるという見方もあろう。これでは，事実上，法の解釈適用を個々の人に委ねるということになり，多様な生活スタイルのなかで生活用動産を定義することは困難である。

生活に通常必要かどうかの判定について，課税庁の担当者は「社会一般の人の共通要素としての生活に通常必要」かどうかによるべきものと解説し[87]，大蔵省主税局税制第一課の担当者も「資産は，商品，原材料，製品，半製品，仕掛品等の棚卸資産，事業用の固定資産，繰延費用の未償却部分，生活に通常必要でない資産以外の資産（おおむね生活用資産と考えればよい。）」と資産を特定できずにいる[88]。

雑損控除の対象となる資産については，社会通念に委ねるだけではなく，所得概念の内容と課税体系の中で明確にしておかなければならないはずである。

4-4 災害損失額の算定基準

雑損控除制度の4点目の問題は，災害損失額の測定方法である。実務上，最

大の難問といえるのではないだろうか。

　所得税法に雑損控除が創設された昭和25年3月24日第7回国会衆議院大蔵委員会において，平田敬一郎政府委員（当時の主税局長）は「所得税法における災害による損失のあった場合の控除規定は，御承知のとおり相当まともに問題を解決しようということになっておりまして，損害額を適正に査定し，その額を公正な所得金額から控除し，所得税を算定することにいたしております。従って理想としてはこの制度で行くのが一番いいと思うのでございます。しかし実際問題としては，そこまでやって適用するのはなかなか困難な場合があろうかと思います。」と，個々の被害額を時価算定し立証することは，実務上，困難で煩雑なことであると認めている。

4-4-1　米国災害損失控除額の算定基準

　災害損失の税法上の損失額の計算は，以下の①と②の金額のうちいずれか少ない金額から，受領した保険金等を差し引いて計算する（内国歳入法第165条，規則第1.165-1（c））。

①　災害によって低下した財産の公正な市場価額（Fair Market Value：FMV）

②　災害直前の時点における，その財産の調整税務基準額（Adjusted Basis）

　災害によって低下した財産の公正な市場価額とは，被災前の財産の市場価額から被災後の財産の市場価額を差し引いたものであり，いわゆる時価損失である。また，災害直前の時点における財産の調整税務基準額とは，資本的支出等による調整が行われていない限り取得価額である。つまり，財産の取得価額から減価償却費等を控除した金額である（内国歳入法第1011条，1016条）。

　例えば，①の災害によって低下した財産の公正な市場価額（損失額）は，被災前の公正な市場価額（被災前の時価）が3,000ドルとすれば，被災後の公正な市場価額（被災後の時価）1,000ドルを差し引くことにより，実際に受けた経済的な損失額は2,000ドルということになる。また，②の被災前の調整税務基準額は，取得価額から減価償却費を控除した金額であり，被災前の未償却残額が2,500ドルとすれば，災害損失額は2,000ドルと2,500ドルの少ない金額であ

る2,000ドルということになる。もちろん，保険金等を受領した場合[89]には，その分だけ減算する。

また，2回以上の災害で被害を受けた場合の計算は，例えば，3月の災害で自動車の損失1,800ドル，11月の災害で地下室の家財の損失2,100ドルが生じ，調整総所得は2万5,000ドルとすると，図表2-2のとおり，まず各災害損失から100ドルを控除し，全体の損失額から調整総所得の10％である2,500ドルを控除した金額の1,200ドルが災害損失控除の金額として控除できる[90]。

図表2-2　災害損失控除額の計算

順序	区　　　　分	3月の自動車損失	11月の家財損失
1	災害損失額	ドル 1,800	ドル 2,100
2	1災害当たり100ドルを控除	100	100
3	100ドル控除後の損失額	1,700	2,000
4	損失額の合計	3,700	
5	調整総所得（AGI）2万5,000ドルの10％	2,500	
6	災害損失控除額	1,200	

出所：IRSホームページ〈http://www.irs.gov/〉。

4-4-2　雑損控除の災害損失額の算定基準

我が国の雑損控除制度では，昭和25年の創設時から損害直前の時価と直後の時価との差額を損失金額と通達で取り扱っていたが[91]，昭和37年の税制改正で時価基準によることが法制化された（旧所得税法施行令第206条3項）。

時価基準を採用している理由について，昭和36年12月税制調査会答申では「その損失の評価については，その資産を復元するための支出に具体的な担税力の減殺が認められる場合が多いことにかえりみ，時価（その再取得価額から減価の額を控除した額）による現行の評価方法を維持する」と説明している[92]。

すなわち，担税力を調整するための金額としては，災害等によりダメージを受けた納税者の担税力の大きさを，その災害によって失われた資産価値そのものによった方が自然であるとされたのである[93]。

災害損失額を時価算定することは，日米とも同様の基準である。公正で合理的な制度であるが，昭和54年12月5日米国会計検査院長による災害損失制度に

関する報告によれば，IRS不服審査部で係属中のランダムに選択した124件の事例では，災害損失が損失計算の規則に基づいて解決されることは希で容易に不正に利用されている[94]。また，災害損失控除の申告時に作成すべき被災した財産ごとの原価，被災前の公正な市場価格，被災後の公正な市場価格や保険金などの明細書（Schedule）も作成されておらず，公正市場価値の適否が納税者と課税庁との争点になっていると報告しているから，実際に住宅や家財の時価を算定することも，それを確認することも困難な作業といえる。

　例えば，被災地における居住用財産の時価の下落は，災害による物理的な損害部分の資産価値の低下に留まらず，被害は比較的軽微でも，物理的な損害が発生したという事実が資産全体の価値を引き下げ，更に被災地域の環境，交通機関や商業施設等の利便性の低下という立地条件の悪化に伴う被災地域全体の更なる不動産価値の下落などに連鎖していくから，どこまでを基準として災害後の時価を算出すべきか所得税法には明確に規定されていない[95]。

　我が国では大災害時に国税当局は，取得価額が明らかな場合は住宅家財等の取得価額から，その取得の時から損失を生じた時までの期間の減価償却費の額の合計額を差し引いた金額に被害割合を乗じた金額を損失額とすること，また，取得価額が明らかでない場合は地域別・構造別の1㎡当たりの工事費用に基づく簡便計算や家族構成等別の家財の価額などを災害通達で公表しているから，これに従えば個々の財産の時価を立証する必要はなく時価の争いは回避されている。しかし，簡便な計算方法を定めた災害通達が公表されずに被災者が自分自身で損失額を個々の基準で申告すれば，米国同様，事実認定において多くのトラブルが生じることは容易に想定できる。

　なお，平成26年改正では，災害通達でのみ認められていた取得価額から，その取得の時から損失を生じた時までの期間の減価償却費の額の合計額を差し引いて損失額を計算するという，いわゆる簿価ベースで損失の金額を計算することとが法制化され，時価方式と選択できることとされた（所得税法施行令第206条3項）。

　しかしながら，災害後には取得価額を証明する書類が残っていないことの方

が多く，時価算定が困難な状況においては，生活用資産の時価は再取得のために強制される支出額（実費負担額），建物については再建費用，原状回復費や修繕費の実額を雑損控除の控除額にすることも認めるべきである。それは，滅失・焼失等により現状を確認できなくなったのに，課税庁と被災者で災害損失額の適否についてトラブルを生じさせるより，再取得又は修繕等に要した領収書でチェックする方がはるかに容易だからである。

4-5　損失控除限度額

雑損控除制度の5点目の問題は，10％の「最低基準額」の必要性である。

特に，自宅や家財などのすべてが災害で滅失した場合に，所得金額の10％の制限が適用され，所得金額を超える全財産を失いながら一定額の課税は常に行われるというのは，災害減免法が全額を免除としていること，米国では大災害時は全額控除が認められていることと比較してもバランスに欠けるからである。

4-5-1　米国の100ドルと10％の制限規定

米国の災害損失控除額は，一つの災害等から生じた損失につき100ドルを控除した金額から調整総所得（AGI）の10％を差し引いた金額と規定している（内国歳入法第165条（h））。

災害1件につき一律100ドルの制限規定は，1964年の税制改正で設けられたが，この条項の採用に当たって，議会は，この災害損失控除を所得の定義を精密にするというよりも，むしろ執行上の問題を緩和する規定と考えていた。

下院歳入委員会は，その意図するところは「二度と起こらないような異常な損失で，大抵の納税者が日常の生活で受ける平均的な，または普通の損失の程度を超えており」，しかも「その大きさが連邦所得税を支払う個人の能力に著しい影響を及ぼすような損失だけについて控除を認めようとすること」にあると述べている[96]。したがって，日常生活で通常発生される些細な災害損失の控除申告を排除し，税務執行面の混乱を排除するための配慮である。

100ドル基準が設けられるまでは損失の全額を控除できたが，1949年のシャ

ウプ使節団日本税制報告書では「合衆国において普通与えられている救済の形式は，火災，盗難のようなものによって蒙ったある種の個人損失の控除を認めている。しかし，この結果は，多数の小さな種目の控除が行われて税務行政に甚だしく手間をかけるが，それを認めて公平が増加するということにはなっていない。したがって，損失を受けた納税者で，かれの純所得（その損失を差し引かないで計算した）の10％を超過する損失を蒙ったものに限り，その限りにおいて損失の控除を認めることを勧告する。こうすれば，納税者は，特別の措置を税務署から受けるため陳情することをしないで，かれのはっきりした申請をして，減免を与えられることになろう。同時に税務行政の職員は，少額の控除申請に煩わされないであろう[97]。」と述べているから，相当以前から最低金額制限の必要性は認識していたようである。

　10％制限の導入前，1979年12月5日に米国会計検査院長は，災害損失控除の実態調査の結果によれば運用上の問題が多く，廃止するか10％基準の導入も視野にいれて修正すべきとの報告書を議会に提出している。この報告書では医療費控除と災害損失控除を統合して単一の制度とし10％制限を導入すべきとしていたが[98]，1982年課税の公平と財政責任法（Tax Equity and Fiscal Responsibility Act of 1982）は災害損失控除のみ10％制限を定めた[99]。

　10％制限の立法に際して，上院財政委員会で「当該控除が，記帳，IRSの個人への税務調査といった複雑な問題を創設している故に，この尺度は，この複雑な控除を利用する者を減少させる。」，次に「災害損失控除の下限は，近年のインフレに拘らず，1964年以来引き上げられていない。さらに，当該控除は，損失額の高い割合を低所得区分層よりも高所得区分層に対して相殺する。仮に，低所得区分層が損失を回避するために保険に加入する能力が余りないし，また，おそらく当該経費に対する扶助が必要ないとしてでもある。最後に，100ドル制限は個人の租税支払い能力に影響を与える故に，租税制度によって考慮されるべき異常な災害損失を認識するには適切な尺度ではない。」と，2つの理由を掲げて，100ドルの定額基準方式だけでは問題があり，高所得者を含めた公平性を図るために10％基準は導入された[100]。

なお，特に甚大な大規模災害時には特別措置法が設けられ，2005年のメキシコ湾岸特区法などでは100ドルと10％の２種類の控除制限規定は適用せず，損失額の全額の控除を認めており，所得金額を超える全財産を失いながら一定額の課税は常に行われるという不都合は回避されている。

4-5-2 雑損控除の10％の制限規定

雑損控除における年間所得額の10％の最低基準額は，理論的には，資産が被るある程度の損失は通常の消費の概念に含まれうるという観点から説明され，また，シャウプ勧告が意図していたような行政上の便宜のための制限としての性格もある。

理論的な所得額算定のためには，災害等による損失を全額控除するのが正当なことは明らかであるが，前記した米国会計検査院長の1979年12月の報告書でもあるように，一定の最低基準額がなければ困難な事実認定による問題が多発すると見込まれる。また，所得控除の逆進性を減殺するために一定の基準額は必要なことも理解できる。

しかし，阪神淡路大震災や東日本大震災などの大規模災害によって自宅や家財などのすべてが災害で滅失した場合に所得金額の10％の制限が適用され，所得金額を超える全財産を失いながら一定額の課税は常に行われるというのは，災害減免法が全額を免除としていることと比較しても，バランスに欠ける。

雑損控除は担税力に即応する形での課税を行うことを目的としているのであるから，所得金額を超える被害額が生じるような大災害時に最低基準額を設けて所得税を課税することは制度の趣旨に反するといえる。

4-6 災害損失の繰越しと繰戻し

災害損失をその年の所得から控除しきれないときは，３年以内の総所得金額等から控除できるが，米国や英国などの諸外国と比べるとその期間は短期間で，損失を数年前に繰り戻すことも認められない。

災害では予想もしない大きな被害額となり，単年で災害損失を所得から控除することはできないから，災害損失をどのように取り扱うべきかということが，

6番目の問題である。

4-6-1　米国税制における損失の繰越しと繰戻し

災害損失控除の対象となる災害又は盗難などのうち，災害損失のみは純損失額の計算に含まれ，2年間の繰戻しと20年間の繰越しが認められている（内国歳入法第172条（b）（1）（A））。

なお，大統領によって大規模災害と宣言された災害地域内で発生した災害損失は，災害発生の年分として本来の申告をすることも，前年に生じたものとしても申告でき（内国歳入法第165条（i）（1）（2）），繰戻し還付は3年間に延長され（内国歳入法第172条（b）（1）（F）），さらに，特に甚大な大規模災害時には特別措置法が設けられ，2005年のメキシコ湾岸特区法では繰戻し還付は5年間に拡大されている（メキシコ湾岸特区法第1400N条（k）（1）（A））。

米国の内国歳入法は長期間損益通算を認めているが，その理由について，1954年の下院の歳入委員会による内国歳入法の審議（Ways and Means Committee）では，長期にわたる損益の平均化は所得が変動する企業と比較的安定した所得を持つ企業との間で課税の公平を保つのに役立つものであると説明し[101]，1986年税制改革の上院委員会報告では，年度会計制度によって生じるひずみを和らげるために必要な措置であると説明している[102]。

また，繰戻し還付は，突然の大規模災害に遭遇し，財政的に窮地に立たされた被災者の当面の運転資金や生活資金の確保など財政基盤に対する配慮，家計破綻を回避するという社会政策的な機能である[103]。

4-6-2　雑損控除の災害損失の繰越し

我が国の所得税について，シャウプ勧告では，損失が嵐，火災若しくは他の天災又はその他の非常現象によるものなど非経常的性質のものであって，所得総額の4分の1以上になるような損失が生じたときは，その損失を5年間にわたって平準化するよう勧告した[104]。しかし，当時の個人の帳簿書類の整理保存能力及び税務行政の実情（時効3年）などを考慮して3年間とされ[105]，現在まで変更されていない。

昭和38年12月の税制調査会では「雑損控除の繰越期限については，現在3年

間の繰越控除が認められているが，これは生活用資産について受けた損失が回復するまでは担税力が減殺するとみたことによるものと思われる。この繰越控除については，法人税法における繰越控除が5年間認められていること等との関連において，その年限を5年に延長することが適当と認められる。また，この場合雑損失の繰越控除と関連して，損益通算の結果生じた純損失の金額について認められている繰越控除の年数（現行3年）についても同様に5年に延長することが適当である。」と期間延長を答申したが[106]，結局，改正はされなかった。

繰越期間の制限については，平成8年12月の平成9年度の税制改正に関する答申に「欠損金の繰越し・繰戻し繰越期間を一般的に延長する場合には，帳簿保存義務，除斥期間延長等を併せて措置する必要がある」と法人税の繰越欠損金についてであるが，帳簿の保存期間と除斥期間との整合性を重視し慎重な姿勢を示している。

平成14年10月29日の税制調査会第34回総会でも，欠損金の繰越期間5年を10年に延ばしたらどうかという議論がなされているが，ここでも道盛大志郎財務省主税局税制第二課長は「帳簿書類の保存期間とやはり密接な関係がございます。日本の場合は，米国などと違って，税務上の費用といったものを税務署側が立証する責任がございまして，そういう意味では，納税者のところに帳簿が残っていないと実態がわからない。」と説明している。

議論の結果，平成15年12月政府税制調査会の平成16年度の税制改正に関する答申では「繰越期間は帳簿保存期間及び除斥期間と整合性がとれた制度とする必要がある。」とトーンが下がり，損失をどのように所得から控除するべきかという税制の在り方というより，国税当局の事務の都合に重点が置かれている。

平成16年6月29日日本税理士会連合会平成17年度税制改正に関する建議書では「青色申告書を提出した場合の，所得税における純損失の繰越控除及び法人税における欠損金の繰越控除については，期間の制限を設けるべきではなく，その期限を廃止すべきである。」と提言したが，採用されていない。

米国では1997年8月6日以降に開始された課税年度より，災害による損失で

あろうと事業上生じた損失であろうと，個人及び法人とも，原則として，2年間の繰戻しと20年間の繰越しをすることで，その期間の所得から控除をすることが認められ，イギリス，ドイツ，フランスは無制限となっていることからも，日本の繰越期間は短か過ぎるといえる。

　災害損失の繰越期間は，阪神淡路大震災では延長されなかったが，東日本大震災では2年延長されて5年とされたものの十分な期間とはいえない。それは，阪神淡路大震後の雇用状況をみると，被災地では震災後2年間は建設業を中心に復興需要はあったものの，その後は全国的な不況の影響もあって平成10年9月以降は過去最低水準を更新し,有効求人倍率は悪化の方向に転じた。結局，求人倍率が震災前を超える水準に回復したのは，震災後9年後の平成16年を過ぎてからであり[107]，多くの被災者は災害損失を長期間抱えていたからである。

　東日本大震災の被災地の復興状況をみると，わずか数年で完全に回復するとは見込めない状況であり，災害損失をその後の所得と相殺できるまでには長期間を要する被災者も多いと見込まれ，また，法人税では災害損失金の繰越期間は9年に延長されていることからみても，個人と法人間でバランスが悪いということもあるから，繰越期間の延長は必要である。

4-6-3　雑損控除の災害損失の繰戻し

　突然の大規模災害に遭遇し財政的に窮地に立たされた被災者の実情からすれば，損失を将来に繰越して将来の税額を圧縮するよりも，まずは当面の運転資金や生活資金を確保する必要がある。そのため過年度納付した税額を還付支給することで必要な資金を手にし，事業倒産や家計破綻を回避させるという社会政策的な機能を重視すべきで，被災者に過去の納付税額を即時還付することを優先すべきである。

　米国では災害損失であれば最大5年間の繰戻しが認められる。我が国では，災害損失を前年分に繰戻すことはできないが，青色申告者が事業の全部譲渡又は廃止その他事業の全部の相当期間の休止，重要部分の譲渡をしたことによって，損失を繰越すことができないときには，純損失を前年分及び前前年分の2年間に繰戻しすることができる（所得税法第140条）[108]。

法人税法においては，災害損失であっても繰戻還付が1年間（東日本大震災では2年間）認められていること等との関連においても，個人の災害損失の繰戻還付を認めることが適当と認められ，その期間も複数年とすべきである。

　課税庁は，帳簿書類の保存期間や国税当局の事務負担という面から災害損失の繰越期間の延長や繰戻しを認めてはいないが，災害によって事業を廃業した者は救済され，被災地で事業を継続しようとする被災者や失業者は救済されないという不公平がある。

　大規模災害においては，損失を3年間繰越してもその後の所得と相殺することは困難であるから，損失の繰戻し還付を優先的に認めるべきであり，このような規定は積極的な被災者救済と災害損失による所得税の担税力の回復という視点から考慮するべきである。

4-7　災害関連費用

　雑損控除制度の7点目の問題は，災害関連費用の範囲と災害の防災費用をどこまで雑損控除対象と認めるべきかという問題である。

　雑損控除は災害等により損失の生じた年分の所得税を軽減できる制度であるが，災害後の災害関連支出は，その災害の止んだ日から1年以内に支出した費用も雑損控除の対象としている。

　東日本大震災により，平成23年の雑損控除から大規模な災害の場合その他やむを得ない事情がある場合には，その災害の止んだ日から1年を超え同日から3年を経過した日の前日までに支出したものは災害関連支出として雑損控除の対象にすると拡大された（所得税法施行令第206条1項2号）。

　このように，雑損控除の対象として災害関連費用については拡大され，防災費用も拡大される傾向にある。

4-7-1　災害関連費用と雑損控除

　雑損控除の適用ある損失及び支出は，災害等に基づく直接の損害と災害後の住宅家財等の取壊し又は除去のための支出その他の付随する支出などに限って認めてきた。しかし，昭和37年度の税制改正では，昭和36年12月の税制調査会

による「災害等に伴う損失である限り，それが直接的であると間接的であるとを問わず，担税力の減殺要因である」という答申に基づき，損失の範囲に「災害等に関連して命令で定めるやむを得ない支出をなした場合」のその支出した金額が加えられた。

その後，昭和56年度の税制改正では，雑損控除として所得控除される金額が災害関連支出の金額の有無等の区分に応じ見直された。

改正によって，災害に直接関連して支出された費用についての雑損控除の最低限度額は，年間所得金額の10％相当額から年間所得金額の10％相当額又は5万円のいずれか低い金額とされ（所得税法第72条），次のように改められた。

(1) その年の損失の金額のうちに災害関連支出の金額がない場合又は5万円以下の場合

　　控除額 ＝ 損失の金額−所得金額×10％

(2) その年の損失の金額のうちに5万円を超える災害関連支出の金額がある場合

　　控除額 ＝ 損失の金額−次のいずれか低い金額

　　① 損失の金額−5万円超の災害関連支出の金額

　　② 所得金額×10％

(3) その年の損失の金額がすべて災害関連支出の金額である場合

　　控除額 ＝ 損失の金額−次のいずれか低い金額

　　① 5万円

　　② 所得金額×10％

5万円の基準が設けられたのは「まさに被害が生ずるおそれがあると見込まれる場合において，当該住宅家財等に係る被害の拡大又は発生を防止するため緊急に必要な措置を講ずるための支出」も雑損控除の対象とするためであるが，具体的には，雪下ろし費用を雑損控除の対象とするためである。

雑損控除は，原則として，災害等により住宅や家財などの資産自体に生じた損失のみを対象にしているが，豪雪地帯において，まさに被害が生じるおそれがあるときの雪下ろしは緊急を要するという実情を考慮し，豪雪の場合の屋根

の雪下ろし費用，家屋の外回りの雪の取除き費用，これらに直接関連して必要となる雪捨て費用は所得税法施行令第206条１項３号に該当するものと通達で取り扱ってきた[109]。

しかし，雑損控除の適用は所得金額の10％の最低基準額が設けられているから，雪下ろし費用はこの限度額以下となってしまうと実質的に所得控除できないという問題が指摘された。10％の引き下げも検討されたが[110]，医療費控除等の最低限度額とのバランスを考慮して，年５万円を超える支出額を所得控除できるよう雑損控除を拡充したのである[111]。

４-７-２　災害関連費用の範囲

昭和56年の改正では，「まさに被害が生ずるおそれがあると見込まれる場合において，当該住宅家財等に係る被害の拡大又は発生を防止するため緊急に必要な措置を講ずるための支出」も雑損控除の対象として認められた（所得税法施行令第206条１項３号）。しかし，「まさに被害が生ずるおそれがある」と「緊急に必要な措置を講ずるため」という，災害に直面し又は緊急性についての基準は明確でない。

この災害関連費用の規定は，豪雪地帯での雪かき費用を想定したもので，この法律改正を受けて，豪雪における雪下ろし費用等は雑損控除の対象となる損失に含まれるとした昭和56年１月29日付国税庁長官通達直所３-２「豪雪の場合における雪下ろし費用等に係る雑損控除の取扱いについて」も発遣されている。

従来は，災害といえる豪雪時でも資産自体に損失が生じていない限り屋根の雪下ろし費用等の除雪費は雑損控除の対象とならないとしていた。しかし，昭和49年の秋田県地方の豪雪の際に，昭和49年２月22日衆議院災害対策特別委員会で水口昭国税庁所得税課長は，雪下ろし費用は雑損控除の対象になると答弁した。そして，昭和51年の新潟県地方の豪雪の際には，国税庁から各国税局に対し昭和51年２月23日付所得税課情報報第309号「豪雪の場合の除雪費についての雑損控除の適用について」が連絡された。そして，昭和52年にも家屋の倒壊を防止するための屋根の雪下ろし費用，家屋の外周の雪の取除き費用や雪捨

ての費用は雑損控除の費用となると，個々の豪雪時に通達で認めてきたため，昭和56年に明確に法令で規定したのである。

なお，火山灰についても従来から，雑損控除の対象とするよう要望がされているが[112]，鹿児島県の桜島の降灰の防災費用（窓枠の改修費用等）や降灰を除去するための費用は雑損控除の損失とは認められていない。

異常噴火によって家屋等に破損が生じた場合やその降灰除去費用はもちろん雑損控除の対象になるが，桜島の降灰は多くても数センチで「まさに被害が生ずるおそれがある」と「緊急に必要な措置を講ずるため」とまではいえないと課税庁は考えているからである。

しかし，個々の噴火の火山灰による堆積は少ないが，屋根，雨どいの補修や自動車のエンジンの故障の原因にもなり，放置して雨が降ると重さが増して家屋が倒壊するなどの危険もある。平成3年フィリピンのピナツボ火山噴火では，噴火後に台風の雨で堆積した火山灰は重さを増し，4万戸の家が押し潰されたこともあり，降灰の除去は被害防止のため緊急に必要な措置である。

平成21年以降，桜島では爆発的噴火が毎日のように発生しており，平成23年は観測史上最多となる年間996回，平成24年は年間885回，平成25年は年間835回の爆発的噴火を記録するなど，依然として活発な火山活動が継続しており[113]，降灰対策費を含め雑損控除の対象にすべきである。

4-7-3　防災費用と雑損控除

雑損控除は，災害等に基づく直接の支出及び災害に直面し又は緊急性のある支出を対象としているが，災害による被害が発生する前の防災費用を雑損控除の対象とするべきかも問題になる。

地震や大雨により老朽化した擁壁の倒壊などの崖崩れが発生すると地域に大きな影響があるから，擁壁等の改修工事の促進を図り，地震や大雨等による宅地災害を防止するため，市町村は宅地災害の防止又は復旧工事に対して工事費用の一部を助成している。

災害による被害が発生する前の防災費用について，平成18年12月8日国税庁課税部審理室長による文書回答「造成宅地の災害防止工事のための支出の税務

上の取扱いについて」では，造成宅地防災区域の指定等を受けた造成宅地において，その宅地所有者等が行う滑動崩落防止工事の費用は災害関連支出として雑損控除の対象となると回答し，危険地域の指定があれば雑損控除の適用を認めている。

文書回答制度は，法令の適用等について予測可能性を与えることを目的として実施しているものである。文書回答を行う対象となる事前照会の範囲は「取引等に係る税務上の取扱い等が，法令，法令解釈通達あるいは過去に公表された質疑事例等において明らかになっているものに係る事前照会でないこと」が要件と掲げられているから，新たな解釈がされたものである。

国税庁の回答は，造成宅地防災区域の指定等を受けた宅地における限定された支出であるが，住宅等の倒壊は人的被害をもたらす大きな要因であり，損壊等防止措置を講じておくことは人的被害の防止や物的損失の軽減，被災地域の早期復興にも貢献するものである。

文書回答では危険地域の指定を要件としているが，各市町村においては急傾斜地崩壊危険区域に指定されていることを要件としているもの（横須賀市のがけ地の防災工事補助金など）もあるが，危険区域指定はなくても危険状態になるとの基準に該当すれば工事代金の補助を行うもの（川崎市宅地防災工事助成金など）もある。

したがって，防災区域や危険地域の指定のない場所においても，緊急な工事が必要な場所はあるから，このような補助事業基準に該当するような災害防止費用は雑損控除の対象と認め，防災工事の推進を支援していくべきである。

4-8　所得控除と税額控除

包括的所得概念のもとでは，純資産の減少をもたらす損失が生じた場合には所得から減額することは当然の要請といえるが，次に問題となる8点目は，その損失の減額を所得控除方式とするのか税額控除方式とするかである。

所得控除方式は，税率の累進構造の関連上，同じ金額の控除でも納税者に適用される上積税率の相違に応じて軽減される税額に差異が生じるため，高い上

積税率の適用を受ける高所得者ほど控除による税負担の軽減額が大きい。また，我が国の所得税は所得を源泉ないし性質に応じ10種類に分類しており，更に，総合課税と分離課税が併存し，相互に損失の損益通算は制限されているものもあるから，所得控除とすることですべての所得から控除することができるという機能を有している。しかし，総合所得で生じた損失を分離所得から控除することや分離所得で生じた損失を総合所得から控除することは，採用する税率表の格差により不公平な状況を生み出すこともある。

これに対して，税額控除方式は各所得階層を通じて同一税額が控除され[114]，さらに，災害損失の控除額に変更がない場合でも，税率の引き下げが行われると，所得控除の場合にはそれに応じて控除による税負担の軽減額も減少するが，税額控除の場合には従来どおりの控除額が得られるから税額控除にメリットがある[115]。

一般的には公平の点では税額控除の方が優るという指摘がなされているが，寄附金控除は当初税額控除方式であり，所得の多寡にかかわりなく軽減割合が変わらなかったことが寄附者の心理に適合せず，寄附の意図もそがれると批判され[116]，寄附の奨励という面から昭和42年に所得控除に変更されたように，税額控除方式は制度設計上の問題もある。

災害減免法は住宅や家財の損害金額がその時価の2分の1以上で所得制限があり，その所得税額を被災程度ではなく所得金額に応じて25%，50%又は全額を減免し，損失はその年分で切り捨てられるという大雑把な仕組みであるから，被災者の被災状況や担税力を正確に反映した減免制度かどうか疑問がある。

一方，雑損控除は災害損害額を時価基準で適正に査定し，その損失額をそのまま所得金額から控除して所得税を算定する公平性のある税制であり，被災者の担税力の低下を適正に反映されるという納税者の期待に応える制度であるという明瞭性も考慮しなければならない。

すなわち，大雑把な制度は簡素で行政側からみると事務処理が容易であるが，そのような制度の中には有利不利が内在されるから，被災者は税制上切り捨てられ，十分な救済を得られなかったと不満を持つことになる。

4．雑損控除制度の検討 123

　阪神淡路大震災と東日本大震災では，災害減免法と雑損控除は前年分との選択とされたが，阪神淡路大震災では震災の前年分である平成6年分での申告者が多く，東日本大震災では震災のあった平成23年分での申告が多かった。これは，前章で検討したとおり，税制改正により所得控除額等の改正が行われたことで各年で有利・不利の生じたことが原因であり，雑損控除が所得控除であるために影響を受けたのである。

　災害損失制度は税額控除と所得控除のいずれが望ましいかについては，昭和39年の税制調査会でも問題になり，災害減免法を所得税法に吸収して税額控除として規定するべきであるとして検討が行われ結論はでていない[117]。

　ここで，所得控除制度を振り返ってみると，所得控除の始まりは大正9年に創設された扶養控除にある。それまでの一定金額の控除を改め，幼年者，老年者及び障害者などの個人的事情に配慮し所得控除が認められたが，当時の控除対象者には配偶者及び成年の家族は含まれなかった。昭和15年に分類所得税が創設されたことにより，扶養控除は所得控除から税額控除に改められた。これは分類所得税が所得の種類により税率を異にしていたため，どの所得分類から控除しても税額軽減額に差が生じないようにするためである。このとき，少額所得者の税負担を緩和するため配偶者も扶養控除の対象とされた。

　このように戦前の扶養控除は所得控除方式から税額控除方式に変更されていたが，現在の所得控除方式に再度戻されたのは，シャウプ勧告に従った改正からである。

　シャウプ勧告は，「所得控除の方法は，扶養親族によって生ずる所得税額の差異を，所得額が増加するに従って増加させるものである。この結果，全体的には，高額所得階層における大世帯と小世帯との間には税負担の配分がより公平なものとなる。」とし，累進課税制度において高額所得者の方が軽減割合が大きく，累進度が損なわれるとの懸念に対しても，「その欠点は，税率を少し変更することによって容易に修正できる。」ので大きな問題にはならないとして所得控除制度の導入を勧告した[118]。更に，基礎控除が既に所得控除方式であったこととの整合性や住民税の賦課決定に便利であることなどもその理由に加えられている。

現在では，人的控除を所得控除から税額控除に切り換えて，所得控除による税額の減少額が所得の増加につれて累進的に増加するという問題を解消すると同時に，還付つき税額控除制度を採用して，控除額が税額を上回る場合には差額を還付するべきであるから，税額控除へ変更すべきとの理論もある[119]。

雑損控除は人的控除とは性格を異にするので，雑損控除をどのような性格と理解するか。所得控除及び税額控除制度をどのように理解するかによって考え方は異なるが，結論として，雑損控除は所得控除が望ましいと考えている。

すなわち，雑損控除額を加えた所得控除額を課税最低額とみるか，あるいは家庭生活に関する非裁量的な支出であるから，災害損失額は税額控除で減税還付すべきという考え方もあろう。しかし，所得税法全体からみれば，事業所得等の棚卸資産や事業用財産の災害損失は必要経費として所得計算上の控除項目としていること，業務用資産の災害損失は必要経費計上と雑損控除の選択としていることとのバランスも必要であって，同じ災害損失を資産の区分が異なるだけで所得控除と税額控除の二本立てとすることは，徒に制度を複雑にするだけである。

既に，我が国の災害税制は，税額控除方式の災害減免法と所得控除方式の雑損控除の二重の制度となっており，それぞれの災害の対象や減免税額も異なるというバランスを欠いた状態である。このように別々の法律で規定すると相互のバランスがとれないため，寄附金控除のように所得控除又は税額控除を選択するという制度のように，同一税法の中で所得控除と税額控除を選択させる方が問題は少なくなる。

4-9　雑損控除と他の所得控除との関係

雑損控除は所得控除のひとつであるが，配偶者控除や扶養控除などの人的控除や社会保険料控除より優先して控除することとされており，このことが雑損失の繰越控除期間を不当に短くしていることが，最後の9点目の問題である。

図表2-3と図表2-4は，災害損失額1000万円の場合に，雑損控除を人的控除等より優先して控除する場合と，人的控除を優先して控除する場合とを比較したものである。計算においては，給与所得のみの者を前提とし，夫婦子供2

4．雑損控除制度の検討 *125*

図表2-3 雑損控除の繰越期間（扶養控除等より雑損控除を優先して控除する場合）

所得金額	平成22年分			平成23年分		平成24年分		平成25年分	
	雑損控除額	扶養控除額	繰越損失額	扶養控除額	繰越損失額	扶養控除額	繰越損失額	扶養控除額	繰越損失額
円	円	円	円	円	円	円	円	円	円
2,500,000	9,750,000	0	▲7,250,000	0	▲4,750,000	0	▲2,250,000	250,000	0
3,000,000	9,700,000	0	▲6,700,000	0	▲3,700,000	0	▲700,000	2,300,000	0
3,500,000	9,650,000	0	▲6,150,000	0	▲2,650,000	850,000	0	2,470,000	0
4,000,000	9,600,000	0	▲5,600,000	0	▲1,600,000	2,400,000	0	2,470,000	0
4,500,000	9,550,000	0	▲5,050,000	0	▲550,000	2,470,000	0	2,470,000	0
5,000,000	9,500,000	0	▲4,500,000	500,000	0	2,470,000	0	2,470,000	0
5,500,000	9,450,000	0	▲3,950,000	1,550,000	0	2,470,000	0	2,470,000	0
6,000,000	9,400,000	0	▲3,400,000	2,470,000	0	2,470,000	0	2,470,000	0
6,500,000	9,350,000	0	▲2,850,000	2,470,000	0	2,470,000	0	2,470,000	0
7,000,000	9,300,000	0	▲2,300,000	2,470,000	0	2,470,000	0	2,470,000	0
7,500,000	9,250,000	0	▲1,750,000	2,470,000	0	2,470,000	0	2,470,000	0
8,000,000	9,200,000	0	▲1,200,000	2,470,000	0	2,470,000	0	2,470,000	0
8,500,000	9,150,000	0	▲650,000	2,470,000	0	2,470,000	0	2,470,000	0
9,000,000	9,100,000	0	▲100,000	2,470,000	0	2,470,000	0	2,470,000	0
9,500,000	9,050,000	450,000	0	2,470,000	0	2,470,000	0	2,470,000	0
10,000,000	9,000,000	1,000,000	0	2,470,000	0	2,470,000	0	2,470,000	0

出所：各法令から筆者作成。

図表2-4 雑損控除の繰越期間（雑損控除より扶養控除等を優先して控除する場合）

所得金額	平成22年分			平成23年分	平成24年分	平成25年分	平成26年分	平成27年分	平成28年分	平成29年分	平成30年分	平成31年分
	雑損控除額	扶養控除額	繰越損失額	繰越損失額	繰越損失額	繰越損失額	繰越損失額	繰越損失額	繰越損失額	繰越損失額	繰越損失額	繰越損失額
円	円	円	円	円	円	円	円	円	円	円	円	円
2,500,000	9,750,000	2,470,000	▲9,720,000	▲9,690,000	▲9,660,000	▲9,630,000	▲9,600,000	▲9,570,000	▲9,540,000	▲9,510,000	▲9,480,000	▲9,450,000
3,000,000	9,700,000	2,470,000	▲9,170,000	▲8,640,000	▲8,110,000	▲7,580,000	▲7,050,000	▲6,520,000	▲5,990,000	▲5,460,000	▲4,930,000	▲4,400,000
3,500,000	9,650,000	2,470,000	▲8,620,000	▲7,590,000	▲6,560,000	▲5,530,000	▲4,500,000	▲3,470,000	▲2,440,000	▲1,410,000	▲380,000	0
4,000,000	9,600,000	2,470,000	▲8,070,000	▲6,540,000	▲5,010,000	▲3,480,000	▲1,950,000	▲420,000	0	0	0	0
4,500,000	9,550,000	2,470,000	▲7,520,000	▲5,490,000	▲3,460,000	▲1,430,000	0	0	0	0	0	0
5,000,000	9,500,000	2,470,000	▲6,970,000	▲4,440,000	▲1,910,000	0	0	0	0	0	0	0
5,500,000	9,450,000	2,470,000	▲6,420,000	▲3,390,000	▲360,000	0	0	0	0	0	0	0
6,000,000	9,400,000	2,470,000	▲5,870,000	▲2,340,000	0	0	0	0	0	0	0	0
6,500,000	9,350,000	2,470,000	▲5,320,000	▲1,290,000	0	0	0	0	0	0	0	0
7,000,000	9,300,000	2,470,000	▲4,770,000	▲240,000	0	0	0	0	0	0	0	0
7,500,000	9,250,000	2,470,000	▲4,220,000	0	0	0	0	0	0	0	0	0
8,000,000	9,200,000	2,470,000	▲3,670,000	0	0	0	0	0	0	0	0	0
8,500,000	9,150,000	2,470,000	▲3,120,000	0	0	0	0	0	0	0	0	0
9,000,000	9,100,000	2,470,000	▲2,570,000	0	0	0	0	0	0	0	0	0
9,500,000	9,050,000	2,470,000	▲2,020,000	0	0	0	0	0	0	0	0	0
10,000,000	9,000,000	2,470,000	▲1,470,000	0	0	0	0	0	0	0	0	0

出所：各法令から筆者作成。

名という家族構成で社会保険料控除などを合わせて所得控除額247万円として計算した。

　雑損控除を扶養控除などより優先して控除すると，損失発生の2年後にはどの所得金額の納税者であっても繰越損失額はなくなるが，人的控除を優先して控除すると低所得者は繰越損失額が10年以上も繰越され，長期間の減免効果を得られる。すなわち，雑損控除を計算するときに，まず給与所得から繰越損失額を控除すると，配偶者控除額や扶養控除額などの人的控除額は控除できず，翌年以降へ繰越すことは認められず切捨てられるからである。

　扶養控除などの人的控除を翌年に繰越すことを認めない理由について，シャウプ勧告では，純損失の場合はごく稀であるから，税務当局は将来の所得に対し繰り越し相殺すべき損失額を十分に照査できるのに対して，人的控除不足額を生ずる場合は頻繁であるから，この場合における申告所得額の照査は税務当局にとって重荷となるから，人的控除不足額の繰り越しを認める規定を設けることは望ましくないと，雑損制度の趣旨に基づくものではなく事務手続き上の負担が加重になるから認めないとしている[120]。

　しかし，扶養親族が多いほど災害による損失額も多くなり，生活用資産をより多く再取得しなければならない被災者にとっては担税力の回復は容易ではないから，雑損控除額や繰越損失額が人的控除と入れ替わるように減額され，扶養親族が多ければ反比例するように損失額を切り捨てることは不公平な制度であり見直すべきである。

5．小括

　本章では，戦後シャウプ勧告に基づき，米国災害損失控除をモデルに創設された所得税の雑損控除制度について，米国の災害損失控除と比較検討し，現行制度上の見直すべき点を分析した。

5-1　日米の雑損控除制度の比較

　日本と米国の雑損控除制度を比較すると、基本的な制度は、所得控除方式で時価損失額を対象とし、10％の制限規定があることも同様である。しかし、米国の災害損失控除制度は、災害の対象、資産の範囲、繰越損失や損失の繰戻しなどをより広く認めており、一般災害と大規模災害時を区別し、災害の大小に応じて特例を拡大して、大規模災害では税制による救済効果が発揮できるよう組み立てられ、また、標準控除方式が認められていることも特徴である。

　特に、米国では災害による損失であろうと事業上生じた損失であろうと、個人及び法人とも、原則として、2年間の繰戻しと20年間の繰越しをすることで、その期間の所得から控除をすることが認められている。

　シャウプ勧告書では、所得額の変動のもたらす不合理の緩和のため、納税者がある年に損失を生じた場合、この損失を翌年度以降の損益計算において繰越して控除できることとし、損失額が所得で相殺されるまで繰越しすべきであると、青色申告者には無制限の損失の繰越しに加え、2年間の繰戻しを勧告した[121]。

　それは、損失の繰越しは単年課税制度である所得税の欠点を補うことができ、損失を抱えて廃業する納税者にとっては、損失を繰戻すしかないからである。そして、このような制度は税の公平に寄与するとともに、納税者が正直な帳簿を行うことの大きな誘因となり、損失が十分に埋め合わされることが内外から日本への投資を促進させることになると述べ[122]、事業や社会生活のリスクを乗り越える仕組みの必要性を指摘したが、結局この勧告は実現されなかった。

　現行所得税法では、災害損失を前年分に繰戻すことはできないが、青色申告者が事業の全部譲渡又は廃止その他事業の全部の相当期間の休止、重要部分の譲渡をしたことによって、損失を繰越すことができないときには、純損失を前年分及び前前年分の2年間に繰戻しすることを認めている（所得税法第140条）。また、法人税法においては、災害損失であっても繰戻還付が1年間認められ、災害損失での繰越しは白色申告であっても9年間認められている。このことは、雑損控除のみを不利に規定し、所得税と法人税でも均衡がとれていない。

突然の大規模災害に遭遇し財政的に窮地に立たされた被災者の実情からすれば，損失を将来に繰越して将来の税額を圧縮するよりも，まずは当面の生活資金や運転資金を確保する必要があり，過年度納付した税額を還付支給することで必要な資金を手にし，家計破綻や事業倒産を回避させるという社会政策的な機能を重視すべきである。

　したがって，被災者に過去の納付税額を即時還付することを優先し，その後に損失を繰越すべきで，被災者救済と所得税の担税力の回復までの公平な機会を与えるため，長期間の繰戻還付と繰越損失を認めるべきである。

5-2　雑損控除制度の今後の在り方

　雑損控除の対象となる資産の範囲をどこまでとするか。また，災害損失額をどのように算出するかは，日本と米国とも共通する雑損控除の難点といえる。

　災害損害額を時価損失として，個々に算定して所得控除する方法は理論的で，かつ，個別事情に即応した制度であるが，米国では，1979年に米国会計検査院が災害損失控除の廃止を議会に報告し，日本でも昭和36年の税制調査会で制度の在り方が問題となり，両国とも制度の改正はされているが解決されていない。

　まず，我が国の雑損控除の理解を困難にさせ，訴訟の原因となっているのは，対象資産の範囲が法文上明確ではないことである。

　雑損控除制度が創設された昭和25年の所得税法では，米国と同様，棚卸資産以外はすべて雑損控除の対象としていたが，その後の改正で適用される資産が徐々に切り取られ，その適用資産は狭められてきた。その結果，適用除外される資産のみが規定されて，雑損控除の対象となる資産を具体的に特定列挙した規定はなく，この残された個人資産の範囲が法文上明確でないため訴訟などで問題となっている。たとえ雑損控除の適用範囲を「生活に必要な資産」と定義できるとしても，所得税法において「生活」という概念の不明確さがある。その結果，ある資産が個人の生活にとって通常必要であるかどうかは，判断に幅があり統一することは困難である。

　次に，日米ともに問題となっているのは，災害損失額の時価算定である。

災害損失額を損害直前の時価と直後の時価との差額とすることは，日米とも同様の基準である。米国では災害損失が損失計算の規則に基づいて解決されることは希で，容易に不正に利用されていると米国会計検査院が報告しているから，我が国でも住宅や家財の時価を算定することは，個々の事実認定の問題でもあり，困難で問題が生じやすいといえる。

　特に，大災害時には，被災した財産を個々にすべて書き上げ，その財産ごとに時価を算出することは困難である。また，被災した不動産の時価は大きく下落するが，被災地域における利便性の低下は更に不動産価格を引き下げるから，「時価」については日米の共通の問題点といえる。

　日米の制度を比較すると，米国の災害損失控除では対象となる資産の範囲が広く，大災害時に雑損控除の10％などの制限規定を撤廃し全額控除しているので，対象資産で問題が生じることは少ない。日本では対象となる資産を生活用資産に限定しているが，10％制限を撤廃しても対象となる生活用資産の範囲が明確でないから，トラブルの原因を解決することができない。

　このように，雑損控除制度は，理論的には合理的な制度であるが，対象資産や災害損失額などは個々の認定が必要で困難な作業である。そこで，昭和34年の伊勢湾台風以後，大災害時には国税当局が建物や家財の価額などを災害通達で公表して，雑損控除の適用上の問題で，被災者とのトラブルや訴訟等となることを防止している。

　本章では一般災害における雑損控除制度を検討したが，大規模災害時には特別措置法が創設され，雑損控除の問題は災害通達で解決されているから，第3章では，阪神淡路大震災及び東日本大震災の特別措置法及び災害通達について検討する。

(第２章/Endnotes)

1 武田昌輔，神谷修監修（1994）『DHC所得税法釈義』第一法規，3132頁。
2 東京高裁昭54・4・17，税務訴訟資料第105号，143頁。
3 北海道，沖縄県及び小笠原島伊豆七島においては，官府より受ける俸給，年金及び恩給金の外は当分の間施行しないこととされていた。
4 「請議」は所得税創設の理由や目的を述べたものである。
5 請議では，「爰ニ所得税法案ヲ起草シ謹テ閣議ヲ仰グ仰モ此法案ヲ起草シ来二十年度四月一日ヨリ実行ヲ企画スル所以ノモノノ，近来東洋諸国国際ニ関スル現況上海防ノ一事ノ，最モ軽忽ニ附シ難ク随テ其経費ヲ要スルノ巨多ナルト，大ニ北海道物産税ヲ軽減スヘキコトト共ニ，内閣ノ内議ヲ経テ之ヲ二十年度ヨリ施行セントスルニ決セラル。加フルニ近来政費ノ多端ナルニ応シ歳入ノ増加ヲ謀ラサルヘカラスト維トモ，凡ソ現行ノ税法ハ，維新創業ノ際制定セシモノニアラサレハ，則チ封建ノ余風未タ全ク消除セサルノ時ニ当り，民情ノ適度ヲ測リ制定シタルモノニシテ，已ニ今日ノ国情ニ対シテハ大ニ其適度ヲ失ヘルモノアリ。且税率モ亦軽重ノ平ヲ誤リ，随テ富者ノ負担甚タ軽ク，貧者ニシテ或ハ富者ニ幾数倍ノ重税ヲ負フノ事実アリ。故ニ現行税法ニハ単ニ其率ヲ増シ，以テ歳入ノ増加ヲ求ムルノ道ナキノミナラス，漸次改良セサルヘカラサルノ時期ニ臨メリ。仍テ今更ニ所得税法ヲ創定シ，一ハ以テ国庫ノ歳入ヲ増シテ前記ノ経費ニ補充シ，一ハ以テ税法改良ノ目的ヲ漸行セント欲スルナリ」と述べられている。国税庁税務大学校研究部編（1988）『租税資料叢書第４巻　明治前期所得税法令類集』国税庁税務大学校研究部，315頁。
6 牛米　努（2007）「明治20年所得税法導入の歴史的考察」『税務大学校論叢』第56号，462頁。
7 磯部喜久男（1998）「創設所得税法概説 – 明治20年の所得税法誕生物語」『税務大学校論叢』第30号，164頁。
8 日本帝国憲法第63条は「現行ノ租税ハ更ニ法律ヲ以テ之ヲ改メサル限ハ旧ニ依り之ヲ徴収ス」と規定する。
9 山本　洋，織井喜義（1990）「創成期の所得税制叢考」『税務大学校論叢』第20号，25頁。
10 創設年度の所得税収はその年度後半からの税収で52.8万円，翌21年度の所得税収は106.7万円で国税収入総額の1.7％を占めるに過ぎないものであった。明治財政史編纂会（1904），412頁。
11 山本　洋，織井喜義（1990），215頁。
12 山本　洋，織井喜義（1990），236頁。
13 山本　洋，織井喜義（1990），241頁。
14 明治20年３月１日元老院第二読会において，槇村正直議官は，「第二十三条原案ノ所得ヲ生スヘキモノトハ田地又ハ園圃等ヲ斥シテ言フナラン　然ルニ其半ハ以上ヲ減損スルニ非レ

ハ免除セスト為セハ　農家ニ於テ半作ノ収穫ハ歳ニ因テ之レアルモ，田地ノ半ハ以上ヲ減損セルハ容易ナラサル災難ニテ　所得ヲ生スヘキモノト云ヘハ金高ニ非スシテ即チ田地ヲ失フコトニ為ルナリ　元来所得ノ半ハヲ減損シタル等ノ事アレハ免除スヘキ理ナルモ　其之レヲ生スヘキ原物十分ノ五ヲ失フニ非レハ免税セストハ　亦甚苛酷ナラスヤ　納税者疾病ニ羅リ又ハ他ノ事情ニ由テ所得金高十分ノ五以上ヲ減損シタルハ免税シテ可ナリ因テ『所得金高十分ノ五以上』云々ト為シ　『資産営業』云々以下数字ヲ削レリ　此ノ如クスレハ損失ノ半作以上ニ及ヒシトキニハ減省スルコトヲ得ルナリ」と説明している。明治20年3月1日元老院会議筆記第534号議案所得税法，114頁。

[15] 明治32年の改正で，所得税調査委員会の名称は所得調査委員会に，所得税調査委員の名称は単に調査委員に改められた。

[16] 大村　巍（1979）「所得調査委員会制度沿革概要」『税務大学校論叢』第13号，585頁。

[17] 牛米　努（2007），450頁。

[18] 牛米　努（2010）「所得調査委員会の研究－個人所得税の賦課課税－」『税務大学校論叢』第65号，199頁。

[19] 安井謙三（1887）『所得税法解釈』正文堂，34〜35頁。

[20] 内田清四郎（1887）『所得税法・施行細則註解　傍訓』吉川伊助編，7頁。

[21] 堀口和哉（1997）「明治32年の所得税法改正の立法的沿革」『税務大学校論叢』第28号，118頁。

[22] 大正12年の営業税法中改正法律（大正12年3月27日法律第9号）により，第二十八条ノ四は「課税標準中其ノ年ノ実績ニ依リ計算シタル額カ　政府ノ決定シタル額ノ二分ノ一ニ達セサルモノアルトキハ　政府ハ営業者ノ請求ニ因リ　其ノ課税標準ヲ更訂ス」とされた。

[23] 大正15年3月6日第51回帝国議会貴族院の所得税法中改正法律案外二十一件特別委員会において政府委員黒田英雄は，営業税との整合性を図るため2分の1以上で統一したと説明している。国立国会図書館帝国議会会議録「大正15年3月6日第51回国議会貴族院所得税法中改正法律案外二十一件特別委員会議事速記録第五号」，6頁。

[24] 大矢半次郎政府委員（当時の大蔵省主税局長）は「減損更訂ニ於テ除程不合理ノ場合ガ生ズル事例ニ，最近屢々出会シタ訳デアリマス，例ヘバ銅鐵商ヲ一ツノ例ニ挙ケテ見マスルト，銅鐵商ハ事変前ニハキマシテハ普通ノ利益ヲ挙ゲテ，年一万円位ノ純益ガアツタ，然ルニ此ノ事変下ニナリマシテ，急ニ扱フ商品ノ値上リ等ニ依リマシテ，十万円，二十万円ノ純益ヲ挙ゲタト云フ例ハザラニアツタノデアリマス，随ヒマシテ之ニ封シマシテ，営業収益税，所得税，臨時利得税ノ如キモ相当多額ノ課税ヲ致シタノデアリマスガ，翌年ニ於キマシテハ其ノヤウニ儲ラナクナツタ，事変前ヨリハ儲ルガ，二十万円ト云フヤウナ利一益ガ挙ガラヌ，二万円カ，三万円ノ利益シカ挙ガラヌ，斯ウ云フ場合ニハ，今ノ減損更訂ノ規定ノ適用ニ依

ツテ，私ハ前年二十万円ノ決定ヲ受ケタケレドモ，今年ハ純益ガ二万円シカナイカラ，更訂処分シテ呉レト言ヘバ，更訂セザルヲ得ナイ，随ヒマシテ其ノ者ハ，二十数万円儲ツテ居ルニ拘ラズ，減損更訂ノ適用ヲ受ケテ，二筒年ヲ通算スルト，純益四万円位ノ程度シカナラナカッタト云フヤウナ結果ニナツテ，折角臨時利得税，所得税，営業収益税ヲ，儲ツタ額ニ応ジテ相当課税シヨウトシタガ，此ノ爲ニ壊サレテシマフ，斯ウ云フ事例ガ出テ来タノデアリマシテ，此ノ戦時事変下ニ於テ斯ウ云フ事例ガ相当多クアリマス」と述べている。昭和15年2月26日開議の第75回帝国議会衆議院「所得税法改正法律案外三十件委員会第9回」，8頁。

[25] 雪岡重喜（1955）『所得税・法人税制度史草稿』大蔵省主税局調査課，74頁。

[26] 勝　正憲（1940）『所得税及び法人税』千倉書房，211〜212頁。

[27] 雪岡重喜（1955），74頁。

[28] これらの変化について昭和36年12月の税制調査会答申は，従来の源泉説的な所得概念から財産増加説的な所得概念への転換として説明している。税制調査会（1961）『昭和36年12月税制調査会答申及びその審議の内容と経過の説明』税制調査会」税制調査会，550頁。

[29] 経済安定9原則とは，①経費節減による予算の均衡，②徴税システムの改善，③融資の限定，④賃金安定化，⑤物価統制の強化，⑥外国貿易事務の改善・強化，⑦資材割当配給制度の効果的施行，⑧重要国産原料・工業製品の生産増大，⑨食糧集荷計画のいっそう効果的な執行である。神田文人（1989）『占領と民主主義』小学館，325頁。

[30] 金子　宏（2013），56頁。

[31] 昭和24年度の租税収入見積額とシャウプ勧告による税制改正後の昭和25年度の租税収入見積額とを対比すれば，実に913億円という巨額の減税（このうち所得税の減税額568億円）が行われた。(1955)，301頁。

[32] 藤田良一（1979），146頁。

[33] 旧所得税法第52条には，明確な適用要件が規定されていないことを指摘している。

[34] 福田幸弘（1985）『シャウプの税制勧告』霞出版社，127頁。

[35] 福田幸弘（1985），307頁。

[36] 大野栄一郎（1983）『シャウプ勧告と我が国の税制』日本租税研究協会，27頁。

[37] 福田幸弘（1985），127頁。

[38] 大野栄一郎（1983），27頁。

[39] 勧告に沿って国会に提出された税制改正関係法案は，資産再評価法案に小さな修正は行われたが，所得税法改正を含めすべてが原案可決された。しかし，シャウプの税制勧告を改正法案に取り上げなかったものや勧告内容を修正して法案が提出されている。大蔵省昭和財政史室編（1977b）『昭和財政史－終戦から講話まで　第8巻』東洋経済新報社，173〜190頁。

[40] 藤田良一（1979），146頁。

[41] 大蔵省主税局 (1962)『税制調査会における資産損失及び借地権に関する税制整備の審議経過』大蔵省主税局, 6頁。

[42] 昭和26年所得税基本通達330。

[43] 昭和34年の伊勢湾台風による災害時に別荘や貴金属など, 高所得者の雑損控除が増加したことも原因といわれている。

[44] 大蔵省主税局 (1962), 14～15頁。

[45] 大蔵省主税局 (1962), 16～17頁。

[46] 税制調査会 (1961), 552～553頁。

[47] 大蔵財務協会 (1965)『改正税法のすべて〔昭和40年度版〕』大蔵財務協会, 39頁。

[48] Sixteenth Amendment to the United States Constitution Revenue Act of 1913.

[49] Revenue Act of 1867, ch.169, §13, 14 Stat.478.

[50] 主な総所得控除対象外項目は, 内国歳入法第101条から第140条に限定列挙されている贈与, 相続, 死亡保険金, 損害賠償金, 州債・地方債の利息やカフェテリア・プランなどである。

[51] 水野忠恒 (2009)『租税法』有斐閣, 274～275頁。

[52] 塩崎 潤 (1957)「改正税法総解」『財政』臨時増刊号, 18頁。

[53] 田中康男 (2005)「所得控除の今日的意義 – 人的控除のあり方を中心として – 」『税務大学校論叢』第48号, 20～21頁。

[54] 米国の雑損控除には, 日本の所得税が規定する「生活に必要な資産」という区分は設けられていない。

[55] 税制調査会 (1961), 550頁。

[56] United States General Accounting Office (1979), *The Personal Casualty and Theft Loss Tax Deduction: Analysis and Proposals for Change*, United States Government Accountability Office.

[57] United States General Accounting Office (1979), p.1.

[58] 納税者申告水準測定調査は, IRSが納税者の申告水準を測定するため継続的に実施している長期計画であり, 所得種類別, 階層別等各納税者グループの中から無作為に抽出した納税者について徹底した調査を行い, その結果に基づき申告水準を測定するものである。

[59] United States General Accounting Office (1979), pp.62-63.

[60] 災害損失控除の廃止は, 昭和52年の米国財務省の*Blueprints for Basic Tax Reform*の提言及び昭和54年の米国法曹協会の簡素化に関する特別委員会 (Special Committee on Simplification) 税制セクションの*Evaluation of the Proposed Model Comprehensive Income Tax*でも提言していた。

[61] 大蔵省主税局 (1962), 5～16頁。

[62] 税制調査会（1961），552頁。

[63] 税制調査会（1961），553頁。

[64] 税制調査会（1966）『長期税制のあり方についての中間報告』税制調査会，23頁。

[65] 税制調査会（1971）『昭和46年8月長期税制のあり方についての答申及びその審議の内容と経過の説明』税制調査会，111～116頁。

[66] Internal Revenue Service（2012a），*Publication 547, Casualties, Disasters, and Thefts 2012 Returns*,p.2.

[67] 災害は，突然の破壊力によって生じたものでなければならず，家屋の浸食，腐食，シロアリ浸食のように，自然的に一定期間を経て生じた損害は控除の対象にならない。Internal Revenue Service（2012a），pp.2-3.

[68] Internal Revenue Service（2012a），p.3.

[69] IRSホームページ〈http://www.irs.gov/publications/p17/ch25.html〉.

[70] 福岡高判1982（昭57）・2・24税務訴訟資料第23号，364頁。

[71] 名古屋地判1988（昭63）・10・31税務訴訟資料第174号，521頁。

[72] 大蔵省主税局（1962），11～13頁。

[73] 名古屋地判昭63・10・31判例タイムズ第705号，160頁。

[74] 横浜地判平15・9・3税務訴訟資料第253号，順号9424。

[75] 国税不服審判所裁決平23・5・23裁決事例集第83号。

[76] 平成18年11月29日第165回衆議院国土交通委員会議事録第6号，23頁。

[77] 国税不服審判所裁決平21・2・16裁決事例集第77号，125頁。

[78] 大阪高判平23・11・17ジュリスト第1451号，120頁。

[79] 佐藤英明（2001）「雑損控除制度－その性格づけ」『所得税における損失の研究』日税研論集第47号，31頁。

[80] 柿谷昭男（1965）「所得税法の全文改正について」『税経通信』第20巻第7号，61頁。

[81] 大阪高判平8・11・8税務訴訟資料第221号，315頁。

[82] 給与所得者の所有する自動車の性格について争われたものである。神戸地判昭61・9・24税務訴訟資料第153号，722頁，大阪高判昭63・9・27税務訴訟資料第165号，767頁，最判平2・3・23税務訴訟資料第176号，13頁。

[83] 生活に通常必要でない資産の範囲について争われたものである。京都地判平8・1・19税務訴訟資料第215号，1頁，大阪高判平8・11・8税務訴訟資料第245号，662頁。

[84] 趣味，娯楽又は保養の用に供する目的で所有する資産の範囲について争われたものである。盛岡地判平11・12・10税務訴訟資料第245号，662頁，仙台高判平13・4・24税務訴訟資料第250号，順号8884。

[85] 最判平 2・3・23 判時第1354号, 59頁.
[86] 税制調査会 (1961), 553頁.
[87] 石森宏宣 (1983)「生活用動産の所得・損失と所得税の取扱い」『国税速報』第3554号, 3頁.
[88] 大山孝夫 (1962)「雑損控除の計算」『税経通信』第17巻第8号, 60頁.
[89] 受領した保険金等の総額が, 被災した財産の税務基準額を超えた場合には, 利得が実現されることになる. この保険差益は, 非自発的理由による買換え (involuntary conversions) として, 原則2年以内に被災した資産の代替資産を購入した場合は, 保険差益を将来に繰り延べることができる (内国歳入法1033条). なお, 日本の所得税法では, 災害に基づく保険差益は非課税 (事業所得等の収入金額とされる保険金等を除く.) とされている (所得税法第9条).
[90] Internal Revenue Service (2012a), p.8.
[91] 昭和26年所得税基本通達330.
[92] 税制調査会 (1961), 553頁.
[93] 佐藤英明 (2001), 56頁.
[94] Comptroller General of the United States (1979), *The Personal Casualty and Theft Loss Tax Deduction : Analysis and Proposals for Change*, United States Government Accountability Office, pp.1-3.
[95] 立地条件の損害は, 雑損控除の対象とならないと解されているが, このような見解はやや狭すぎるという反論もある. 佐藤英明 (1995), 60〜61頁.
[96] Goode, Richard. (1964), *The Individual Income Tax*, Brookings Institution (邦訳, 塩崎潤訳『個人所得税』日本租税研究協会, 1966年, 173頁).
[97] 福田幸弘 (1985), 127頁.
[98] Comptroller General of the United States (1979), pp.67-68.
[99] 医療費控除は3%から5%に引き上げられた.
[100] 小川正雄 (1985), 450〜451頁.
[101] 中田信正 (2002)「日本型連結納税制度のあり方」『税務弘報』第50巻第2号, 9頁.
[102] House of Representatives (1954), *Internal Revenue Code of 1954*, House Report No.1337 〈https://bulk.resource.org/gao.gov/83-591/00002F8C.pdf〉.
[103] 伊藤公哉 (2009)『米国連邦税法』中央経済社, 226頁.
[104] 福田幸弘 (1985), 306頁.
[105] 井上一郎編 (2004)『シャウプの第二次日本税制勧告』霞出版社, 235頁.
[106] 税制調査会 (1963)『昭和38年12月 所得税法及び法人税法の整備に関する答申』税制調査会, 47頁.

[107] 水上　潤（2007）「兵庫県経済をみるためのいくつかのポイント」『ひょうご経済』第94号〈www.heri.or.jp/hyokei/hyokei94/94tyosa.htm〉。

[108] 昭和40年の税制改正により，青色申告者の事業廃止等に伴う純損失の繰戻しは1年分から2年分に延長された。

[109] 昭和52年10月27日直所3-21「豪雪の場合における雪下ろし費用等に係る雑損控除の取扱いについて」など。

[110] 税制調査会（1981）『昭和56年3月税制調査会関係資料集』税制調査会，8頁。

[111] 大蔵財務協会（1981）『改正税法のすべて〔昭和56年度版〕』大蔵財務協会，20頁。

[112] 昭和63年2月19日衆議院議員安藤巌君外一名提出桜島火山対策に関する質問に対する答弁書。

[113] 鹿児島地方気象台「桜島の月別の爆発回数」
〈http://www.jma-net.go.jp/kagoshima/vol/data/skr_exp_num.html〉
内閣府（2013）『防災白書〔平成25年版〕』内閣府，127頁。

[114] 昭和15年の所得税法改正では，扶養控除や生命保険料控除について，分類所得税が所得の種類によって税率を異にしていることから，どの所得から控除しても負担に差が生じないよう税額控除とされていた。

[115] 植松守雄主編（1975）「注解所得税法」『会計ジャーナル』1975年11月号，49～50頁。

[116] 武田昌輔監修（2013），4786頁。

[117] 税制調査会（1964），5頁。

[118] 福田幸弘（1985），83頁。

[119] 金子　宏（2013），193頁。

[120] 福田幸弘（1985），306～307頁。

[121] 福田幸弘（1985），162～164頁。

[122] 福田幸弘（1985），162～164頁。

第3章 阪神淡路大震災と東日本大震災の災害税制

1. 大災害時の災害特例の概要と課題

　本章の課題は，阪神淡路大震災と東日本大震災の特別措置法と災害通達を比較し，我が国の大災害時の災害税制の問題点と今後の在り方を検討することである。

　東日本大震災は，戦後最大の災害であり税制による最大限の支援が期待される中，阪神淡路大震災以来の特別措置法が制定され，国税庁の災害通達も公表された。前章では，雑損控除制度は資産の範囲，家屋や家財の時価算定などに問題があると指摘したが，大災害時に雑損控除の適用に際して大きなトラブルや多数の訴訟が発生したことはない。それは，大災害時には被災者の実情に配慮した特別措置法を創設し，また，災害通達によって雑損控除適用における時価算定の簡易計算の方法や概算額を示しており，これに従ってほとんどの申告が行われているからである。

　災害通達に基づく簡易計算は，昭和34年の伊勢湾台風後の大規模な災害の都度国税当局が公表してきたものである。大災害時の申告手続きの混乱を避け，被災者の便宜を図るために設けられているもので，雑損控除制度の欠点を補完するものでもある。阪神淡路大震災では被災者の約8割が災害通達で定めた簡易計算に基づき雑損控除の申告を行い，所得税法に基づく雑損控除の原則計算又は災害減免法による申告者は各1割しかいなかった。

2. 阪神淡路大震災と東日本大震災における特別措置法の比較

　平成7年1月17日に発生した阪神淡路大震災では，平成7年2月20日に「阪神・淡路大震災の被災者等に係る国税関係法律の臨時特例に関する法律」が施

行され，同年3月27日に特例を追加した改正法（以下併せて「旧震災特例法」という。）が施行された。

　平成23年3月11日に発生した東日本大震災では，平成23年4月27日に東日本大震災の被災者等の負担の軽減等を図るため「東日本大震災の被災者等に係る国税関係法律の臨時特例に関する法律」（第一弾）が施行され，同年12月14日に震災からの復興に向けた取組みの推進を図るため特例を追加した改正法（第二弾，以下併せて「震災特例法」という。）が施行された。

2-1　阪神淡路大震災における旧震災特例法

　阪神淡路大震災の旧震災特例法では，所得税と法人税共通の特例として，被災者向け優良賃貸住宅の割増償却（70％又は50％），被災事業用資産の代替資産等の特別償却（10％〜36％），被災地における土地区画整理事業等の施行に伴う課税の繰延べや特別控除，事業用資産の買換えの圧縮記帳制度の拡充（繰延べ割合を80％から100％に拡大），買換え特例に係る買換資産の取得期間等の延長などが創設された。

　所得税のみの特例としては，雑損控除の災害年又は前年分の選択適用，災害減免法による所得税の減免措置の災害年又は前年分の選択適用，被災事業用資産の損失の災害年又は前年分の選択適用，被災滅失住宅に対する住宅ローン減税の継続適用，財形住宅貯蓄を生活費等に払い出した場合の課税免除，住宅資金の無利息貸付け等を受けた場合の課税免除，被災居住用財産の譲渡制限期間の延長などが設けられた。法人税では，1年間の震災損失繰戻しによる法人税額の還付や利子・配当等に係る所得税額の還付措置が設けられた[1]。

　特例の内容をみると，被災者救済や復興住宅建設が中心で，被災者支援の寄附金等や雇用確保などについて税制上の配慮は行われていない。

2-2　東日本大震災における震災特例法

　平成23年4月27日に施行された東日本大震災の被災者等に係る国税関係法律の臨時特例に関する法律（第一弾）では，所得税と法人税共通の特例として，

被災代替資産等の特別償却（10％～36％），事業用資産の買換えの圧縮記帳制度の拡充（繰延べ割合を80％から100％に拡大），買換え特例に係る買換資産の取得期間等の延長などが創設された。

　所得税のみの特例として，雑損控除の災害年又は前年分の選択適用，災害減免法による所得税の減免措置の災害年又は前年分の選択適用，被災事業用資産の損失の災害年又は前年分の選択適用，被災滅失住宅に対する住宅ローン減税の継続適用，財形住宅貯蓄を生活費等に払い出した場合の課税免除など阪神淡路大震災と同様の特例が手当てされた。

　新たに，旧震災特例法にはなかった震災関連寄附金の限度額の拡充（総所得金額等の40％から80％），認定NPO法人への寄附は40％の税額控除，雑損失及び純損失の繰越控除期間を3年から5年に延長などが創設され，法人税では，2年間の震災損失繰戻しによる法人税額の還付や利子・配当等に係る所得税額の還付措置なども設けられた[2]。

　続いて，平成23年12月14日に特例を追加し施行された東日本大震災の被災者等に係る国税関係法律の臨時特例に関する法律の一部を改正する法律（第二弾）では，被災者等の負担の軽減及び復興に向けた取組みの推進を図るため，法人税と所得税共通の措置として，事業用財産等の取得期限の2年間の延長，特定激甚災害地域内に建設する被災者向け優良賃貸住宅の50％（耐用年数が35年以上のもの70％）の割増償却，被災地における区画整理事業の施行に伴う課税の繰延べや特別控除の特例など阪神淡路大震災と同様の特例が設けられた。

　また，新たに復興特別区域（復興産業集積区域や復興居住区域など）に係る特例として，被災者等を雇用した場合は給与の10％を税額控除，事業用の機械は即時償却又は15％の税額控除，事業用の建物・構築物は25％の割増償却又は8％の税額控除，復興居住区域での被災者向け優良賃貸住宅建設には25％の割増償却又は8％の税額控除，開発研究用資産の特別償却や地域貢献会社への出資に係る所得控除などが創設された。

　このほか所得税のみの特例として，被災居住用財産の譲渡制限期間3年を7年に延長，雑損控除等に係る災害関連支出の対象期間の延長（1年から3年に

延長），滅失住宅の住宅ローン控除と再取得等住宅の住宅ローン控除の重複適用を認めるなどの特例，法人税では再投資等準備金や再投資設備等の特別償却の特例も創設された。

2-3 阪神淡路大震災と東日本大震災の特別措置法の相違

阪神淡路大震災の旧震災特例法と東日本大震災の震災特例法を比較すると，災害減免法，雑損控除や事業所得の災害損失を前年分で申告できるなどの特例は同様である。だが，特例を個々に比較すると，阪神淡路大震災の旧震災特例法は被災者救済や復興住宅建設が中心で，被災者支援の寄附金等や雇用確保などについて税制上の配慮は行われていない。一方，東日本大震災の震災特例法は，阪神淡路大震災ではなかった被災地復興のための特例が増えており，全く性質の異なる特別措置法になっている。

このことは，阪神淡路大震災における旧震災特例法の第1条は「被災者等の負担の軽減を図る等のため」に創設したとあるが，東日本大震災の震災特例法は，その創設理由に「被災者等の負担の軽減及び東日本大震災からの復興に向けた取組の推進を図るため」と災害税制の目的に「復興」を含んでいることからも明らかで，震災特例法は単に税を減免するための特例ではなく，被災地の復興を税制によって支援するもので，補助金等の施策と組み合せて，税制を活用して強力に復興の後押しを行おうとするものである。

3. 震災特例法を適用した雑損控除と災害減免法の検討

東日本大震災では，所得税・地方税の雑損控除及び災害減免法の申告を災害年又は前年分の選択を可能にし，地方税の災害減免条例の特例は独立又は選択して適用できるため，特例適用の組み合せによって多くの申告方法が認められ，減免税額に有利不利が生じることになった。

阪神淡路大震災では，旧震災特例法を適用して震災の前年分に遡って平成6年で雑損控除を適用する被災者が多かったが，東日本大震災では，前年分より

震災の発生した平成23年分での申告が多くなり，震災特例法を適用する被災者は少なくなるという逆の結果になったため，その現状を検討する（図表1-5参照）。

3-1 雑損控除及び災害減免法等の選択方法

震災特例法に関する問題の1点目は，雑損控除，災害減免法及び災害減免条例などの選択方法についてである。

震災特例法は，雑損控除及び災害減免法の申告を災害年又は前年分の選択を可能にし，また，住民税については平成23年4月27日に「地方税法の一部を改正する法律」が施行され，雑損控除は平成23年度住民税での適用が可能にされたから，被災者は直ちに還付申告することができるようになった。しかし，所得税の雑損控除と災害減免法，地方税の雑損控除と災害減免条例の特例はそれぞれ独立又は選択して適用できるため，特例適用の組み合せによって多くの申告方法が認められることになった。

総所得金額等が1,000万円以下の者で，災害によりその住宅又は家財の過半が滅失又は毀損し，かつ，その被害額が総所得金額等の1割を超えるものについては，雑損控除と災害減免法とのいずれの適用要件にも該当するが，両方を重複して適用を受けることはできない（災害減免法第2条）[3]。なお，個人住民税においては，災害減免条例で国税や住民税の雑損控除との重複除外規定は設けられていないため，雑損控除の適用を受けた場合であっても，災害減免条例に基づく減免の適用を受けることが可能である。また，震災特例法の成立により雑損控除と災害減免法は平成22年分又は平成23年分の選択が可能となり，地方税についても所得税と同様，震災により住宅や家財等について生じた損失について，その損失額を平成22年分の総所得金額等から雑損控除として控除できることとされた。

震災特例法の成立によって，災害減免条例を加えると，それぞれの適用要件の違いから，図表3-1のとおり，多くの組み合わせから選択できることになったことが，減免税額に有利不利が生じる原因になっており，特例の選択を困

図表3-1　雑損控除と災害減免法等の選択方法

所得税		住民税	
平成22年分	平成23年分	平成22年分	平成23年分
雑損控除	—	雑損控除又は災害減免条例	—
災害減免法	—	雑損控除又は災害減免条例	—
—	雑損控除又は災害減免法	—	雑損控除
雑損控除	—	—	雑損控除
—	雑損控除又は災害減免法	雑損控除又は災害減免条例	—
雑損控除又は災害減免法	—	災害減免条例	雑損控除
—	雑損控除又は災害減免法	災害減免条例	雑損控除

出所：各法令から筆者作成。

難にしている。

　しかも，阪神淡路大震災でも災害減免条例を加えると3つの特例を適用することができたので減免税額に大きな差が生じ，「年間27万円違うケースも」と不満の声が新聞等で報道されており[4]，被災者の立場に沿った丁寧な申告指導を行うか制度を見直すべきである。

3-2　雑損控除と災害減免法の減免税額の比較

　震災特例法に関する問題の2点目は，特例選択の有利不利についてである。
　震災特例法の創設により，特例の選択方法が増えたため，被災者は個々に税額を試算して有利な方法を選択しなければならなくなった。
　雑損控除と災害減免法では，雑損控除は所得控除であり，当年で控除未済の損失額を翌年以降3年間繰越できるのに対し，災害減免法は税額控除で損失額の繰越しができないこと，雑損控除に所得制限は設けられていないが災害減免法の適用には所得制限が設けられていること，災害減免法を適用するには損失額が住宅又は家財の2分の1以上という大きな被害を受けた被災者のみが対象であるという違いがある。
　一般的には，損失額が住宅又は家財の2分の1以上である場合は，所得が少ないほど，また損失額が少ないほど災害減免法の適用が有利となり，逆に，所得が多く損失額が多いほど雑損控除が有利となるといわれているが，これ以外にも，平成22年分と平成23年分では税制改正による扶養控除額の廃止など所得

税の計算方法が同一条件でないため，被災者の家族構成等により有利不利は異なる。

　阪神淡路大震災当時も雑損控除と災害減免法の選択については，個々に計算しなければならず，税制改正による税負担の相違もあったことから，「減免措置は選択肢が多くてよくわからない[5]。」「どちらが有利か判断できる資料や計算例を行政は被災者の立場に立って示すべきだ[6]。」という不満の声が新聞等で報道された。

　このことは，国会でも問題となり，平成7年2月17日第132回国会大蔵委員会において堀田隆夫政府委員（当時国税庁課税部長）は「どちらの方法が有利であるかというのは一概には申し上げられない。」と比較は簡単でないと説明している。

　東日本大震災における国税庁の質疑事例でも「所得税法における雑損控除と災害減免法による税金の軽減免除措置の各制度について，いずれを選択し適用することが有利であるかは，被災された方の所得の状況や損失の状況等により異なる[7]。」と具体的な計算例は示していない。

　そこで，被災額500万円又は1,000万円とした場合の平成22年分と平成23年分の災害減免法と雑損控除の免除税額を所得金額ごとに一覧にしたものが，次の図表3-2から図表3-5である[8]。

　災害減免法と雑損控除の減免税額の試算結果をみると，平成22年分及び平成23年分とも雑損控除の減免税額の方が最大で4倍も多く，減免税額が同額の場合でも雑損控除では損失の控除不足額を翌年以降に繰越すことができるため，すべて災害減免法を選択するより雑損控除を適用し，平成23年分として申告する方が有利となった[9]。

図表3-2　損害額500万円のときの平成22年分所得税の減免税額

所得金額	損害がないときの税額	所得税の雑損控除による減免税額					災害減免法による減免税額		
		雑損控除額	扶養控除等	算出税額	雑損控除による減税額	繰越損失額	減免割合	災害減免法による減免税額	差引納税額
円	円	円	円	円	円	円		円	円
2,500,000	1,500	4,750,000	0	0	1,500	▲2,250,000	全額免除	1,500	0
3,000,000	26,500	4,700,000	0	0	26,500	▲1,700,000		26,500	0
3,500,000	51,500	4,650,000	0	0	51,500	▲1,150,000		51,500	0
4,000,000	55,500	4,600,000	0	0	55,500	▲600,000		55,500	0
4,500,000	105,500	4,550,000	0	0	105,500	▲50,000		105,500	0
5,000,000	155,500	4,500,000	500,000	0	155,500			155,500	0
5,500,000	178,500	4,450,000	1,050,000	0	178,500		2分の1免除	89,250	89,200
6,000,000	278,500	4,400,000	1,600,000	0	278,500			139,250	139,200
6,500,000	378,500	4,350,000	2,150,000	0	378,500			189,250	189,200
7,000,000	478,500	4,300,000	2,470,000	11,500	467,500			239,250	239,200
7,500,000	578,500	4,250,000	2,470,000	39,000	539,500			289,250	289,200
8,000,000	678,500	4,200,000	2,470,000	66,500	612,000		4分の1免除	169,625	508,800
8,500,000	778,500	4,150,000	2,470,000	94,000	684,500			194,625	583,800
9,000,000	865,900	4,100,000	2,470,000	145,500	720,400			216,475	649,400
9,500,000	980,900	4,050,000	2,470,000	200,500	780,400			245,225	735,600
10,000,000	1,095,900	4,000,000	2,470,000	278,500	817,400			273,975	821,900

出所：平成22年分の法令から筆者計算作成。

図表3-3　損害額1,000万円のときの平成22年分所得税の減免税額

所得金額	損害がないときの税額	所得税の雑損控除による減免税額					災害減免法による減免税額		
		雑損控除額	扶養控除等	算出税額	雑損控除による減税額	繰越損失額	減免割合	災害減免法による減免税額	差引納税額
円	円	円	円	円	円	円		円	円
2,500,000	1,500	9,750,000	0	0	1,500	▲7,250,000	全額免除	1,500	0
3,000,000	26,500	9,700,000	0	0	26,500	▲6,700,000		26,500	0
3,500,000	51,500	9,650,000	0	0	51,500	▲6,150,000		51,500	0
4,000,000	55,500	9,600,000	0	0	55,500	▲5,600,000		55,500	0
4,500,000	105,500	9,550,000	0	0	105,500	▲5,050,000		105,500	0
5,000,000	155,500	9,500,000	0	0	155,500	▲4,500,000		155,500	0
5,500,000	178,500	9,450,000	0	0	178,500	▲3,950,000	2分の1免除	89,250	89,200
6,000,000	278,500	9,400,000	0	0	278,500	▲3,400,000		139,250	139,200
6,500,000	378,500	9,350,000	0	0	378,500	▲2,850,000		189,250	189,200
7,000,000	478,500	9,300,000	0	0	478,000	▲2,300,000		239,250	239,200
7,500,000	578,500	9,250,000	0	0	578,500	▲1,750,000		289,250	289,200
8,000,000	678,500	9,200,000	0	0	678,500	▲1,200,000	4分の1免除	169,625	508,800
8,500,000	778,500	9,150,000	0	0	778,500	▲650,000		194,625	583,800
9,000,000	865,900	9,100,000	0	0	865,900	▲100,000		216,475	649,400
9,500,000	980,900	9,050,000	450,000	0	980,900			245,225	735,600
10,000,000	1,095,900	9,000,000	1,000,000	0	1,095,900			273,975	821,900

出所：平成22年分の法令から筆者計算作成。

3．震災特例法を適用した雑損控除と災害減免法の検討 145

図表３−４　損害額５００万円のときの平成２３年分所得税の減免税額

所得金額	損害がないときの税額	所得税の雑損控除による減免税額					災害減免法による減免税額		差引納税額
		雑損控除額	扶養控除等	算出税額	雑損控除による減税額	繰越損失額	減免割合	災害減免法による減免税額	
円	円	円	円	円	円	円		円	円
2,500,000	33,000	4,750,000	0	0	33,000	▲2,250,000	全額免除	33,000	0
3,000,000	58,000	4,700,000	0	0	58,000	▲1,700,000		58,000	0
3,500,000	83,000	4,650,000	0	0	83,000	▲1,150,000		83,000	0
4,000,000	118,500	4,600,000	0	0	118,500	▲600,000		118,500	0
4,500,000	168,500	4,550,000	0	0	168,500	▲50,000		168,500	0
5,000,000	218,500	4,500,000	500,000	0	218,500			218,500	0
5,500,000	304,500	4,450,000	1,050,000	0	304,500		2分の1免除	152,250	152,200
6,000,000	404,500	4,400,000	1,600,000	0	404,500			202,250	202,200
6,500,000	504,500	4,350,000	1,840,000	15,500	489,000			252,250	252,200
7,000,000	604,500	4,300,000	1,840,000	43,000	561,500			302,250	302,200
7,500,000	704,500	4,250,000	1,840,000	70,500	634,000			352,250	352,200
8,000,000	804,500	4,200,000	1,840,000	98,500	706,000		4分の1免除	201,125	603,300
8,500,000	904,500	4,150,000	1,840,000	153,500	751,000			226,125	678,300
9,000,000	1,010,800	4,100,000	1,840,000	208,500	802,300			252,700	758,100
9,500,000	1,125,800	4,050,000	1,840,000	294,500	831,300			281,450	844,300
10,000,000	1,240,800	4,000,000	1,840,000	404,500	836,300			310,200	930,600

出所：平成23年分の法令から筆者計算作成。

図表３−５　損害額１,０００万円のときの平成２３年分所得税の減免税額

所得金額	損害がないときの税額	所得税の雑損控除による減免税額					災害減免法による減免税額		差引納税額
		雑損控除額	扶養控除等	算出税額	雑損控除による減税額	繰越損失額	減免割合	災害減免法による減免税額	
円	円	円	円	円	円	円		円	円
2,500,000	33,000	9,750,000	0	0	33,000	▲7,250,000	全額免除	33,000	0
3,000,000	58,000	9,700,000	0	0	58,000	▲6,700,000		58,000	0
3,500,000	83,000	9,650,000	0	0	83,000	▲6,150,000		83,000	0
4,000,000	118,500	9,600,000	0	0	118,500	▲5,600,000		118,500	0
4,500,000	168,500	9,550,000	0	0	168,500	▲5,050,000		168,500	0
5,000,000	218,500	9,500,000	0	0	218,500	▲4,500,000		218,500	0
5,500,000	304,500	9,450,000	0	0	304,500	▲3,950,000	2分の1免除	152,250	152,200
6,000,000	404,500	9,400,000	0	0	404,500	▲3,400,000		202,250	202,200
6,500,000	504,500	9,350,000	0	0	504,500	▲2,850,000		252,250	252,200
7,000,000	604,500	9,300,000	0	0	604,500	▲2,300,000		302,250	302,200
7,500,000	704,500	9,250,000	0	0	704,500	▲1,750,000		352,250	352,200
8,000,000	804,500	9,200,000	0	0	804,500	▲1,200,000	4分の1免除	201,125	603,300
8,500,000	904,500	9,150,000	0	0	904,500	▲650,000		226,125	678,300
9,000,000	1,010,800	9,100,000	0	0	1,010,800	▲100,000		252,700	758,100
9,500,000	1,125,800	9,050,000	450,000	0	1,125,800			281,450	844,300
10,000,000	1,240,800	9,000,000	1,000,000	0	1,240,800			310,200	930,600

出所：平成23年分の法令から筆者計算作成。

3-3 震災特例法による申告年分の選択

震災特例法に関する問題の3点目は，申告年分選択の有利不利についてである。

東日本大震災の震災特例法では災害損失を災害年又は前年分として選択して申告できるため，前年分で申告すれば還付金を早期に受け取ることができる。しかし，平成22年分と平成23年分で雑損控除及び災害減免法による所得税の減免額を算出した図表3-2から図表3-5の「雑損控除による減免税額」「災害減免法による減免税額」を比較すると，平成23年分で申告する方が減免税額は多く有利になっている。

平成23年分が有利な理由は，平成23年分は税負担が多くなるような税制改正がされているので，両年とも同じ所得額であっても平成23年分の算出税額が高くなるから，還付額も平成23年分の方が多くなったのである。

平成23年分の税制改正では，図表3-6のとおり，子供手当の創設や公立高等学校の無償化等と併せ，年少扶養親族（扶養親族のうち，年齢16歳未満の者）に対する扶養控除（38万円）が廃止され，扶養控除の対象となる控除対象扶養親族は年齢16歳以上の扶養親族と縮小され，また，年齢16歳以上19歳未満の者に対する扶養控除（63万円）については上乗せ部分（25万円）が廃止され，扶養控除額は38万円とされたためである[10]。すなわち，東日本大震災の震災特例法によって平成22年分で申告することが認められたが，平成23年分で申告する方が減免税額は多くなるので，平成22年分を選択することは有利ではないケースが生じたのである。

このことは，平成22年分の災害減免法の適用者はわずか45人に対して，平成23年分の適用者2,607人で，雑損控除の適用者は平成22年分14.6万人，平成23年分22.5万人であり，いずれも平成23年分での申告が多いことからも裏付けられる。

なお，阪神淡路大震災では所得税の雑損控除及び災害減免法による税額控除とも平成6年分又は平成7年分の選択適用が認められていたが，税制改正で平成7年分から減税されていた。そのため，災害減免法の適用は震災の前年であ

図表3-6　所得税の平成22年分と平成23年分の税制改正

区分		所得税		住民税		備考
		平成22年分	平成23年分	平成22年分	平成23年分	
社会保険料控除		円 700,000	円 700,000	円 700,000	円 700,000	
配偶者控除		380,000	380,000	330,000	330,000	
扶養控除	16歳以上 ～19歳未満	630,000	380,000	450,000	330,000	特定扶養控除の上乗分廃止
	16歳未満	380,000	—	330,000	—	年少者の扶養控除廃止
基礎控除		380,000	380,000	330,000	330,000	
所得控除額の合計		2,470,000	1,840,000	2,140,000	1,690,000	

出所：各法令から筆者作成。

る平成6年分では6万9,627人であったが平成7年分は8,620人，雑損控除の適用者も倍以上が平成6年分で申告と[11]，被災者の多くが還付額の多い平成6年分の申告を行っており，被災者は還付額の有利不利に敏感であることが分かる。

　震災特例法による災害損失を前年分で申告できる特例は，一刻も早く被災者に還付金を支給することを目的にしているが，前年分で申告することで大幅に減免税額が少なくなるのであれば，震災特例法の目的は達することができない。このような不合理は，雑損控除が所得控除方式であることに原因があり，そのほか高所得者により多くの減免が行われるという問題もあるから，被害損失額に対する一定割合を税額控除する方法も検討すべきである。

3-4　所得税と住民税の申告順序による災害特例の不適用

　震災特例法に関する問題の4点目は，所得税と地方税の申告順序による有利不利についてである。

　国税と地方税の雑損控除と災害減免法の組み合わせは，平成22年分では国税（所得税）において雑損控除を選択し，住民税では災害減免条例を適用し，次の年以降に国税では雑損失の繰越控除を適用，住民税で雑損控除を適用すれば3回以上の特例申告ができるため最も有利となる。しかし，阪神淡路大震災では申告書の提出順序で，思わぬ不公平が生じた。

　通常の申告手続きでは，所得税の申告書を税務署に提出すれば，税務署から

地方公共団体に確定申告書等のデータが送信されるので地方税の申告は必要なく，税務署に提出された日に住民税の申告書も提出されたとみなされる（地方税法第317条の3）。また，両方を提出する場合でも，同じ内容の申告書であれば申告書の提出期限はいずれも3月15日であるので，いずれの申告書を先に提出するかは気にしなくてもよい。

しかし，所得税で雑損控除を適用し，住民税では災害減免条例を適用するなど，所得税と異なる内容で住民税を申告するときは「所得税の申告書の提出日前に住民税の申告書を提出していること」が要件となっている（地方税法第317条の3）。

すなわち，先に税務署で所得税の雑損控除の申告をして，後日市町村役場に出向いて地方税の申告を行うときは，災害減免条例の特例を受けたいと考えても，既に地方税の選択期限は経過しているので災害減免条例による申告はできないのである。

阪神淡路大震災時には，所得税より住民税の申告を先にしなければ災害減免条例の適用ができないことを税理士などの専門家も後日知ることとなり混乱が生じた。

平成8年1月5日付朝日新聞（朝刊）では「住民税の震災減免額に差―申告の仕方で二通り―自治体側は積極的PRせず」との見出しで「所得税の雑損控除を前倒し申告すると，住民税減免の一つ『災害減免条例』は適用できなくなる」と伝えている。被災者の苦情に対して自治省市町村税課は「特例措置は自治体に周知徹底している。個々のケースで有利不利があるのは確かだが，個人の選択の結果と認識している。」とコメントしており，被災者個人の特例選択の結果責任と断じている。

申告書の提出順序で特例が適用できなかった被災者は各市町に申告の変更（申告のやり直し）を求めたが，既に選択期限は法律上経過しているとして選択の変更は認められず，有利な特例適用の機会を失い，納税者間に不公平が生じ不満が残った[12]。

東日本大震災では，雑損控除，災害減免法や災害減免条例との併用ができる

ことは広報を行っているが，内閣府が作成配布した「被災者支援に関する各種制度の概要（東日本大震災編）」（平成23年5月27日現在）の15頁「地方税の特別措置」の説明では「所得税で申告した方については，基本的に手続不要です。」と特例の有利な選択と申告方法は解説されていない。

　最も重要な情報が被災者に知らされていないことは，阪神淡路大震災における不公平を認識しながら何ら対応していないことを示しており，このような制度は改正すべきである。

4. 阪神淡路大震災と東日本大震災の災害通達の検討

　雑損控除の災害損失額は，被災直前の時価から被災直後の時価を控除した金額であり，住宅や家財等の損失を個々に計算するから公平で合理的な制度であるが，実際に家族が被災前に有していた財産の明細を作成し，その損失額を時価基準で算定し証明することは容易なことではない。

　雑損控除制度が創設された昭和25年3月24日第7回国会衆議院大蔵委員会において，平田敬一郎政府委員（当時の主税局長）は「理想としてはこの制度が一番いいと思うが，実際問題としては困難な場合がある。」と時価算定などの困難性を認めている。また，雑損控除の適用においては，時価算定のほかにも生活に必要な資産かどうかの判定など，具体的には個々の被災者ごとに事実認定で解決せざるを得ないが，被災者自身がそのような時価算定等が可能かということと，課税庁側もすべての被災者を個々に指導やチェックできるのかという問題がある。

　このため，大規模災害が発生したときには，多数の被災者の申告時の混乱を避け，被災者の便宜を図るために，国税当局から被災損失額を簡易な方法で計算できる方法を定めた災害通達が昭和34年の伊勢湾台風以後，大災害の都度公表されている。

　阪神淡路大震災では，平成7年2月17日付で大阪国税局所得税課長から各税務署長への連絡文書大局課一所（四）第135号「阪神・淡路大震災による損害額の簡易計算について」により，また，東日本大震災では，平成23年4月27日

付で国税庁課税部長の指示文書[13]課個2-12「東日本大震災に係る雑損控除の適用における「損失額の合理的な計算方法」について」(以下「国税庁通達」という)により簡易計算の方法を定めている[14]。

　国税庁通達の簡易計算の特徴は，建物の時価額を計算するための標準単価を示していること，家族構成ごとに家財の時価額を示していること，そして市町村の「罹災証明」と同様，被害認定区分を「全壊」「半壊」「一部破損」の各段階に分けて設定した被害割合を乗じることによって簡易に損失額を計算できる(以下「簡易計算」という。)利便性にある。

　阪神淡路大震災では，戦後最大となった災害規模と多くの被災者が発生したことから，従前の災害通達を見直して新たな基準に改正した。災害通達の公表により，当初予想された災害申告時の混乱は減少したが，災害通達では建物や家財の評価の方法を変更したが，その基礎数値も説明されていなかったため，被災者によっては有利不利があり，算定方法や概算額の設定などが問題となり，国会で取り上げられるなど課題を残したため，現状を分析しつつ今後の在り方を検討する。

4-1　災害通達の沿革と適用状況

　災害通達の問題の1点目は，この制度が必要とされているのかである。そこで，災害通達の沿革と適用状況をみてみたい。

　雑損控除の損失額算定のための災害通達は，昭和34年の伊勢湾台風の際に名古屋国税局が公表したことにはじまる[15]。その後，大災害の都度公表され，近年の代表的なものとしては，山陰豪雨(昭和58年7月)，台風第10号(昭和61年9月)，台風第19号(昭和62年10月)，浜田集中豪雨(昭和63年7月)，台風第19号(平成2年9月)，雲仙岳噴火災害(平成3年6月)，台風第18号(平成3年9月)，いわきの集中豪雨(平成5年9月)，宮城県集中豪雨(平成6年9月)，三陸はるか沖地震(平成6年12月)，阪神淡路大震災(平成7年1月)と続き，近年では台風第23号(平成16年3月)，新潟県中越地震(平成16年10月)，能登半島地震(平成19年3月)，新潟県中越沖地震(平成19年7月)，岩手・宮

城内陸地震（平成20年6月），平成20年8月末豪雨（平成20年8月），九州北部豪雨（平成24年1月），集中豪雨（平成24年9月），平成25年台風第26号又は竜巻（平成26年1月）などの災害時に被災地を管轄する国税局から簡易計算の方法は公表されているが，東日本大震災では被害が各国税局管内を超える広域災害であるため，国税庁から災害通達は公表されている。

　雑損控除の適用者数は各年の国税庁統計年報書で公表されているが（図表1-5参照），その適用者数は非常に少なく，阪神淡路大震災の発生した平成7年分では9,024人，東日本大震災の平成23年分でも3万1,667人にすぎない。

　その原因は，国税庁統計年報書の適用者数が，雑損控除を適用した後に申告納税額がある者を母体にした人数に限られるからである。すなわち，所得金額があっても納税額のない者，例えば，所得金額より損失額が多く還付申告書を提出した者や損失を繰越しするため損失申告書を提出した者などは調査対象から除かれているので，その全体のデータは公表されておらず，実際はもっと多くの被災者が雑損控除を適用して申告している。

　毎年の雑損控除の適用件数は公表されていないが，阪神淡路大震災での被災者の申告状況については，甚大な被害であり国民の関心も高かったため，国税局からおおよその数値が公表されている。それによると，災害損失の申告は63万件[16]で，その約1割が災害減免法を適用し，残りの9割の被災者は雑損控除を適用して申告している。そして，雑損控除の申告者のうちおおよそ9割が災害通達に基づく簡易計算を選択していると平成7年7月の記者発表で説明しているので，これらを総合すると，被災者全部のうち1割は災害減免法を適用し，雑損控除のうち原則的な時価算定を個々に行った申告は1割，残りの8割（約50万人）は簡易計算を用いて雑損控除を計算していることになる。

　東日本大震災では，雑損控除の適用者は平成22年分14万6,000人，平成23年分22万5,000人，平成24年分3万8,000人，平成25年分1万8,000人，平成26年分7,000人の合計43万4,000人であるが[17]，災害減免法の適用者は全国でも平成22年分はわずか45人，平成23年分は2,607人であるから，ほぼすべての被災者は雑損控除を選択して申告している。簡易計算の適用状況などは発表されていない

が，大部分は災害通達に基づき申告したと考えられ，申告者数からみると，災害通達に法律的な根拠はないが雑損控除額の計算に欠かせないものとなっている。

4-2　災害通達による簡易計算

　災害通達は昭和34年の伊勢湾台風の災害時から公表されているが，災害の種類や被害の程度は異なるから，それぞれの災害又は被害状況に応じたものであるかということが，第2の問題点である。

　これまでの災害通達の内容は異なっているが，ここでは，平成7年阪神淡路大震災（大阪国税局）の災害通達及び平成23年東日本大震災（国税庁）の国税庁通達のほか，甚大な災害であった平成3年雲仙岳噴火災害（福岡国税局），平成16年台風第23号被害（大阪国税局），平成16年新潟県中越地震（関東信越国税局），平成20年岩手・宮城内陸地震（仙台国税局）での災害通達で示した簡易計算を比較してみた。

　東日本大震災の国税庁通達によれば，建物は各府県別の構造別の建築単価である「地域別・構造別の工事費用表」，家財は世帯主の年齢と家族構成別の「家族構成別家財評価額」による価額を被災前の時価とし，被災の状況により，損壊又は浸水等に区分している。損壊の場合は100％，50％，5％の3区分，浸水の場合は浸水の水位に応じて被害割合を15から100％まで，細分化した被害割合を乗じて，被害損失額を算出することができる。

　各災害時に公表された災害通達の被害割合をみると，図表3-7のとおり，災害の被害状況に応じて建物等の被害に加え浸水被害や火災発生まで詳細に被害割合を設定している。それぞれの災害ごとで被害割合は変更されているが，浸水被害を含め被害割合は全体的に引き上げられ，一部破損の割合は反対に平成16年以降は20％から5％に引き下げられている。

図表3-7　簡易計算における被害割合

区分	被害区分		平成4年 雲仙岳噴火災害		平成7年 阪神淡路大震災			平成16年 台風23号被害 平成16年 新潟県中越地震 平成20年岩手・宮城内陸地震		平成23年 東日本大震災	
						家財					
			住宅	家財	住宅	火災要因	地震要因	住宅	家財	住宅	家財
損壊	全壊		100%	100%	100%	100%	100%	100%	100%	100%	100%
	倒壊	水害を伴う場合	100	95	100	100	100	100	100	100	100
		その他の場合		60							
	全壊に準ずるもの	水害を伴う場合	70	50	100	100	70	100	100	100	100
		その他の場合		20							
	半壊	水害を伴う場合	40	40	50	100	50	50	50	50	50
		その他の場合		20							
	一部破損	水害を伴う場合	20	20	20	100	20	5	5	5	5
		その他の場合		10							
屋根損壊	全部損壊	雨を伴う場合	60	50	—	—	—	—	—	—	—
		その他の場合		20							
	半分損壊	雨を伴う場合	30	30	—	—	—	—	—	—	—
		その他の場合		10							
浸水	床上1.5m以上	平屋	65	90	—	—	—	65	100	80(65)	100(100)
		二階建以上	40	45	—	—	—	40	70	55(40)	85(70)
	床上1m以上	平屋	60	80	—	—	—	60	100	75(60)	100(100)
		二階建以上	35	40	—	—	—	35	70	50(35)	85(70)
	床上50cm以上	平屋	40	60	—	—	—	45	75	60(45)	90(75)
		二階建以上	25	35	—	—	—	30	55	45(30)	70(55)
	床上	平屋	30	40	—	—	—	25	40	40(25)	55(40)
		二階建以上	20	25	—	—	—	20	25	35(20)	40(25)
	床下		0	0	—	—	—	0	—	15(0)	—
備考			塩水・土砂流入及び長期浸水のときは15%加算する。		軸組、基礎、屋根、外壁の被害程度、また沈下及び傾斜による被害割合の算定基準なども別途示す。			土砂（海水）の流入及び長期浸水（24時間以上）の場合は15%加算する。		浸水とは海水や土砂を伴う場合であり、それ以外の場合はかっこ書の割合を使用する。また，長期浸水（24時間以上）の場合は各割合に15%加算する。	

出所：各災害時における国税庁（局）の簡易計算の災害通達より筆者作成。

4-3　災害通達の被害区分と罹災証明

　災害通達は，被災財産の時価を簡易な計算方法で算定した後，その時価に被害程度（被害区分）に応じた被害割合を乗じて損失額を算定するという独自の簡易計算方式を採用しているが，この被害認定基準は適正であるのかということが3点目の問題である。

　簡易計算においては被害程度を判定することが必要であるが，阪神淡路大震災では国が定める「災害に係る住家の被害認定基準運用指針」とは異なり，地震保険における損害認定基準である建物の主要構造部の損害額に基づく損害程度の認定方法を採用した。つまり，在来軸組工法の木造建築物は，軸組，基礎，屋根及び外壁の各被害割合（全体の柱本数，基礎外周，屋根及び外壁面積に占める損傷柱本数や損傷面積）を合算し，また，非木造建築物は更に沈下や傾斜の程度を加算して被害割合を算出する方法である。災害通達では，これらに準じた「時価の被害割合算定表」を公表し被害割合を算出することにしたが，専門的知識を有する者でなければ査定できない詳細な基準であった。

　災害による被害程度を証明するものとしては，市町村による罹災証明書があるから，雑損控除の簡易計算に際して罹災証明書の被害認定区分と簡易計算の被害区分が一致すれば罹災証明書に基づき申告することができる。

　平成7年2月17日第132回国会衆議院大蔵委員会において，堀田隆夫政府委員（当時の国税庁課税部長）は「雑損控除の適用は，通常の場合，罹災証明書をベースに判断を行っている。」と説明しているから，雑損控除も市町村が発行する罹災証明書に基づいて処理することを基本としているはずであった。

　罹災証明書の発行を定めた法令上の規定はないが，地方自治法第2条において防災に関する事務は市町村の事務と規定しているから，阪神淡路大震災では神戸市など被災地の市役所等で初めて罹災証明書が発行された。しかし，当時の雑損控除等の申告をすべて罹災証明書に基くことが認められなかったため被災者等に混乱が生じたので，当時の状況を振り返って確認したい。

4-3-1　阪神淡路大震災における罹災証明の被害認定基準

　阪神淡路大震災時に市町村が発行した罹災証明書は，被災者に対する義援金

の支給，災害救助法による応急修理，被災者生活再建支援法による支援金支給，税の減免，学校の入学金・授業料の減免，各種融資のほか職場等での見舞金などの判断基準に利用されるなど各種支援策と密接に関連していた。罹災証明書の内容によってどのような被災者支援を受けられるか決まるため，被災者の関心は高く，罹災証明書を求めて長蛇の列ができた。

阪神淡路大震災当時，被災した家屋の「全壊」「半壊」などの被害認定基準は，昭和43年6月14日内閣総理大臣官房審議室長通知「災害の被害認定基準の統一について」があった。

昭和43年までは，災害時の被害状況を報告させるため消防庁，警察庁，厚生省や建設省などは通達等で独自に被害認定基準を定めていたので，外観を目視で判断する省庁もあれば，主要構造物の被害程度を基準とする省庁もあるなど基準に差異があった。その結果，各省庁の発表する被害状況はバラバラであったことから，昭和43年6月に統一されたのである。しかし，この統一基準は各省庁の従前の被害認定基準を包括したもので，判断する基準は更にあいまいになり，各省庁は従前どおりの基準で発表することも認められるという内容であった。

神戸市役所は罹災証明書の発行日を義援金の交付を最優先させるため平成7年2月6日（被災から20日目）からとして作業を開始したが，国の定めた昭和43年の被害認定基準は概括的で，建築技術の進歩による住宅構造や仕様の変化にも対応していなかった。また，建物の軸組，基礎，屋根，外壁等などの「主要構造物」を個々に調査することは，専門的で，なにより危険で，大規模災害時にこの被害認定基準で判定することは不可能なことが明らかになった[18]。

このため，実地にすべての建物を確認し，外見調査を中心とする独自の被害認定基準に基づき，部位別に損害（被害）度合を判定し，それを数値化して「全壊（全焼）」「半壊（半焼）」「一部破損（水損）」の判定を行った。

被害認定作業は，所得税や住民税の減免，義援金の支給基準は住家のみが対象であるが，固定資産税等の市税の減免は非住家も含まれるため，すべての建築物の調査を実施しなければならなかった。また，罹災証明が税の減免や融資

等の公的救済基準のほか，民間の被災者救済基準にも利用されたため多数の証明申請が発生したこと，被災者数に比べて調査する職員の不足などもあり，専門外の職員や他政令指定都市の応援職員で対応したものの，それでも危険家屋に対する調査は困難を極めた。

大混乱が生じるなか，発行件数55万8,399件（平成12年2月29日現在），結果に不服がある旨の申出による再調査総件数も6万1,457件となり，大災害時における被災認定の統一基準の必要性が高まった[19]。

4-3-2 阪神淡路大震災の被害実態と災害通達の被害区分

阪神淡路大震災において国税局の示した簡易計算の被害認定基準は，「全壊」とは再び住宅として使用できないものをいい，「全壊に準ずるもの」「半壊」「一部破損」の区分は昭和43年の被害認定基準と同じく主要構造物の被害を基準にしたもので，神戸市などが新たに罹災証明の被害認定基準としたものとは一致しなくなっていた。

国税局の簡易計算の被害認定基準と市町村の罹災証明書の被害認定基準とが一致しないことによる問題は，被災者が確定申告した後に一気に表面化し大きな問題に発展した。

平成8年1月26日の神戸新聞によれば「被災者1万人に修正申告求める」との見出しで，国税局は1万1,300人に雑損控除の計算に誤りがあるとして修正申告の提出と還付金の返納を求めたことを報じている。記事は「国税局は被災者の便宜を図るため，損害額算定の簡易計算方法を導入し，『全損』『半壊』『一部破損』など四段階の基準を設定した。修正対象者の多くは，自治体発行の罹災証明を基にこの方法で還付申告した。しかし，罹災証明が外見調査を中心に発行されたのに対し，簡易計算方式の基準は支柱や基礎などの主要構造物の損害に限定しているため，国税局はその後の調査で『基準に満たない。』と修正を求めている。」と報じている。

この問題は各紙で大々的に報道され[20]，平成7年5月9日第132回国会衆議院大蔵委員会で佐々木陸海理事は，マンションの一部損壊は罹災証明に基づき雑損控除が認められていたのに一転して認められなくなった理由を質問してい

る。

　特に問題となったのは「一部破損」についての判断である。災害通達では一部破損の基準は「主要構造物の損害額が，その建物の時価の20％以下であるもの」と規定しているから，まず主要構造物の損害があることを証明しなければ簡易計算は適用できず，証明できない場合は，雑損控除の原則どおり，被災者自身が被害額の時価算定を個々にしなければならないと税務署は被災者を指導した。

　税務署は「マンションの主要構造物に損傷があるかどうかは，被災者が個々に判断するものではなく，管理組合等を通じて依頼した建設会社など専門家の調査や診断結果により判断する。」として専門家による鑑定を受けるよう求めるケースも発生し[21]，被災者に証明困難で金銭的にも過重な負担を求める申告指導の在り方にも不満が集中した。

　当時の地方自治体の罹災証明書の被害認定は統一されておらず，その正確性にも問題はあったが[22]，国税局の対応にも問題があったと言わざるをえない。一つは昭和43年の被害認定基準や地震保険の被害認定基準をそのまま国税局が採用したこと，二つ目は，市町村が行う罹災証明書の被害認定基準と簡易計算の被害認定基準の不一致を調整しなかったこと。三つ目は，罹災証明と簡易計算の被害認定基準の不整合が問題となった後も主要構造物の損壊の有無にこだわったことである。被災地の地方自治体と連携調整しなかったことは，平成7年3月1日付大阪国税局連絡文書「阪神・淡路大震災に係る質疑応答集（臨時特例法関係及び簡易な計算関係）」の「簡易な計算関係」建物編の問4で「罹災証明書に示す被害区分については，各自治体によって統一されていないこと等の事情もあり，これを絶対的なものとして雑損控除等の計算を行うことには問題がある。」と回答していることからも読み取れる。

　阪神淡路大震災で国税局が準用した昭和43年の被害認定基準は，従来からの日本式木造建築の被害を想定した基準であるから，壁全体が重要な構成物となっている新たな住宅やマンションを想定したものではない。また，被災地では引き続き余震が発生し倒壊の危険のある状況のなかで，建物内部の主要構造物

の損壊状況を確認する作業は困難なことを十分理解する必要があり，国税局と神戸市等は連携して現状に即した柔軟な対応をすべきであった。

当時は昭和43年の被害認定基準や地震保険の基準以外に公的な判定基準はなく，各官庁で異なった基準で判断することもあり得たのであるが，この問題は更に続きがある。税務署は被災者の還付申告書再チェックのため還付金処理が保留された未処理事案（還付保留）を大量に発生させたことにより，税務署で足止めされた申告書のデータは県税事務所や市役所等に回付されないこととなった。

このような場合に県や市役所等は，給与所得者については雑損控除や医療費控除などの減額も反映しないまま給与支払報告書等で判明している課税資料のみで住民税の税額決定を行うため，過大な税額を通知される納税者が多数発生し[23]，また，自営業者は課税処理できずに放置するなど地方自治体の事務も混乱した[24]。

もう少し詳しくみると図表3-7の一部破損の被害割合は阪神淡路大震災までは20％であったが，平成16年の台風第23号以後は5％に引き下げられている。被害割合を引き下げたことで，雑損控除額が減額されたり適用できない被災者も多数生じたと見込まれるが，その理由は明らかにしていない。

東日本大震災の国税庁通達によれば，一部破損とは「住宅の主要構造部の被害が半壊程度には達しないが，相当程度の復旧費を要する被害を受けた場合」としており，阪神淡路大震災当時の判定基準より被災程度は厳しくなっているのに被害割合は引き下げられているから，実質的に一部破損の被災者とのトラブルを回避するため特例対象とならないように制限したのではないかとの疑問も残る。

4-3-3　阪神淡路大震災後の被害認定基準の改正

阪神淡路大震災後，罹災証明書発行の混乱を教訓にして，内閣府に設置された災害に係る住宅等の被害認定基準検討委員会において被害調査や罹災証明書発行に関して検討が行われ，平成13年6月28日府政防第518号「災害の被害認定基準について」により「全壊」「半壊」の判定基準は改正された。

新たに「損壊・流出した部分の床面積の割合」又は「主要な構成要素の経済的被害が住家全体に占める損害割合」で判断することとされ，従来の「主要構造物の損害」から住家全体の「主要な構成要素」の被害を基に判定することに変更された[25]。

続いて，平成19年12月14日府政防第880号内閣府政策統括官（防災担当）通知「被災者生活再建支援法の一部を改正する法律の施行について」によって「大規模半壊」の被害認定基準が設けられ，平成19年内閣府作成の「災害に係る住家の被害認定講習テキスト」で，被害認定は「迅速性と的確性が求められる災害発生時の重要な業務」と位置付けられ，地震，浸水，混合被害などのケースにおいて具体的な認定基準が示された。

平成21年6月の内閣府「災害に係る住家の被害認定基準運用指針」では，住家の被害の程度は「全壊」「大規模半壊」「半壊」又は「半壊に至らない」の4区分とされ，「全壊」「大規模半壊」及び「半壊」の認定基準が図表3－8のとおり新たに定められた。そのなかで住家の被害認定は，被災した住家の延床面積と損壊等した部分の床面積の一定割合又は被災した住家の主要な構成要素の経済的被害を住家全体に占める損害割合を示し，その住家の損害割合が一定割合以上に達したものを全壊又は半壊とすることにした。

被害認定の重要な判定基礎となる「住家の主要な構成要素」とは，住家の構成要素のうち造作等を除いたもので，天井板，建具（サッシ，板戸，かまち戸，襖，障子等），水廻りの衛生設備，構造物と一体でないベランダ等の設備（システムキッチン，洗面台，便器，ユニットバス，配管の取り付け口，ベランダ等）など住家の一部として固定された設備もすべてが損害割合の計算のポイントになった[26]。

各市町村の行う具体的な判定においては，被災床面積による方法，主要な構成要素による方法，両方を適用する方法の3種類の方法を用いて被害認定することが認められ，それまでの「主要な構造物」での判定基準は変更されたのである。

図表３－８　被害区分の判定基準

被害区分		平成７年 阪神淡路大震災	平成23年 東日本大震災	地震保険制度	昭和43年 被害認定統一基準	平成21年 災害に係る住家の被害認定基準運用指針
住家	全壊	被害住宅の残存部分に補修を加えても、再び住宅として使用できないもの	被害住宅の残存部分に補修を加えても、再び住宅として使用できない場合	地震等により損害を受け、主要構造部（土台、柱、壁、屋根等）の損害額が、時価の50％以上である損害、または焼失もしくは流失した部分の床面積が、その建物の延床面積の70％以上である損害	住宅が滅失したもので、具体的には、住家の損壊、焼失もしくは流失した部分の床面積がその住家の総床面積の70％以上に達した程度のもの、または住家の主要構造部の被害額がその住家の時価の50％以上に達した程度のものとする。	住家がその居住のための基本的機能を喪失したもの、すなわち、住家全部が倒壊、流失、埋没、焼失したもの、または住家の損壊が甚だしく、補修により元通りに再使用することが困難なもので、具体的には、住家の損壊、消失若しくは流失した部分の床面積がその住家の延床面積の70％以上に達した程度のもの、または住家の主要な構成要素の経済的被害を住家全体に占める損害割合で表し、その住家の損害割合が50％以上に達した程度のものとする。
住家	全壊に準ずるもの（大規模半壊）	主要構造部の損害額が、その建物の時価の50％以上であるか、焼失または崩壊部分の面積が70％以上に達した程度のもので、残存部分を補修すれば再び使用できるもの	住宅の主要構造部の被害額がその住宅の時価の50％以上であるか、損失部分の床面積がその住宅の総床面積の70％以上である場合			居住する住宅が半壊し、構造耐力上主要な部分の補修を含む大規模な補修を行わなければ当該住宅に居住することが困難なもの。具体的には、損壊部分がその住家の延床面積の50％以上70％未満のもの、または住家の主要な構成要素の経済的被害を住家全体に占める損害割合で表し、その住家の損害割合が40％以上50％未満のものとする。
住家	半壊	主要構造部の損害額が、その建物の時価の20％以上50％未満であるか、焼失または崩壊部分の面積が20％以上70％未満であり、残存部分を補修すれば再び使用できるもの	住宅の主要構造部の被害額がその住宅の時価の20％以上50％未満であるか、損失部分の床面積がその住宅の総床面積の20％以上70％未満で残存部分を補修すれば再び使用できる場合	地震等により損害を受け、主要構造部（土台、柱、壁、屋根等）の損害額が、時価の20％以上50％未満である損害、または焼失もしくは流失した部分の床面積が、その建物の延床面積の20％以上70％未満である損害	住家の損壊が甚だしいが、補修すれば元通りに再使用できる程度のもの。具体的には損壊部分がその住家の延床面積の20％以上70％未満のもの、または住家の主要構造部の被害額がその住家の時価の20％以上50％未満のものとする。	住家がその居住のための基本的機能の一部を喪失したもの、すなわち、住家の損壊が甚だしいが、補修すれば元通りに再使用できる程度のもので、具体的には、損壊部分がその住家の延床面積の20％以上70％未満のもの、または住家の主要な構成要素の経済的被害を住家全体に占める損害割合で表し、その住家の損害割合が20％以上50％未満のものとする。
住家	一部破損	主要構造部の損害額が、その建物の時価の20％未満であるもの	住宅の主要構造部の被害額が半壊程度には達しないが、相当の復旧費を要する被害を受けた場合	地震等により損害を受け、主要構造部（土台、柱、壁、屋根等）の損害額が、時価の3％以上20％未満である損害、または建物が床上浸水もしくは地盤面より45cmをこえる浸水を受け損害が生じた場合で、全損・半損に至らないとき		

出所：災害通達等から筆者作成。

4-3-4　阪神淡路大震災と東日本大震災の災害通達と被害認定基準の比較

　東日本大震災の簡易計算の基準をみると，図表3-8のとおり，大きな問題が生じた阪神淡路大震災の簡易計算に採用した地震保険と昭和49年の被害認定基準そのままである[27]。

　現在では，内閣府による被害認定基準は「主要な構造物」ではなく「主要な構成要素」に変更されているので，災害通達の簡易計算の基準には全く根拠はなく，罹災証明書の基準と一致しないまま申告指導を行うことは，阪神淡路大震災と同様の問題を引き起こすと危惧され，見直しを行うべきである。

　したがって，国税庁通達は行政全体で統一基準が作成されているにもかかわらず，従前の災害通達による問題点を検討せず，内閣府による統一基準にも従わず，単に前回の災害通達を複写しただけであることは明らかである。

　平成23年3月31日付内閣府「平成23年東北地方太平洋沖地震に係る被害認定迅速化のための調査方法」で新たに示された津波による被害認定基準の見直しも行われ，床上浸水概ね1mは大規模半壊とされたことから，国税庁通達の浸水による1m以上の被害割合75（60）％も100％に引き上げるべきであるが見直されていない。

　これらのことから，国税庁通達における被災基準は他の行政機関も採用されていない独自基準であり，合理性もない致命的な欠陥といえる。

4-4　災害通達による建物価額の時価算定

　4点目の問題は，災害通達に定める建物の時価算定方法の適否についてである。雑損控除の申告においては，住宅の時価をどのようにして計算するかということが問題となる。被災直前に取得した居宅であれば算定は容易であるが，数十年前に購入した住宅の時価を被災者が合理的に算定することは困難である。

　住宅の災害損失額は災害前後の建物の時価の差額であるが，国税庁通達によれば，住宅の取得価額が明らかな場合は，住宅の取得価額から，その取得の時から損失を生じた時までの期間の減価償却費の額の合計額を差し引いた金額

図表3-9　建物時価の算定方法

区　分	建物の価額（時価）の算出方法
昭和34年　伊勢湾台風 平成3年　雲仙岳噴火災害	固定資産税標準額×1.5倍
平成7年　阪神淡路大震災	住宅の構造及び建築時期ごとに定めた1㎡当たりの「住宅の時価額簡易表」を基に算出する。
平成16年　台風23号被害 平成16年　新潟県中越地震 平成20年　岩手・宮城内陸地震 平成23年　東日本大震災	被災地域（県単位）ごと及び住宅の構造ごとに定めた1㎡当たりの「地域別・構造別工事費用表」を基に耐用年数を1.5倍して旧定額法で減価償却して算出する。

出所：各災害通達から筆者作成。

に，被害割合を乗じた金額としている。また，住宅の取得価額が明らかでない場合は，1㎡当たりの地域別・構造別の工事費用表を公表して，住宅等の被災額が簡便な方法で算出できるようにしているが，このような方法に合理性があるだろうか。

4-4-1　災害通達による建物時価算定の改正経緯

簡易計算の建物価額の算出方法は，図表3-9のとおり，伊勢湾台風の際には固定資産税の課税標準額を1.5倍した金額としていたが，阪神淡路大震災以後は国土交通省の公表した建設統計年報に基づいている。

その理由について，平成7年2月17日第132回国会衆議院大蔵委員会において堀田隆夫政府委員（当時の国税庁課税部長）は，固定資産税の評価額を基準に用いないのは，被災者が市町村役場で固定資産税の評価額を確認しなければならないという手数を軽減すること，役場窓口の混乱を避けることと，固定資産税の評価額は一般的に時価より低いため実際の時価に近づけるためなどの配慮であると説明している[28]。

阪神淡路大震災では，建築時期（7区分）と構造別（5区分）による1㎡当たりの評価額が公表され，これに延床面積と被害割合を乗じることによって，損害額を簡易に計算できる仕組みとして図表3-10を公表した。

しかし，あまりに簡略化しすぎて基礎数値と減価償却方法などの算出根拠が一切示されなかったため，被災者が雑損控除の原則どおり実際の取得価額を基礎として計算したものと比較することが困難で混乱も生じ，以後の災害通達で

図表3-10　住宅の時価額簡易表

建築時期	木造	鉄骨鉄筋コンクリート造	鉄筋コンクリート造	鉄骨造	コンクリートブロック造
	千円	千円	千円	千円	千円
平成2年 ～ 平成6年	175	329	258	201	156
昭和60年 ～ 平成元年	158	316	248	190	148
昭和55年 ～ 昭和59年	141	303	238	178	140
昭和50年 ～ 昭和54年	124	290	228	166	132
昭和45年 ～ 昭和49年	107	278	218	154	124
昭和40年 ～ 昭和44年	90	265	208	143	116
昭和39年以前	73	252	198	131	108

出所：阪神淡路大震災の国税局通達から筆者作成。

は採用されず，1㎡当たりの構造別の工事費用表を公表して，これに総床面積を乗じて減価償却費を控除したものを被災直前の時価と取り扱っている。

東日本大震災の国税庁通達では，建物の取得価額は国土交通省総合政策局情報安全調査課建設統計室作成の『建設統計年報〔平成22年度版〕平成21年度計・21年計』を基に国税庁が独自に再計算して，1㎡当たりの各府県別に地域別・構造別の工事費用表を公表している。

被災者は，住宅の所在する地域及び構造別に国税庁通達が定めた1㎡当たりの工事費用に，その住宅の総床面積を乗じた金額から，その取得の時から損失を生じた時までの期間の減価償却費（住宅等の種類に応じた耐用年数を1.5倍した年数による旧定額法により計算した金額）を控除した金額（未償却残高）を災害直前の建物の時価とし，その金額に被害割合を乗じた金額を災害損失額とすることができる。

4-4-2　国税庁通達による建物時価算定の問題点

国税庁通達の「地域別・構造別の工事費用表」は，『建設統計年報〔平成22年度版〕平成21年度計・21年計』の第59表「構造別，用途別―建築物の数，床面積の合計，工事費予定額」[29]の府県別の工事費予定額を床面積の合計面積で除して1㎡当たりの単価を算出している。

このうち木造と鉄骨鉄筋コンクリート造の1㎡当たり建築単価を同様の方法で計算したところ，図表3-11の長野県，岡山県，香川県，愛媛県，鉄骨鉄筋

図表3-11　地域別・構造別の工事費用表

都道府県名	国税庁通達（1㎡当たり）		平成21年国土交通省建設統計年報：居住専用住宅					
	木造	鉄骨鉄筋コンクリート造	木造			鉄骨鉄筋コンクリート造		
			床面積の合計	工事費予定額	1㎡当たり	床面積の合計	工事費予定額	1㎡当たり
	千円	千円	㎡	万円	千円	㎡	万円	千円
北海道	148	188	1,880,405	27,854,767	148	5,711	107,598	188
青森	139	134	510,299	7,089,514	139	112	1,500	134
岩手	143	222	480,071	6,903,271	144	2,121	47,090	222
宮城	146	146	832,785	12,195,187	146	2,301	33,500	146
秋田	137	135	401,319	5,511,765	137	111	1,500	135
山形	146	23	480,938	7,012,976	146	29	68	23
福島	149	143	785,611	11,689,692	149	579	8,300	143
茨城	154	204	1,361,645	20,991,580	154	2,888	59,000	204
栃木	155	145	993,590	15,416,824	155	662	9,600	145
群馬	157	136	951,519	14,926,158	157	753	10,278	136
埼玉	159	229	3,035,887	48,229,812	159	13,545	309,939	229
千葉	161	198	2,397,590	38,541,359	161	4,683	92,661	198
東京	178	256	3,143,285	55,910,012	178	134,140	3,427,904	256
神奈川	170	257	3,004,729	51,050,298	170	22,115	568,330	257
新潟	155	49	1,135,092	17,615,049	155	153	756	49
富山	154	215	568,691	8,741,495	154	488	9,557	196
石川	156	190	541,287	8,433,505	156	1,453	27,600	190
福井	151	103	370,841	5,583,598	151	39	400	103
山梨	166	286	332,980	5,529,782	166	490	14,000	286
長野	166	161	942,920	15,638,299	166	135	2,500	185
岐阜	156	43	927,446	14,503,417	156	112	480	43
静岡	165	203	1,646,639	27,124,421	165	2,184	44,370	203
愛知	165	154	2,918,087	48,152,496	165	29,567	454,310	154
三重	165	—	773,037	12,747,875	165	—	—	—
滋賀	156	154	625,040	9,731,517	156	431	6,640	154
京都	168	228	736,290	12,360,645	168	1,042	23,804	228
大阪	160	172	2,265,290	36,168,510	160	9,045	155,750	172
兵庫	159	198	1,685,394	26,881,458	159	14,106	279,287	198
奈良	163	146	471,585	7,690,612	163	162	2,360	146
和歌山	152	111	386,761	5,848,477	151	18	200	111
鳥取	152	—	182,360	2,776,056	152	—	—	—
島根	157	—	209,915	3,296,395	157	—	—	—
岡山	162	—	729,859	11,874,893	163	—	—	—
広島	157	217	809,921	12,704,084	157	6,235	135,532	217
山口	158	—	392,570	6,187,074	158	—	—	—
徳島	139	191	292,292	4,065,252	139	303	5,800	191
香川	151	280	406,554	6,125,796	151	334	11,000	329
愛媛	146	140	470,491	6,893,060	147	328	4,600	140
高知	154	61	183,993	2,829,528	154	33	200	61
福岡	149	150	1,301,274	19,360,924	149	33,177	496,440	150
佐賀	147	—	304,172	4,473,290	147	—	—	—
長崎	141	189	333,395	4,713,107	141	16,214	306,950	189
熊本	142	132	594,168	8,454,114	142	462	6,080	132
大分	147	156	373,708	5,484,883	147	5,871	91,650	156
宮崎	129	126	339,049	5,157,511	152	839	10,580	126
鹿児島	138	143	548,633	7,571,565	138	2,572	36,800	143
沖縄	154	161	26,678	411,413	154	6,289	101,028	161
全国平均	158	214	—	—	158	—	—	215

出：国土交通省総合政策局情報安全調査課建設統計室『建設統計年報〔平成22年度版〕平成21年度計・21年計』を基に算出した。

コンクリート造の全国平均で数値の誤りが確認できる。特に鉄骨鉄筋コンクリート造の香川県の数値は国税庁通達では「280千円」としているが，計算すると「329千円」となり開差は大きくなっている。

また，各府県の単価全体をみると異常値も見受けられる。鉄骨鉄筋コンクリート造の1㎡当たり建築単価は山形県「23千円」，新潟県「49千円」，岐阜県「43千円」及び高知県「61千円」と全国平均の建築単価の「214千円」より異常に低くなっている。つまり，山形県の鉄骨鉄筋コンクリート造の1㎡当たり建築単価が23千円ということは，新築60㎡のマンションが138万円の時価にしかならないということである。

この原因は，国税庁が採用した『建築統計年報〔平成22年度版〕平成21年度計・21年計』の山形県の居住専用住宅が床面積29㎡で68万円（1㎡当たり23千円）で建設されているという異常値とすべきデータを除外しなかったことにある。

このように，異常値の有無を精査せず単純にその数値を災害通達で採用すれば，建物は異常に低く評価されるため災害損失額も僅かになり，被災者は不利になる。

4-5　災害通達による家財価額の評価方法

災害通達の5点目の問題は，家財の損失額の算定であるが，実務上，最も問題となりやすい事項ではないだろうか。

雑損控除の損害額の計算には，被害を受けた家財の損失額を個々に積み上げなければならず，家財の時価算定は雑損控除の計算において最も困難である。それは，雑損控除の対象となる生活に必要な資産の範囲を所得税法は明確に定めていないことにもあるが，被災者の生活実態はさまざまで何を生活用資産というのか，また，家財を個々に明細書に記載して損害額を積み上げようにも家財を正確に思い出せないのが被災者の実情であり[30]，個々に家財の時価を算出することも難しいことだからである。

国税庁通達によれば，家財の取得価額が明らかな場合は，各家財の取得価額

から，その取得の時から損失を生じた時までの期間の減価償却費の額の合計額を差し引いた金額に被害割合を乗じた金額を被災額としている。また，家財の取得価額が不明の場合は，家族構成別の「家族構成別家財評価額」により求めた家族構成別家財評価額に，被害割合を乗じた金額を被災額とすることを認めている。

各災害時における簡易計算の家族構成別家財評価額の計算方法をみると，平成3年の雲仙岳噴火災害では，被害を受けた前年の総所得金額と生計を一にする同居親族の人数を基準としている。阪神淡路大震災では，前年の総所得金額（1,000万円を限度）の2分の1と家族数による加算額の合計額としているが，平成16年の台風第23号被害以後の簡易計算では，図表3-12のとおり，世帯主の年齢と家族構成のみを基準とする方法に変更されている。

各災害通達の基準は変更され，比較が困難であるから，各災害時における簡易計算の家族構成別家財評価額について，夫婦，夫婦と子供2人，独身，寡婦（夫）ごとに年齢・所得金額の別に具体的な家財評価額を算出したものが図表3-13である。

図表3-13によると，平成3年の雲仙岳噴火災害，平成7年阪神淡路大震災，そして平成16年の台風第23号を区切りに評価額は引き上げられてきている。詳しくみると，阪神淡路大震災までの家財の評価は，総務省（当時は総務庁）全国消費実態調査の耐久消費財資産額を基礎に減価償却費等の調整計算を行って算出していたため，再調達価額である地震保険の家財評価に比べて災害通達の評価は非常に低かった。また，所得金額を基準にしているため，高齢者の寡婦（夫）の家財評価額は，先代の家財や死別した配偶者の家財が残っているにもかかわらず，単身の学生と同程度の評価額しかなく，生活実態を反映していない低い価額設定に被災者の不満が集中した[31]。そのため，阪神淡路大震災後は再調達価額で評価することに変更し，その価額は損害保険の家財の評価を参考にしたので評価額は引き上げられたのである。

購入した家財は時間の経過とともに価値は減価するから，理論上は取得価額から減価償却費を控除した未償却残額を時価とすべきであるが，生活に必要な

4．阪神淡路大震災と東日本大震災の災害通達の検討　167

図表3-12　家族構成別家財評価額

	所得基準			加算額
	前年の総所得金額	割合	加算額	
平成3年 雲仙岳噴火災害	～200万円まで	50%	―	本人を含む大人1人につき60万円，子供1人40万円加算
	200万円超～300万円まで	40%	20万円	
	300万円超～400万円まで	30%	50万円	
	400万円超～800万円まで	20%	90万円	
	800万円超～2,000万円まで	10%	170万円	
平成7年 阪神淡路大震災	次の①と②の合計額 ①　前年の総所得金額（1,000万円限度）の2分の1 ②　本人・同居親族の数　×　大人1人100万円，小人60万円			

	年齢・世帯基準				加算額
	世帯主の年齢	夫婦	寡婦（夫）	独身	
平成16年 台風23号被害	～29歳	500万円	370万円	300万円	大人1人につき130万円，子供1人につき80万円加算
	30～39	800万円	670万円		
	40～49	1,100万円	970万円		
	50～	1,150万円	1,020万円		

	年齢・世帯基準			加算額
	世帯主の年齢	夫婦	独身	
平成16年 新潟県中越地震 平成20年 岩手・宮城内陸地震 平成23年 東日本大震災	～29歳	500万円	300万円	大人1人につき130万円加算，子供1人につき80万円加算 死別による寡婦（夫）は夫婦の額から大人1人分を控除
	30～39	800万円		
	40～49	1,100万円		
	50～	1,150万円		

出所：各災害時の簡易計算の災害通達等に基づき筆者作成。

図表3-13　簡易計算による家財評価額の推移

区分	家族構成	夫婦			夫婦・子供2人			独身		寡婦(夫)
	世帯主の年齢	25歳	30歳	40歳	35歳	45歳	55歳	20歳	25歳	70歳
	前年の総所得金額	万円 300	万円 500	万円 700	万円 500	万円 700	万円 900	万円 300	万円 400	万円 400
平成3年　雲仙岳噴火災害		260	310	350	390	430	460	200	230	230
平成7年　阪神淡路大震災		350	450	550	570	670	770	250	300	300
平成16年　台風23号被害		500	800	1,100	960	1,260	1,310	300	300	1,020
平成16年　新潟県中越地震		500	800	1,100	960	1,260	1,310	300	300	1,020
平成20年　岩手・宮城内陸地震		500	800	1,100	960	1,260	1,310	300	300	1,020
平成23年　東日本大震災		500	800	1,100	960	1,260	1,310	300	300	1,020

出所：各災害時の各国税局の災害通達から筆者作成。

動産は数年間の償却期間を経過すればすべてが無価値同然になるものではない。生活に必要な資産は，被災者が必ず再取得しなければならないものであり，家財は新品を購入せざるを得ないという面からすれば，新品の購入価額が損失額というのが実感に近いといえる。

なお，家財評価額は平成16年新潟県中越地震で引き上げられてから変更されていないが，各保険会社では家財の評価額が大幅に引き上げられており[32]，災害通達の評価額も見直す必要がある。

4-6　土地の損失

災害通達の6番目の問題は，土地に被害を受けたときの損失額についてである。

雑損控除の対象となる資産は，住宅や家財等とされているから，住宅の敷地の損失額は雑損控除の対象となる。しかし，災害の原因によるが，建物は損壊しても土地自体には損壊が生じないこともあり，これまでの災害通達では土地の減損についてほとんど明確にされていない。

昭和46年の台風第25号等での昭和46年11月8日直所258東京国税局長通達「台風第25号等による被災地域における所得税の課税の取扱いについて」によれば，事業用資産であるが農地の表土が流出し再び田畑となる見込みのないものは田60％，畑50％の被害割合を適用できるとされている。また，住宅地の雑損控除については，昭和52年の名古屋国税局通達では原則実地確認して決定するが固定資産税評価額を基準として損失額を算定するとを認め，平成3年の仙台国税局通達では災害関連支出として損失額の計上を認めている。

阪神淡路大震災では，断層や津波は発生したが，土地が水中に埋没するなどの物理的損害はほとんどなかった。震災後に地価は下落したが，この価値下落は経済的損害であって，物理的損害のみを対象とする雑損控除では時価損失は認識できないものとされ，課税当局は評価損の計上を認めず，整地等に要する災害復旧費用相当額のみ雑損控除として認めた[33]。

東日本大震災では，大震災の影響で地盤沈下し，土地が海面下のまま原状回

復できないことが確定するなど土地の価値が失われるものも生じた。そのため，これらの損失は雑損控除の対象となり，また，津波によって住宅が流出するとともに，その敷地に泥が滞留したため，その泥を除去する費用については災害関連支出として雑損控除の対象となることが明らかにされたが，土地の減価額を算定する方法は公表されていない[34]。

確かに，大災害時には被災した不動産の時価は下落するが，被災地域における利便性の低下は更に不動産価格を引き下げるから，土地の損失額を算定することは困難であろう。

しかしながら，東日本大震災での相続税の土地評価については，海面下に水没した土地等は土地価額の全額を被害額とし，地割れや液状化による土地は陥没等に係る原状回復費用の見積額80％とするほか，「震災の発生直後の価額」については震災による地価下落を反映させた「調整率」を公表し[35]，また，東日本大震災によって被害を受けた地域の土地の固定資産税評価については，震災による「直接的な被害」と「社会経済的要因に対する被害」に区別し，「直接的な被害」を震災減価率及び個別補正率によって算定する方法も示されており，これらを準用することも可能なはずである[36]。

さらに，災害による土地の直接的被害もあるが，災害後に災害危険区域に指定されると土地利用の制限や移転に伴う費用の支出，災害危険区域外であっても土地のかさ上げ費用の負担や擁壁等の勾配により有効利用面積が減少するなども生じ，経済的損害というよりも物理的損害に近いケースもあるため，土地の損失についても雑損控除の適用に関する合理的基準を示して，被災者の便宜に配慮すべきである。

5．小括

本章では，阪神淡路大震災と東日本大震災の震災特例法及び災害通達について，比較検討した。

阪神淡路大震災の旧震災特例法と東日本大震災の震災特例法を比較すると，

災害減免法,雑損控除や事業所得の災害損失を前年分で申告できるなどの特例は同様であるが,東日本大震災では税の減免だけでなく被災地復興を支援するための特例が初めて設けられ,早期復興を後押しするものに変化している。

東日本大震災の震災特例法の現状を分析すると,特例は拡大し充実してきたが,所得税法の税制改正があったため前年分を選択することの有利性が減少され,阪神淡路大震災当時と同様に住民税との選択の有利不利の問題などなどが解決されておらず,特例の在り方や申告実務面について見直す必要がある。

災害通達は,雑損控除制度に適用資産の範囲が明確でなく損害額算定が困難という難点があるため,昭和34年の伊勢湾台風以来,大災害時に多数の被災者の申告時の混乱を避け,被災者の便宜を図るために国税局が公表しているもので,災害通達によって建物や家財の時価を簡便な方法で算出でき,その被災財産の時価に災害通達で定めた被害割合を乗じることで災害損失額を容易に計算できる。

大災害時に税務上のトラブルや訴訟事件が少ないのは,災害通達がそのような問題発生を防止し,効率的で公平な処理に役立っているといえる。しかし,大災害の都度,災害通達を公表しなければならないということは,所得税の本則的な規定だけでは大規模災害時に十分対応できないことを意味しており,災害税制には不備があるということでもあり,法律ではなく通達で対処していることに問題がないとはいえない。

阪神淡路大震災と東日本大震災の災害通達を比較すると,建物の評価方法や家財評価額が見直されるなど改善もされてはいるが,阪神淡路大震災で問題となった国税局の簡易計算の被害認定基準と市町村の罹災証明書の被害認定基準との不一致は解決されず,簡易計算の基礎となる数値に一部問題もあった。また,計算方法や基準となる数値も理由を説明することなく変更されており,その在り方に問題がないとはいえない。

罹災証明書と災害通達の被害認定基準との不一致の原因は,国税庁(国税局)が中央防災会議のメンバーでないため,阪神淡路大震災以後に災害法令の大幅な見直しが行われた状況を把握することができす,また,災害対応の専門部署

もないため災害税制との不整合が生じたのである。災害各法と税制とのミスマッチで迷惑を被るのは被災者であり，税制を含めた整合性を図るべきである。

　災害通達は，被災資産の災害損失額を簡便な方法で算出でき，被災者にとって利便性があるから，基礎数値や計算根拠などを明確にし，法制化して簡易計算と実額計算の選択制とするべきである[37]。

課個 2 — 12
平成23年4月27日

各 国 税 局 長
　　　　　　　殿
沖縄国税事務所長

国税庁　課税部長

東日本大震災に係る雑損控除の適用における
「損失額の合理的な計算方法」について（指示）

　標題のことについては，下記により適切に取り扱われたい。
　なお，この取扱いの適用に当たっては，この取扱いによる損失額が実態とそぐわないような場合には，個々の具体的事案に妥当する損失額の計算を行うよう留意されたい。

（趣旨）
　地震や風水害などの災害によって住宅や家財などに損害を受けた場合の雑損控除の適用については，これまでも，その適用における損失額の合理的な計算方法を指示しているところであるが（平成16年12月7日付課個2－22），東日本大震災により，広い範囲で甚大な被害が生じている状況の下，多数の納税者が雑損控除を適用することが予想されることから，確定申告等における便宜等を考慮し，改めてその取扱いを示すものである。
　なお，東日本大震災とは，東日本大震災の被災者等に係る国税関係法律の臨時特例に関する法律第2条（（定義））に規定する，東日本大震災をいう。

記

1　損失の金額計算に当たっての資産の区分
　　損失の金額は，次の資産の区分に応じ計算する。
　(1)　住宅
　(2)　家財（家具，什器，衣服，書籍，暖房装置，冷房装置などの生活に通常必要な動産で，(3)に該当するものを除く。）
　(3)　車両

2　住宅に対する損失額の計算
　(1)　取得価額が明らかな場合
　　　住宅の取得価額から，その取得の時から損失を生じた時までの期間の減価償却費の額の合計額を差し引いた金額に，被害割合を乗じた金額とする。

　　　　損失額 ＝（取得価額 － 減価償却費）× 被害割合

　　(注1)　減価償却費の計算における耐用年数については，所得税法施行令第85条（非事業用資産の減価の額の計算）の規定に準じ，住宅等の種類に応じた耐用年数を1.5倍した年数により旧定額法により計算する（以下同じ。）。
　　(注2)　保険金，共済金及び損害賠償金等で補てんされる金額がある場合には，その金額

を差し引いた後の金額が損失額となる（以下同じ。）。
- （注3） 被害割合については，被害状況に応じて，別表3（「被害割合表」）により求めた被害割合とする（以下同じ。）。
- （注4） 損失額には，損害を受けた住宅等の原状回復費用（修繕費）が含まれることに留意する（以下同じ。）。

(2) (1)以外の場合

住宅の所在する地域及び構造の別により，別表1（「地域別・構造別の工事費用表（1㎡当たり）」）により求めた住宅の1㎡当たりの工事費用に，その住宅の総床面積（事業用部分を除く。）を乗じた金額から，その取得の時から損失を生じた時までの期間の減価償却費の額の合計額を差し引いた金額に，被害割合を乗じた金額とする。

損失額 ＝〔（1㎡当たりの工事費用 × 総床面積）－ 減価償却費〕× 被害割合

(注) 別表1（「地域別・構造別の工事費用表（1㎡当たり）」）について，該当する地域の工事費用が全国平均を下回る場合又は値が存しない場合のその地域の工事費用については，全国平均の工事費用として差し支えない。

3 家財に対する損失額の計算

(1) 取得価額が明らかな場合

各家財の取得価額から，その取得の時から損失を生じた時までの期間の減価償却費の額の合計額を差し引いた金額に，被害割合を乗じた金額とする。

損失額 ＝（取得価額 － 減価償却費）× 被害割合

(2) (1)以外の場合

家族構成等の別により別表2（「家族構成別家財評価額」）により求めた家族構成別家財評価額に，被害割合を乗じた金額とする。

損失額 ＝ 家族構成別家財評価額 × 被害割合

4 車両に対する損失額の計算

生活に通常必要な車両に限り，その車両の取得価額から，その取得の時から損失を生じた時までの期間の減価償却費の額の合計額を差し引いた金額に，被害割合を乗じた金額とする。

損失額 ＝（取得価額 － 減価償却費）× 被害割合

(注) 車両は，生活に通常必要な資産と認められる場合に，雑損控除の対象となる。生活に通常必要であるかどうかについては，自己又は自己と生計を一にする配偶者その他の親族が専ら通勤に使用しているなど，車両の保有目的，使用状況等を総合勘案して判断する。

以上

別表1　地域別・構造別の工事費用表（1㎡当たり）

	木造	鉄骨鉄筋コンクリート造	鉄筋コンクリート造	鉄骨造
	千円	千円	千円	千円
北海道	148	188	146	177
青森	139	134	263	166
岩手	143	222	183	175
宮城	146	146	167	177
秋田	137	135	190	166
山形	146	23	134	154
福島	149	143	199	172
茨城	154	204	179	186
栃木	155	145	170	177
群馬	157	136	193	181
埼玉	159	229	217	195
千葉	161	198	211	196
東京	178	256	247	235
神奈川	170	257	221	224
新潟	155	49	161	178
富山	154	215	166	158
石川	156	190	189	170
福井	151	103	173	173
山梨	166	286	263	179
長野	166	161	207	177
岐阜	156	43	182	184
静岡	165	203	186	198
愛知	165	154	181	198
三重	165	—	169	197
滋賀	156	154	171	196
京都	168	228	173	199
大阪	160	172	188	188
兵庫	159	198	191	192
奈良	163	146	181	198
和歌山	152	111	217	194
鳥取	152	—	114	175
島根	157	—	183	169
岡山	162	—	181	185
広島	157	217	180	188
山口	158	—	179	186
徳島	139	191	176	165
香川	151	280	170	168
愛媛	146	140	157	176
高知	154	61	152	181
福岡	149	150	160	183
佐賀	147	—	159	180
長崎	141	189	168	180
熊本	142	132	147	175
大分	147	156	152	180
宮崎	129	126	143	168
鹿児島	138	143	143	162
沖縄	154	161	167	196
全国平均	158	214	198	195

参考資料：「建築統計年報　平成22年度版」（国土交通省総合政策局情報安全・調査課建設統計室）を基に国税庁において計算しました。

別表2　家族構成別家財評価額

世帯主の年齢	夫婦	独身
歳	万円	万円
～29	500	300
30～39	800	
40～49	1,100	
50～	1,150	

（注）大人（年齢18歳以上）1名につき130万円加算，子供1名につき80万円加算

別表3　被害割合表

区分	被害区分		被害割合		摘要
			住宅	家財	
損壊	全壊・流出・埋没・倒壊		%	%	被害住宅の残存部分に補修を加えても，再び住宅として使用できない場合
	（倒壊に準ずるものを含む）		100	100	住宅の主要構造部の被害額がその住宅の時価の50%以上であるか，損失部分の床面積がその住宅の総床面積の70%以上である場合
	半壊		50	50	住宅の主要構造部の被害額がその住宅の時価の20%以上50%未満であるか，損失部分の床面積がその住宅の総床面積の20%以上70%未満で残存部分を補修すれば再び使用できる場合
	一部破損		5	5	住宅の主要構造部の被害が半壊程度には達しないが，相当の復旧費を要する被害を受けた場合
浸水	床上1.5m以上	平屋	80 (65)	100(100)	・海水や土砂を伴う場合には上段の割合を使用し，それ以外の場合には，下段のかっこ書の割合を使用する。 なお，長期浸水（24時間以上）の場合には，各割合に15%を加算した割合を使用する。 ・床上とは，床板以上をいい，二階のみ借りている場合は，「床上」を「二階床上」と読み替え平屋の割合を使用する。 ・二階建以上とは，同一人が一階，二階とも使用している場合をいう。
		二階建以上	55 (40)	85 (70)	
	床上1m以上1.5m未満	平屋	75 (60)	100(100)	
		二階建以上	50 (35)	85 (70)	
	床上50cm以上1m未満	平屋	60 (45)	90 (75)	
		二階建以上	45 (30)	70 (55)	
	床上50cm未満	平屋	40 (25)	55 (40)	
		二階建以上	35 (20)	40 (25)	
	床下		15 (0)	―	

（注）車両に係る被害割合については，上記を参考に，例えば，津波による流出で「補修を加えても再び使用できない場合」には被害割合100%とするなど，個々の被害の状況を踏まえ適用する。

住宅，家財等に対する損害額の簡易計算
【阪神・淡路大震災用】

大阪国税局
税務署

　この度の阪神・淡路大震災により被害を受けた住宅又は家財等の損害額の計算については，被害のあった時の時価（その資産が被害を受ける直前の価額）を基礎として個々に計算することとなっていますが，損害を受けた資産について個々に損害額を計算することが困難な場合には，便宜，次のような方法により損害額を計算していただいてよいことにしています。

　なお，保険金，共済金及び損害賠償金等で補てんされる金額がある場合には，その金額を差し引いた後の金額が損害額となります。

1　住宅に対する損害額の計算

　　住宅に対する損害額は，被害を受けた住宅の構造（木造，鉄筋コンクリート造等）及び建築時期により，「住宅の時価額簡易表」（別表1）の1㎡当たりの時価額に延床面積数（事業用部分を除きます。）及び「被害割合表」（別表2）の住宅の被害割合を乗じた金額とします。

1㎡当たりの時価額 × 延床面積数 ×被害割合
　　（別表1）　　　　　　　　　　（別表2）

2　家財に対する損害額の計算

　　家財に対する損害額は，次の①と②の合計額を算出し，それに「被害割合表」（別表2）の家財の被害割合を乗じた金額とします。

　　なお，アパートやマンション等を借りておられる方で，その住宅が全損等の被害を受けた場合においても，同様な方法により家財の損害額を算出します。

　　また，生計を一にする親族の中に所得者が2人以上いる場合で，その家財の所有関係が明確に区分することができないときには，それぞれの総所得金額の合計額を算出し，その総所得金額の合計額を基として計算した損失額を各所得者ごとの所得の比であん分した金額をそれぞれの者の家財の損害額とします。

（注）　1　平成6年分の総所得金額は，譲渡所得の金額及び一時所得の金額を含めずに算出し，阪神・淡路大震災による損失額を差し引く前の金額です。

　　　　2　事業専従者の方は，一般の給与所得者と同様に取り扱います。

①　「平成6年分の総所得金額」に応ずる家財の額

　　平成6年分の総所得金額（1,000万円を限度とします。）に，50%を乗じた金額とします。

（注）　総所得金額が1,000万円を超える方については，個別に計算していただくこともできますので，詳しくは最寄りの税務署にお問い合わせください。

②　「生計を一にする同居親族の数（本人を含みます。）」に応ずる家財の額

　　大人（平7.1.17現在，18歳以上の者）1人につき1,000,000円，小人1人につき600,000円で計算します。

（注）　単身赴任等で家族と別居し赴任先で被害に遭われた場合，税法上の控除対象配偶者又は扶養親族を有する方でも，同居親族は本人のみとしてください。

> (①で算出した金額 + ②で算出した金額)× 被害割合(別表2)

3　自家用自動車に対する損害額の計算
　　自家用自動車に対する損害額は,通常,生活に必要な自家用自動車に限り,取得価額に「自家用自動車の時価率表」(別表3)の時価率を乗じた金額から,処分(見込)価額等を差し引いた金額とします。

> 自家用自動車の取得価額 × 時価率(別表3)- 処分(見込)価額等

別表1
【住宅の時価額簡易表】　　　　　　　　　　　　　　　　　　(1㎡当たり)

建築時期	木造	鉄骨鉄筋コンクリート造	鉄筋コンクリート造	鉄骨造	コンクリートブロック造
年	千円	千円	千円	千円	千円
平2～平6	175	329	258	201	156
昭60～平元	158	316	248	190	148
昭55～昭59	141	303	238	178	140
昭50～昭54	124	290	228	166	132
昭45～昭49	107	278	218	154	124
昭40～昭44	90	265	208	143	116
昭39以前	73	252	198	131	108

別表2
【被害割合表】

| | 住宅 | 家財 | | 摘要 |
		火災要因	地震要因	
全損	% 100	% 100	% 100	被害住宅の残存部分に補修を加えても,再び住宅として使用できないもの。
全損に準ずるもの	70	100	70	主要構造部の損害額が,その建物の時価の50%以上であるか,焼失または崩壊部分の面積が70%以上に達した程度のもので,残存部分を補修すれば再び使用できるもの。
半損	50	100	50	主要構造部の損害額が,その建物の時価の20%以上50%未満であるか,焼失または崩壊部分の面積が20%以上70%未満であり,残存部分を補修すれば再び使用できるもの。
一部破損	20	100	20	主要構造部の損害額が,その建物の時価の20%未満であるもの。

(注)「主要構造部」とは,軸組,基礎,屋根,外壁等をいいます。

別表３
【自家用自動車の時価率表】

保有期間	１年未満	１年以上 ２年未満	２年以上 ３年未満	３年以上 ４年未満	４年以上
時価率	0.9	0.8	0.7	0.6	0.5

※　ご不明な点や詳細については，最寄りの税務署か税務相談室にお尋ねください。

○　時価の被害割合算定表
　　各項目の割合を合計して，その総合計が被害割合となる。
　１　木造建築物
　　　木造建築物については，軸組（小屋組，内壁を含む。），基礎，屋根，外壁の被害程度を以下の算定表により，被害割合を算出する。

| 主要構造部 | 被害の程度 | 被害割合 | | 主要構造部 | 被害の程度 | 被害割合 | |
		平屋	２階			平屋	２階
		%	%			%	%
軸　組 （小屋組・内壁を含む） 損傷柱本数／総柱本数	5％以下	10	12	屋　根 屋根の葺替え面積／全屋根面積	10％以下	3	2
	5％超10％以下	15	18		10％超20％以下	5	4
	10％超20％以下	24	28		20％超30％以下	8	6
	20％超30％以下	30	36		30％超50％以下	10	8
	30％超40％以下	35	41		50％超	13	10
	40％超	100					
基　礎 損傷布コンクリート長さ／外周の長さ	10％以下	3	3	外　壁 損傷外壁面積／全外壁面積	20％以下	3	4
	10％超20％以下	5	5		20％超30％以下	4	6
	20％超30％以下	7	6		30％超50％以下	6	9
	30％超50％以下	8	7		50％超70％以下	8	12
	50％超	100			70％超	10	15

（注）　被害割合欄の「平屋」は平屋建てを，「２階」は２階建以上を示す。
　　　【設　例】
　　　　　２階建の木造住宅の被害状況が，総柱本数12本のうち４本，外壁が４面のうち１面が損壊し，屋根瓦が全て落下した場合

　　　　　　軸組（41％）＋屋根（10％）＋外壁（６％）＝主要構造部の被害割合　57％…全　損

　２　非木造建築物
　　　非木造建築物については，木造建築物の被害割合算定表に以下の算定表の割合を加算して判定する。
　　　なお，加算に当たっては，沈下，傾斜の高い割合を加算する。

被害の程度		被害割合	被害の程度		被害割合
		%			%
沈 下（沈下とは、建物が地表面より相対的に沈み込むことをいう。）	20cm以下	5	傾 斜（傾斜とは、沈下を伴う傾斜をいう。）（0.01＝1°）	0.01以下	5
	20cm超30cm以下	15		0.01超0.02以下	15
	30cm超40cm以下	25		0.02超0.03以下	25
	40cm超50cm以下	30		0.03超0.04以下	35
	50cm超60cm以下	35		0.04超0.05以下	45
	60cm超80cm以下	40		0.05超	50
	80cm超100cm以下	45			
	100cm超	50			

【設 例】
　鉄筋コンクリート造のマンションの被害状況が、建物が地表面より50cm沈下した場合
　　沈下（30％）＝主要構造部の被害割合　30％……………………半　損

(第3章/Endnotes)

[1] 永長正士ほか（1995）『改正税法のすべて〔平成7年版〕』大蔵財務協会，426～455頁。

[2] 斎須朋之ほか（2011）『改正税法のすべて〔平成23年版〕』大蔵財務協会，766～810頁。

[3] 所得税の雑損控除と災害減免法は，災害が異なれば連年適用することも認められるが，同一の災害で連続することは認められない。

[4] 『朝日新聞』平成8年1月5日記事。

[5] 『朝日新聞』平成7年5月4日記事。

[6] 『朝日新聞』平成8年1月5日記事。

[7] 平成23年4月27日付国税庁情報「東日本大震災により損害を受けた場合の所得税の取扱い」の問7「所得税法の雑損控除と災害減免法の税金の軽減免除の比較」の回答。

[8] 計算においては，給与所得者とし，災害関連支出はなし，家族は配偶者（収入なし），特定扶養親族1名（16～18歳），年少者の扶養親族1名（15歳以下）という夫婦子供2名の家族構成，扶養控除等人的控除以外の社会保険料控除は70万円一律とし，平成22年分は所得控除額247万円，平成23年分は184万円で計算した。

[9] 阪神淡路大震災時においては，税制改正の影響で，平成7年分の申告より，平成6年分で申告する方がおおむね有利となっている。三宅伸二（1998）「災害時における税制のあり方－災害減免法の意義と効果を巡って」『兵庫大学論集』第3巻，74～80頁。

[10] 改正によって特定扶養親族は，扶養親族のうち年齢19歳以上23歳未満の扶養親族とされた（所得税法第2条，84条，平成22年所得税法等改正法附則第5条）。また，住民税も同様に，年少扶養親族に対する扶養控除（33万円）が廃止され，また，年齢16歳以上19歳未満の者に対する扶養控除については，上乗せ部分（12万円）が廃止されている。

[11] 阪神淡路大震災の被災地を管轄する兵庫県内13税務署での雑損控除適用者数は，平成6年分は50.9万人，平成7年分は25.4万人であった（平成8年3月末現在）。

[12] 近畿税理士会（1997）『震災・その轍－被災地からの報告－』近畿税理士会，207～208頁。

[13] 通達には，一般通達，個別通達などがあるが，指示文書は，事務運営に関する通達のうち事務運営指針以外のもの（例規とならないもの）である。個別的，具体的な命令事項で，一時的な取扱要領を示すものなど，1年限りの執務要領を定めたものである。

[14] 阪神大震災では国税局長から各税務署長への指示（連絡）文書であったが，東日本大震災では，被害が広範囲にわたるため平成23年4月27日付で国税庁課税部長から全国の国税局長へ指示している。

[15] 第132回国会大蔵委員会第4号衆議院会議録情報，『毎日新聞』平成7年2月18日記事。

[16] 『日本経済新聞』平成7年5月19日記事。

[17] 国税庁（2015）「平成26年分の所得税及び復興特別所得税，消費税並びに贈与税の確定申

告状況等について」平成27年5月発表の数値。

[18] 内閣府(2007)『災害に係る住家の被害認定講習テキスト〔参考資料Ⅰ-3〕』〈http://wwwcms.pref.fukushima.jp/download/1/02_24.6.25koshutextall.pdf〉。

[19] 内閣府(2007)『災害に係る住家の被害認定講習テキスト〔参考資料Ⅰ-4〕』〈http://wwwcms.pref.fukushima.jp/download/1/02_24.6.25koshutextall.pdf〉。

[20]『神戸新聞』平成8年1月26日の記事など。

[21]『日本経済新聞』平成8年2月16日記事。

[22] 被災市町間に調査方法等による建物の被害認定の差があり,また,地方自治体が全壊と認定した戸数は,建設省建築研究所が行った調査結果と比較して多かったと指摘されている。内閣府(2013)『阪神・淡路大震災教訓情報資料集』内閣府阪神・淡路大震災教訓情報資料集担当

〈http://www.bousai.go.jp/kyoiku/kyokun/hanshin_awaji/data/index.html〉。

[23] 近畿税理士会(1997),207頁。

[24] 近畿税理士会は課税処理を早期に行うよう平成7年10月5日付『阪神・淡路大震災に関する緊急要望書』を大阪国税局長に提出するなど混乱した。

[25] 必要な構成要素とは,住家の構成要素のうち造作等を除いたものであって,住家の一部として固定された設備が含まれる。平成13年6月28日府政防第518号内閣府政策統括官(防災担当)通知「災害の被害認定基準について」,2頁〈www.bousai.go.jp/taisaku/pdf/030110.pdf?〉。

[26] 内閣府(2007)『災害に係る住家の被害認定講習テキスト〔参考資料Ⅲ-2〕』〈http://wwwcms.pref.fukushima.jp/download/1/02_24.6.25koshutextall.pdf〉。

[27] 平成23年4月27日付国税庁個人課税課情報「東日本大震災により損害を受けた場合の所得税の取扱い」の「問23『り災証明書』の必要性」の質疑事例の回答には,り災証明書に記載される被害の程度(証明内容)と損失額の合理的な計算方法における「被害区分」は一致するものではないと記載されている。

[28] 平成7年2月17日第132回国会衆議院大蔵委員会第4号会議録
〈http://kokkai.ndl.go.jp/SENTAKU/syugiin/132/0140/13202170140004c.html〉。

[29] 国土交通省総合政策局情報安全調査課建設統計室『建設統計年報〔平成22年度版〕平成21年度計・21年計』建設物価調査会,516～563頁。

[30]『朝日新聞』平成7年3月3日記事。

[31] 近畿税理士会(1997),244頁。

[32] 世帯主50歳,夫婦・子供2人では,平成26年改訂版をみると,あいおいニッセイ同和損保は1,810万円,セゾン自動車火災保険では1,730万円,損保ジャパンでは1,680万円となっている。

[33] 佐藤敏充編（1997）『激震・神戸・あれから2年－被災地税理士たちの行動と記録－』近畿税理士会神戸支部，95～96頁。

[34] 平成23年4月27日付国税庁個人課税課情報第3号「東日本大震災により損害を受けた場合の所得税の取扱い（情報）」，42～43頁。

[35] 平成23年10月17日付国税庁資産評価企画官情報「東日本大震災に係る財産評価関係質疑応答事例集」，2～8頁。

[36] 資産評価システム研究センター（2011）『土地に関する調査研究-東日本大震災被災地の土地評価に用いる震災減価率及び個別補正率に関する研究』資産評価システム研究センター

[37] 災害通達の位置づけについては，法令と通達の関係の問題はあるが，災害通達は行政内部に発遣されたもので,その適用は納税者に強制されず，原則規定との選択である。したがって，この金額までは税務当局としては申告額を是認するという限度を示したものである。すなわち，一種の裁量基準であるが，所得税法第156条（推計による更正又は決定）に基づく処分を行うとすれば，当局の推計方法は，資産ごとに個々に損失額を推計するが，一括的に簡便に計算するとすれば災害通達に示す方法もひとつの方法であるということを事前に示したものでもある。

このように標準額を税務当局が申告前に申告水準を情報提供することは，従前，農業所得の計算において，田畑や果樹等について一定面積当たりの標準的な所得額である「農業所得標準」示して，小規模農家の申告手続きに便宜を図っていたことがある。なお，農業所得標準方式は，平成18年から順次廃止され，現在は収支計算方式に転換している。

第4章　日本と米国の大規模災害税制

1. 大規模災害税制の概要と課題

　本章の課題は，我が国よりも早くから災害損失控除制度を導入し，数多くの制度改正を重ねてきた米国の大規模災害に対する税制を分析することによって，我が国の今後の大規模災害税制の在り方を検討することである。

　近年，災害による世界の経済的損失額は名目上大きく増加し，1980年から経済的損失額は毎年7.8％増加している。これらの増加は，インフレ，世界人口の増加や経済活動の発展などを反映しているが，図表4-1のとおり，近年の自然災害による被害額は社会資本の蓄積された日本や米国が上位を占めている。

　米国は広い国土のために気候も極めて多様であり，メキシコ湾岸や大西洋岸南部の集中豪雨やハリケーン，中央部の平原に多い竜巻，地震や山火事，五大湖や東海岸の大雪など大規模災害が数多く生じてきた。従来，連邦政府は災害による被災者支援を積極的に実施していなかったが，多くの大規模災害，原子力発電所の事故災害やテロなどの国家的危機を経験することで，税制による支援制度も見直され，現在では充実した制度となっている。

　我が国の所得税法の雑損控除制度は，戦後，シャウプ勧告に基づき米国税法をモデルに創設されたものであり，阪神淡路大震災や東日本大震災時に成立した特別措置法も米国災害税制を一部参考にしたものであるが，危機管理体制，被災者救済や被災地復興支援策では更に参考とすべきものが多い。

2. 米国の災害支援制度

　米国では1803年に災害対応に関する最初の連邦法が制定され，その後，災害

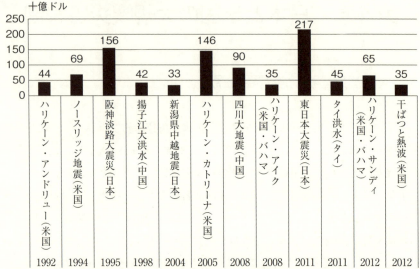

図表 4-1　自然災害の経済損失額
（十億ドル）

災害	年	金額
ハリケーン・アンドリュー（米国）	1992	44
ノースリッジ地震（米国）	1994	69
阪神淡路大震災（日本）	1995	156
揚子江大洪水（中国）	1998	42
新潟県中越地震（日本）	2004	33
ハリケーン・カトリーナ（米国）	2005	146
四川大地震（中国）	2008	90
ハリケーン・アイク（米国・バハマ）	2008	35
東日本大震災（日本）	2011	217
タイ洪水（タイ）	2011	45
ハリケーン・サンディ（米国・バハマ）	2012	65
干ばつと熱波（米国）	2012	35

出所：エーオン（AON Benfield）（2013）『気候と自然災害レポート〔2012年版〕』，79頁。

　発生ごとに制定された様々な救援法は1950年の災害救援法の創設で体系化された。しかし，その後の大規模災害に対応することができず，1974年にひとつにまとめられ，数多くの改正を経て，現在は，ロバート・T・スタフォード災害救助及び緊急援助法が基本法となっている。

　災害に対する行政の役割分担は，従来から各州で対応することが基本とされ，連邦政府が州政府に取って代わって指揮権を発動することはなく，連邦政府はあくまで災害に対し補助的な立場とされてきた。しかし，1969年8月ハリケーン・カミールの被害を契機に国内事前防衛庁が創設され，1979年3月28日のペンシルベニア州スリーマイル島で発生した原子力発電所の事故後に大規模災害や緊急事態に対する危機管理の一元的行政機関として連邦緊急事態管理庁（Federal Emergency Management Agency，以下「FEMA」という。）に引き継がれた。

2-1 スタフォード法とFEMA

現在の米国における大規模災害等の対応と復興の体系は，ロバート・T・スタフォード災害救助及び緊急援助法に規定されている。

この法律は，大統領が宣言する大規模災害や緊急事態に関し，その緊急事態対応から復旧，復興そして事前準備や被害軽減に至るまで，体系的な緊急事態対応を定めた法律であり[1]，連邦政府による自然災害対策はFEMAが一括して担当している。

2-1-1 スタフォード法の制定経緯

1776年に建国された米国では，ポーツマスの大火を受けて，被災者に関税の支払期限を延長するという最初の災害対応に関する連邦法が1803年に制定された[2]。

1930年代までハリケーン，地震，洪水などの大規模災害に応じて災害後の救援や補償のために特別法は100回以上も制定され[3]，連邦政府レベルにおける大規模災害への対応は充実してきた。しかし，災害の度に制定される特別法に基づく救済措置では連邦の行政機関間の協力を欠くことも多く，大統領に対して行政機関の活動を調整する権限を与えるというような新たな法の制定が促された。

このような中で，1950年に議会が連邦政府による社会基盤・公共施設の再建のための支援を目的とした最初の大惨事支援プログラムである災害救援法（Disaster Relief Act of 1950）を制定したことで，州地方政府が連邦政府の救援を要請できる標準的なプロセスが規定され，本格的に包括的で体系的な災害対応が始まった[4]。

1960年代以降は，1962年ハリケーン・カーラ（Hurricane Carla），1965年ハリケーン・ベッツィ（Hurricane Betsy），1969年ハリケーン・カミール（Hurricane Camille），1972年ハリケーン・アグネス（Hurricane Agnes），また，1964年アラスカ大地震（Great Alaskan Earthquake），1971年サンフェルナンド地震（San Fernando Earthquake）が相次いで発生した。

これら一連の災害が発生する度に災害救援法は毎年のように修正を加えてき

たが，1974年の大改正によって大統領宣言（Presidential Declaration）の手続過程が確立され，ひとつにまとめられた[5]。

その後，更に改正は行われ，1988年には大統領の災害宣言に基づき，災害と緊急事態に対応するための諸権限を連邦政府に与え，その災害対応の権限をFEMAに委任すると改正され，この法案の成立に尽力したロバート・シオドア・スタフォード（Robert Theodore Stafford）の名にちなんで，ロバート・T・スタフォード災害救助及び緊急援助法（Robert T.Stafford Disaster Relief and Emergency Assistance Act, 以下「スタフォード法」という。）と改称された[6]。

2-1-2　スタフォード法の概要

スタフォード法は，第1章で認定，宣言及び定義，第2章災害の準備及び緩和のための援助，第3章大規模災害及び緊急事態援助管理，第4章大規模災害援助プログラム，第4章A緊急事態援助プログラム，第4章B緊急事態準備，第5章その他（規則等の制定）の7項目から成り立っている。同法では，自然災害を対象とする大規模災害（Major Disaster）と，核攻撃やテロ等自然災害以外の緊急事態（Emergency）とを区別している。

大規模災害又は緊急事態が生じたとき，大統領は大規模災害宣言又は緊急事態宣言を発令するが，その発令には州知事の要請が必要とされる（スタフォード法第5170条（大規模災害援助プログラムの宣言手続），5191条（緊急事態援助プログラムの宣言手続））。他方，大統領は，連邦政府が第一義的な対応責任を負うべき緊急事態が発生したと認める場合には州知事の要請を受けることなく，緊急事態宣言を発令することもできる（スタフォード法第5191条（b））。

大規模災害とは，ハリケーン，竜巻，暴風雨，高潮，波浪，高波，津波，地震，火山噴火，地すべり，土石流，吹雪又は干ばつ等の異常な自然現象又は原因にかかわらず火事，洪水若しくは爆発であって，その深刻さと規模において，それによって引き起こされる被害，損失，苦難又は困難を緩和しようとする州地方政府及び災害救助組織の取組み及びその調達可能な資源を補う大規模災害援助を正当化するに足りる被害が生じると大統領が認めるものである。

緊急事態とは，大統領の判断によって，生命を救い，財産並びに公衆の健康

及び安全を保護し，又は合衆国内における大異変の脅威を低減又は回避するための州地方政府の取組み及び能力を補うために連邦の援助が必要とされる場合又は事例である（スタフォード法第5122条）[7]。

　これらのほか，スタフォード法は機関統合対策本部の設置（同法第5134条），行政要件の免除（同法第5151条），被災公共物の修復に関する連邦政府と州の予算分担の方法（同法第5172条），瓦礫の除去（同法第5173条），仮設住宅等の援助（同法第5174条），失業給付（同法第5177条）や緊急補助金（同法第5177a条）などについても詳細に規定している[8]。

2-2　FEMAの成立経緯と役割

　米国において大規模災害や緊急事態に対する危機管理の一元的行政機関としては，1979年に創設されたFEMAがスタフォード法に基づき重要な総合調整の役割を果たしている。

　FEMAは，国土安全保障省（U.S.Department of Homeland Security：DHS）に属し，洪水，ハリケーン，地震及び原子力災害など大統領の災害宣言が発令されるような大規模災害発生時に，連邦機関，州地方政府，その他の地元機関との防災業務の調整を行い，救助・救援，被災地の復旧，復興時における資金の支援，防災の研修・訓練や被害軽減のための基準作成などの業務を実施している。

　米国の防災行政は，第二次世界大戦後の東西冷戦に端を発しており，ソ連の核攻撃から如何にして国民を保護するかが最重要課題であり，防災の主担当機関は州軍が指定され，1950年に災害救援法を制定するまで災害支援の中心は州地方政府と米国赤十字や救世軍などの非政府組織が中心で，連邦政府は資金拠出のみで積極的な関与をしていなかった。

　そのため，FEMA創設以前は，連邦政府の用意した多くの公的災害支援プログラムは個々の事業・活動が調整されることもなく分断され，災害支援に対する責任は様々な省庁に移管・分散されることによって，誰が災害救助の責任者であるのか分からない状態に陥っており，結果的に100以上の連邦機関が災

害，危険，緊急事態に関係し[9]，省庁による分散所管による機能低下や非効率性等の弊害が指摘されていた。

　転機となったのは，1969年8月カテゴリ5の巨大ハリケーン・カミールによるバージニアの被害である。カミールの災害後，1969年に米国議会は災害救援法を改正し，1972年に危機管理の中心的役割を担う国内事前防衛庁（Defense Civil Preparedness Agency）を設立した。

　1978年には，再建計画（Reorganization Plan No.3 of 1978）に基づきFEMA構想が提案され，1979年3月28日のペンシルベニア州スリーマイル島で発生した原子力発電所の事故の連邦政府や州地方政府の対応のまずさの批判もあり，1979年3月31日のジミー・カーター大統領による大統領令（Executive Order：4月1日から施行）12127号「連邦緊急事態管理庁（FEMA）」及び7月20日12148号「連邦緊急事態管理（Federal Emergency Management）」の発令によって，どのような災害であっても一元的に対応できる連邦政府機関として，連邦保険局，連邦消防局，全米災害気象局，連邦調達局の災害準備庁，住宅・都市開発省の連邦災害救援庁及び国防省の国内事前防衛庁の6機関を統合してFEMAは創設された[10]。

　FEMAは，連邦政府と州地方政府が緊急事態に効果的に対応することができるように，緊急事態発生前の準備（Preparedness），発生時の対応（Response），被害の緩和（Mitigation），その後の復旧（Recovery）という事態の推移に即した対策を講じることを任務としている[11]。

　災害発生時には，関係27省庁，州地方政府の危機管理関連機関，軍並びに米国赤十字（ARC）などとの調整役として効率的かつ効果的な災害対応活動を展開し，1994年のノースリッジ地震などでは優れた災害対応体制が評価され，その仕組みは世界の災害対応のモデルとして考えられるほど実績をあげてきた。

　2001年9月11日の同時多発テロ以降は自然災害を中心とする防災体制からテロリズム対策を中核に据え，連邦機関がより効率よく機能するよう大がかりな組織再編が行われ，2002年11月に約17万人を擁する国土安全保障省（DHS）

が創設され，2003年にFEMAは国土安全保障省内に統合された[12]。

2005年のハリケーン・カトリーナの際には対応が大幅に遅れ，国内で厳しい批判を受けた。ハリケーン・カトリーナ災害対応の失敗の根本原因については，FEMAが国土安全保障省の傘下に組み込まれたことで十分に機能を発揮できなかったこと，テロ対策に偏重した危機管理体制に問題があったという反省を踏まえ，2006年にポスト・カトリーナ緊急事態管理改革法（Post-Katrina Emergency Management Reform Act of 2006）が制定された。

FEMAの組織機構を再編し，国土安全保障長官とFEMA長官の直接的な指揮監督関係は明確にされ，FEMA長官には米国の緊急事態管理に関するあらゆる問題についての主たる助言者としての役割が与えられ，連邦議会に対して緊急事態管理に関する勧告を独自に行うことも認められた。さらに，大統領は大規模な自然災害，テロ行為又はその他の人為的災害が生じたときは，FEMA長官を閣議の一員に加えることも認められた[13]。

これらの危機管理対策の見直しが行われた結果，2007年のカリフォルニア南部山林火災（2007 Southern California Wildfires）や2011年8月27日にノースカロライナ州に上陸したハリケーン・アイリーン（Hurricane Irene）などでは適切な対応が行われたと再評価されている[14]。

2-3 日米の災害対応組織と防災計画

我が国の平成24年9月6日付中央防災会議の『防災基本計画』は，約600頁もの膨大なもので16編で構成され，各編は自然災害や事故災害などの災害別に災害予防，災害応急対策，災害復旧・復興という共通の章立てとなっている。

災害対応は，災害対策基本法を中核として，災害救助法や消防法等の災害応急対策に係る制度[15]，被災者生活再建支援法や災害弔慰金の支給等に関する法律等の被災者への救済援助措置に係る制度[16]，公共土木施設災害復旧事業費国庫負担法や被災市街地復興特別措置法等の災害復旧・復興に係る制度[17]，地震保険に関する法律，農業災害補償法等の保険共済制度[18]や個別の災害事象ごとの災害対策に係る制度もあり，風水害，地震，火山，原子力災害など災害の性

格に応じた対応策が用意されている。

　これらの法律に基づき中央防災会議の下，国における防災関係機関として，平成23年度末現在24の指定行政機関，58の指定公共機関，そして全国の地方公共団体が担っており[19]，それぞれの機関は自らの災害対応予算を管理し，一元的管理されていない分離・独立型の複雑な組織運営となっている。

　一方，連邦政府による自然災害対策は，1988年に制定されスタフォード法に基づきFEMAが一括して担当し，FEMAは米国災害救済基金（U.S.Disaster Relief Fund）を管理し，米国の政府機関が災害応急対応の諸活動で支出した経費を精算管理しており，関係当局全体は一つの組織として命令・統制型のシステムが構築されている。

　米国では我が国における災害対策基本法のような基本法は存在せず，緊急事態における政府の対応は国土安全保障省が所管する2009年公表の国家対応枠組（National Response Framework：NRF）で定められている。国家対応枠組は，スタフォード法に基づき制定された災害の発生時にどのように地方，州，連邦，それぞれの政府が対応するか定め，自然災害や原子力災害に加え，テロ攻撃への対処も含めた災害の防止，準備，対応及び復旧計画を一つの計画に統合した1999年公表の連邦対応計画（Federal Response Plan:FRP）と，その後2003年公表の国家対応計画（National Response Plan:NRP）を改正したものである。オバマ大統領は就任直後の2009年3月にFEMAなどの権限を強化し，プロセスを単純化して国家対応枠組を設けたが，いずれも公式手引書（ガイドライン）であり，これ自体は法律ではない。

　特に災害時における各機関の対応を定めた文書は，全米被害管理システム（National Incident Management System：NIMS）と呼ばれており，国家対応枠組と併せて用いられている[20]。全米被害管理システムでは，どのような規模の危機であろうと，どのような原因で発生した危機であろうと一元的で包括的な危機対応を可能にする組織運営の在り方を示したICS（Incident Command System）を適用することが定められている。

　ICSは，米国で開発された災害現場・事件現場などにおける標準化されたマ

ネジメント・システムで，事実上世界の危機対応の標準となっているものである。1970年代に「緊急時対処組織の構造が多様である」「権限の境界がはっきりしていない」「さまざまな機関の間で計画を連携させる構造がない」などの問題点を背景として[21]，従来の作業では鎮火できない森林火災に対する組織運営システムとして関係行政機関の特別チームが作成したFIRESCOPE（Fire-fighting Resources of California Organized for Potential Emergencies）を改良したものである[22]。

2-4 災害と民間支援団体の関係

米国の防災は，防災に関わる地方自治体の強力な権限，州兵をはじめとする多彩な救済手段の保有に加え，非常に強力な民間支援団体の存在があることも特徴である。

軍隊の関与は，第二次世界大戦後の米国の防災行政は東西冷戦に端を発しており，ソ連の核攻撃からいかにして国民を保護するかが最重要課題であったから，防災の主担当機関として州軍が指定された歴史的経緯にある[23]。

スタフォード法では，大統領は連邦政府の機関，民間組織，州地方政府による警戒的避難及び復旧を含むすべての災害救助援助（ボランティアの援助を含む。）を調整することができ（スタフォード法第5170a条（一般連邦援助）），米国赤十字社[24]，救世軍，メノナイト災害奉仕団並びにその他の救助及び災害援助組織の災害救助活動について連邦調整官と協定締結する権限を与えている（スタフォード法第5152条（救助組織の利用及び調整））。

連邦政府は，州地方政府，米国赤十字社，救世軍，メノナイト災害奉仕団その他の救助及び災害援助組織を通じて，被災者に医薬品，耐久医療機器，食糧その他の消耗品，その他の役務及び援助を分配し又は貸与することができる（スタフォード法第5170b条（不可欠な援助））とされており，政府や企業と並んで，民間支援団体が社会にしっかりと定着し，保険医療，社会福祉，人権，環境，教育，文化などの様々な分野で重要な役割を果たしている。

このように米国の民間支援団体の活動が重要な位置を占めている理由は，米

国赤十字，救世軍及びメノナイト災害救援隊などの世界有数の災害NPOのほかにも小規模なNPOや教会など，災害救援を活動領域とするNPOは約7万5,000団体もあり，災害に関する豊富な知識と経験をもっていることにある[25]。

民間支援団体の多さは，連邦政府成立以前から，市民自らが道路，学校，消防署などコミュニティに必要な施設や仕組みを作り上げていった歴史もあるが，その背後にあるのは「米国人に深く浸透している伝統的個人主義と中央集権的な機関に対する根深い反感[26]」ともいわれる。このため米国では伝統的に行政の役割を民間に大きく委ねる政策が生み出され，地域社会の問題は市民の自己責任と自己決定で解決しようとする風土が醸し出されてきた。このような歴史的，社会的背景が災害NPOを米国の社会に根付かせる大きな理由ともなっている[27]。

3．米国の災害税制

米国では1867年に最初の災害税制が規定され，特別な事情のある納税者の租税負担を軽減させるため[28]，火災・難破から発生した損失を控除することを認めた[29]。

1870年には洪水から発生する損失を追加し，1894年には火災，暴風雨及び難破と文言を修正した。1913年に恒久的な法令として所得税が規定されると，火災，暴風雨若しくは難破に基因する損失のみを控除の対象にし，1916年には事故災害と盗難を追加した。また，1964年の税制改正で災害1件につき一律100ドルの制限規定を創設し，1982年には10％制限規定を追加した。

1962年には大統領の大規模災害宣言時に税制上の特例が設けられ，甚大な自然災害やテロなどの国家危機時にはカトリーナ緊急減税法，メキシコ湾岸特区法やテロ被害者減税法などの特別措置法も創設されている。

このように，米国の災害税制は，①一般災害における内国歳入法に基づく基本的な災害損失制度，②大統領が大規模災害と宣言したときにおける内国歳入法に基づく災害損失制度，③甚大な大規模災害時に創設される特別措置法によ

る災害損失制度という三段階の特例で構成されており，米国所得税法の中で最も複雑な制度になっている。

3-1　一般災害時の災害損失控除

災害や盗難などによる損失を控除する方法には，標準控除方式と項目別控除方式の2種類の方法があり有利な方を選択して申告できる。

標準控除方式は，具体的な経費項目を挙げて支出額を立証しなくても一定概算額による控除が認められる簡易な制度で，項目別控除は，医療費控除，諸税控除，住宅や投資の支払利子控除，寄附金控除，災害損失控除及び雑控除の6種類があり，各控除項目の金額を積上計算する実額控除制度である。

災害損失控除は，事業用以外の個人資産が災害又は盗難などにあった場合に控除の対象となる。災害における控除は，個人の住居，家財道具などを，突然の非日常的な出来事である災害，嵐，難破やその他の原因により，財産を失った場合や財産の価値が著しく下落したときに損失控除の対象となる（内国歳入法第165条（h）（4））。

災害及び盗難損失として控除できる災害損失控除額は，一つの災害等から生じた損失につき100ドルを控除した金額から調整総所得（AGI）の10％を差し引いた金額である（内国歳入法第165条（h））。

3-2　大統領が大規模災害と宣言したときの災害損失控除

災害が発生すると，郡や市町村の行政当局は被害の軽減や人命救助などの対策を行い，州の支援を必要とするときは州知事による州の緊急事態宣言に基づき州の要員は出動する。州のみでは対応が困難で連邦政府による援助を行うべき大規模災害のときは，スタフォード法に基づき大統領が大規模災害の宣言をすることによって，FEMAが中心となり各行政機関，軍隊やボランティア団体と連携して救助活動は実施され，同時に税務上の特例も適用できる。

3-2-1　**大統領が大規模災害と宣言した災害**

大統領が大規模災害宣言を発表する手続きは，1950年に議会が最初の大惨事

図表 4-2　大規模災害及び非常事態宣言の状況

年	大規模災害宣言	非常事態宣言	年	大規模災害宣言	非常事態宣言	年	大規模災害宣言	非常事態宣言
	件	件		件	件		件	件
2014	45	6	2004	69	7	1994	36	1
2013	62	5	2003	56	19	1993	32	19
2012	47	16	2002	49	—	1992	45	2
2011	99	29	2001	45	11	1991	43	—
2010	81	9	2000	45	6	1990	38	—
2009	59	7	1999	50	20	1989	31	—
2008	75	17	1998	65	9	1988	11	—
2007	63	13	1997	44	—	1987	23	1
2006	52	5	1996	75	8	1986	28	—
2005	48	68	1995	32	2	1985	27	—

出所：FEMAホームページ〈http://www.fema.gov/〉。

支援プログラムである災害救援法を制定したときからである。

　大統領宣言（Presidential Declaration）には，大規模な自然災害時の支援を機能させるための大規模災害宣言（Major Disaster Declarations），緊急性を要する支援を機能させるための非常事態宣言（Emergency Declarations）のほか，火災による災害支援宣言（Fire Management Assistance Declarations）がある。

　スタフォード法第5170条（宣言手続）によれば，災害が州地方政府の能力を超え，かつ，連邦の援助が必要なほど激甚かつ大規模であるときは，被災した州知事による要請によって，大統領による大規模災害宣言を行うこととされている。FEMAのホームページには，1953年からの大統領宣言の件数を公表しているが，大規模災害宣言及び非常事態宣言については，図表4-2のとおり，1996年頃から多くなって，2013年は62件，2014年は45件の大規模災害宣言がされている[30]。

3-2-2　大規模災害に適用される特例

　大統領によって大規模災害と宣言された災害には，被災者の救済という社会政策的理由により，一般の災害損失より有利な取り扱いが1962年から定められている[31]。

(1) 前年分での災害損失の申告

大統領によって大規模災害と宣言された災害地域内で発生した災害損失は，災害発生の年分として本来の申告をすることも，前年に生じたものとしても申告できる（内国歳入法第165条（i）（1）（2））[32]。

ただし，前年分で申告した場合には，その選択の日（実質的には申告書を提出した日）から起算して90日以内に限り選択を取り消すことが認められるが，それ以降は取り消すことはできない（財務省規則第1.165-11（e））。

(2) 損失の繰越控除と繰戻し還付

事業から生じた純損失は，原則として，2年間の繰戻し（Carry Back）と20年間の繰越し（Carry Forward）をすることで，その期間の所得から控除できるが（内国歳入法第172条（b）（1）（A）），大統領によって大規模災害宣言された地域内で被災した災害損失は，3年間の繰戻し還付が認められる（内国歳入法第172条（b）（1）（F））。純損失はそれが生じた年度の3年前の年度に繰り戻し，さらに純損失が残る場合に2年前，1年前の年度に繰り戻し，過年度に納付した税額の還付を受けることができ，この繰戻手続きによっても，まだ純損失が残る場合には，翌年度以降に繰り越すことで翌年度の所得から控除できるが，繰戻しをせずに繰越しのみを選択することもできる。

このように，繰戻し還付を優先する理由は，突然の大規模災害に遭遇し，財政的に窮地に立たされた被災者の当面の運転資金や生活資金の確保など財政基盤に対する配慮，家計破綻を回避するという社会政策的な機能にある[33]。

(3) 破壊命令等による損失に対する特例

大規模災害の指定地域に存在する家屋について，州又は地方自治体から120日以内に取り壊すか移転するよう命令を受け，これに従ったことにより生じた損失は，大規模災害による災害損失として取り扱われる（内国歳入法第165条（k））。

例えば，嵐によって引き起こされた土砂崩れで危険であるとして破壊命令が出され，家屋を取壊し又は移転させた場合などである。

(4) 災害資産の代替資産の課税の繰延べ

不動産が収用，破壊，盗難等の非自発的理由により，不本意ながら代替資産を取得した場合は，実現された利得の一部又は全部について，一定の期間内に類似資産又は代替資産を取得すれば課税の繰延べが認められる（内国歳入法第1033条（a）（1））。

一定の期間とは，原則として，利得が実現した課税年度の終了後2年以内の期間をいい（内国歳入法第1033条（a）（2）（B）），収用された場合は3年以内とされている（内国歳入法第1033条（g）（4））。ただし，連邦政府によって宣言されている大規模災害で，その大規模災害地域内で被災した場合には4年以内とされている（内国歳入法第1033条（h））。

4．甚大な大規模災害時の特別措置法

大統領が大規模災害と宣言した災害のうち，特に甚大な大規模災害時には特別措置法が創設されている。2001年9月11日の同時多発テロ，2005年のハリケーン・カトリーナ，2008年のハリケーン・アイクなどによる災害等では，テロ被害者減税法，カトリーナ緊急減税法，メキシコ湾岸特区法や2008年中西部とハリケーン・アイク救援減税法などの特別措置法が設けられ，充実した災害税制に発展してきた。

従来，連邦政府は被災者への税制上の支援には消極的で，1989年のハリケーン・ヒューゴの被害総額70億ドルといわれる損害が生じた災害では特別な減税措置は行っていない[34]。

1995年阪神淡路大震災の前年，1994年1月17日午前4時半頃，ロサンゼルス市北西部のノースリッジ地区を震源地とするマグニチュード6.8のノースリッジ地震（Northridge Earthquake）では，高速道路やアパートなどの建物が崩壊したほか，ロサンスゼル市内だけで100件を越す火災が発生し，死者61人，負傷者約8000人，被災9万2000棟以上，200億ドル以上の経済的損失をもたらした[35]。このノースリッジ地震災害でも税制上の特例は州税に関するものが中

心で，連邦政府は10％の制限規定を除外し，超過欠損金の5年間の繰越しを認め，さらに，この5年間が終了した後でも繰越損失が残っている場合には，その残額の半額をその後10年間繰越しすることなどを認めたにすぎない[36]。

転機となったのは，2001年9月11日の同時多発テロと2005年8月末に米国メキシコ湾岸地域を襲い米国災害史上最大の被害となったハリケーン・カトリーナに対するカトリーナ緊急減税法を制定してからである。同時多発テロではテロ被害者減税法，ハリケーン・カトリーナではカトリーナ緊急減税法，そして，2005年9月にはハリケーン・リタ，10月にはハリケーン・ウィルマといった一連の巨大ハリケーンによる被害が発生したこともあり，カトリーナ緊急減税法に追加的な減税措置を盛り込み統合したメキシコ湾岸特区法が同年12月に成立し，被災者救済から被災地復興まで多くの特例が設けられた。これ以後，連邦政府は国家的災害や危機に積極的に関与する姿勢に転じ，大規模災害宣言及び非常事態宣言の回数も増加し，カトリーナ緊急減税法とメキシコ湾岸特区法は，その後の大規模災害時における特例制度の基本型になっている。

4-1　2001年9月11日テロ被害者減税法

テロ被害者減税法（Victims of Terrorism Tax Relief Act of 2001）は，2001年12月20日米国議会で可決され，その後2002年1月23日大統領署名により成立した。

テロ被害者減税法は，2001年9月11日の世界貿易センターをはじめとする合計4機の航空機テロ，同年9月11日から12月31日までの間の炭疽菌テロ，1995年オクラホマ市爆破事件の死亡者及びその家族の税金を軽減又は免除するものである。

テロ攻撃で死亡した合計4機の旅客機の搭乗客，搭乗員，地上被害者，消防隊員，そのほかの救助隊員は，死亡年度と少なくともその1年前の年度の所得税が免除され，被害者の死亡が負傷年度の翌年以降の場合は負傷の前年から死亡年度まで免除されるから，免除期間は3年又はそれ以上となる。

所得税免除は最低限度1万ドルで，納付済と取り扱われるから，死亡者の納

付済の所得税が1万ドル超であれば全額還付され，対象年度の除外所得の税金の合計額が1万ドル以下の場合，例えば2001年の死亡者の税額が2000年2,000ドル，2001年1,000ドル，合計3,000ドルの場合は，7,000ドルが還付された。また，死亡者が米国で申告提出義務のない非居住外国人も還付請求することにより1万ドルが還付された。なお，テロの被害者及び9月11日以降の戦闘地帯で戦死した軍人には，遺産税の特別軽減税率なども設けられた[37]。

2002年の雇用創出と労働者支援法（Job Creation and Worker Assistance Act of 2002）では，ニューヨーク被災地の支援として，雇用機会税額控除の適用対象となる従業員の定義が拡大された。その結果，ニューヨーク被災地又は被災地から市内の他地域に移転した事業者に対して,従業員給与の40％（従業員1人当たり2,400ドルを限度）の税額控除が認められ，また，テロ発生より3年以内に取得した減価償却対象資産は初年度に30％の特別償却，5年間の繰戻還付のほか復旧目的の免税債発行を認めている。

2001年9月11日の同時多発テロでは，米国航空運輸産業に対する支援を目的とした航空運輸安全及び航空システム安定化法（Air Transportation Safety and System Stabilization Act）と，負傷又は死亡者遺族に対する補償金を支払うことを目的とした2001年犠牲者補償基金（Victim Compensation Fund of 2001）も成立した。この犠牲者補償基金はテロ攻撃の犠牲者2,880人の遺族及び2,680人の負傷者に対して，総額70.49億ドル（1兆573億円）の補償金が支払われたが，一人当たりでは，死者の遺族は平均200万ドル（3億円），負傷者は40万ドル（6,000万円）の補償金であった[38]。

4-2　2005年ハリケーン・カトリーナ緊急減税法

2005年8月末に米国メキシコ湾岸地域を襲ったハリケーン・カトリーナは広域にわたる強風・降雨・高潮により死者1,420人，国連国際防災戦略（UNISDR）兵庫事務所の発表では経済損失1,250億ドル[39]という甚大な被害をもたらした。市街地の8割が水没したニューオーリンズ市を中心に100万人規模の被災者が発生し，40万人という大量の市民が避難生活を送り，そのうち27万人は他州へ

図表 4-3　主要災害被害額等

発生年	災害名	被害額
1900	ハリケーン・ガルベストン	7 億ドル
1906	サンフランシスコ地震	95
1929	ミシシッピ大洪水	28
1964	アラスカ大地震・津波	3
1965	ハリケーン・ベッツィ	14
1969	ハリケーン・カミール	14
1974	大竜巻災害	10
1978	ラブ・キャナル事件	4
1980	セントヘレンズ山噴火	10
1989	ロマ・プリータ地震	100
1989	ハリケーン・ヒューゴ	70
1992	ハリケーン・アンドリュー	270
1994	ノースリッジ地震	200
2001	9・11同時多発テロ	426
2005	ハリケーン・カトリーナ	1,480
2008	ハリケーン・アイク	193

出所：Lindsay,B.R., & McCarthy,F.X. (2006), "Considerations for a Catastrophic Declaration：Issues and Analysis" *CRS Report for Congress*, p.10.

広域避難した。

　米国立ハリケーンセンター（National Hurricane Center）によれば，1851年から2004年までに米国を襲ったハリケーンの総数は273個ある。ハリケーンの勢力はcategory 1 から最大のcategory 5 までに区分けしているが，category 5 に達したハリケーンは，カトリーナ以前には1933年のレイバー・デイ，1969年のカミール，1992年のアンドリューの3つしか記録されておらず[40]，図表4-3のとおり，1900年以降の災害のなかでも損害額が最大である[41]。

　被災地であるメキシコ湾岸では，米国で消費される石油の3分の1，天然ガスの4分の1が生産されており，一時的に石油精製の95％，天然ガス生産の88％が停止するなどの影響で石油価格が最高値を更新し，米国全体への影響が懸念された。

米国議会は，補正予算で623億ドルの追加財政支出に加えて[42]，同年9月21日に，カトリーナ緊急減税法（Katrina Emergency Tax Relief Act of 2005）を上下両院で可決し，23日にブッシュ大統領の署名により成立．減税規模は5年間で61億ドル（うち当初2年間で59億ドル）とされた[43]。

なお，同法の主な内容は以下のとおりである[44]。

① 災害損失控除については，100ドルと10％の2種類の控除制限規定は適用せず，災害年又は前年分で全額控除できる。

② 被災者の2005年の申告において，勤労所得税額控除（Earned Income Tax Credit）及び児童税額控除（Child Tax Credit）の還付部分の計算のための「勤労所得額」は，2004年の勤労所得額を用いることができる。

③ 住居に被災者を無償で60日以上住まわせた場合，その被災者1人当たり500ドル（最大2,000ドル）の所得控除を与える（2005年分又は2006年分の選択）。

④ 被災地に居住していた者を，次の期間内に雇用した場合，この者に対する当初1年間の給与の40％（被用者1人当たり最大2,400ドル）を税額控除できる。
　・　被災地内で雇用する場合，2005年8月28日から2年間
　・　被災地外で雇用する場合，2005年末まで

⑤ 被災を受けた従業員数200人以下の事業者が，被災地で雇用した従業員に支払った給与の40％（被用者1人当たり最大2,400ドル）を税額控除する。

⑥ 個人の寄附金は，原則として，調整総所得（AGI）の50％を限度に控除でき（内国歳入法第170条（b）（1）（A）），控除制限超過額は翌年以降5年間繰り越すことができるが，本件被災に関する寄附金は全額控除を認め，法人の寄附金控除の上限も撤廃する。

⑦ 個人が赤十字などの適格組織の活動のために自分の車両（マイカー）を利用した場合は，実費又は簡便法による金額（1マイル当たり14セント）を寄附金として控除できる（内国歳入法第170条（i））が，1マイル当たりの単価を最大48.5セントまで認める。

⑧ 年金の前払いを受ける際には通常は10%減額されるが，被災者には減額せずに支給する。

　このような各種の税制上の特例が設けられた理由は，ハリケーン・カトリーナの甚大な災害，米国経済に与える影響の大きさと景気対策としての減税政策にある。

　当時を振り返ると，ブッシュ大統領は2000年の大統領選挙において，所得税の税率の引き下げ，税による離婚へのペナルティの解消，児童税額控除の拡大や遺産税の廃止などを公約し，2001年6月に経済成長と減税調整法（Economic Growth and Tax Relief Reconciliation Act of 2001）を成立させた。また，2003年5月に成立した2003年雇用と成長のための減税調整法（Jobs and Growth Tax Relief Reconciliation Act of 2003）は，2003年から2013年の11年間で総額3,500億ドルの減税を行う大規模なものであり，米国史上最大の81年レーガン減税（総額1.51兆ドル），第2位の2001年ブッシュ減税（総額1.35兆ドル）に次ぐ規模である。

　減税項目は，①配当課税軽減，②キャピタルゲイン税軽減，③2001年ブッシュ減税の前倒し実施（所得税率引き下げ，最低所得税率対象者の拡大，児童税額控除額の増額，共働き世帯向け減税），④AMT（最低代替税）控除枠の拡大，⑤主に中小企業向け投資減税及び⑥州政府への援助から構成されている。このとき，特定資産の取得年度に50%の特別償却を行う特例，欠損金の繰戻し年数を2年から5年に延長，従業員給与の40%の税額控除算入を認める雇用機会税額控除の特例，復旧目的の免税債発行権限の認可の特例なども設けられた。

　このように，ブッシュ政権が立て続けに，経済対策のための減税法を立法したことが，その後の多様な災害救済制度の始まりになっている。

4-3　2005年メキシコ湾岸特区法

　2005年は8月のハリケーン・カトリーナに引き続き，9月にはハリケーン・リタ，10月にはハリケーン・ウィルマといった一連の巨大ハリケーンによる被害が発生した。これらの被災者を対象にして，カトリーナ緊急減税法に追加的

な減税措置を盛り込み統合したメキシコ湾岸特区法（The Gulf Opportunity Zone Act of 2005）が2005年12月成立し，減税規模は，5年間で78億ドル（うち当初2年間で68億ドル）とされた[45]。

メキシコ湾岸特区法は，カトリーナ緊急減税法における被災者負担軽減措置をハリケーン・リタ，ウィルマによる被災者に拡大する内容であり[46]，被災者に対する住居提供者の所得控除は認められなかったが，被災地の経済復興支援を促進するために企業の立地・投資を促す包括的な税制優遇措置が新たに導入された[47]。

4-3-1 被災者の特例

被災者に対する税制上の支援策は，次のとおりである。

① 災害損失控除については，100ドル制限と10％の2種類の控除制限規定は適用せず，全額控除できる。
② 災害損失控除の申告は災害年又は前年分の申告ができ，提出期限を延長する。
③ カトリーナ被災地内の資産に係る被災損失は，繰戻し還付の対象期間を通常2年間から5年間に延長する。また，2007年末までの間に企業（新規に特区に進出した企業も対象）の負担した従業員の移転・仮設住宅居住に係る会社負担経費や特区内で稼働させた資産の償却額についても，5年間の繰戻し還付ができる。
④ 被災者の2005年の申告において，勤労所得税額控除及び児童税額控除の還付部分の計算のための「勤労所得額」として，2004年の勤労所得額を用いることができる。
⑤ 年金の前払いを受ける際には，通常は10％減額されるが，被災者には減額せずに支給する。
⑥ 大学1，2年生の学費を税額控除できるホープ税額控除は，原則学生1人当たり最高1,500ドルであるが，倍増して最大3,000ドルとする。
⑦ 大学・大学院など高等教育機関の学位取得プログラム又は職業技能の獲得・向上を目的とする学費を税額控除できる生涯学習税額控除は，原則納税者1

人当たり1万ドルまでの教育費の20％（総額最大2,000ドル）であるが，これを40％に倍増（総額も最大4,000ドルに倍増）する。

4-3-2 被災地域の復興支援の特例

被災地域の復興支援等のため，次の特例が設けられた。

① 低所得者用賃貸住宅を新規に建設し又は大規模に改修した事業者が，15年以上は低所得者用賃貸住宅として使用することを条件に，連邦の補助を住宅建設に際して受けていないときは最大90％（現在価値で約70％），補助を受けているときは最大40％（現在価値で約30％）の低所得者用賃貸住宅税額控除（Low Income Housing Tax Credit：LIHTC）を10年間受け取れる。

なお，2008年末までの時限的措置として税額控除の割合を3割増す措置を行う（現在価値ベースで最大では91％又は39％の税額控除が可能である。）。また，適格住宅は地域における平均収入金額の6割未満の住民用の居室を4割以上確保することを本来要件としているが，地域平均ではなく全国平均によって適格性を判断する。さらに，州ごとの税額控除の総枠は，人口に1.9ドルをかけた額とされているが，特区については1人当たり18ドルとして総枠を約10倍に拡大する。

② 低所得者居住地域内で商業施設を建設（80％以上は非居住用）したときは，新市場税額控除制度（New Markets Tax Credit）において，当初3年は5％，後の4年は6％の合計39％を税額控除できる。

③ 被災地域内で支払った解体費用，瓦礫除去及び清掃費用の50％を経費に算入できる。

④ 被災を受けた事業者（カトリーナ緊急減税法の一事業者当たり200人の雇用までという中小事業者制限を撤廃）が被災地で労働者を雇用しているときは，雇用継続税額控除（Employee Retention Tax Credit）として，被災後に従業員に支払った給与の40％（被用者1人当たり最大2,400ドル）を税額控除できる。

⑤ 被災地内で新規に取得した動産，不動産，ライフライン施設等は取得初年度に50％の特別償却ができる。

⑥ 林業経営者が行う再植林費用を通常より増額して年間最高2万ドルまで控除できる。
⑦ 歴史的建造物の修復に係る費用を補助するための歴史的建造物税額控除 (Historic Tax Credit) を20%から26%に拡大する。
⑧ 利子は非課税扱いとなる湾岸特区債 (Gulf Opportunity Bonds) を被災3州 (ルイジアナ，ミシシッピ，アラバマ) 又はその下部の公的機関は発行できる。

　この債券発行で得た資金は被災地内の商業施設，低所得者向け賃貸住宅又はライフライン施設の取得，建設又は修繕への融資に95％以上充てることが要件とされており，被災者は通常より1.5から2％程度低い利子率で融資を受けられる。

4-3-3　被災者支援のための寄附金等の特例

被災者を救済するために寄附やボランティア活動を行う者に対する税制上の特例は，次のとおりである。
① 個人の寄附金の上限規定を撤廃し全額控除を認め，法人についても寄附金控除の上限を撤廃し全額損金算入できる。
② 食料品 (栄養食品等) の提供や学校の図書の寄附も特例適用できる。

4-4　2008年中西部とハリケーン・アイク救援減税法

　2008年は6月から7月にかけてアメリカ中西部で嵐，竜巻及び洪水によって大きな被害が発生した。9月にはハリケーン・アイクが被害をもたらし，ハリケーン・カトリーナ，アンドリューに次いで，大西洋北部で史上3番目の被害額となった。

　当時，2007年のサブ・プライム・ローン問題に端を発した金融危機に対処するため，2008年9月29日に緊急経済安定化法案が米国下院議会に提出された。しかし，金融機関保護のために国家資金を投入することに対しての反対多数により，一旦法案は否決された。この法案否決を受けて，ニューヨーク株式市場は混乱し，ニューヨークダウは前日より777ドル安と史上最大の下落をし，他

の国の株式市場にも下落は波及し世界的な連鎖をもたらすことになった。このため，再度，法案は手直しの上，2008年10月１日に米国下院議会で可決され，10月３日にブッシュ大統領の署名によって緊急経済安定化法（Emergency Economic Stabilization Act of 2008）は成立した[48]。

この緊急経済安定化法は３つの区分からなっており，DIVISION Aは2008年緊急経済安定化法（Emergency Economic Stabilization Act of 2008），DIVISION Bは2008年エネルギー改善・拡大法（Energy Improvement and Extension Act of 2008），DIVISION Cは課税延期・代替ミニマム課税救済法（Tax Extenders and Alternative Minimum Tax Relief Act of 2008）からなっている。

課税延期・代替ミニマム課税救済法は，2008年５月20日から７月31日までの中西部の各州での嵐・竜巻・洪水などの自然災害による被災者に対する減税等を目的とした中西部とハリケーン・アイク救援減税法（Heartland and Hurricane Ike Disaster Relief）と，2008年と2009年に大統領が大規模災害と宣言した災害の被災者に対する特別の減税措置等である大災害援助法（The National Disaster Relief Act of 2008）などで構成されている。

中西部とハリケーン・アイク救援減税法では，災害損失控除については100ドルと10％の２種類の控除制限規定は適用せず損失全額控除を認め，また被災者へ住居提供したときは所得控除が認められるなど，カトリーナ緊急減税法及びメキシコ湾岸特区法の特例を多数引用している[49]。また，大災害援助法では，2009年は災害損失控除の100ドル制限は１件につき一律500ドルに引き上げられていたが，大統領宣言された地域の災害損失に10％の控除制限規定は適用せず，欠損金の５年間の繰戻還付などの特例が設けられた[50]。

なお，2001年９月11日テロ被害者減税法から大災害援助法までの法律を比較すると，図表４-４のとおり，2005年カトリーナ緊急減税法及びメキシコ湾岸特区法における特例がその後の災害でも適用されている[51]。

図表4-4　災害特別措置法の比較

区分	2001年9月11日テロ	2005年ハリケーン・カトリーナ	2005年カトリーナ、リタ、ウィルマ	2008年中西部の洪水等	2007年から2009年の災害
関連法令	雇用創出と労働者支援法	カトリーナ緊急減税法	メキシコ湾岸特区法	中西部とハリケーン・アイク救援減税法	大災害援助法
災害損失の全額控除等		適用	適用	適用	適用
5年間の繰戻還付			適用		適用
勤労所得税額控除等の特例計算		適用	適用	適用	
年金の早期受給の特例		適用	適用	適用	
教育費の税額控除		適用	適用	適用	
低所得者用賃貸住宅税額控除			適用	適用	
新市場税額控除			適用		
解体・瓦礫除去費用の経費算入			適用		適用
雇用機会税額控除	適用	適用			
雇用継続税額控除		適用		適用	
特別償却の特例	適用		適用		適用
食品・学校図書の寄附金控除		適用			適用
再植林費用控除			適用		
歴史的建造物税額控除			適用	適用	
税金免除の債券発行	適用		適用	適用	
寄附金の全額控除		適用	適用		
ボランティア活動に係るマイル計算		適用		適用	
住宅の無償提供の所得控除		適用		適用	
従業員の家賃負担の特例			適用	適用	

出所：各法令から筆者作成。

4-5　2010年メキシコ湾岸原油流出事故

2010年4月20日夜，世界最大の沖合掘削請負会社トランスオーシャン社が管理するルイジアナ州ベニス沖の石油掘削施設ディープウォーター・ホライズン（Deepwater Horizon）で，技術的不手際から掘削中の海底油田から逆流してきた天然ガスが引火爆発し，海底へ伸びる5,500mの掘削パイプが折れて大量

の原油がメキシコ湾へ流出した。

　この事故では大統領の大規模災害や緊急事態の宣言も行われておらず，被災者の災害損失に伴う減税や支援税制については，当時，メキシコ湾原油流出減税法（The Oil Spill Tax Relief Act of 2010），メキシコ湾岸貯蓄法（The Gulf Coast Access to Savings Act of 2010），メキシコ湾原油流失回復法（The Gulf Oil Spill Recovery Act of 2010）などの法案が提出されたが，いずれも成立していない。

　なぜならば，この事故の責任は，民間企業であるBP（英国），アナダルコ（米国），三井石油開発の米国子会社，トランスオーシャン（スイス），ハリバートン（米国）などの各企業に責任があり，また，自然災害ではなく人為的なものである。損害を受けた者は責任ある当事者から補償を受けることができるため[52]，自然災害において被災者がその被害を負担するものとは異なり，一方で補償を受け取りながら税金を減額するのでは公平が保てないからである[53]。

5．米国の特別措置法との比較検討

　米国の災害税制は，災害損失控除が1867年に設けられ，1962年には大統領の大規模災害宣言に基づく特例，更には1994年のノースリッジ地震の被災者に対する特例措置，2001年のテロ被害者減税法，2005年のハリケーン・カトリーナ緊急減税法やメキシコ湾岸特区法，2008年中西部とハリケーン・アイク救援減税法などが創設され，被災者救済に限らず，被災地復興，雇用対策やボランティア活動にも配慮した災害税制が整えられてきた。

　現在の米国災害税制は，内国歳入法に定める一般災害と大規模災害による災害損失控除制度に加え，甚大な大規模災害時には特別措置法を数年間隔で創設しており，災害程度によって三段階の制度となっている。

　我が国の災害税制は，雑損控除と災害減免法と二重になっている。災害規模による区分はされておらず，いずれか有利な方を選択できる制度として併存し，大規模災害による特例は設けられていないが[54]，阪神淡路大震災及び東日本大

図表4-5　日米の災害税制の概要

区　分	米　国	日　本
一般的な災害損失	災害損失控除（標準額控除方式又は項目別控除方式の有利な方を選択できる。）	雑損控除又は災害減免法の有利な方を選択できる。
大規模災害	大統領によって大規模災害と宣言されたときは，前年分での申告，前3年間の繰戻還付，20年間の損失繰越しなどが認められる。	（制度無し）
甚大な大規模災害	カトリーナ緊急減税法やメキシコ湾岸特区法などの特別措置法が創設された。	阪神淡路大震災及び東日本大震災では特別措置法が創設された。

出所：各法令から筆者作成。

震災では特別措置法が創設されているから，図表4-5のとおり二段階の制度ともいえる。

5-1　災害損失控除と雑損控除の比較

米国の災害損失控除は，被災直前の時価から被災直後の時価を控除した金額を災害損失額とし，100ドルと10％の制限規定を設けている。我が国の雑損控除制度は，米国の災害損失控除制度にならって，昭和25年に導入した制度であるから，その基本的な制度に大差はなく，時価基準によって損失額を計算し10％の限度規定も設けている。このように損害額を時価損失として，個々に算定して所得控除する方法は理論的で，かつ，個別事情に即応した制度といわれている。

損失の発生原因は，両国とも災害，盗難及び横領を対象にしている点で同様であるが，米国では自然災害だけではなく交通機関等の事故も含まれる。我が国の雑損控除における災害とは，シャウプ勧告で導入された経緯から，当初，米国同様の災害を念頭においていたが，現実の取扱いでは発生原因は狭く解されている[55]。

米国所得税で災害損失控除の対象となる資産は，事業用以外の個人用資産すべてであり，生活に通常必要でない資産などは雑損控除の対象としない我が国の雑損控除の対象資産よりも広い範囲の損失を控除できる。

なお，資産の所有者別にみると，米国所得税法の災害損失控除の対象となる資産は，共同申告を行う夫婦を除き，納税者自身の所有する資産でなければならず，この点では「生計を一にする配偶者その他の親族」の有する資産をも対象とする我が国よりも狭くなっている。

5-2 甚大な大規模災害時における特例の比較

大統領によって大規模災害と宣言された大規模災害地域内で発生した災害損失には，災害損失を前年の申告所得から減額できるなど一般の災害損失より有利な規定が設けられている。更に甚大な大規模災害時にはカトリーナ緊急減税法，メキシコ湾岸特区法や2008年中西部とハリケーン・アイク救援減税法などの特別措置法が創設され，日本でも阪神淡路大震災と東日本大震災で特別措置法が創設された。

図表4-6は，阪神淡路大震災及び東日本大震災時における主な特例と米国のメキシコ湾岸特区法等を比較したものである。

米国では住宅再建のほか，雇用の回復こそが生活再建の近道であるという考えに基づき，被災者救済とともに，雇用対策，民間投資を活用した住宅や商業施設の建設など地域経済の再生にきめ細かな税制が設けられ，NPOやボランティアなど被災地域で活動する支援者に対する寄附金税制も充実している。

阪神淡路大震災の旧震災特例法では，被災者救済のための特例が中心で，東日本大震災では被災地復興のための住宅建設，事業再生や雇用確保に対する特例は創設されたが，ボランティア活動等に対する特例は設けられなかった。

各特例をみると米国の災害税制は多様であることに驚くが，その充実ぶりは減税規模でも明らかである。

メキシコ湾岸特区法に基づく連邦政府の減税予算78億ドル（うち当初2年間で68億ドル）に対して，東日本大震災の震災特例法による国税の減税予算は1,200億円であり7倍以上の差がある[56]。災害の復興予算総額に占める減税規模でみても，ハリケーン・カトリーナでは復興予算623億ドルの約10%が減税予算であるが，東日本大震災では集中復興期間（当初5年間）復興予算19兆円の

図表4-6　日米の災害特例の比較

項　目	阪神淡路大震災	東日本大震災	メキシコ湾岸特区法等
1　被災者のための特例			
雑損控除の適用基準	所得金額の10%超える損害	所得金額の10%超える損害	損失全額が控除可能
雑損控除の適用年分	災害年又は前年分の選択	災害年又は前年分の選択	災害年又は前年分の選択
雑損失の繰越期間	3年間（延長なし）	3年間を5年間に延長	20年間
雑損失の繰戻還付期間	—	法人のみ2年間に延長	2年間を5年間に延長
純損失の繰越期間	3年間（延長なし）	3年間を5年間に延長	20年間
純損失の繰戻還付期間	1年間（青色申告者のみ）	1年間（青色申告者のみ）	2年間を5年間に延長
災害減免法の適用年分	災害年又は前年分の選択	災害年又は前年分の選択	—
被災事業用資産の損失	災害年又は前年分の選択	災害年又は前年分の選択	前5年分で申告
居住用財産の譲渡期間制限	2年延長	3年を7年までに延長	2年を4年までに延長
住宅ローン減税	被災滅失しても適用	被災滅失しても適用	被災滅失しても適用
財形住宅貯蓄の解約	契約外払出の課税免除	契約外払出の課税免除	
勤労所得税額控除の基準所得	—	—	前年の所得金額を適用
年金繰上支給の減額廃止	—	—	災害時は減額せず支給
大学生に対する税額控除	—	—	1人当たり3000ドルの税額控除
生涯学習税額控除	—	—	1人当たり4000ドルの税額控除
2　被災地域再生のための特例			
被災者向け賃貸住宅の建設	70%又は50%の割増償却	70%又は50%の割増償却　特別償却25%又は税額控除8%	10年間で最大91%の税額控除
被災地域での商業施設の建設	—	—	7年間で最大39%の税額控除
区画整理事業等の特例	特別控除及び代替資産の適用	特別控除及び代替資産の適用	—
解体・瓦礫処理費用	修繕費に計上	修繕費に計上	費用の50%を経費算入
被災地での雇用	—	給与の10%を税額控除	給与の40%を税額控除
被災事業用資産の代替取得	10%〜36%の特別償却	10%〜36%の特別償却	100%の課税繰延べ
事業用資産の新規取得	—	25%〜100%の特別償却　8%又は15%の税額控除	50%の特別償却
事業用資産の取得期間制限	2年延長	2年延長	2年を4年までに延長
事業用資産の買換え	100%の課税繰延べ	100%の課税繰延べ	100%の課税繰延べ
開発研究用資産の取得	—	100%特別償却又は12%税額控除	50%の特別償却又は100%繰延べ
再植林費用	—	—	植林費用控除額を1万ドル増額
歴史的建造物の修復	—	—	修復費の税額控除を増額26%
3　被災者支援のための特例			
特定団体への寄附	総所得金額の25%（拡大なし）	総所得金額の40%を80%に拡大	調整後総所得の50%を100%に拡大
ボランティア団体への寄附	—	40%税額控除	調整後総所得の50%を100%に拡大
寄附金控除額の繰越し	—	—	5年間繰越し
被災者への住居提供	—	—	最大2000ドルの所得控除
食料品や学校図書の提供	—	—	食料品や学校図書は寄附金
ボランティア参加費用	—	—	自家用車の燃料費等は寄附金

出所：各法令から筆者作成。

わずか0.6％にすぎない。

5-3　被災者救済のための特例

米国では，甚大な大規模災害時において被災者の税負担を軽減するための特例として，通常の災害損失控除額による還付額を増額するため，災害損失の全額控除，繰越控除や繰戻し還付の年数制限を緩和し，学業支援や年金生活者のための特例なども設けられている。

5-3-1　災害損失の繰越控除と繰戻還付

災害損失控除額は災害1件当たり100ドルと調整総所得の10％を超える部分が控除金額であるが，メキシコ湾岸特区法などでは，これらの基準を適用せず被害額の全額控除を認めている。また，災害損失は通常2年間の繰戻しと20年間の損失繰越しが認められ（内国歳入法第172条（b）（1）（A）），大統領によって大規模災害宣言されたときは3年間の繰戻し還付（内国歳入法第172条（b）（1）（F）），メキシコ湾岸特区法では5年間に拡大されている（メキシコ湾岸特区法第1400N条（k）（1）（A））。

米国の内国歳入法は，所得税及び法人税とも2年間の損失の繰戻しと20年間の繰越しと長期間損益通算を認めている。その理由について，1954年の下院の歳入委員会による内国歳入法の審議（Ways and Means Committee）では，長期にわたる損益の平均化は所得が変動する企業と比較的安定した所得を持つ企業との間で課税の公平を保つのに役立つものであるとしている[57]。また，1986年税制改革の上院委員会報告では，年度会計制度によって生じるひずみを和らげるために必要な措置であると説明している[58]。

災害時に繰戻還付を優先するのは，突然の大規模災害に遭遇し財政的に窮地に立たされた被災者の損失を将来に繰越して，将来の税額を圧縮するよりも，まずは当面の運転資金や生活資金を確保する必要があり，過年度税額の還付支給することで必要な資金を手にし，事業倒産や家計破綻を回避させるという社会政策的な機能を重視しているからである[59]。

我が国では，阪神淡路大震災の旧震災特例法で雑損控除の10％制限は免除さ

れず，繰戻し還付も損失繰越期間も延長されなかった。東日本大震災では損失の繰越しは5年間に延長したが，繰戻し還付は法人のみ2年間認められたにすぎない。

諸外国の多くは，欠損金の繰越期間を無制限ないしは長期間認めており，欠損金の繰戻し還付制度も各国で導入されている[60]。阪神淡路大震災で明らかなように大規模災害からの復興は困難で長い年月を要するから，個人と法人とを問わず長期間の損益通算を認めるべきである。

5-3-2 教育費に関する特例措置

災害による経済的理由で学生が勉学の機会を失うことは，学生本人に限らず社会全体にとって大きな損失であり，高等教育への意欲と能力のある学生への支援は災害時に限らず重要な制度である。

米国の学生支援制度の特徴は，入学前の学費準備段階から，入学後と卒業後までの長期間にわたる様々な支援制度の充実にある。

日米を比較すると，給付奨学金，学資ローンや授業料免除などは同様であるが，米国には政府による奨学金があること，公共性の高い特定の職業に一定期間従事した場合の返還免除制度があること及び税制上の特例措置が充実していることなどが特徴といえる。なぜかというと，米国では1990年代に大学授業料がインフレを大きく上回るペースで上昇し続けたため，当時のクリントン政権は中間所得層が大学進学を断念することを懸念し，負担軽減と将来に対する投資という二つの観点から，税額控除や所得控除に加え教育のための貯蓄奨励税制などの税制優遇制度を次々に導入した。このことが，奨学金や学資ローンといった直接的な補助金給付による支援だけでなく，税制優遇制度を通じた支援が次第に重要な役割を果たしてきた要因になっている。

IRSの資料によると，教育のための優遇税制は，奨学金と授業料割引（Scholarships, Fellowships,Grants,and Tuition Reductions），米国高等教育支援税額控除（American Opportunity Credit，旧ホープ税額控除（Hope Credit）），生涯学習税額控除（Lifetime Learning Credit），教育ローン利子の所得控除（Student Loan Interest Deduction），教育ローン返済免除と返済補助（Student

Loan Cancellations and Repayment Assistance），授業料・手数料の所得控除（Tuition and Fees Deduction），カバーデル教育貯蓄口座（Coverdell Education Savings Account），529プラン（Qualified Tuition Program），個人退職勘定の早期引出追加税の免除（Education Exception to Additional Tax on Early IRA Distributions），教育貯蓄債券プログラム（Education Saving Bond Program），雇用主提供の教育支援（Employer-Provided Educational Assistance），職業関連教育費の事業所得控除（Business Deduction for Work-Related Education）の12種類もある[61]。

これらを税制上の特徴に基づいて大別すると，①税額控除（Credits），②所得控除（Deductions），③貯蓄奨励（Savings）の3種類である。適用できる時期別にみると，①教育資金を「先に貯める」ための支援税制，②教育費を「今支払う」ための支援税制，③過去の教育費を「後で支払う」ための支援税制の3種類となり，連邦政府は「今支払う」ためだけでなく「先に貯める」ための優遇税制を活用することで，より広く家計の自助努力を促すことを目指している[62]。

教育関係の税制優遇制度のうち，政府支出額に基づいて比べると，最も金額の大きいものは，生涯学習税額控除と米国高等教育支援税額控除（旧ホープ税額控除）である[63]。生涯学習税額控除は，適格教育機関に在籍する適格学生の適格教育費に対して，納税者一人当たり最大2,000ドル（1万ドルの20％）まで税額控除でき（内国歳入法第25A条（C）），米国高等教育支援税額控除は，適格教育機関に在籍する適格学生一人当たりに支払った高等教育の適格教育費に対して，最大2,500ドルまで税額控除できる（American Recovery and Reinvestment Act of 2009,第1004条）ものである。

メキシコ湾岸減税法では，生涯学習税額控除は最大4,000ドルに倍増（40％に倍増）し，当時のホープ税額控除も限度額を倍増して最大3,000ドルとされた[64]。

5-4 被災地域復興のための特例

被災地復興は，被災地の住宅，産業や雇用回復が重要である。それは被害地域へ住民が戻らないと復興は進まず，それが更に住民の帰還を遅らせるという，被災の悪循環が形成されてしまうと被災者支援の終わりは見えなくなり，次第に被災者は被災地に戻ることを諦めてしまうからである。

メキシコ湾岸特区法などでは，被災地域の住宅建設や産業振興等のため税制上の措置として，低所得者用賃貸住宅税額控除制度及び商業施設建設のための新市場税額控除のほか，瓦礫除去の補助，被災者の雇用対策のための雇用機会税額控除や勤労所得税額控除，再植林費用や歴史的建造物の修復のための歴史的建造物税額控除制度など，手厚い特例が設けられている。

5-4-1 被災者向け賃貸住宅の建設

米国の住宅援助は，仮設住宅や賃貸住宅の提供と恒久的住宅再建のための財政支援などを実施することとされている（スタフォード法第5154条）。過去の災害では近隣で容易にアパート等を見つけることが可能であったため，賃貸住宅により応急居住を提供した事例が多く，家賃相当額の資金提供が中心である。

ハリケーン・カトリーナの被災地は石油精製施設などが集中する米国経済を支える重要な地域であるが，その地域のほとんど全ての住宅は被害を受けた。地域再生と労働力の回復は最重要課題で，住宅支援はその大きな柱であったので大量のトレーラハウス，モービルホームが18か月間レンタルされ，ルイジアナ州及びミシシッピ州だけで8万5,842台を提供し[65]，住居に被災者を無償で60日以上住まわせた場合には，その被災者1人当たり500ドル（最大2,000ドル）の所得控除を与える特例も設けて住居を確保した。

被災者には住宅の修理・再建資金として低金利融資のほか，最大15万ドルの直接支援[66]や危険地域の住宅を被害以前の価格で買上移転させる措置も行われたが，財政上の制約もあり，住宅支援は税額控除による間接的な政策を中心に実施している[67]。

住宅支援の代表的な制度である低所得者用賃貸住宅税額控除（Low Income Housing Tax Credit：LIHTC）は，低所得者向け住宅開発プロジェクトへの

投資者に連邦政府が与える租税優遇措置である。1986年に創設され1987年から時限的に実施されたが，他の制度を上回る供給実績と様々な住宅サービスへの適用性，州政府の裁量の多さなどから，議会はこの制度を高く評価し1993年に恒久化している。この制度を利用した賃貸住宅は，1987年から2008年までに累計約167万戸が供給され，公営住宅の直接供給戸数の116万戸を大きく上回っている[68]。

低所得者用賃貸住宅税額控除制度は，民間事業者が住戸の一定割合を低所得者向けの賃貸住宅として15年間賃貸することなど，連邦政府の定める基準を満たせば，賃貸住宅の建設費70％又は30％相当額が税額控除できるもので，70％相当額は毎年9％の税額控除を10年間，30％相当額は4％の税額控除を10年間適用できる[69]。

70％税額控除は新築又は既存住宅の大規模な修繕を行う案件で，連邦政府の補助を受けないことが要件で，30％税額控除は既に大規模な修繕が実施済みの物件又は連邦政府の補助を受けた新築物件が対象である（内国歳入法第42条）[70]。税額控除の総額は，毎年度，連邦政府から州政府に人口当たりの割当金額が配分され，その州の減税予算をどの事業に割り振るかの裁量は州政府に委ねられている。

メキシコ湾岸特区法では，低所得者用賃貸住宅税額控除制度の税額控除の割合を3割増とする措置が行われたため，現在価値ベースで最大91％又は39％の税額控除が可能とされた。さらに，州の税額控除の総額は人口に1.9ドルをかけた額とされているが，特区については1人当たり18ドルとして総額は約10倍に拡大され，テキサス州とフロリダ州には各々350万ドル相当の追加控除枠も付与された[71]。

低所得者用賃貸住宅税額控除制度では，建設される建物の内容を行政や市民がコントロールできるため，十分な耐震・耐火性能と持家並みの質を持った大規模な準公共住宅が民間資本で建設されている。さらに，低所得者向けの住宅のみならず，介護や医療サービスあるいは日常的な支援サービスが必要な高齢者世帯又は障害者を有する世帯向けの賃貸住宅，母子家庭の児童ケア施設付住

宅，保育施設付住宅，病院，学校，公共施設や商業施設なども一体的に整備することで州政府主導で地域の必要とするものが建設されている。そこに被災者への家賃補助（4年間全額補助など）もあって，空き家リスクがほとんどない魅力的な投資対象となっている。

州政府機関である住宅税額控除配分局（Housing Credit Agency：HCA）は，州の政策方針に基づき税額控除の運用を記した適格配分計画（Qualified Allocation Plan：QAP）を策定し民間事業者を公募し，州政府に開発提案が認められた民間事業者は，投資目的のLimited Liability Company（以下「LLC」という。）などのファンドを組成して，一定の方法で第三者の法人や機関投資家等に譲渡することも許されている。

このため，事業者は一種の節税投資商品として細分化し，将来の税額控除に相当する現価額とクーポンを投資家に譲渡し，当初の開発資金の大半を得ることができる。一方，税額控除を得た投資家は同時に賃貸物件の減価償却などの損金も得て，長期間の節税による利得を得ることができるため，民間の資金は賃貸住宅（LIHTC）事業へと誘導され，多額の民間投資を引き寄せ地域開発は円滑に実施されている。

被災者の住宅再建は緊急を有する最大の問題であるが，日本の住宅支援の順序は「避難所」から「仮設住宅」そして「土地区画整理等を実施し災害復興公営住宅建設」という単線型の行政による居宅提供支援が大きな柱である。また，我が国の住居被災者に対する住居取得支援策をみると，被災者生活再建支援制度による全壊住宅再建のための支援金は，基礎支援金と加算支援金を合わせても最高300万円であり，専ら住宅ローンの融資条件の拡充が中心である。

阪神淡路大震災では，仮設住宅を買取り及びリース方式で4万9,681戸を建設し[72]，東日本大震災では応急仮設住宅完成戸数5万3,089戸（2012年5月1日現在）に加え，民間賃貸住宅を借り上げて家賃補助という形で提供する「民間賃貸住宅借り上げ（通称：みなし仮設）」は全国で6万2,717戸となっており，住宅再建は地域再生の主要な問題であった。

東日本大震災では，米国の低所得者用賃貸住宅税額控除制度を参考に被災者

向け優良賃貸住宅の割増償却（25％）と税額控除（8％）が創設された（震災特例法第10条の2，17条の2）が，割増償却とは課税の延期にすぎない。将来の税金は高額になるから全体として節税効果はなく，計算上損失が生じても繰戻し還付を受けることもできない。また，控除税額も低く投資家に節税メリットがあるLLCによるパススルー課税などは認められていない。

政府は被災者向け優良賃貸住宅の減税を「思い切った税制上の特例措置[73]」として導入したが，その適用実績はない[74]。それは，民間優良賃貸住宅建設の補助金制度と要件の異なる二重制度で，それぞれの建築基準や手続きは不統一で煩雑なことも利用低迷の原因といえる[75]。

住居に損害を受けた被災者のうち，最も弱い立場に置かれるのは高齢者や低所得者である。阪神淡路大震災での調査では，高齢者は年収に対する被害総額の割合は高く[76]，将来の年金などの収入にも制限があり，住宅ローンの支払能力からみて自力で住宅を再建することは困難であったので，これらの被災者向けの住宅を優先すべきである。そのためには，現在，サービス付き高齢者向け住宅整備事業や高齢者・障害者・子育て世帯居住安定化推進事業などが実施されているが，これらも被災者向け賃貸住宅と同じく，民間投資を積極的に活用する支援税制と組み合わせるべきである。そして，一日も早く被災者としての支援ではなく，通常のセイフティネットの中での支援に切り替え，同時に介護事業での雇用を喚起するなどの施策が求められる。

5-4-2　商業施設建設のための特例

被災地に仕事，商店や学校などがないと被災者は生活できず，被災地に戻ることもできないから，メキシコ湾岸特区法では被災地の商業施設の建設と被災者雇用の確保を目的に，民間投資により商業施設の建設を推進するための新市場税額控除（New Market Tax Credit）を活用している。

この特例は，低所得者居住地域内で一定の商業施設（80％以上は非居住用）を建設すれば，当初の3年間は5％，その後の4年は6％の総額39％の税額控除が認められる（内国歳入法第45D条）。全米の税額控除枠の総額は年間35億ドル（2006年及び2007年当時）であるが，メキシコ湾岸特区法では，被災地域

に10億ドル（2005年から年3億ドル，2007年は4億ドル）の追加配分が行われた[77]。

新市場税額控除も低所得者賃貸住宅税額控除と同様，税額控除の権利は自ら用いることもできるが，他人に譲渡もできるので,開発の現場ではコミュニティ開発組織（Community Development Entity：CDE）が中心となり，出資と引き換えに資金集めが行われている。これは低所得者用賃貸住宅税額控除制度に類似する制度であるが，東日本大震災ではこの特例に相当するものは設けられていない。

5-4-3 雇用関係の税額控除の特例

米国では，雇用の回復こそが生活再建の近道との考えがあり，雇用関連の優遇税制も充実している。

労働者自身には，給付付き税額控除である勤労所得税額控除や児童税額控除によって就労の促進を図り，事業主には，経済的困窮者や障害者など就業が困難な求職者等を雇用したときの雇用機会税額控除（Work Opportunity Tax Credit）と従業員を雇用継続したときの雇用継続税額控除（Employee Retention Tax Credit）の特例が設けられており，これをハリケーン被災者の雇用へ拡大適用している（内国歳入法第1400R条）[78]。

勤労所得税額控除は，1975年に社会保険料の負担を軽減するために導入されたが，その後，低所得層への財政的支援を行うとともに就労を促進し，低所得層の経済的自立を図り，貧困層を解消するために大幅に拡充された制度で，控除税額は所得が増加すると加算される（内国歳入法第32条）。

児童税額控除は，1997年に母子家庭の貧困対策や子育て家庭の経済支援を通じて少子化対策に資することを目的に導入されたもので，世帯の人数（子供の数）と一定額の勤労所得があることを要件にして税額控除を適用できる（内国歳入法第24条）[79]。

メキシコ湾岸特区法では，被災者は2005年申告における勤労所得税額控除及び児童税額控除の還付部分の計算のための勤労所得額を2004年の勤労所得額を用いて計算することを認めたので,給付金を多く受け取ることができた。また，

事業主に対して，カトリーナ緊急減税法では雇用機会税額控除（内国歳入法第51条）及び雇用継続税額控除（内国歳入法第38条）の適格要件を拡大し，メキシコ湾岸特区法では雇用機会税額控除のみ拡大され，従業員に支払った給与（最大6,000ドル）の40％（被用者1人当たり最大2,400ドル）を2年間税額控除することが認められた[80]。

東日本大震災の震災特例法は，米国税制を参考にして，被災を受けた事業所の従業員の継続雇用及び被災地域の居住者を新規雇用した事業者に，その給与の10％を所得税額から控除する特例を創設したが，その税額控除額は米国の4分の1にすぎない（震災特例法第10条の3，第17条の3）。

5-5 被災者支援のための特例

米国では，災害時に民間災害支援団体とボランティアも真っ先に被災地を訪れ，行政と連携を保ちながら，救援・救護活動に多大な貢献をしている。

非営利団体が災害時に重要な役割を担うことができているのは，歴史的な背景もあるが，潤沢な原資や物資はもちろんのこと，多数のボランティアを含む人的資源の存在と資金力にある。

税制面からみると，被災者支援活動に必要な金銭，資産の寄附や人手の確保には政府や助成機関からの直接助成（補助金等）の受入に加え，現金，食料品や図書などの寄附に対する税額控除の拡大やボランティア活動者に対する税額控除など，税制上の支援措置が充実していることも一因に挙げられる。

5-5-1 民間支援団体と寄附金税制

米国の内国歳入法では，必要経費の控除として概算控除又は項目別控除を選択できるが，実額計算を行う項目別控除の寄附金控除では，寄附の相手方は公益性の高い適格公益団体（Public Charities）とそれ以外の公益団体（Private Foundation）に区別され，個人が現金を適格公益団体に寄附した場合は調整後総所得の50％，それ以外の団体であれば30％が控除限度額とされる。

現物資産（不動産，株式，家具や古着など）も寄附金控除の対象になり，短期保有か長期保有資産かの違いにより20％，30％又は50％まで認められ，その

年度で控除不足となった控除制限超過額は翌年以降5年間繰り越しできる（内国歳入法第170条）。法人の場合は課税所得の10％が限度となる（内国歳入法第170条（b）（1）（A））。

なお，メキシコ湾岸特区法では，個人・法人の寄附金の限度規定を撤廃し全額控除を認めている。

寄附金控除制度を日米で比較すると，米国では，慈善行為を尊重する歴史的・文化的背景（寄附文化）に加え，NPOなどの公益団体が巨大な雇用組織として機能していること，寄附金控除の適用団体の数が多いこと，そしてそれを支える多様な寄附制度に特徴がある。

米国はNPO先進国といわれるが，有給職員とボランティアを合計したNPO就業者の絶対数は世界一で，総雇用に占める割合は10％近くに達する。

米国のNPOが社会的に認知され地位を確立している理由は，法的制度や税制が十分に整備されていることと，雇用面からみると，1,200万人規模の巨大な労働市場を形成しているため，自らが巨大な雇用体として機能する一方で，時に政府とパートナーシップを組みながら若年雇用支援やその他の政策支援などでも重要な役割を果たしているからである[81]。

米国の寄附金控除の範囲は広く，控除限度額も日本より多くなっている。日本では所得税より法人税の寄附金が税制上優遇されているのに対し，米国では個人は原則50％限度であるが，法人は10％とされているため，米国の寄附白書（The Annual Report on Philanthropy for the Year 2011：Giving USA 2012）によると，個人寄附は全体の73％（総額2,178億ドル）で，これに遺産や家族財団からの寄附を合わせると個人寄附は88％を占めている。

米国では寄附金控除の適用される適格公益団体等の数は非常に多く，多様な活動をしていることも特徴である。寄附金控除の対象となる団体は，主として内国歳入法第501条に該当する適格団体であるが，図表4-7のとおり，2012年度には約161万団体ある。これらのうち内国歳入法第501条（C）項（3）号の要件に適合する宗教，慈善，科学，公共安全のための検査，文芸，教育，国内・国際的なアマチュアスポーツ競技の助成，子供・動物に対する虐待の防止等の

図表 4-7 米国の適格公益団体の種類と団体数（2012度）

免税団体の種類		団体数
		団体
501（c）（1）	公共法人	449
501（c）（2）	財産所有権保有法人	4,933
501（c）（3）	宗教, 慈善, 科学, 教育, 子供及び動物の虐待防止保護等の活動を行う団体	1,081,891
501（c）（4）	市民団体、社会活動団体の地域従業員団体	93,142
501（c）（5）	労働団体、農業団体	50,046
501（c）（6）	企業団体, 商工会	69,198
501（c）（7）	親睦団体	56,880
501（c）（8）	共済組合, 友愛団体	50,763
501（c）（9）	任意従業員共済団体	7,240
501（c）（10）	国内共済会, 友愛会	16,432
501（c）（12）	共済生命保険団体	5,575
501（c）（13）	共同墓地運営会社	9,636
501（c）（14）	信用組合	2,797
501（c）（15）	相互保険会社	999
501（c）（17）	失業給付基金	130
501（c）（19）	退役軍人団体	33,737
501（c）（25）	不動産保有法人	865
他の501（c）の数		105
501（d）	宗教及び伝道団体	224
501（e）	医療協同組合	11
501（f）	教育協同組合	1
501（k）	児童保護団体	1
501（n）	慈善団体保険基金	1
公益信託		130,997
免税団体合計		1,616,053

出所：Internal Revenue Service Data Book, 2012を基に筆者作成。

目的をもつ団体は108万団体にもなる[82]。

　寄附財産は，現金のほか現物資産の寄附でも時価相当額で寄附金控除額が認められ，給与天引き制度を通じて非営利団体に寄附できる制度もある。資金獲得のためにコンサートやスポーツの試合などを催し，そのチケットに寄附部分を含め高額で販売したときは，その差額分を寄附金として控除することができるなど，寄附しやすい環境にも配慮されている。

我が国では原則現金で寄附することが求められるため，国民1人当たりの寄附は年間2,500円程度で，米国の13万円程度と比べると低く[83]，これは寄附文化の違いもあるが，寄附の手軽さと税制上の支援措置の違いもこの差の一因といえる。

阪神淡路大震災では，寄附金控除枠の拡大やボランティア団体への直接寄附に特例は設けられなかったが，東日本大震災では，所得税の寄附金控除の限度額を総所得金額等の40％から80％に拡大し，認定NPO法人等への寄附金は40％（所得税額の25％を限度）に拡大された。

日本で寄附金控除の対象となる特定公益増進法人は約2万6,900法人（平成24年4月1日現在）あるが，認定NPO法人は認証NPO法人4万7,123団体（平成25年1月31日現在）のうち265団体（平成25年4月16日現在）と遙かに及ばず，多様な公益活動を実施するには十分な団体数とはいえない現状にある。

5-5-2 ボランティア活動費用の寄附金控除

米国ではボランティア活動は活発で，2006年の調査では，16歳以上人口の26.7％（6,120万人）が過去1年間で何らかのボランティアに参加しており，これはフルタイムの労働力で760万人（2,156億ドルの賃金）に相当する[84]。

大規模災害時にはNPOなどの活動は重要であるから，スタフォード法は政府と民間支援団体との協力関係を定めており（スタフォード法第5152条（救助組織の利用及び調整）），内国歳入法はボランティア活動者に税制上の支援措置を設けている。

適格公益団体の受入れたボランティア活動に伴って支出した旅費交通費，食費及び宿泊費などは寄附金控除でき（内国歳入法第170条（h）（i）），制服や作業服などの費用も対象になる（財務省規則第1.170A-1（g））。また，自家用車を利用した場合には，燃料費などを積上げた実費又は簡便法による金額（1マイル当たり14セント）を控除できる（内国歳入法第170条（i））が，カトリーナ緊急減税法では災害発生日からの期間別に1マイル当たりの換算金額の特例が設けられ，最高48.5セントまで認められた[85]。

図表4-8　被災3県（岩手県，宮城県，福島県）ボランティア活動者数の推移

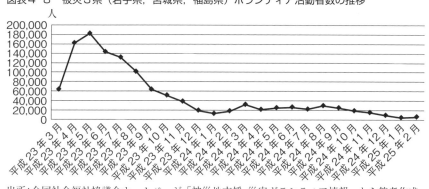

出所:全国社会福祉協議会ホームページ「被災地支援・災害ボランティア情報」から筆者作成。

東日本大震災では，図表4-8のとおり，震災発生直後から多くのボランティアが被災地で活動しているが，その後は急速に減少している。災害直後から継続的なボランティアによる支援活動は必要不可欠なものと認識されてはいるが，ボランティアの自己負担にも限界があり，被災地での長期間の滞在や数回の訪問は困難であることを示している。これは我が国にもボランティア活動支援に対する特例の必要性を示すもので，支援制度があれば更に長期間の支援が期待できるが，その活動は災害直後から始まるから，ボランティア活動に対する特例は災害発生後に即時適用できるよう，事前に準備しておく必要がある。

5-5-3　被災ペットの保護

ペットに対する配慮という面では，日米で関心の程度が異なる。スタフォード法は，家庭でペットを飼育している者や介助動物と共にいる者，そしてペット及び動物への救助，世話，住宅及び不可欠な必需品を提供しなければならないと定めており（スタフォード法第5170b条（不可欠な援助）），緊急対応計画及びプログラム作成においては，大規模災害又は緊急事態の前，その間，その後のペット及び介助動物と暮らす者を考慮に入れた計画策定をしなければならない（スタフォード法第5196条）。

ペット救援に対する税制上の特例は，支援団体が公益法人等であれば寄附金控除の対象となるが，被災地に残されたペットの里親として世話した費用を経

費にできるとする明文の規定は両国にない。

　米国連邦租税裁判所のジャン・バン・デュセン事件では，捨てられたペットの飼育費用は寄附金控除の対象となるか争われた。

　原告ジャン・バン・デュセンは，遺棄された動物保護を目的とするカリフォルニアに所在する適格公益団体（内国歳入法第501条C項3号に該当する団体）からの動物保護の要請に応じ，70匹から80匹の捨て猫の里親（世話人）となり，捨て猫を自宅で世話をした。これに関連して負担した獣医師への治療費，餌代，維持管理費や水道・電気・ガス代などの費用1万2,068ドルについて2004年の所得税申告で寄附金として控除したことの適否が争われたものである。

　2011年6月2日連邦租税裁判所は，これらの費用を寄附金控除できると初めて判示した[86]。この判決によれば，震災その他飼い主の都合などで捨てられた猫や犬のような愛玩動物を支援する適格公益団体の要請に応じて里親世話人となり，自費でペットフード代その他の養育費，シェルターの維持管理費，動物の移送代，治療費などを支払った費用は寄附金控除の対象とすることを認めたので，今後，ペットに対する支援の幅は広がると考えられる。

　我が国では，防災基本計画で被災動物の集中管理場の確保や飼料確保を求めているが，対象となるのは家畜等であり，人への危害防止や伝染病予防上の観点からのもので，いわゆるペットは考慮されていない。

　阪神淡路大震災時にペットの被災にも関心は高まり，兵庫県南部地震動物救援本部が設立され，多くの義援金とボランティアが集まった。この兵庫県南部地震動物救援本部のノウハウと資材や資金を引き継ぐ形で，1996年に動物愛護団体3団体と日本獣医師会の計4団体によって公益法人緊急災害時動物救援本部が設立された。その活動は，行政側の支援要請によってバックアップすること，ペットフードの支援や寄附金を義援金として配分するなど多岐にわたる。

　東日本大震災では，宮城県，岩手県，福島県の3県で自治体，地方獣医師会及び動物愛護団体等と協働して動物の救護を行う体制が整ったのは震災から1か月後で，警戒区域内のペットの救護は震災後数年を経過しても実施されている[87]。

ペットは避難所や仮設住宅に入居できないうえに,保護の遅れは野良猫や野良犬などの増加に繋がり感染症や衛生状態の悪化も懸念されるため,早期に救護するとともに,ペットや介助動物を考慮に入れた避難施設の設置などの対策が必要である。

6. 小括

本章では,我が国よりも早くから災害損失控除制度を導入し,数多くの制度改正を重ねてきた米国の災害税制を分析することによって,我が国の今後の災害税制の在り方を検討した。

6-1 災害対応の統一

米国における災害支援は,スタフォード法を基本法として,連邦政府と州地方政府が柔軟かつ機動的に支援を行えるように改革が行われ,大統領の大規模災害宣言に基づき,FEMAが中心になって各行政機関や民間支援団体と連携して実施されている。

東日本大震災では,災害時の応急対応は市町村が大きな役割を担う仕組みとなっていたが,被災により行政機能の著しく低下した市町村が多くの役割を担うのは難しかった。さらに,広域災害では政府が大きな役割を果たすべきであったにもかかわらず,政府は災害対策基本法が制定されてから初めて国は緊急災害対策本部を設置するなど対応は遅く,復旧・復興をスムーズに成し遂げるための仕組みもないという問題があった[88]。

平成24年7月の防災対策推進検討会議の最終報告では,大規模災害からの速やかな復興のため,発災後その都度特別立法を措置するのではなく,復興の基本的な方針の策定,関係行政機関による施策の総合調整等を行う復興本部の設置等を可能とする復興の枠組みをあらかじめ法的に用意すべきであると提言している[89]。

このことは,東日本大震災における震災特例法の第一弾は震災から47日後,

第二弾は258日後とスピード感に乏しく，もとより激甚災害の指定も最長79日，最短49日，平均65日（局激指定は3月の年度末に一括指定）と大幅に遅れることが常態化していること[90]。また，我が国は災害時に様々な支援制度は用意されているのに窓口は統一されていないため，東日本大震災での被災者生活再建支援法に基づく支援金の支給手続は，市町村，都道府県と財団法人都道府県会館の三層構造で審査事務が行われ，支援金支給まで最も早い市町で平均39日，最も遅い市町で平均110日を要したことからも明らかである[91]。

大規模災害時においては，初動対応の遅れは致命的で，行政機関とNPOなどの民間団体との調整を，災害発生後に行うことなども困難になる。

我が国に災害専門組織を常設し災害対応能力を強化することは，ウィット元FEMA長官，レオ・ボスナー元FEMA危機管理専門官が，内閣府災害担当部局，内閣官房危機管理室，総務省消防庁を中核として統合し，日本版FEMAを設立することを提言している[92]。また，中央防災会議の防災対策推進検討会議では，日本版FEMA創設の必要性も議論されているが[93]，大規模災害時において行政機関の連携は不可欠で，一元的組織の設置により危機管理体制を整えておくことは急務といえる。

6-2 大災害における災害税制の在り方

阪神淡路大震災までは，自然災害による損失は被災者自らの責任で対処するべきとされ，私有財産自己責任の原則の下では被災者の自立復興も自助努力によるべきものであるという方針から，政府は個人補償に応じない立場をとっていた。

個人に対する支援は，財産喪失への補償は持てる者のみへの優遇であるし，十分な減税措置があることが損害保険の加入という自助努力をも阻害するから，それまで政府は支援に消極的であったが，現在の災害税制は，従前とはその目的が異なってきている。

阪神淡路大震災の旧震災特例法第1条は「被災者等の負担の軽減を図る等のため」に創設されたが，東日本大震災の震災特例法は，その創設理由に「被災

者等の負担の軽減及び東日本大震災からの復興に向けた取組の推進を図るため」と災害税制の目的が「復興」を含んでいる。これは，米国の2005年ハリケーン・カトリーナ緊急減税法が「被災者に非常時の減税を提供するため」に創設されたのに対し，2005年メキシコ湾岸特区法では「災害からの復興を支援するため」の税制上の優遇措置という位置づけに変化したこととも共通し，災害税制は，被災者救済のみならず，被災地復興まで幅広く活用する方向に変化している。

　米国では，大規模災害時には被災者救済とともに民間投資を活用した住宅や商業施設の建設など，地域経済の再生を支援するきめ細やかな税制が設けられている。また，雇用の回復こそが生活再建の近道との考えがあり，雇用関連の優遇税制も充実している。それは被害地域へ住民が戻らないと復興は進まず，それが更に住民の帰還を遅らせるという，被災の悪循環が形成されてしまうと被災者支援の終わりは見えなくなり，次第に被災者は被災地に戻ることを諦めてしまうからである。

　そのため，労働者自身への給付付き税額控除である勤労所得税額控除や児童税額控除による就労の促進，事業主への雇用機会税額控除や雇用継続税額控除が拡充され，被災者の雇用拡大に効果を上げている。さらに，NPOやボランティアなど被災地域で活動する支援者に対する寄附金税制や所得額を超える寄附を行ったときの寄附金控除制限超過額の翌年以降5年間の繰越制度など充実しており，我が国でも参考とすべき制度である。

　我が国の災害税制は，これまでの経験や教訓から見直されてはいるが，被災地復興，被災地支援のボランティアや寄附金税制などは見直す必要がある。それは，被災地復興はあらゆる方法を活用して最優先で取り組まなければならないからである。また，災害対応において行政の責任は大きいが，一方で行政による対応には限界があり，現実には，住民，企業やボランティア等の民間各団体支援が必要不可欠で，ボランティア活動の寄附金控除はボランティア不足が続く被災地での参加者増加が期待できる。

6-3 大災害における災害税制と民間投資

　被災者の住宅再建は緊急を有する最大の問題であるが，災害時に最も弱い立場に置かれるのは高齢者，障害者や低所得者である。現在，サービス付き高齢者向け住宅整備事業や高齢者・障害者・子育て世帯居住安定化推進事業などが実施されているが，これらも被災者向け賃貸住宅と同じく，民間投資を積極的に活用する支援税制と組み合わせて，一日も早く被災者ではなく通常のセイフティネットの中での支援に切り替え，同時に介護事業での雇用を喚起するなどの施策が求められる。

　米国連邦労働省は2008年3月，毎月人口調査（CPS）を用いてハリケーン・カトリーナ被災者の就労状況を2005年11月から2006年10月にかけて追跡した結果を発表している。調査によると，被災後1年以内に元の居住地域に戻った者とそうでない者とを比較して，戻っていない被災者の方が，より厳しい就労状況に置かれていると結論づけている[94]。また，約110万人が自宅を離れて避難したが，移転被災者の84％は被災後1年以内に戻っており，自営業者は災害後，雇用労働者と比べて1年以内という比較的短期間で回復している[95]。

　ハリケーン・カトリーナの被害は米国史上最大規模で米国全体に与える影響の大きさも危惧されたが，強力な復興支援で米国経済に与えた影響は「通常のハリケーン程度」で済んだといわれており，このことは適切な対策を行えば，大規模災害であっても影響を大幅に軽減できることを意味している。

　税制支援のメリットは，社会保障給付の機能をもつ給付付き税額控除制度なども組み合わせて，被災者の所得に応じた公平な救済とともに生活資金の速やかな分配と即効性のある投資減税で民間投資を呼び込むことができことにある。また，減税政策は情報の周知効果も高く，各種補助金などで申請窓口が分散する煩雑な申請手続きを一本化し，ワンストップの申請手続きとするなどは被災者などにとっても効率的である。

　米国では，災害税制は災害のレベルに応じて三段階の制度となっており，一般災害の被災者は特例も少なく差別待遇されているとの批判もあるが[96]，大規模災害では被災地復興のために積極的な財政支援や税制上の特例など，あらゆ

る施策で取り組んでいる。そのため，我が国を遙かに上回る減税規模で復興支援が行われているが，それでも財政上の制限があるから，災害税制を充実させ民間の知恵と資金を活用して復興政策は実施されている。

　我が国でも限られた財源の中で災害支援を行う以上，無制限な支援はできないため，大災害時には民間投資や民間の協力を呼び込むシステムは必要で，効果的な政策と有機的に組み合わせることで相乗効果を発揮することができるように，税制による投資誘導の充実を図るべきである。

(第4章/Endnotes)

[1] 青山公三（2009）「米国における災害対応・復興の法システム」『法律時報』第1012号, 53頁。
[2] Federal Emergency Management Agency（2010）, *The Federal Emergency Management Agency*, The FEMA Publication1, p.6.
[3] 村上芳夫（2006）「米国・緊急事態管理庁の組織再編とその影響」『先端社会研究』第5号, 109〜110頁。
[4] 林　春男ほか（2006）「ハリケーン『カトリーナ』による広域災害に対する社会対応」『京都大学防災研究所年報』第49号A, 13頁。
[5] Lindsay, B. R & Murray, J.（2010），p.4.
[6] 具体的規定は，合衆国法典第42編第68章災害救助（42 USC Ch. 68：DISASTER RELIEF）をいう。
[7] 大規模災害の対応の方がより長期的で，緊急事態の方が短期的な対応と解釈される。ただし，実質的な対応自体にさほどの違いはない。井樋三枝子（2012）「米国の連邦における災害対策法制」『外国の立法』第251号, 4頁。
[8] 植月献二，廣瀬淳子（2012）「合衆国法典第42編第68章　災害救助（スタフォード法）（抄）」『外国の立法』第251号, 19〜64頁。
[9] 岡村光章（2012）「米国連邦緊急事態管理庁（FEMA）と我が国防災体制との比較論」『レファレンス』平成24年5月号, 6頁。
[10] 岡村光章（2012），6頁。
[11] 土屋恵司（2007a）「米国合衆国の連邦緊急事態庁FEMAの機構再編」『外国の立法』第232号, 10頁。
[12] 国土安全保障省は，テロ対策の中枢を担う機関として，国土安全保障局，沿岸警備隊，シークレット・サービス，税関，帰化移民局，連邦緊急事態管理局（Federal Emergency Management Agency：FEMA）等の既存の22の政府機関を統合したものである。このため，その所掌事務は，米国本土の安全保障問題全般に及び，具体的には，①テロ関連情報等の収集・分析（FBI及びCIAとの情報共有），②大量破壊兵器への対策，③国境及び運輸機関の安全対策，④テロ攻撃，自然災害等を含む緊急事態への対処等の活動を行うこととされている。
[13] 土屋恵司（2007b）「全米緊急事態管理（2006年ポスト・カトリーナ緊急事態管理改革法による改正後の2002年国土安全保障法第(労編)）」『外国の立法』第232号, 17〜33頁。
[14] 伊藤弘之ほか（2010）「ハリケーン・カトリーナ災害を契機とした米国の危機管理体制の改編に関する調査」『国土技術政策総合研究所資料』第598号, 69〜72頁。
[15] 災害救助法，水防法，消防法，自衛隊法，警察法等。
[16] 被災者生活再建支援法，住宅金融公庫法，災害弔慰金の支給等に関する法律等。

[17] 公共土木施設災害復旧事業費国庫負担法，公立学校施設災害復旧費国庫負担法，被災市街地復興特別措置法等。

[18] 地震保険に関する法律，農業災害補償法，森林国営保険法等。

[19] 岡村光章（2012），15～16頁。

[20] 和田　恭（2011）「米国の災害対策におけるITの役割」情報処理推進機構〈http://www.ipa.go.jp/about/NYreport/index_2011.html〉。

[21] 近藤民代，永松伸吾（2007）「米国の地方政府におけるIncident Command Systemの適用実態－ハリケーン・カトリーナ災害に着目して－」『地域安全学会論文集』第9号，2頁。

[22] ICSの特徴は，危機対応に必要な機能として，指揮調整（Command），実行部隊（Operation），計画情報（Planning），後方支援（Logistics），財務・総務（Finance/Administration）の5つの機能が設けられ，どのような規模の危機であろうと，どのような原因で発生した危機であろうと一元的で包括的な危機対応を可能にする組織運営の柔軟性にある。

[23] 岡村光章（2012），8～10頁。

[24] 米国赤十字社は，スタフォード法第5134条（機関統合対策本部）で，機関統合対策本部の構成員と規定されており，米国赤十字社とFEMAとの関係は，パートナーシップで対等的な関係である。災害対応に当たって相互の協働関係を明確にするため，両者の間で書面をもって協定を締結している。

[25] 中村　太，小柳順一（2003）「自衛隊と災害NPOのパートナーシップ－アメリカの災害救援をてがかりに－」『防衛研究所紀要』第5巻第3号，12頁。

[26] Salamon, L. M. (1992), *American's Nonprofit Sector*, The Foundation Center（邦訳，入山　映訳『米国の「非営利セクター」入門』ダイヤモンド社，1994年，4～5頁）。

[27] 中村　太，小柳順一（2003），9～13頁。

[28] United States General Accounting Office (1979), p.1.

[29] Revenue Act of 1867, ch.169, §13, 14 Stat.478.

[30] 災害地域の情報もFEMA（連邦緊急事態管理局）のホームページに掲載されている。〈www.fema.gov/news/disasters.fema〉。

[31] Teefy, J. (2006), "Permanent Tax Relief Provisions for Disaster Victims as Presented in the Internal Revenue Code" *CRS Report for Congress,* pp.2-9.

[32] 1962年に大統領の大規模災害宣言が行われた地区内における災害損失は，前年の申告所得から減額できるとする特例が設けられた。

[33] 伊藤公哉（2009），226頁。

[34] Tolan, Jr. P. E. (2007), p.813.

[35] 中村　太，小柳順一（2003），17頁。

[36] 山内　進（2008），36頁．

[37] Internal Revenue Service（2008a），*Publication 3920, Tax Relief for Victims of Terrorist Attacks*, pp.2–16.

[38] 林　敏彦（2007）「米国同時多発テロと犠牲者補償基金」『安全安心社会研究所ワーキングペーパー』安心安全社会研究所，11頁．
〈http://www.hemri21.jp/kenkyusyo/seika/anzen/wp/ISSS_wp2007002j.pdf〉．

[39] 国連国際防災戦略UNISDR兵庫事務所（2009）『国連世界防災白書2009－気候変動における災害リスクと貧困』UNISDR兵庫事務所，9頁．

[40] 林　春男ほか（2006），9頁．

[41] Lindsay, B. R., & McCarthy, F. X.（2006），"Considerations for a Catastrophic Declaration：Issues and Analysis" *CRS Report for Congress*, p.6.

[42] ハリケーン・カトリーナ，リタ及びウィルマといった一連の巨大ハリケーンによる被害に対する連邦政府による関連予算は，合計でおよそ1,341億ドル（10兆7,280億円）である．柴崎隆一（2011）「米国ハリケーン・カトリーナ災害における復旧・復興プロセスとわが国への示唆」『国土技術政策総合研究所資料』第650号，4頁．

[43] 坂本成範（2006）「欧米主要国における最近の税制改正の動向」『財政金融統計月報』第648号，2頁．

[44] Lunder, E.（2005），pp.1–6.

[45] 坂本成範（2006），3頁．

[46] Internal Revenue Service（2006），*Publication 4492（1/2006），Information for Taxpayers Affected by Hurricanes Katrina, Rita, and Wilma*, p.3.

[47] 中央防災会議（2007）「既往の大規模水害時の状況について（ハリケーン・カトリーナ災害における予防，復旧・復興期）」『平成19年1月29日第3回大規模水害対策に関する専門調査会資料』大規模水害対策に関する専門調査会，7～9頁．

[48] 進藤直義（2009）「米国2008年緊急経済安定化法」『税務弘報』第57巻第2号，62頁．

[49] 主に中西部の災害に対して特例が設けられている．

[50] Internal Revenue Service（2008b），*Publication 547, Casualties, Disasters, and Thefts*, pp.2–14, Internal Revenue Service（2008c），*Publication 4492-A, Information for Taxpayers Affected by the May 4, 2007, Kansas Storms and Tornadoes*, pp.2–16.

[51] Lunder, E. K., et al.（2012），pp.17–18.

[52] 2013年12月31日現在で約128億ドルを支払っている．
〈http://www.bp.com/en/global/corporate/gulf-of-mexico-restoration.html〉．

[53] Sherlock, M. F., et al.（2006），"Tax Issues and the Gulf of Mexico Oil Spill：Legal Anal-

ysis of Payments and Tax Relief Policy Options" *CRS Report for Congress*, pp.13-14.

[54] 所得税法施行令第206条には「大規模な災害の場合その他やむを得ない事情がある場合」の特例があるが，大規模な災害の定義規定はない。

[55] Internal Revenue Service (2012a), pp.2-3.

[56] 東日本大震災の減税規模は，被害の全容が判明していないときに震災特例法が成立したため明示されていない（『日本経済新聞』平成23年3月14日記事）が，その後，第一弾と第二弾合計で2,000億円，そのうち国が60％相当額と報道されている（『読売新聞』平成23年10月4日記事）。

[57] 中田信正（2002），9頁。

[58] Senate Committee on Finance (1986), *Tax Reform Act of 1986*, Senate Finance Committee Report 99-313, p.230.

[59] 伊藤公哉（2009），226頁。

[60] 北陸税理士会（2010），170頁。

[61] Internal Revenue Service (2012b), *Publication 970, Tax Benefits for Education*, pp.1-2.

[62] 日本学生支援機構（2010）『アメリカにおける奨学制度に関する調査報告書』日本学生支援機構，17〜19頁。

[63] 日本学生支援機構（2010），19頁。

[64] Internal Revenue Service (2006), p.11.

[65] 牧 紀男（2006）『ハリケーン・カトリーナの災害対応に関する調査研究成果報告書』，8頁〈www.dprf.jp/toppatsu/maki.pdf〉。

[66] 申請者数の増加により最大15万ドルの直接支援は約3分の1に減額されている。

[67] 松田 岳（2012）「米国のコミュニティ開発金融とその支援策」『Fuji business review』第4号，80頁。

[86] 篠原二三夫（2011）「民間資本による災害復興等における住宅供給手法の検討〜米国アフォーダブル賃貸住宅税額控除制度（LIHTC）の可能性を追う」『ニッセイ基礎研REPORT』平成23年12月号，29〜30頁。

[69] 毎年の税額控除額は，10年間の現在価値合計が建築費等の70％又は30％になるように設定されており，9％又は4％（現価率）で計算される。

[70] 低所得者用賃貸住宅税額控除制度は，税額控除を連邦政府から民間部門まで移す施策であるが，一般には「税額控除を売るもの」といわれている。

Government Accountability Office (2012), *Community Reinvestment Act : Challenges in Quantifying Its Effect on Low-Income Housing Tax Credit Investme*, p.4 〈http://www.gao.gov/products/GAO-12-869R〉.

[71] Lunder, E. et al. (2006), p.2.

[72] 震災発（2012）「震災基礎データ集」
〈http://www.shinsaihatsu.com/data/kasetsu.html〉。

[73] 内閣府東日本大震災復興対策本部事務局（2011）「東日本大震災復興特別区域法資料」
〈http://www.reconstruction.go.jp/topics/shiryo.pdf〉。

[74] 復興庁「復興特区法に基づく課税の特例に係る指定の状況（平成25年9月末時点）について」
〈http://www.reconstruction.go.jp/topics/main-cat1/sub-cat1-13/〉
復興庁「復興庁税制改正要望に係る政策評価−租税特別措置等に係る政策の事前評価書」
　なお，特定激甚災害地域内における被災者向け優良賃貸住宅に関する割増償却制度は平成23年度及び24年度の特例適用はわずか218戸と推計している。
〈http://www.reconstruction.go.jp/topics/main-cat12/seisaku/000656.html〉。

[75] 賃貸共同住宅の建築基準や補助金の額は，各県市町村同額ではなく，住宅等の戸数や面積，バリアフリーにした場合や県産木材を利用した場合などで異なる。

[76] 年代別の年収に対する災害損害額をみると，高齢者は年収の3倍以上の割合が多い。
兵庫県（2005）『生活復興調査−調査報告書〔平成17年度〕』兵庫県，162頁。

[77] Lunder, E. et al. (2006), p.4.

[78] 労働政策研究・研修機構（2011a）「米国の災害復興−2005年ハリケーン災害の雇用支援と被災者の就労状況追跡調査」『Business Labor Trend』平成23年9月号，28〜32頁。

[79] 森信茂樹（2008）『給付つき税額控除−日本型児童税額控除の提言』中央経済社，18〜23頁。

[80] Internal Revenue Service (2006), pp.13-14.

[81] 労働政策研究・研修機構（2004）「アメリカのNPOと雇用」
〈http://www.jil.go.jp/foreign/labor_system/2004_8/america_01.htm〉。

[82] Internal Revenue Service (2013), "*Tax—Exempt Organizations and Nonexempt Charitable Trusts, Fiscal Years 2012*", 〈http://www.irs.gov/file_source/pub/irs-soi/12db25eo.xls〉。

[83] 山田英二（2008）「諸外国における寄附の状況と税制の役割」
〈http://www.tax.metro.tokyo.jp/report/tzc20_4/05.pdf〉。

[84] 藤谷武史（2011）「アメリカにおける寄附文化と税制」『税研』第157号，52〜53頁。

[85] Internal Revenue Service (2006), p.4.

[86] JAN ELIZABETH VAN DUSEN, Petitioner v. COMMISSIONER OF INTERNAL REVENUE, Respondent, 136 T. C. 515 (2011) 〈http://www.ustaxcourt.gov/InOpHistoric/VanDusen.TC.WPD.pdf〉。

[87] 環境省（2013）「東日本大震災への対応−被災ペット対策の状況」

⟨http://www.env.go.jp/jishin/pet.html⟩。

[88] 中央防災会議（2011）「平成23年9月12日　災害対策法制のあり方に関する研究会（第1回）議事概要」大規模水害対策に関する専門調査会
⟨http://www.bousai.go.jp/1info/saigaitaisaku/index.html⟩。

[89] 中央防災会議（2012）『防災対策推進検討会議（最終報告）～ゆるぎない日本の再構築を目指して～』防災対策推進検討会議，37頁。

[90] 平成16年8月24日「衆議院議員今野東君提出激甚災害の指定に至るまでの期間の短縮に関する質問に対する答弁書」
⟨http://www.shugiin.go.jp/itdb_shitsumon.nsf/html/shitsumon/b160031.htm⟩。

[91] 総務省行政評価局（2013）『申請手続に係る国民負担の軽減等に関する実態調査結果報告書（東日本大震災関連）』，35頁。

[92] 岡村光章（2012），16頁。

[93] 中央防災会議（2012），3頁。

[94] 労働政策研究・研修機構（2011a），31頁。

[95] 労働政策研究・研修機構（2011b）「米国の災害復興支援はどのように行われたか－2005年ハリケーン等被害に対する雇用支援策を中心に」
⟨http://www.jil.go.jp/foreign/labor_system/2011_6/america_01.htm⟩。

[96] Tolan, Jr. P. E.（2007），p.854, 870.

第5章　大規模災害時における事業所得等の災害税制

1. 事業所得等の災害税制の概要と課題

　前章までは生活用資産に対する災害減免法及び雑損控除の検討，そして米国災害税制との比較検討をしてきたが，本章の課題は，事業所得，不動産所得及び雑所得など事業経営者の所得税における災害税制及び災害通達の問題点を分析し，今後の在り方を検討することである。

　我が国の所得税は，沿革的にはドイツ法の影響を受けて明治20年の創設時から所得を区分し，その区分に応じて計算方法を定める規定を置いていたが，事業所得，不動産所得や山林所得などと所得に名称を付す規定が置かれたのは昭和15年の分類所得税の採用からである。そして，シャウプ勧告後の昭和25年の改正によって，所得をその性質や発生の態様によって10種類に分類して異なる計算方法，課税方法を規定したため，今日では所得区分ごとに必要経費や損失の取り扱いも異なっている[1]。

　所得税創設当時は資産損失の控除を認めていなかったが，大正12年関東大震災の震災特例法によって所得計算上控除することが認められ，昭和22年新設された災害減免法では所得税の必要経費とすることが明記された。昭和25年の改正で事業用資産の損失は雑損控除の対象に変更されたが，その後改正されて，事業所得及び不動産所得（以下「事業所得等」という。）の必要経費にするという現行制度になった。

　なお，阪神淡路大震及び東日本大震災では，事業所得等の災害損失についての特別措置法が創設され，昭和39年の新潟地震以後の大規模災害時には災害通達で事業所得等の特例が公表されているため，これらを含めて検討する。

2. 事業所得等の災害損失制度の沿革

　災害によって事業所得者等の資産に被った財産的損失（資産損失）を「必要経費」とするのか「損失」として特別に取り扱うかについては，所得税創設時からの問題であった。

2-1　所得税創設時の損失控除
　明治20年創設時の所得税法では，利子，配当及び給与所得は収入と同額を所得金額とし，それ以外の所得及び営業その他により生ずる所得については，収入金額から限定した支出のみ控除して所得金額を計算していた。

　創設当時の所得税法第2条をみると「資産又ハ営業其他ヨリ生スルモノハ其種類ニ応シ収入金高若クハ収入物品代価中ヨリ，国税，地方税，区町村費，備荒儲蓄金，製造品ノ原質物代価，販売品ノ原価，種代，肥料，営利事業ニ属スル場所物件ノ借入料，修繕料，雇人給料，負債ノ利子及経費ヲ除キタルモノヲ以テ所得トス」とあり，収入金額から控除できる費用を限定列挙していた[2]。

　明治32年の改正で初めて「必要経費」の概念が取り入れられ，当時の所得税法第4条では，総収入金額から控除すべきものは「種苗，蚕種，肥料ノ購買費，家畜其ノ他飼養料，仕入品ノ原価，原料品ノ代価，場所物件ノ修繕費，其ノ借入料，場所物件又ハ業務ニ係ル公課，雇人ノ給料其ノ収入ヲ得ルニ必要ナル経費ニ限ル」とし，また，「家事上ノ費用及之ト関連スルモノハ控除セス」と定められたが，必要経費とは所得と直接因果関係を有するもので，債務の確定したものをいうと解されていたから，損失等を計上することは認められていなかった[3]。

　なお，当時の所得税は予算方式による賦課課税で，災害などの理由により所得が減少する見込みのときは，納税額の減額を求める減損更訂の制度はあったが，財産の被害程度を直接反映する制度ではなく，所得金額が50％以上減少しなければ認められなかった。

2-2 関東大震災と災害減免法による事業用資産の損失控除

大正12年の関東大震災の震災特例法は，事業用の棚卸資産や事業用資産の災害損失を所得計算上控除することを初めて法律で認めたが，あくまで臨時的な取扱いである[4]。関東大震災の震災特例法第3条では，個人事業者はその所得金額から震災により滅失又は毀損した「所得ノ基因タル自己所有ノ家屋其ノ他ノ築造物，船舶，機械，器具，商品，原材料等」の損害見積金額を控除した残所得金額に税率を適用して計算した金額をもってその者の所得税額とした。したがって，事業用資産や棚卸資産が被災したときは，税務署から決定通知を受けた所得金額からその損害見積金額を差引き，なお残存の所得額があればその額に対してのみ所得税は課税された[5]。

なお，昭和22年12月13日に創設された災害減免法は，事業用資産の災害損失を所得税法上の必要経費にすると規定した[6]。創設当時の災害減免法は，自己の住宅又は家財の損害額がその価額の50％以上であるときは所得額に応じた税額を減免する制度に加え，災害により事業用資産に甚大な被害を受けたときは，その損失を所得税計算上の必要経費とみなして控除する必要経費算入制度を採用した。また，災害減免法の施行に関する政令（昭和22年12月13日政令第268号）第6条では，災害により①自己の所有に係る家屋，宅地，田，畑及び塩田で他人に貸付けていたものにつき生じた損害金額，②自作していた田及び畑並びに自営していた塩田につき生じた損害金額，③自己の所有に係る家屋その他の建造物，船舶，機械器具，商品及び原料品で事業の用に供していたものにつき生じた損害金額が，その価額の50％以上あるときに，その損失額を必要経費に計上することができた。

2-3 所得税法による事業用資産の損失控除

昭和25年の所得税法改正では，シャウプ勧告に基づき雑損控除制度が創設され，災害減免法の改正も行われた。災害減免法第5条に規定されていた「所得の基因たる資産又は事業の用に供する資産の災害損失を必要経費とみなす」という規定は削除され，事業用資産の災害損失は雑損控除の対象となり，必要経

費控除方式から所得控除方式に変更された。

　商品，原材料，半製品，仕掛品その他の棚卸資産の損失は当然に必要経費に算入できるが，事業用資産については災害又は盗難（昭和26年所得税基本通達327（二）において横領による損失も含められていた[7]。）という限られた原因に基づき，かつ，損失額が総所得金額の10％を超えるときに限り，その超過額を総所得金額から雑損控除することとされた。結局，必要経費に全額計上できた災害減免法の取扱いより後退したのである。

　昭和34年4月内閣総理大臣の諮問に応じて，租税制度に関する重要事項を調査審議するための機関として税制調査会が設置された。同年5月19日池田勇人内閣総理大臣による「国税及び地方税を通じ我が国の社会経済事情に即応して税制を体系的に改善整備するための方策」についての諮問に対し，税制調査会は3年間で税制全般について体系的な検討を行った後，昭和36年12月7日の税制調査会答申において，事業用資産の除却損，廃棄損，災害損等のすべての資産損失を必要経費として控除すること，また，雑損控除の対象資産は生活に通常必要な資産に限定し，損失発生原因に横領を加え，損失額は時価基準により算定すべきであると指摘した。

　税制調査会の検討では，法人税が事業用固定資産の除却損などを損金と認めていることと比べて不合理であること，また，我が国と同様，一般的に財産増加説的な所得概念をとっている米国税制においても，事業ないし利潤を得るための取引により生じた損失とその他の損失とを区別し，前者については，資産損失をも含めて広くその損失の控除を認めている反面，後者については，やはり我が国の雑損控除に準ずる場合に限ってその控除を認めていることなどが考慮された。

　この税制調査会答申に基づき，昭和37年の税制改正では，資産損失に関する制度について画期的な改正が行われた。この改正は税制調査会の答申をすべて取り入れたものではないが，所得税の課税上考慮する資産損失の範囲を拡大するとともに，資産ないし損失ごとにその性格等に応じたきめ細かな措置を講じた。

特に，事業所得等の必要経費の概念が拡張され，事業用資産の取壊し，除却，滅失等により生じた損失は事業所得等の必要経費に算入できるとされた。また，災害による事業用資産の損失は「被災事業用資産の損失の金額」とされ，青色申告書の提出がない場合であっても，その損失を翌3年間繰越控除することを認めた[8]。

昭和40年には，所得税法の法体系的整備，法文の平明化・明確化を目的に法文の整理統合が大幅に行われ，次の改正も行われて現行の損失制度は確立した。

① 必要経費とは，別段の定めがあるものを除くほか，山林の伐採又は譲渡による所得以外の一般の不動産所得，事業所得又は雑所得にあっては「これらの所得の総収入金額に係る売上原価その他当該総収入金額を得るため直接に要した費用の額及びその年における販売費，一般管理費その他これらの所得を生ずべき業務について生じた費用（償却費以外の費用でその年において債務の確定しないものを除く。）の額」とする。

② 著しく損傷，陳腐化等をした棚卸資産については，その事実が生じた年の12月31日における時価をもってその取得価額とし，棚卸資産の評価を行うことができる。

③ 事業所得等を生ずべき事業の遂行上生じた債権の貸倒損失等は，その損失の生じた日の属する年分のこれらの所得の計算上必要経費に算入する。

④ 不動産所得若しくは雑所得を生ずべき業務の用に供され又はこれらの所得の基因となる資産の損失は，その損失の生じた日の属する年分の不動産所得又は雑所得の金額を限度として，これらの所得の必要経費に算入する。

3．大規模災害時の事業所得等の災害通達及び特別措置法による特例

我が国では，昭和39年の新潟地震，昭和42年の西日本干害，昭和43年の十勝沖地震，昭和46年の台風第25号等などの大規模災害時に事業所得に関する特例的取り扱いが災害通達で認められてきた。そして，阪神淡路大震災及び東日本大震災では，災害通達のほか特別措置法も設けられた。

3-1 阪神淡路大震災までの災害通達

災害通達で事業所得等の特例的取り扱いが認められたのは、昭和39年の新潟地震からであり、その後、昭和42年の西日本干害等では農業所得についての災害通達が発遣されている。

雑損控除の適用に関する簡易計算の災害通達は、大規模災害の都度、幾度となく公表されているが、事業所得等に関する災害通達は昭和39年の新潟地震及び昭和42年の西日本干害等の際に公表された通達をその後も準用している。

3-1-1 昭和39年の新潟地震での災害通達

昭和39年6月16日、新潟県下越沖を震源とするマグニチュード7.5の地震が発生し、当時、関東大震災以来の規模といわれた地震被害となった。この新潟地震では、昭和39年8月4日直審（所）81国税庁長官通達「新潟地震による災害被災者等に対する法人税および所得税の課税の特例について」が公表され、次の特例が設けられた。

(1) 災害損失特別勘定への繰入額の必要経費算入

災害により事業用資産について損壊等の被害を受けたため、被害を受けた日を含む年において損壊等の被害を受けた事業用資産につき、次のいずれか多い金額以下の金額を災害損失特別勘定としたときは、その年の必要経費に算入することを認める。

① 被災資産の損壊等により生じた価値の減少による損失の額（被災資産の価額がその帳簿価額に満たない場合におけるその差額に相当する金額とする。）

② 被災財産について、災害の止んだ日の翌日から1年を経過した日の前日の属する年の12月31日までに、支出することが確実と認められる損壊等に伴う原状回復のための修繕費及び土砂その他の障害物の除去に要する費用並びにその資産の損壊又は価値の減少を防止するために支出する費用（これらの費用のうち災害のあった日の属する年の12月31日までに支出したこれらの費用を除く。）の見積額

(2) 補強工事、排水又は土砂崩れの防止等のために支出する費用を修繕費にできる。

(3) 借家人である個人が，損壊等をした賃借建物について補修を行った費用を修繕費にできる。
(4) 災害を受けた特約店や得意先等に対する売掛金の一部又は全部免除は，貸倒れとして処理できる。
(5) 災害を受けた特約店等に対する見舞金等は，交際費にできる。
(6) 従業員に対する見舞金等は，福利厚生費にできる。
(7) 被災者が地方公共団体又は縁故者などから受けた見舞金は，非課税とする。
(8) 事業と称するに至らない程度の不動産貸付等を行っている場合に，その貸付用資産について生じた損失は，雑損控除の対象にできる。
(9) 権利金を支払って賃借していた住宅が損壊したため，賃借権を放棄した場合におけるその権利金の被災時現在の未償却残額に相当する部分は，雑損控除の対象にできる。

3-1-2　昭和42年の西日本干害での災害通達

　昭和42年の5月から10月にかけては，西日本各地は高温・小雨にみまわれ，干ばつによって農産物に被害が発生し，果樹農家などは再起不能な状態に追い込まれた。この災害では，昭和42年12月26日直所4-17国税庁長官通達「西日本干害に対する農業所得課税の取扱いについて」により，次に掲げる農業所得の特例が設けられた。
(1) 水稲所得については，被害の実態に応じて減算標準に基づき所得を算出し，干害に要した経費を必要経費に算入できる。
(2) 干害に要した経費は，未成熟の果樹に投下したものであっても，その未成熟果樹の成熟費に含めないで被災年分の必要経費にできる。
(3) 被災事業用資産の損失額には，果樹，立毛の枯死による損失額だけでなく，干害に要した経費や本年中の通常の投下経費も含めることができる。
　　なお，所得標準額を適用して赤字になるときは，被災事業用資産の損失の金額として取り扱う。
(4) 枯死以外の樹体損失額については，その評価が困難であり，具体的にその損失額はないものとする。

(5) 未成熟果樹に係る干害に要した経費及び枯死による損失額は，本年分の必要経費とし，給与所得との損益通算を認める。

　以上の特例が設けられたのは，当時の農業所得の計算は税務当局の定めた10アール当たりの所得標準額に基づいて計算していたためで，災害があった農家の所得計算は農業共済組合等の被害証明の被害程度の割合に基づき一定額を減額するほか，所得標準額による一般的な経費以外の災害関連費用があるときは別枠で控除することなどが認められたのである。

3-1-3　昭和43年の十勝沖地震での災害通達

　昭和43年5月16日，青森県東方沖を震源とするマグニチュード7.9の地震が発生し，津波を伴った被害は青森県を中心に北海道南部・東北地方に及んだ。この災害では，昭和43年7月12日直審（所）37国税庁長官通達「十勝沖地震による災害被災者等に対する法人税および所得税の課税の特例について」通達が設けられ，新潟地震における昭和39年8月4日直審（所）81国税庁長官通達「新潟地震による災害被災者等に対する法人税および所得税の課税の特例について」通達に準じて取り扱うとされた。

3-1-4　昭和46年の台風第25号等での災害通達

　昭和46年は，台風第23号，台風第25号及び台風第26号並びに同年9月1日から13日までの断続した豪雨によって全国各地で被害が発生した。この災害では，昭和46年11月8日直所258東京国税局長通達「台風第25号等による被災地域における所得税の課税の取扱いについて」により，次の特例が設けられた。

(1) 被災地域における被害資産の評価及び損害額の算定は，被災資産の種類別評価基準及び損害額の算定基準表によることもできる。

　　建物等の損害額は，全壊100％，大破80％，中破60％，小破40％の被害割合を適用し，土地建物以外の固定資産については，使用不可能なものは90％，大修繕を要するもの60％，補修程度のものは30％を損害額として算定する。

　　農地については，表土が流出し再び田畑となる見込みのないものは田60％，畑50％の被害割合を適用できる。

(2) 農業所得については，昭和42年の西日本干害時の災害通達に準じて取り扱

う。

3-2 阪神淡路大震災における特別措置法と災害通達

阪神淡路大震災では，旧震災特例法が創設されたほか，事業所得等に関する災害通達が公表されている。

3-2-1 阪神淡路大震災における特別措置法

阪神淡路大震災の旧震災特例法では，棚卸資産又は事業用資産等に生じた損失を納税者の選択により，平成6年において生じたものとして必要経費に算入できるとされた。また，被災者向け優良賃貸住宅の割増償却（70％又は50％），被災事業用資産の代替資産等の特別償却（10％～36％），被災地における土地区画整理事業等の施行に伴う課税の繰延べや特別控除，事業用資産の買換えの圧縮記帳制度の拡充（繰延べ割合を80％から100％に拡大），買換え特例に係る買換資産の取得期間等の延長などが創設された。

3-2-2 阪神淡路大震災における旧諸費用通達

阪神淡路大震災では，平成7年4月6日課所4-5の国税庁長官の法令解釈通達「阪神・淡路大震災に関する諸費用の所得税の取扱いについて」（以下「旧諸費用通達」という。）により，次に掲げる事業所得の特例が設けられた[9]。

(1) 被災事業資産の修繕等のために要する費用の見積額として，災害のあった日から1年を経過する日までに支出すると見込まれる次に掲げる修繕費用等の見積額（平成8年1月1日以後に支出すると見込まれるものに限る。）の合計額以下の金額を平成7年において災害損失特別勘定に繰り入れたときは，その繰入額を平成7年分の事業所得等の必要経費に算入できる。

① 被災事業資産の取壊し又は除去のために要する費用
② 土砂その他の障害物の除去に要する費用その他これらに類する費用
③ 被災事業資産の原状回復のための修繕費
④ 被災事業資産の損壊又は価値の減少を防止するために要する費用

(2) 個人が，被災事業資産に係る修繕費用等として，平成8年分の事業所得等の金額の計算上必要経費に算入した金額があるときは，必要経費に算入した

金額に相当する災害損失特別勘定の金額を取り崩し，その金額を平成8年分の事業所得等の金額の計算上総収入金額に算入する。また，平成8年12月31日において災害損失特別勘定の残額がある場合には，その残額を事業所得等の金額の計算上総収入金額に算入する。

(3) 被災事業資産に係る修繕等がやむを得ない事情により平成8年12月31日までに完了しなかったため，同日において災害損失特別勘定の残額を有している場合において，平成9年1月6日までに災害損失特別勘定の総収入金額算入年分の延長確認申請書を所轄税務署長に提出し，その修繕等が完了すると見込まれる日の属する年分及び平成9年1月1日からその最終取崩年分の年末までに支出することが見込まれる修繕費用等の金額の合計額の確認を受けたときは，最終取崩年分において，最終取崩年分の年末における災害損失特別勘定の残額を総収入金額に算入できる。

(4) 災害損失特別勘定に繰り入れた金額は，平成7年分の所得税法第70条3項に規定する被災事業用資産の損失の金額等に含める。

(5) 補強工事，排水又は土砂崩れの防止等のために支出する費用を修繕費にできる。

(6) 賃借資産（賃借をしている土地，建物，機械装置等）につき修繕等の補修義務がない場合においても，原状回復のための補修費用を修繕費として必要経費に算入できる。

(7) 従業員に対する見舞金等は，福利厚生費にできる。

(8) 製造設備に係る修繕費用等及び操業停止をしたことに伴う損失は，原価外処理することを認める。

(9) 災害見舞金に充てるために同業団体等へ拠出する分担金等は，必要経費とする。

(10) 権利金を支払って賃借していた住宅が損壊したため，賃借権を放棄した場合におけるその権利金の被災時現在の未償却残額に相当する部分は，雑損控除の対象にできる。

3-3　東日本大震災における特別措置法と災害通達

東日本大震災では，阪神淡路大震災以来の震災特例法が創設されたほか，事業所得等の災害通達が公表されている。

3-3-1　東日本大震災における特別措置法

東日本大震災の震災特例法では，棚卸資産又は事業用資産等に生じた損失（以下「事業用資産の震災損失」という。）の特例などが設けられた。

事業用資産の震災損失を平成22年分の事業所得の金額等の計算上必要経費に算入することができ，平成22年分の所得において純損失が生じた青色申告者は，事業用資産の震災損失も含めて平成21年分の所得に繰り戻して還付請求をすることもできる（震災特例法第6条，震災特例法施行令第8条）。

保有する事業用資産に占める事業用資産の震災損失額の割合が10％以上であるときは，平成23年分の純損失の金額（青色申告以外の者は変動所得及び被災事業用資産の損失の金額）を，また，それ以外の場合（10％未満）には，事業用資産の震災損失による純損失のみの金額を，それぞれ5年間繰り越すことができる（震災特例法第7条）。

事業用資産の特例としては，被災代替資産等の特別償却（10％〜36％），事業用資産の買換え特例の拡充（繰延べ割合を80％から100％に拡大），買換え特例に係る買換資産の取得期限の2年間の延長，特定激甚災害地域内に建設する被災者向け優良賃貸住宅の50％（耐用年数が35年以上のもの70％）の割増償却が設けられた。

復興特別区域（復興産業集積区域や復興居住区域など）に係る特例として，被災者等を雇用した場合は給与の10％（事業所得に係る所得税額の20％が限度）を税額控除，事業用の機械は即時償却又は15％の税額控除，事業用の建物・構築物は25％の割増償却又は8％の税額控除，復興居住区域での被災者向け優良賃貸住宅建設には25％の割増償却又は8％の税額控除など，阪神淡路大震災より多くの特例が設けられた。

3-3-2　東日本大震災における諸費用通達

東日本大震災では，事業所得の特例として平成23年6月6日課個2-4の国

税庁長官の法令解釈通達「東日本大震災に関する諸費用の所得税の取扱いについて」(以下「諸費用通達」という。)が発遣されているが,その内容は,次のとおり昭和39年の新潟地震での災害通達及び阪神淡路大震災の旧諸費用通達の一部と同じである[10]。

(1) 被災事業資産の修繕等のために要する費用の見積額として,災害のあった日から1年を経過する日までに支出すると見込まれる次に掲げる修繕費用等の見積額(平成24年1月1日以後に支出すると見込まれるものに限る。)の合計額(保険金等は控除した残額)以下の金額を平成23年において災害損失特別勘定に繰り入れたときは,その繰入金額を平成23年分の事業所得等の必要経費に算入できる。

① 被災事業資産の取壊し又は除去のために要する費用

② 大震災により生じた土砂その他の障害物の除去に要する費用その他これらに類する費用

③ 被災事業資産の原状回復のための修繕費(所得税基本通達37-12の2((災害の復旧費用の必要経費算入))に定める被災前の効用を維持するために行う補強工事,排水又は土砂崩れの防止等のために支出する費用を含む。)

④ 被災事業資産の損壊又はその価値の減少を防止するために要する費用

(2) 災害損失特別勘定に繰り入れた災害損失特別勘定繰入額は,被災事業資産に係る修繕費用等の額として,平成24年分の事業所得等の金額の計算上必要経費に算入したときに,災害損失特別勘定の金額を取崩し,その金額をその者の平成24年分の事業所得等の金額の計算上,総収入金額に算入しなければならない。

ただし,被災事業資産に係る修繕等がやむを得ない事情により平成24年12月31日までに完了しなかったため,同日において災害損失特別勘定の残額を有している場合には,所轄税務署長の確認を受けることで,その修繕等が完了すると見込まれる日の属する年分まで,その取崩しを延長することができる。

(3) 賃借資産(賃借をしている土地,建物,機械装置等)につき修繕等の補修

義務がない場合においても，原状回復のための補修費用を修繕費として必要経費に算入することができる。

3-4　東日本大震災の震災特例法と諸費用通達の特徴

　事業所得等の災害税制の問題の１点目は，阪神淡路大震災と東日本大震災の震災特例法や諸費用通達の役割についてである。

　阪神淡路大震災と東日本大震災の特別措置法を比較すると，事業所得等の災害損失を前年分で申告できること，被災代替資産等の特別償却や事業用資産の買換えの圧縮記帳制度の拡充などの特例は同様のものである。しかし，東日本大震災では，繰越期間の延長のほか，被災者等を雇用した場合の税額控除，被災者向け優良賃貸住宅建設の割増償却又は税額控除などが創設され，被災地復興にも配慮されている。

　東日本大震災における諸費用通達は，昭和39年の新潟地震，昭和43年の十勝沖地震及び平成７年の阪神淡路大震災以来であるが，阪神淡路大震災の旧諸費用通達と比べて特例の項目が少なくなっている。これは過去の災害より通達による特例を認めなかったというわけではなく，昭和39年の新潟地震の災害通達及び阪神淡路大震災の旧諸費用通達における特例のうち，被災資産に行う補強工事，排水又は土砂崩れの防止等のために支出した費用を修繕費とすることができるなどの特例は所得税基本通達37-12の２（災害の復旧費用の必要経費算入）に規定され，災害見舞金に充てるために同業団体等へ拠出する分担金等の特例は所得税基本通達37-９の６（災害見舞金に充てるために同業団体等へ拠出する分担金等）として平成７年に一般通達に規定されて，大規模災害以外の災害時にも適用できるように改正されたからである。

　東日本大震災の諸費用通達の修理費用等の計上時期の特例は，各災害時と同様，災害年に必要経費として算入することのできない費用の前倒し計上を認めるものである。

　災害により損壊等をした資産を今後とも事業の用に供する場合に，所得金額の計算上，必要経費として認められるものとしては，資産の価値が減少したこ

とによる被災資産の損失及び原状回復のための修繕費用等がある。被災資産の損失は災害のあった日の属する年分の必要経費に算入するが，修繕費用等は修繕等を行った年分に必要経費に算入しなければならないから，修繕等が遅れ，費用の支出が翌年以降になると被災年分等と修繕等を行った年分が乖離することになる。東日本大震災は地域的にも甚大で，早期に修繕等が完了しない可能性もあるため，災害から1年以内に支出すると見込まれる修繕費等を災害のあった年分に算入することを認めることで，損失額が増え減免税額を多くすることができる。

　大災害時には，法令や地方公共団体の定めた復興計画によって工事着手に制限がされ，復旧工事補助金も審査後に工事契約締結及び着工することとされているから，多くの修繕工事は遅延し費用の支出は翌年以降となるため，修繕費や復旧工事等に関する諸費用通達の取り扱いは，被災地と被災者の実情を考慮したものである。

　このような災害損失特別勘定による特例は，新潟地震，十勝沖地震，阪神淡路大震災及び東日本大震災の被災者しか認められていないが，これら以外にも大災害は生じており限定する必要はない。このような取扱いは大災害時だけの特例ではなく所得税法又は通達に規定し，すべての被災者に適用できるよう規定しておくべきであろう。

4．事業所得と雑所得の区分と災害損失

　問題の第2点は，事業所得と雑所得という所得区分と災害損失の関係についてである。それは，事業所得については棚卸資産及び事業用資産の災害損失はすべて必要経費と認められているが，雑所得の対象とされる小規模な事業の場合は損失の計上が制限されるから，事業所得と雑所得のいずれに該当するかで問題となることが多いからである。

4-1 棚卸資産の災害損失の計算方法

所得税の10種類の所得区分のうち，不動産所得，事業所得又は雑所得の必要経費は，別段の定めのあるものを除き，総収入金額に係る売上原価その他その総収入金額を得るため直接に要した費用の額及びその年における販売費，一般管理費その他これらの所得を生ずべき業務について生じた費用と規定している（所得税法第37条）。したがって，棚卸資産の災害損失は所得税法第37条に基づき必要経費に認められるが，事業用資産の災害損失は「別段の定め」である所得税法第51条の要件に該当するときに限り必要経費と認められる。

棚卸資産が経費となることは会計上も所得税法上も同様であるが，必要経費に算入される棚卸資産の売上原価等の計算方法については，簿記会計上の手法によることを当然の前提として所得税法に明文の規定を置かず[11]，簿記会計上の手法による計算要素のうち，期末に有する棚卸資産の価額の評価についてのみ規定を設けている（所得税法第48条）[12]。そして，期末保有棚卸資産の評価に関し，所得税法施行令第104条は，災害により著しく損傷したこと，著しく陳腐化したことその他これらに準ずる特別の事実が生じた棚卸資産を12月31日における時価をもって，その評価額を計算することができるとだけ定めている。

すなわち，棚卸資産が災害等によって被害を受けた場合は，その損害額を事業所得や雑所得の計算において必要経費に算入できるのであるが，必要経費算入の方法は商品等損失額として必要経費に直接算入するのではなく，売上原価の計算を通して必要経費に算入することになる（所得税法第37条）。なぜなら，災害や盗難等により滅失した商品は年末の期末棚卸の減少という形で現れ，売上原価が多く計上されるからである。

4-2 事業用資産と業務用資産の災害損失の相違

所得税法第51条は，必要経費に関する所得税法第37条の基本規定に対する別段の規定として，事業用資産及び業務用資産に被った財産的損失の必要経費算入を定めている。資産等に被った財産的損失を資産損失というが，個人の有する資産は大別すると，事業（営業）用の資産と生活用資産に区分される。さら

に，前者は事業所得を生ずる事業用資産と，雑所得を生みだす事業用資産とまではいえない業務用資産に区分され，それぞれ損失の取扱いは異なる。

　事業所得を生ずべき事業の用に供される事業用資産については，その取壊し，除却，滅失（その資産の損壊による価値の減少を含む。）など，災害はもちろん任意の取壊しのものも含めて，損失の原因を問わず必要経費に無制限に算入することができ（所得税法第51条1項），事業所得以外の所得と損益通算できる上に，その損失は翌年以降繰越すことができる。一方，雑所得の損失は，雑所得の金額を限度として切り捨てられ（所得税法第51条4項），他の所得とは損益通算できない（所得税法第69条）。

　所得税法創設時には制限的所得概念を採用していたので，雑所得という所得類型は存在しておらず，シャウプ勧告に基づく昭和25年の所得税法の改正により，包括的所得概念が採用されたことから，それまで規定されていた所得類型以外のすべての所得を課税の対象とするため，新たな所得類型として雑所得は誕生し，損益通算は認められていたが，昭和43年に禁止された。

　所得税法によれば，事業所得とは，農業，漁業，製造業，卸売業，小売業，サービス業その他の事業から生ずる所得（山林所得又は譲渡所得に該当するものを除く。）と定義されている（所得税法第27条）。しかし，雑所得については，利子所得，配当所得，不動産所得，事業所得，給与所得，退職所得，山林所得，譲渡所得及び一時所得のいずれにも該当しない所得として規定され（所得税法第35条），事業所得とすべき判定から漏れたものを雑所得とすると規定するのみで（所得税基本通達35-2），他の種類の所得のように統一的なメルクマールがなく，積極的に定義することは不可能といわれている[13]。

　昭和56年4月24日最高裁判決[14]では，自己の計算と危険において独立して営まれ,営利性,有償性を有し,かつ反覆継続して遂行する意思と社会的地位とが客観的に認められる業務から生ずる所得を事業所得と判示している。

　また，平成7年6月30日東京地裁判決[15]では「所得税法は事業の意義について一般的な定義規定を置いていないから，所得税法上ひいては本件特例上の事業概念は社会通念に従って判断するほかなく，本件特例にいう事業に当たるか

否かは，営利性・有償性の有無，継続性・反復性の有無，自己の危険と計算における企業遂行性の有無その取引に費やした精神的・肉体的労力の程度，人的・物的設備の有無，その取引の目的，その者の職歴・社会的地位，生活状況などの諸点を総合して，社会通念上事業と言い得るかによって判断するべきであり，これらの判断に当たって役務提供の程度や事業規模の大小のみを殊更重視するのは相当ではない。」と判示している。

　判例では，行為の規模，継続性，収益の多寡などで社会通念上事業と認められるかどうかを重視しているが，一般的には事業所得の業務と雑所得の業務とが競合関係にある場合において，その業務が営業として事業的規模で行われている場合には，その所得は事業所得に該当し，その業務が営業として事業的規模で行われていない場合には，その所得は雑所得に該当するという関係にあると解釈されている[16]。

　このように，事業所得における「事業」の概念が抽象的であるため，雑所得と区別する具体的な基準は定めにくく，両者のボーダー・ライン・ケースについての判断は困難である。したがって，結局は個々の程度問題となり，明確な基準は存在していないことが問題の根底にある。

4-3　雑所得の災害損失の必要経費算入と雑損控除の選択規定

　事業所得における棚卸資産や事業用資産等の災害損失は，そのすべてが必要経費と認められるが，雑所得を生ずべき業務用資産に災害損失が生じたときの所得税法の規定は明確でない。

　所得税法第51条4項は，業務用資産の損失は所得金額までを限度に必要経費に算入できるとしている。一方，所得税法第72条の雑損控除では，棚卸資産，山林，事業用資産及び生活に通常必要でない資産を除いたものを対象とすると規定しているから，業務用資産を除外していないのである。

　結局，所得税法は，業務用資産の災害損失を必要経費に算入するか，雑損控除にするのか明確な規定を置いておらず，いずれも適用できると解釈できる。そのため，所得税基本通達は，納税者の選択により必要経費算入又は雑損控除

図表5-1　事業所得と雑所得の損失

区分		損失事由	控除方法	損失金額	損益通算	繰越損失
事業所得	棚卸資産	災害等	必要経費	時価	可能	可能
	事業用資産	災害	必要経費	原価	可能	可能
		災害以外	必要経費	原価	可能	青色申告のみ可能
雑所得	業務用資産	災害等以外	必要経費	原価	制限あり	不可
	選択	災害等	必要経費	原価	制限あり	不可
			雑損控除	時価	可能	可能

出所：各法令から筆者作成。

の適用ができると認めている（所得税基本通達72-1）[17]。

　実際の選択の場面では，所得税法第51条4項の規定により，必要経費に算入される損失の金額は取得原価基準で雑所得の金額を限度とするのに対し，雑損控除額の計算の基礎となる損失の金額は時価基準で10％の制限があるなどの相違があるので，控除金額と繰越損失の可否による有利不利を考慮した上で選択しなければならないという被災者にとっては選択判断が困難な取扱いとなっている（図表5-1参照）。

5．不動産所得の災害損失

　問題の第3点目は，事業規模の異なる不動産所得における災害損失の取扱いについてである。

　不動産から生ずる所得については，明治20年の所得税の創設時から所得税法第2条「資産又ハ営業其他ヨリ生スルモノ」として課税され[18]，「不動産所得」という区分の誕生は，昭和15年に分類所得税と総合所得税の二本建を採用し，不動産所得，配当利子所得，事業所得，勤労所得，山林の所得，退職所得の6種類の所得に区分され，それぞれの税率は別々とされてからである[19]。

　昭和22年の所得税法改正では，分類所得税が廃止され総合所得税に一本化されたことに伴って，不動産所得は姿を消して事業所得とともに「事業等所得」

とされたが，シャウプ勧告に基づく昭和25年の税制改正において，事業等所得は廃止され，同所得の範囲から，不動産所得，事業所得及び雑所得が取り出され，所得区分は現行の10種類となった。

不動産所得は，昭和25年の税制改正までは事業所得とは所得の計算，損益通算及び青色申告制度において全く共通しており，特別な取扱いをしていなかったが，昭和25年の税制改正後，不動産所得が独立したことによって事業所得とは別に所得計算の方法が規定され，以後，独自の課税関係が構築されてきた。

不動産所得とは，不動産，不動産の上に存する権利，船舶又は航空機の貸付けなどによる所得で，事業所得又は譲渡所得に該当しないものをいう（所得税法第26条）。また，所得税法第26条1項の最後のかっこ書では「事業所得又は譲渡所得に該当するものを除く」と規定しているから，事業的規模であるか否かを問わず，不動産の貸付けであれば事業所得又は譲渡所得に該当するものを除き不動産所得に該当するとしている。

このように，不動産所得は不動産等の貸付けによる所得であって，その貸付けが事業としてなされているかどうかを問わないので，不動産等の貸付規模の大小がある場合でも，その事業から生ずる所得は事業所得又は雑所得ではなく，すべて不動産所得となり雑所得となる不動産貸付けはない。したがって，不動産所得の金額は，総収入金額から必要経費を控除して計算するという点で事業所得及び雑所得と同様である。

しかし，必要経費については事業所得や雑所得と同様，所得税法第37条によって「別段の定め」の適用があるから，不動産所得であっても事業規模の大小により損失の取り扱いは異なるという特徴がある。

5-1　事業的規模と業務的規模の区分と損失の範囲

不動産所得の金額は，総収入金額から必要経費を控除して計算するのであるが，その計算上，「別段の定め」により修正が加えられる（所得税法第36条）。そして，必要経費に係る「別段の定め」では，事業たる不動産所得と業務たる不動産所得とで別々の取り扱いを定めている（所得税法第51条及び第52条ほ

か)。

　このように，不動産貸付の規模に関わらず，その所得区分は不動産所得としているが，資産損失については，不動産貸付の規模に応じて事業的規模と業務的規模の不動産所得という2つに区分し，前者については事業所得と，後者については雑所得と同様の取扱いを行うよう制度設計され，損失等の範囲に差異を設けているところに不動産所得の特徴がある。

　業務的規模の不動産所得に制限規定が導入されたのは，昭和40年の所得税法の全文改正においてである。それまでは業務的規模における損失は家事上の出費に伴うものであるとの考えの下に，必要経費算入は認められていなかった。

　確かに，事業用資産は全額必要経費として認められ，家庭用資産の損失は災害等による損失のときは雑損控除が認められるのに，その中間の業務用資産については，それから生ずる所得が課税の対象とされていながら，その資産の損失は一切控除しないというのでは不公平の感を免れない。そこで，業務用資産から不動産所得があるときは，その所得の金額を限度として，その損失を控除することとされた[20]。

　したがって，不動産所得を生ずべき不動産等の貸付けが事業的規模か業務的規模かによっては，不動産所得の金額の計算において，資産損失（所得税法第51条），事業専従者給与等（所得税法第57条）及び青色申告特別控除（租税特別措置法第25条の2）などの取扱いも異なり有利不利が生じるので，事業として行われているかどうかの判定は重要である。

　東京地裁平成7年6月30日判決では，「不動産所得を生ずべき事業といえるか否かは，営利性・有償性の有無，継続性・反復性の有無，自己の危険と計算における企業遂行性の有無，その取引に費やした精神的肉体的労力の程度，人的・物的設備の有無，その取引の目的，その者の職歴・社会的地位・生活状況などの諸点を総合して，社会通念上事業といい得るか否かによって判断されるべきものと解さざるを得ない。」と判示している[21]。

　そうすると，建物の貸付けが事業として行われているかどうかは，社会通念上事業と称するに至る程度の規模で建物の貸付けを行っているかどうかにより

判定することになる。しかし，その判定の境界は明確でないので，実務上は，①貸間，アパート等については，貸与することのできる独立した室数がおおむね10以上であること，②独立家屋の貸付けについては，おおむね5棟以上であることのいずれかに該当する場合等には，賃貸料の収入状況等からみて，特に反証のない限り，事業として行われているものと取り扱われている（所得税基本通達26-9）。

ただし，この形式基準の判定は「おおむね」と規定しているとおり，形式基準でなく実質基準で判断することもあるということであって，東京地裁平成7年6月30日判決でも「専ら貸付規模の大小をもって，社会通念上の事業といえるか否かを判断しなければならないものというべきではなく，また，5棟10室程度の規模に至らない不動産貸付けが直ちに社会通念上事業に当たらないということもできない」と判示し，通達による形式判断ではなく事実認定に基づき納税者の主張が認められているから[22]，その境界は明確ではない。

5-2 不動産所得の事業用資産と災害損失

所得税法は，不動産所得を生ずべき業務が事業として行われているものであるか否かによって，資産損失の取扱いに差異を設けている。

不動産所得となる事業用資産については，任意の取壊しによる場合であっても，生じた資産損失すべてが無条件で必要経費に算入でき，控除しきれないときには不動産所得の計算上生じた損失として他の所得との損益通算も可能である。一方，業務用資産について生じた資産損失については，災害等によらないものは，その年分の不動産所得の金額を限度として必要経費に算入され，災害等によるものは必要経費としないで雑損控除の対象とするのであるが，実務上，所得税基本通達で必要経費への算入も認めている（所得税基本通達72-1）。すなわち，不動産所得を生ずべき業務用資産の災害損失は，雑損控除として控除することも，不動産所得の必要経費とすることもできる（所得税基本通達70-1）。

この規定の趣旨は，業務用資産から生ずる所得は課税の対象とするが，その

図表5-2　不動産所得の災害損失

区分		損失事由	控除方法	損失金額	損益通算	繰越損失
事業的規模	事業用資産	災害等	必要経費	原価	可能	可能
		災害以外	必要経費	原価	可能	青色申告のみ可能
業務的規模	業務用資産	災害等以外	必要経費	原価	不動産所得限度に必要経費算入	不可
	選択	災害等	必要経費	原価	不動産所得限度に必要経費算入	不可
			雑損控除	時価	可能	可能

出所：各法令から筆者作成。

　資産の損失は災害等の原因でない限り一切控除しないというのは不公平であるから，不動産所得がある場合には，その所得を限度として，その資産損失を控除することを認めようというものであり[23]，また，事業用資産でないから，災害損失があるときは雑損控除も認めるというのである。

　よって，不動産の貸付けによる所得はすべて不動産所得として区分され，雑所得という区分はないから，不動産所得の業務用資産について生じた損失は，雑損控除を適用するときは時価基準で損失額を計算できる。また，不動産所得の必要経費に算入するときは雑損控除額の10％制限はなく全額控除できるが，その損失額は取得原価基準であり，不動産所得の金額を限度までとされる違いを考慮して，いずれか有利な方を選択しなければならない（図表5-2参照）。

　したがって，災害損失が生じたときの不動産所得者の問題は，事業規模で不動産貸付を行っている大口資産家は十分な救済を受けられるが，小規模の不動産貸付を行っている者は不利な取り扱いを受けるということにある。このような不整合は，不動産所得の必要経費の規定が事業所得や雑所得と同じ所得税法第37条で定められ，資産損失についても同じ「別段の定め」が適用されるからである。

　このような不整合を解決するためには，事業の規模に関わらず必要経費や資産損失の取り扱いを同一とし，不動産所得のみの経費に関する規定を創設しなければならない。

6. 農業所得の災害損失

　問題の第4点目は，農業所得における災害損失の取扱いについてである。

　農業による所得は，明治20年の所得税の創設時から，所得税法第2条「資産又ハ営業其他ヨリ生スルモノ」として課税されてきたが[24]，農業所得は事業所得の範疇で捉えられ，所得税法では農業所得という所得区分はない[25]。

　しかし，所得税の申告の際は，事業所得を営業等所得，農業所得及びその他事業所得に細分化し，農業所得用の青色申告決算書や収支内訳書を用いて他の所得と異なる方法で所得額を計算して申告しなければならない。

　農業所得とは，米，麦，たばこ，果実，野菜若しくは花の生産若しくは栽培又は養蚕に係る事業等から生ずる所得をいう（所得税法第2条35号）。農業所得の計算は，農産物を収穫した時に一旦収入金額に計上するという営業等所得と異なる特殊な計算方法を定めているので，このことが，災害の発生が収穫前又は収穫後であるかで，災害損失の金額は異なるという特徴がある。

6-1　農業所得の収穫基準と災害損失

　農業所得の所得計算は，農産物を収穫した場合には売却したかどうかに関係なく，収穫したときに農産物の収穫価額を総収入金額に算入しなければならない（収穫基準，所得税法第41条）。収穫とは，成熟した農産物を物理的に取り入れることや刈り入れることをいうが，農産物の収穫価額は，その農産物の収穫時における生産者販売価額（庭先価格）により計算する（所得税基本通達41-1）。

　生産者販売価額とは農家の庭先における農産物の裸値をいい，それは，市場における販売価額のうち，市場への販売手数料，市場までの運賃，包装費，その他出荷経費に相当する金額を販売価額から差し引いた金額となる。具体的には，収穫基準で総収入金額に計上すると同時に，収穫価額によって取得（仕入れ）したものとみなして，その収穫価額は仕入金額に算入する（所得税法第41条）。そして，その農産物を売却した場合には，その売却価額を総収入金額とし，

その収穫価額を必要経費に算入することになる。また，年末において未販売の農産物は棚卸資産として翌年に繰越し，翌年に実際に販売したときは，引渡し時にその販売価額を収入金額に計上しなければならない（所得税法第41条2項）[26]。

すなわち，農産物については収穫価額と販売価額を二重に収入金額に計上することになるが，他方，収穫価額と同額を販売時に必要経費に算入するから，所得金額としては，最終的には農産物以外の棚卸資産と同様の計算結果になる。この規定は，昭和29年に創設されたもので，農産物を収穫した場合には，一応収入があったものとして計算し，さらに，その農産物を販売したときは，販売時の価額と収穫時の価額の差が所得に加算（減算）される。

このように農業所得のみ特別な取扱いをしているのは，農業生産者は商工業の形態とは異なり，生産量の全部が販売されず，相当量は家事消費されている現状から，収穫のあったときに所得が発生したとみるのが実情に即しており，収穫時に所得計算に反映させ適正な課税を行うために規定されているものである[27]。したがって，農産物を自家消費したときは，売上があったものとして，農産物を収穫したときのいわゆる通常他に販売する価格（生産者販売価額）で収入金額に計上しなければならない。

よって，農業所得の対象となる農産物に係る損失の金額は，収穫前，収穫後に関わらず必要経費に算入されるが，農産物は収穫時に生産者販売価額で収入金額に計上し，その価格で仕入れされた棚卸資産と取り扱われるから，災害による被害が生じたのが収穫前であるか収穫後であるかによって災害損失額は異なる。

野菜等の立毛など収穫前の農作物が災害により枯死，倒伏，流出，冠水等をしたことにより，滅失したときの損失額は，その農作物に係る種苗費の額並びに成熟させるために要した肥料費，労務費及び経費の額（冷害，干害等の自然現象の異変又は害虫その他の生物による災害の発生に伴い農作物の肥培管理のために特別に支出した費用の額を含む。）の合計額が，収穫できた部分の農作物の収穫時の価額の合計額を超える場合におけるその超える部分の金額に相当

図表5-3　農業所得の災害損失

区分		損失事由	控除方法	損失金額	損益通算	繰越損失
農産物	収穫前	災害等	必要経費	原価	可能	可能
	収穫後	災害等	必要経費	時価	可能	可能
事業用資産		災害	必要経費	原価	可能	可能
		災害以外	必要経費	原価	可能	青色申告のみ可能

出所：各法令から筆者作成。

する金額である（所得税基本通達70-3）。

ただし，収穫前の農産物の被害による損害の必要経費算入の方法は，農産物損失額として必要経費に算入するのではなく，損害額である生育費等の原価は全額計上するから自動的に所得計算に組み込まれるので，特別な災害損失額の計上は行わない。

一方，収穫後の農産物の災害損失の必要経費算入の方法は，農産物損失額として必要経費に算入するのではなく，災害等により滅失した農産物は年末の棚卸資産の減少という形で現れ，売上原価が多く計算されることから，売上原価の計算をとおして必要経費に算入される（所得税法第37条，図表5-3参照）。

6-2　農業所得の事業規模と損失の範囲

農業所得は事業所得の一部であるから，小規模農家の農業による所得は雑所得と取り扱われるのか。あるいは，不動産所得のように事業的規模又は業務的規模によって損失の取り扱いが異なるのかという疑問が生じる。

農林水産省の統計によれば，平成22年の総農家戸数[28]約253万戸のうち販売農家数[29]は163万戸，自給的農家は90万戸であったが，平成25年には販売農家数は約145万戸に減少している。

所得税法上，農業から生ずる所得は事業所得であり，事業に該当するためには，一般に，独立性，営利性，有償性，継続性の観点からみて，社会通念上事業と認められる規模が必要とされる[30]。

我が国の販売農家数約145万戸のうち農産物販売金額100万円未満の階層が約

6割を占め，これを主副業別にみると，主業農家数は約32万戸，準主業農家数は約33万戸，副業的農家数は約80万戸となっている。つまり，農業経営の実態は，大規模農家から零細農家まで幅広く，小規模なものは農業というより，土地の維持管理を前提とした家庭菜園的なものもある[31]。

所得税の規定からすれば，農業所得は事業所得又は雑所得に区分され，雑所得の対象となる業務的規模の場合は，損失額の計上はその所得額の範囲に制限され他の所得との損益通算はできないことになる（所得税法第51条4項）。

ところが，農業所得に関しては，事業的規模とそれ以外の業務的規模などの区分をすることなく，原則としてすべて事業として取り扱われている。加えて，実務では，専ら家事消費等に当てるために耕作するようないわゆる小規模な農家であっても，水稲等の栽培による所得は農業所得と取り扱っており[32]，採算を度外視した農作物の栽培でない限り，事業的規模に基づいて事業所得かそれとも雑所得に振り分けることは行っていない[33]。さらに，業務的規模の判定は不動産所得に限られているから（所得税法第51条4項），農業の規模が小規模であっても，業務的規模として損失の計上を制限されることもない。

したがって，農業所得については，規模が比較的小さくても，損失は他の所得との損益通算も認められている。

6-3　農業所得の事業用資産の災害損失と災害通達

農業所得の事業用資産の損失は，事業所得の損失の取り扱いと同様，災害，取壊し，除却，滅失その他の事由による損失であろうと必要経費に算入できる（所得税法第51条1項）。

なお，大規模災害においては，昭和42年12月26日直所4-17国税庁長官通達「西日本干害に対する農業所得課税の取扱いについて」及び昭和46年11月8日直所258東京国税局長通達「台風第25号等による被災地域における所得税の課税の取扱いについて」によって，被災地域における被害資産の評価及び損害額の算定を被災資産の種類別評価基準及び損害額の算定基準表によって計算してきた。

昭和46年の台風第25号等での災害通達によれば，農地について表土が流出し再び田畑となる見込みのないものは田60％，畑50％の被害割合を適用し，建物等の損害額は，全壊100％，大破80％，中破60％，小破40％の被害割合を適用し，土地建物以外の固定資産については，使用不可能なものは90％，大修繕を要するもの60％，補修程度のものは30％を損害額として算定できるとしている。
　東日本大震災では，国税庁長官による諸費用通達が公表されているが，昭和46年の災害通達の農地の被害割合の算定基準は示されておらず，被災者が損失額を算定することは困難であった。

7．小括

　本章では，事業所得等の災害税制について，大規模災害時の特別措置法や災害通達も含めて検討した。
　我が国の所得税は，所得はその性質や発生の態様によって担税力が異なると考えられており，その源泉ないし性質によって10種類に分類され課税方法は異なるが，損失の取扱いは所得区分と異なる基準で制限されているから不公平が生じている。また，災害時に災害通達が公表されなかった被災者と不公平も生じている。

7-1　事業規模と災害損失税制

　事業と業務の分類基準については，所得税法には特段の定めはなく，業務とは一般に事業と称するに至らない程度のものと解釈されている[34]。このような制度が設けられた趣旨として，業務用資産の損失は「家事費的要素が強いとみてその控除を制度的に制限したもの」といわれている[35]。
　所得税法上は，事業による所得について，事業的規模のものは事業所得とし，業務的規模のものは雑所得に区分しているが，農業所得は業務的規模のものはないものとして運用し，一方，不動産所得では事業的規模と業務的規模を厳しく区分し，雑所得となる不動産所得はないとしている。したがって，事業所得，

不動産所得及び農業所得における業務的規模や雑所得の取扱いは区々で、損失の取扱いに統一性がなく不公平がある。

災害損失については、事業所得、事業的規模の不動産所得及び農業所得の場合は、その被災事業用資産の損失は必要経費とされ、他の所得と損益通算によっても控除しきれない災害損失は翌年以降に繰越すこともできる。一方、雑所得や業務的規模の不動産所得の業務用資産の災害損失は、本来、その所得金額を限度として必要経費算入することしか認められないのであるが、雑損控除の適用を認めている（所得税基本通達72-1）。災害損失に限っていえば、損失はどのような場合も認められることになっており、雑損控除の10％制限の有無はあるものの災害時の配慮はされているといえる。しかし、法令上の規定があいまいで10％分が認められるかどうかの有利不利は残る。したがって、業務用資産からの収益はすべて課税していることからすれば、雑損控除の10％制限は除外し、災害損失は全額認めるとして整合性を図るべきである。

7-2 青色申告と白色申告者の事業損失と災害損失の繰越控除及び繰戻還付

事業所得等の計算上生じた純損失は他の各種所得の金額から控除できるが、その純損失を前年又は翌年の所得と通算できるかどうかは青色申告者と白色申告者とでは異なる（所得税法第70条）。

青色申告者は、損益通算をしてもなお控除しきれない純損失が生じたとき、その純損失の金額をその年の翌年以後3年内の各年分の所得金額から控除できる（所得税法第70条1項）。また、翌年以降への繰越控除することに代えて、前年分に繰戻すことにより、前年分の所得税額の全部又は一部の還付を受けることもできる（所得税法第140条）。さらに、青色申告者が事業の全部譲渡又は廃止その他事業の全部の相当期間の休止、重要部分の譲渡をしたことによって、純損失を繰越すことができないときには、純損失を前年分及び前前年分の2年間に繰戻すこともできる（所得税法第140条）。一方、白色申告者は、原則として損失の繰越しや前年分への繰戻しは認められていない。わずかに、災害を原因とする事業用資産の損失に限り3年間の繰越しを認めるだけである（所得税

第70条2項)。

　東日本大震災の震災特例法では，青色申告及び白色申告とも繰越期間は5年間認められたが，繰戻還付は青色申告者に限られている。また，法人税では災害損失金の繰越期間は青色申告及び白色申告法人とも9年に延長され，東日本大震災では繰戻還付は2年間認められていることからみても，個人と法人間でバランスが悪く，諸外国の繰越期間は20年又は無制限という制度であることや被災地の復興状況をみると繰越期間や繰戻期間の延長を認めるべきである。

7-3　大災害における災害通達の在り方

　大災害では，事業所得等についての特例的な取り扱いが昭和39年以降通達で行われてきた。平成23年6月6日付の東日本大震災における諸費用通達は修理費用等の計上時期の特例であるが，検討のとおり，災害損失特別勘定を設けることは妥当な取扱いといえる。しかし，昭和39年の新潟地震の災害通達及び平成7年の阪神淡路大震災における旧諸費用通達と同趣旨であり，約50年間も法律とせず，なぜ一部の災害時のみ適用を認めているのかということと，東日本大震災で農業所得についての災害通達を公表しなかったことは納得できない。

　また，東日本大震災における諸費用通達は，過去の災害通達より特例は少なくなっているが，なぜ，すべてを所得税法又は一般通達とせず，災害損失特別勘定などは明文化しなかったのかは明らかではない。さらに，昭和42年の西日本干害及び昭和46年の台風第25号等被害での災害通達と同趣旨の農業所得の災害通達は，阪神淡路大震災及び東日本大震災では公表されていないから，この通達は現在でも適用されるのかどうか明確ではない。

　農業所得については，昭和59年度税制改正で記帳義務が導入され，平成18年度の農業所得申告から農業所得標準が廃止になったこともあり，そのまま準用することはできない。しかし，昭和46年の台風第25号等被害での災害通達では，建物等や田畑などの被害額を簡便な方法で算出できるため，雑損控除の災害通達と同様，被災者が災害損失額を簡便に算出できるという利便性がある。東日本大震災では，地震や津波によって農地や農業施設も大きな被害を受けており，

被災者は損害額を個々に証明しなければならず，大きな負担となるから，農業所得に対する災害通達は公表すべきであった。

　自然災害による農産物の被害は毎年のように生じているが，税制上大きな問題となっていないのは，その損失は全額必要経費に計上できることのほか，農業災害補償制度や災害復旧事業の充実が挙げられる。

　つまり，自然災害や病虫害などによる農家等の損失を補てんし，農業経営の安定と農業生産力の発展に資することを目的とする農業災害補償制度が制定され，一定規模以上の米及び麦生産者は強制加入とされているから，平成5年の大冷害の際には水稲の作況指数74（平年に比べて収穫量が26％減少）と甚大な被害になったが，殆どの被災農家が農業共済の加入者で共済金が支払われたため特段の混乱も生じなかった。また，農地や農業施設の被災に対しては，災害復旧事業や各種の臨時特例措置が充実してきている。

　もちろん，一定規模以下の米麦生産者や他の共済事業（家畜共済，果樹共済，畑作物共済，園芸施設共済）では任意加入であり，その共済金も被害額全額を補償しないという制度設計になっているので災害損失は発生し，災害損失額の算定方法も所得税法とは異なるため税制との調整は必要であるが，価格低下に対する収入保険制度の導入など農業経営上のリスク軽減が進めば農業経営者の安定と増加にもつながるであろう。

(第5章/Endnotes)

[1] 所得税には，分類所得税と総合所得税の2つの類型がある。分類所得税というのは，所得をその源泉ないし性質に応じていくつかの種類に分類し，各種類の所得ごとに別々に課税する方式である。極端な場合には，所得の種類ごとに控除の金額や適用税率が異なる。これに対し，総合所得税は，課税の対象とされる所得をすべて合算したうえ，それに一本の累進税率表を適用する方式である。金子　宏（2013），181頁。

[2] このような計算方法では各年の所得金額は大きく波打つため，所得税法第2条3項に「第二項ノ所得ハ前三箇年間所得平均高ヲ以テ算出ス可シ」と本年の所得金高は前3か年の平均額（三箇年平均主義）とし，これでも問題が生じるときのために，「其平均ヲ得難キモノハ他ニ比準ヲ取リテ算出スヘシ」と別の方法を採用することも可能にしていた。

[3] 武本宗重郎（1913）『改正所得税法釈義』同文館，133頁。

[4] 大正9年所得税法に関する行政解釈として，「火災其ノ他ニ困リ滅失シタル仕入品等ノ原価ハ之ヲ必要経費ニ加算スルモノトス」とする取扱いはあったので，棚卸資産については災害損失の控除は認められていた。藤田良一（1979），125～126頁。

[5] 時事新報社（1923），44頁。

[6] 昭和2年1月6日付主秘第1号「所得税・法施行ニ関スル取扱方通牒」では，「火災其ノ他ニ因リ滅失シタル仕入品等ノ原価ハ之ヲ必要経費ニ加算スルモノトス」と通達され，昭和2年5月7日付主秘第11号通牒では，「営業ヨリ生シタル債権（例ヘハ売掛金・立替金ノ如シ）」の回収不能の金額は必要経費に算入することができるとされていた。武田昌輔監修（2013），3972頁。

[7] 藤田良一（1979），146頁。

[8] 昭和37年改正において，繰越控除を認める対象資産が「被災たな卸資産」から拡大され，事業用資産の災害損失を含めて「被災事業用資産」に改められた。武田昌輔監修（2013），4568頁。

[9] 法人税についても，平成7年2月27日付課法2-1の国税庁長官の法令解釈通達「阪神・淡路大震災に関する諸費用の法人税の取扱いについて」が公表され，同様の取り扱いを認めている。

[10] 法人税についても，平成23年4月18日付課法2-3の国税庁長官の法令解釈通達「東日本大震災に関する諸費用の法人税の取扱いについて」が公表され，同様の取り扱いを認めている。

[11] 昭和2年1月6日付主秘第1号「所得税法施行ニ関スル取扱方通牒」では，火災其ノ他ニ因リ滅失シタル仕入品等ノ原価ハ之ヲ必要経費ニ加算スルモノトス」と通達されていた。武田昌輔監修（2013），3972頁。

[12] 藤田良一（1979），146頁。

[13] 金子　宏（2013），255頁。

[14] 最判昭56・4・24民集35巻第3号，672頁。

[15] 東京地判平7・6・30訟務月報第42巻第3号，645頁。

[16] 武田昌輔監修（2013），2679頁。

[17] 注解所得税法研究会編（2011）『注解所得税法』大蔵財務協会，1086頁。

[18] 大蔵省主税局編成「所得税納入心得方備考」によれば，「資産ヨリ生スルモノハ，土地，家屋，船舶，車馬其他ノ動産，不動産ヲ人ニ貸付ケテ収入スルモノノ類ヲ云ヒ」とされている。国税庁税務大学校研究部編（1988）『明治前期所得税法令類集』国税庁税務大学校研究部，22頁。

[19] 昭和14年8月3日の税制調査会小委員会に提出された「直接国税の体系に関する主税局原案」では，分類所得税は，各種所得間の負担均衡を図るため所得をその性質により区分し，担税力に応じ税率に差等を設け課税するものと説明している。雪岡重喜（1955）『所得税・法人税制度史草稿』大蔵省主税局調査課，62頁。

[20] 注解所得税法研究会編（2011），1044頁。

[21] 東京地判平7・6・30訟務月報第42巻第3号，645頁。

[22] 平成7年6月30日東京地裁判決は，相続税の小規模宅地の適用について争われたものであるが，「いわゆる5棟10室という形式基準を満たすとき等には，その貸付けが事業として行われていたものとする旨規定するのも，課税実務上比較的容易に認定し得る貸付けの規模という要素をもって，一定以上の規模を有することを形式的な基準として，これを満たせば，事業として行われていたものとするという十分条件を定めたものにすぎないというべきであり，これをもって，専ら貸付け規模の大小をもって，社会通念上の事業といえるか否かを判断しなければならないものというべきではなく，また，5棟10室程度の規模に至らない不動産貸付けが直ちに社会通念上事業に当たらないということもできないというべきである。」と判示している。東京地判平7・6・30訟務月報第42巻第3号，645頁。

[23] 注解所得税法研究会編（2011），984頁，1044頁。

[24] 大蔵省主税局編成「所得税納入心得方備考」によれば，「営業其他ヨリ生スルモノハ，農業，工業，商業及ヒ医療，代言其他学術，技芸又ハ労働ヲ以テ収入スル所ノモノヲ云フ」とされ，その計算方法は「所有ノ田畑ヲ耕ス如キモノハ，其収穫物ノ代価中ヨリ其田畑ニ係ル地租其他ノ諸掛リ物，種代，肥代，耕作ニ使用スル牛馬ノ飼料，鋤鍬ノ修繕費，雇人アレハ其給料，食料等各種ノ費用ヲ引去ルナリ」としている。国税庁税務大学校研究部編（1988）『明治前期所得税法令類集』国税庁税務大学校研究部，22頁。

[25] 昭和24年6月11日付の日本農民組合総本部の「ショウプ税制改革使節団に対して提出する

租税制度改革に関する意見書」によれば，農業所得は，一般の事業所待とは分離して別個の所得形態として取り扱うべきという要望を出している。井上一郎（1996）「シャウプ税制使節団への要望・意見等の提出文書－農業所得課税関係資料を中心として－」『税務大学校論叢』第27号，571頁。

[26] 収穫基準が適用される農産物は，米，麦その他の穀物，馬鈴薯，甘藷，たばこ，野菜，花，種苗その他の圃場作物，果樹，樹園の生産物又は温室その他特殊施設を用いて生産する園芸作物とされている（所得税法施行令第88条）。

[27] 実際に収穫基準の適用があるのは，青色申告者のうち米麦等の穀物生産者だけであり，これ以外の農産物や白色申告者については簡略化又は省略することも認められるので，販売時に収入金額を計上，家事消費は年末に一括して計上し，棚卸表の作成は省略できる。平成18年1月12日付課個5-3「農業を営む者の取引に関する記載事項等の特例について（法令解釈通達）」。

[28] 農家とは，経営耕地面積が10アール以上又は農産物販売金額が15万円以上の世帯をいう。

[29] 販売農家とは，経営耕地面積が30アール以上又は農産物販売金額が50万円以上の農家をいう。

[30] 東京高判平5・10・27税務訴訟資料第199号，405頁。

[31] 農林水産省（2013）「平成25年農業構造動態調査」
〈http://www.maff.go.jp/j/tokei/kouhyou/noukou/〉。

[32] 所得税実務研究会（2013）『ケーススタディ所得税実務の手引』新日本法規出版，410頁。

[33] 二ノ宮英敏編（1999）『所得税実務問答集』納税協会連合会，422頁。

[34] 新規に土地を取得した場合において，土地が事業ないしは業務の用に供する資産であるか否かは，土地の取得目的や主観的意図だけでは足りず，土地の具体的使用状況等から，土地が事業所得あるいは不動産所得の基因となる事業ないしは業務の用に供される場合であるか，他に明らかに事業ないしは業務の用に供されるものと推認し得る特段の事情があるかどうかにより判断するのが相当と解されている。国税不服審判所裁決平成4・12・25裁決事例集第44号，108頁。

[35] 植松守雄（1978）「所得税法における『必要経費』と『家事費』」『一橋論叢』第80巻第5号，586頁。

第6章　大規模災害時における山林所得の災害税制

1. 山林所得の災害税制の概要と課題

　本章の課題は，山林所得の災害税制について，災害時における山林災害通達を含めて現在の制度を分析し，今後の在り方を検討することである。

　日本は国土の大部分が山地で急傾斜地が多く，地質的にも弱いため森林災害が発生しやすい条件下にあり，毎年，台風や集中豪雨等によって各地で多くの森林被害が発生している。今後，地球温暖化により大雨の頻度が増加すると指摘されるなど，山林災害の発生リスクは高まっており，山林価格の低下や高齢林の増加もあって，山林災害と災害税制の在り方が注目されてきている。

　山林所得は，山林を伐採し又は譲渡することによる所得（取得の日以後5年以内に伐採し又は譲渡することによる所得を除く。）である。山林所得の金額は，その総収入金額から必要経費を控除し，その残額から50万円の特別控除額を控除して算出する（所得税法第32条）[1]。山林所得といっても，事業所得ないし雑所得に類するものから譲渡所得になぞらえられるものまであり，実態に応じて課税すべきであるが，所得税法は保有期間が5年を超えるものはすべて山林所得とし，保有期間5年以下のものは事業所得又は雑所得としており，その分類区分は，かなりの割り切りが行われている[2]。また，山林所得は植林から伐採又は譲渡まで長期にわたって生じた所得が一挙に実現するから，経常的に毎年発生する事業所得と異なる個別対応方式で必要経費を算出し，税額計算においても他の所得から分離し，課税山林所得金額の5分の1に相当する金額に税率を適用し，その金額を5倍したものを山林所得の税額とする5分5乗方式を採用している（所得税法第22条，第89条）。

　山林所得の損失の取り扱いは山林経営の規模に応じて異なるが，山林の災害損失は被災後の山林時価が山林の原価を下回るときに限り認められ，山林災害

損失に限り山林経営の規模を問わず必要経費算入を認められる。しかし，山林経営規模の判定や成長資産である山林の時価や植林から数十年間の必要経費の実績額を明らかにすることは困難であるから，課税当局は被災者の便宜を図るため，大規模災害時には山林災害通達を公表しているが，その内容は所得税法の規定と相反するものも含まれている。

2. 山林所得の沿革

所得税法の創設時から，現行の山林所得に相当する所得のうち山林の伐採による所得は課税の対象とされ，大正2年には山林伐採の所得の計算方法を単独で明記し，昭和15年に分類所得税が採用されると山林所得は分離・独立したが，我が国の重要産業であり国民生活にも密接な関係があったため，課税方法は幾度もめまぐるしく変更されてきた。

2-1 山林所得の課税方法

所得税は明治20年に創設されたが，当時は所得源泉説的な立場から，経常的，反復的に生ずるタイプの所得のみを課税対象とする建前をとり，所得税法第2条は「資産又ハ営業其他ヨリ生スルモノ」と規定され，山林の伐採による所得も事業所得と全く同じ扱いを受け，「所得ハ，前三箇年間所得平均高ヲ以テ算出スヘシ」と前3年間の所得平均高を所得額として課税した。

毎年山林を伐採する山林所有者は少数で，3年間のうち伐採せず所得のない年があれば，3年間の平均で課税されることは納税者にとって有利であった。そのため各府県から山林所得に対する疑義が政府に多数寄せられたので，大蔵省は明治21年5月12日に所得税法第2条3項の「其平均ヲ得難キモノハ他ニ比準ヲ取リテ算出スヘシ」という規定を根拠に，各府県に対して「山林所得算出方法ノ儀ハ三箇年平均額ニ拠リ難キ場合有之候条税法第二条第三項末文ニ基キ当該年見込額ヲ届出シメ課税スヘキ儀ト省議決定」と通牒を発し，3年平均の対象から除外して取り扱うよう指示した[3]。その後，明治32年の改正で所得税

の体系を第一種所得税（法人課税），第二種所得税（公社債の利子），第三種所得税（個人課税）に改組したとき，田畑の所得は前3年間の所得平均高により算出するが，山林の所得は前年の所得のみで課税することを明定した（所得税法第4条）。

大正2年の改正では「山林伐採ノ所得ハ前年ノ総収入金額ヨリ必要ノ経費ヲ控除シタル金額（所得税法第4条ノ3第3号）」と，山林伐採の所得の計算方法は明記されたが「山林伐採ノ所得」と限定している規定に問題が生じた。

「山林伐採ノ所得」とは，伐採したこと又は譲受人に伐採させることによる所得であり，山林の譲渡は伐採期に伐採を契機に行われるものであるという前提で課税庁は立法し，そのように解釈していた[4]。しかし，実際には伐採期までに譲渡することも多く，大正8年の裁判では，伐採せず山林を譲渡した所得は営利の事業に属すものでないとして国が敗訴した[5]。そこで大正9年の税制改正では，立木のまま売却したと伐採したとを問わず，すべて課税対象とするため「山林ノ所得ハ前年ノ総収入金額ヨリ必要ノ経費ヲ控除シタル金額」と改正された（所得税法第14条2項）[6]。その際，山林の所得の特殊性が考慮され，他の所得と区分し分離課税とされ[7]，大正15年には税負担を緩和するため5分5乗方式が採用された[8]。

昭和15年には，不動産所得，配当利子所得，事業所得，勤労所得，山林ノ所得，退職所得の6種類の所得に区分され，山林所得は分離・独立したが，分離課税5分5乗方式による税額計算方式は継承され，昭和17年には木材や薪炭の増産を図るため所得額の10分の2，昭和20年には10分の5を控除した金額に所得税を課すとされた[9]。

昭和22年には所得税法の全面改正が行われ，分類所得課税は廃止され，課税標準となる所得金額を利子所得，配当所得，臨時配当所得，給与所得，退職所得，山林所得，譲渡所得及び事業等所得の8種類に区分した所得の合計金額とされた。このうち，山林所得は譲渡所得，退職所得などの一時的・偶発的所得に統合して5分5乗方式は廃止され，その所得金額の2分の1の金額が，他の所得と総合課税されることになった（所得税法第9条）[10]。しかし，昭和25年

のシャウプ税制において，昭和22年に採用したばかりの2分の1課税方式は廃止され，それまで2分の1課税がされていた山林所得や譲渡所得などのほかに，漁獲から生ずる所得，原稿，作曲の報酬及び印税まで加えて変動所得とされ，これに対して5年間の平均課税方式を採用した。

昭和27年には譲渡所得及び一時所得とともに山林所得に少額不追及の趣旨で特別控除（10万円）が新設され[11]，昭和28年には概算経費控除も設けられた。昭和29年には再度，分離課税の5分5乗方式となり，いろいろな課税方式の変遷を経て，結局大正15年以来の分離課税の5分5乗方式に戻り今日まで維持されている[12]。

山林所得の範囲については，昭和26年1月国税庁長官基本通達第221号で「山林所得は山林経営に因る所得をいうのであるから山林を買入れ直ちにこれを伐採し又は譲渡した場合のように山林経営の実を伴わない場合は山林所得に該当しないものとする。」と取り扱われていたが，その判定は明確ではなかったため，昭和29年に山林を取得の日から1年以内に伐採し又は譲渡したことによる所得を山林所得から除外し，事業実態等による区分ではなく所有期間による形式的な除外規定が設けられた。

昭和39年には保有期間が3年以内と改正され，昭和44年には5年以内と改正され（所得税法第32条2項），5年以内に伐採し又は譲渡した山林は，その実態に応じて，事業所得又は雑所得として課税することとされた。このほか，昭和36年と昭和37年には，木材需要の増大による価格安定対策として，過去3年間における山林の平均伐採実績を超えて伐採した部分には山林所得の税額を2分の1に軽減し[13]，昭和40年からは植林費特別控除が創設（昭和47年廃止），昭和43年には森林施業計画特別控除も創設され，山林所得の各規定が整ったが，図表6-1のとおり，その課税方法は幾度もめまぐるしく変更されてきた。

2-2　山林所得の必要経費

所得税法第37条2項は，山林所得の必要経費について「別段の定めがあるものを除き，その山林の植林費，取得に要した費用，管理費，伐採費その他その

図表6-1　山林所得の改正経緯

改正年	改正の内容
明治20年	山林の伐採による所得は，前3年間の平均高で課税した。（ただし，大蔵省は明治21年に3年平均の対象から除くと指示している。）
明治32年	山林の所得は前年の所得のみで課税することに変更した。
大正9年	山林を立木のまま売却したときも課税の対象とし，分離課税とした。
大正15年	5分5乗方式が採用された。
昭和22年	5分5乗方式は廃止し，2分の1課税方式とした。
昭和25年	2分の1課税方式は廃止し，5年間の平均課税方式とした。
昭和27年	特別控除額が新設された。
昭和28年	概算経費控除制度が導入された。
昭和29年	5分5乗方式に戻された。保有期間1年以内の所得は，山林所得から除外した。
昭和36年	過去3年間の平均伐採実績を超えたときは，税額を2分の1に軽減した。
昭和39年	保有期間3年以内の所得は，山林所得から除外すると改正した。
昭和40年	植林費特別控除を創設した（昭和47年廃止）。
昭和44年	保有期間5年以内の所得は，山林所得から除外すると改正した。
昭和43年	森林施業計画特別控除を創設した。

出所：各法令から筆者作成。

山林の育成又は譲渡に要した費用（償却費以外の費用でその年において債務の確定しないものを除く。）の額とする。」とし，「その山林」と規定しているから，いわゆる個別対応方式で計算することを明らかにしている。すなわち，植林してから伐採までの間に実際に投下した経費の合計額が必要経費となる[14]。山林の伐採，譲渡による所得計算が個別対応方式とされているのは，植林から伐採に至るまで超長期にわたって生じた所得が一度に実現するからである。つまり，その所得の発生は一生に一度，多くても数年に一度というようなものが多く，経常的に収入金額は発生しないから，収入金額が発生した際，それに対応する過去の経費をすべて控除する方法を採用したのである[15]。

明治20年創設時の所得税は，利子，配当及び給与所得については収入と同額を所得とし，それ以外の所得及び営業その他により生ずる所得については，収入金額から控除できる費用項目を限定して定めていたから，損失を計上することは認められていなかった[16]。明治32年の改正で「第三種ノ所得ハ総収入金額ヨリ必要ノ経費ヲ控除シ」と初めて「必要経費」の概念が取り入れられ（所得税法第4条），所得税法施行規則第1条で「家事上ノ費用及之ト関連スルモノ

ハ之ヲ控除セス」と定め，必要経費とは所得と直接因果関係を有する債務の確定したもので，家事上の費用を除くものとされた[17]。大正2年の改正で「山林伐採ノ所得ハ前年ノ総収入金額ヨリ必要ノ経費ヲ控除シタル金額（所得税法第4条の3）」と山林所得単独で計算方法が明記されたが，具体的な必要経費の内訳は規定しておらず，昭和2年の通達でも「山林ノ所得ハ伐採又ハ譲渡スル迄ニ要シタル全部ノ経費ヲ控除シテ計算スルモノトス」と経費の内容は不明確なままであった[18]。

昭和25年の所得税法の改正によって「総収入金額からその山林の植林費，取得費，管理費，伐採費その他必要な経費」と明記され（所得税法第9条），青色申告者は帳簿に「植林費，取得費，管理費，伐採費，運搬費，雇人費，支払利子，減価償却費，貸倒金，公租公課，雑費等」を記載すべきと具体的な科目が明示され（所得税法施行規則第19条別表4），現在の山林所得の必要経費の規定に引き継がれている。

2-3 山林所得の概算経費控除

山林所得の計算上控除する必要経費は，植林から伐採に至るまでの間に実際に投下した経費の合計額である（所得税法第37条）が，昭和27年1月1日前から引き続き所有していた山林については，同日における相続税評価額と同日以後に支出した経費の合計額とされている（所得税法第61条）。しかし，昭和27年の相続税評価額を確認することは実務上不可能で，譲渡直前までに要した実額費用の累積額を必要経費とすることは，貨幣価値の変動を考慮すると問題がある。そこで，このような本則に対する特例として，15年前から引き続き所有していた山林については，収入金額に一定の概算経費率を乗じて必要経費を計算する制度が設けられている（租税特別措置法第30条）。

概算経費率は，伐採又は譲渡の日の属する年の15年前の1月1日現在の相続税評価額とその後において通常要すべき管理費その他の必要経費（伐採費，運搬費等の費用を除く。）を基準として財務省令で定めることになっており，昭和28年以降の概算経費率は図表6-2のとおりで，平成18年分以降の概算経費

2．山林所得の沿革　275

図表6-2　概算経費率の推移

年分	概算経費率	年分	概算経費率
	%		%
昭和28年	37	昭和41年	30
昭和29年	38	昭和42年	26
昭和30年	43	昭和43年〜	30
昭和31年	38	昭和46年〜	33
昭和32年〜	32	昭和48年〜	30
昭和34年	31	昭和60年〜	35
昭和35年〜	30	昭和62年〜	40
昭和33年	33	平成9年〜	45
昭和40年	32	平成18年〜	50

出所：各年度の法令より筆者作成

率は50％とされている（租税特別措置法施行規則第12条）。

　山林所得の計算に概算経費率が導入されたのは，戦後の未曾有のインフレと再評価税の導入が契機になっている。

　昭和24年6月の卸売物価は，昭和9年から昭和11年平均の203倍となり，その後も毎年確実に上昇を示したため，シャウプ勧告に基づき昭和25年4月25日に資産再評価法を導入し，昭和25年1月1日を再評価の基準日[19]として再評価税は実施された[20]。再評価税の導入により，山林所得の課税は，再評価による再評価税の課税と，再評価額を超える部分の山林所得に対する所得税の課税という二重の申告が必要になった[21]。

　昭和28年の税制改正で概算経費控除は創設されたが，当時の概算経費控除は，再評価税の申告と再評価額を超える部分の山林所得に対する所得税の申告という二つの手続を簡素化し，収入金額に再評価税の納税額をも考慮した概算経費率を乗じて算出した額を控除した額を山林所得の金額とし[22]，再評価税と所得税の二重の申告を1回の申告で完了できるよう配慮した制度で，概算経費率は昭和28年分37％，昭和29年分は38％とされた[23]。

　再評価税は，個人については昭和36年末で廃止されることになり[24]，再評価額を基礎に算定していた山林所得の概算経費率は，納税者及び課税当局双方の便宜のための新たな簡易な計算方法への変更が必要となった。税制調査会において種々検討した結果，昭和36年分と昭和37年分は再評価方式に代えて昭和28

年1月1日における相続税評価額が臨時的に適用されていたので，昭和37年度の改正により，引き続き昭和28年1月1日現在の立木の相続税評価額と同日後に支出した管理費や育成費等の合計額をもって取得費等とすることとし，所得税法の本則に組み入れられた。

相続税評価額を採用したのは，再評価額は極めて大まかに一律の再評価倍数によって計算しているため，個々の資産の価額を正確に反映したものとはいえず，相続税評価の方が実際の価額に近かったこともあるが，昭和28年当時の価額を客観的・統一的に把握するには，実際問題として相続税評価額による以外に方法はなかったからである[25]。そして，概算経費率の適用範囲は，昭和28年1月1日前から引き続き所有していた山林に改められ[26]，その概算経費率もその年において伐採又は譲渡した山林の昭和28年1月1日における価額の平均額と同日後において通常要する管理費その他の必要な経費の金額との合計額を基礎として決定されることになった。

昭和40年度の改正で，昭和43年1月1日以後に伐採又は譲渡した山林所得の概算経費率は，その伐採又は譲渡した日の属する年の翌年の15年前の1月1日における相続税評価額を基礎とすることに改められた。改正の理由は，昭和28年1月1日の相続税評価額に固定したままでは，同日から遠ざかるに従って逐次経費率は低下していくという問題が生じたためで，「15年」と限定したのは，グラーゼルの方式（山林価額は植林後の経過年数の2乗に比例して増加するものというもの）によれば，伐期前15年間は急速に山林価額が増加するからである[27]。そして，昭和44年度の改正では，15年前の12月31日以前から引き続き所有していた山林には概算経費率を適用できると，昭和40年度改正の相続税評価時点と一致させた[28]。

2-4 山林の災害損失制度

山林所得については，所得税制度の変革に加え，高度経済成長期等における旺盛な木材需要に応えるために各種施策が実施され，これに応じて課税方法に大きな変革が繰り返されてきたため，災害損失制度も何度となく見直されてき

た。

　現在の規定では，災害又は盗難若しくは横領により生じた損失（保険金，損害賠償金その他これらに類するものにより補てんされる部分の金額を除く。）に限り，その損失を生じた日までに支出した費用，すなわち植林費，取得費，育成費や管理費などの合計額から，被災直後の時価を控除した差額を必要経費として控除できる（所得税法第51条3項）。

　所得税の雑損控除は災害前の時価と災害後の時価の差額が損失額となるが，山林所得では被災後の時価が山林の原価を下回るときに限り認められ，損失額は計算式1のとおりである。

【計算式1】

必要経費に算入される損失の金額 ＝ ［損失の生じた日の山林の原価（①） － 損失の生じた直後の山林の時価（②） － 保険金又は共済金により補填される金額（③）］ ＋ ［災害関連費用（④） － 補助金等により補填される金額（⑤）］

（注）　①－②－③及び④－⑤が0より小さいときは0として計算する。

　なお，山林所得の計算で概算経費率を適用すると，盗難や横領による損失は控除できない。したがって，山林所得の計算は図表6-3のとおり，原則どおり実額計算するときと概算経費控除を適用したときでは，損失の範囲に差があるため，山林所得の金額も違ってくる。

　明治20年の所得税法では，資産損失を斟酌する制度は設けられていなかったから，山林の売却収入もない状態での資産損失は所得税の課税とは全く無縁のものであった[29]。もちろん，被災山林を伐採せず，立木のまま譲渡しても非課税とされていたから，当然の帰結として譲渡損失も課税上何ら考慮されることはなかった。当時は，減損更訂制度によって税負担を軽減することができたが，1年おきに山林を伐採することで，人為的に所得金額を調整して減損更訂を適用するという脱税目的での制度利用を防ぐため，明治34年に山林所得は減損更訂も適用除外とされている[30]。

　山林の災害損失を所得計算上初めて認めたのは，昭和17年に創設された戦時災害国税減免法で，立木に10％以上又は過半以上に被害を受けた場合に所得税

図表6-3　山林所得の計算方法

1　原則計算による方法

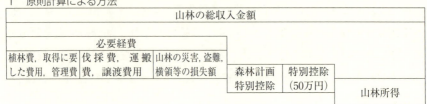

2　概算経費控除を適用した方法

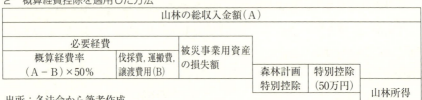

出所：各法令から筆者作成。

の軽減又は免除を認めたが臨時的な措置であった（戦時災害国税減免法施行細則第1条4号，第2条4号）。実質的には，昭和22年に旧災害減免法が災害減免法に改正されてからで，このとき対象となる財産は「住宅又は家財」に追加して「所得の基因たる資産又は事業の用に供する資産」が加えられた。当時の災害減免法第5条では「災害に因り所得の基因たる資産又は事業の用に供する資産について甚大な被害を受けた者の被害を受けた年分の所得税につき所得を計算する場合においては，当該資産の減失又は損壊に因る損害金額を，命令の定めるところにより，所得税法上に規定する必要な経費とみなす。」と規定し，所得税法にない資産損失の規定を補うため，所得税法ではなく災害減免法において資産損失の減免措置を設けたのである[31]。

　昭和25年の税制改正で創設された雑損控除制度は，棚卸資産以外の資産について生じた損失額が総所得金額の10％を超えるときは，その超過額を総所得金額から控除することとされ，現行の雑損控除制度と異なり，事業用の固定資産や生活に通常必要でない資産なども幅広く雑損控除の対象資産とされ（所得税法第11条の3），これまで所得税法上認められていなかった山林の災害損失もこれに含められ，その損害額は，取得原価でなく損害時の時価で評価されることになった[32]。

図表6-4　山林の災害等損失に関する規定の経緯

改正年	改正の内容
明治20年	所得税創設時は，山林損失に関する規定は設けられていない。
昭和17年	戦時災害国税減免法で，立木に10％以上又は過半以上に被害を受けたときは，所得税を軽減免除する規定が初めて設けられた。
昭和22年	山林の被災損失は災害減免法で，所得税の必要経費にすると規定された。
昭和25年	山林の被災損失は雑損控除の対象とされ，被災損失額は時価ベースで計算することに改正された。
昭和34年	山林の災害損失は，被災棚卸資産の損失とされ，原価ベースで計算した損失を山林所得等の必要経費にすることに改正された。
昭和37年	昭和27年12月31日以前から所有していた山林については，昭和28年1月1日現在の相続税評価額と同日以後に支出した管理費，育成費の合計額を損失額とした。また，事業用固定資産の取りこわし，除却，滅失による損失も必要経費に算入することとされ，被災事業用資産の損失は3年間の繰越しが認められた。
昭和40年	山林の盗難，横領による損失も必要経費に加えられた。

出所：各法令から筆者作成。

　昭和34年には，山林の災害による損失は「被災棚卸資産」の損失（現行の所得税法第70条3項に相当するもの）に変更され，それが必要経費に該当することを前提として損失に係る純損失の繰越控除の規定は設けられた。したがって，必要経費であるから損失の計算は取得原価基準に変更された[33]。

　昭和37年に，その損失の計算を昭和27年12月31日以前から所有していた山林については，昭和28年1月1日現在の相続税評価額と同日以後に支出した管理費，育成費の合計額により計算するとともに（所得税法第10条の5），山林所得を生ずる事業用の固定資産の取りこわし，除却，滅失等による損失も必要経費に算入された（所得税法施行規則第9条の10)[34]。

　昭和40年の全文改正において，山林は固定資産的な所有もあれば棚卸資産的な所有もあるが，山林所得は保有期間で所得分類ないしは課税方法を別にしており，その保有目的でいずれかに判断することには無理があるという理由で棚卸資産から除外された[35]。この結果，山林の災害損失は必要経費とする規定が設けられ，山林の盗難，横領による損失も必要経費に加えられて，現在の所得税法第51条の規定に整備されたが，除却等による損失は対象外になった。（図表6-4参照）

3. 大規模災害時における山林災害通達

　山林所得の必要経費に算入できる被災損失額は，被災山林の原価であり，その山林の災害による損失の生じた日までに支出したその山林の植林費，取得に要した費用，管理費その他その山林の育成に要した費用の額を，その山林の所有者の記録等に基づいて算定しなければならない（所得税法施行令第142条2号）。しかし，植林以後の経費を算定することは実務上容易ではないので，被災者の便宜を図るため，国税局は台風や雪害による大規模な被害が発生した都度，災害通達によって，山林の樹種別，樹齢別，所在地別及び造林補助金の有無別に標準的な取得原価を算出した原価（以下「標準取得原価表」という。）を公表している。

3-1　近年の山林災害の発生状況

　近年の山林災害の状況をみると，図表6-5のとおり，平成10年と平成16年に大規模な災害が発生している。特に平成16年は最大の被害総額317億円で，なかでも台風等による風害が被害面積約2万ヘクタールで被害総額290億円を占めている[36]。

　平成10年は，台風第8号及び台風第7号が2日連続して近畿地方に上陸したが，台風第7号は最盛期勢力で上陸したため広い範囲で暴風を記録した。山林被害も発生したが，奈良県室生寺五重塔に杉の巨木が倒れて屋根が損壊し，京都府の二条城など文化財も大きな被害を受けた。

　平成16年は，台風第16号，第18号及び第23号など数多く発生した台風や中越地震などにより，全国各地で大規模な自然災害が多発し，特に，台風は，全国で過去最高の10個が上陸し甚大な被害をもたらした。中でも台風第23号は，死者95人，行方不明者3人及び負傷者552人の多数の人的被害，住家被害は全壊909棟，半壊7,776棟，一部破損1万955棟，浸水5万5,455棟（消防庁平成18年8月8日現在）で，風倒木被害や山腹崩壊など森林被害面積1万4,848ヘクタール，被害見込額129.9億円（平成16年11月内閣府）の甚大な被害となった。

図表6-5　森林災害被害状況

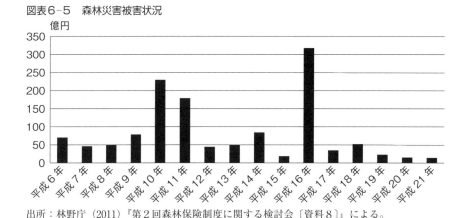

出所：林野庁（2011）『第2回森林保険制度に関する検討会〔資料8〕』による。

特に兵庫県や京都府では洪水による被害が集中し，京都府舞鶴市では由良川の氾濫により国道175号の観光バスが水没し，取り残された観光客37人はバスの屋根の上で一夜を明かし救助されるなど，家屋の浸水，道路の寸断や山間部での土砂災害などが発生した。

3-2　山林災害通達の内容

　平成10年の台風被害では，大阪国税局は平成11年1月19日付大局課一資（二・審）第28号「台風第7号等による豪雨及び暴風雨により発生した山林の損失に関する課税上の取扱いについて」通達を発遣し，平成16年の台風被害では，平成17年2月4日付大局課一資（審）第4号「台風第23号等による豪雨及び暴風雨により発生した山林の損失に関する課税上の取扱いについて（指示）」通達（以下「山林災害通達」という。）を発遣したが，平成16年の山林災害通達では次の特例が設けられている。

(1) **災害の判定**

　山林の災害損失が「異常な災害」に起因するものであるかどうかの判定は，原則として，その災害の程度が平年の被害程度を相当上回っているかどうかに応じて，個別に判定するものである。しかし，次に該当するときは，そのすべ

てを災害による損失とする。

① 激甚災害に対処するための特別の財政援助等に関する法律施行令（昭和37年政令403号）第23条の2第2項《森林災害復旧事業に対する補助の対象となる地域等》の規定により農林水産大臣の告示で指定された市町村の区域内の山林

② 森林環境保全整備事業実施要領（平成14年3月29日付13林整整第885号林野庁長官通知）に定める被害跡地造林の実施対象区域として指定を受けた市町村の区域内の山林

③ 森林国営保険法による森林国営保険の保険金又は全国森林組合連合会の締結した森林災害共済契約に係る共済金の給付の対象となった山林[37]

(2) 山林の原価

被災山林の原価は，その山林の災害による損失の生じた日までに支出したその山林の植林費，取得に要した費用，管理費その他その山林の育成に要した費用の実績額であるから，山林所有者が有する記録等に基づいて算定するのであるが，図表6-6の1ヘクタール当たりの標準取得原価表に定める金額とすることができる[38]。

(3) 損失の生じた直後の山林の時価

災害直後の時価は，売却できる立木は山元価額で計算し，売却できる見込みがないため放置するものはゼロとして評価するのであるが，森林国営保険等の保険金算定のための価額を時価とすることができる。

(4) 被害額判定の基準

時価計算は，原則として林分単位で行うのであるが，壊滅部分のみで被害額を計算することができる。

(5) 被災山林状況の確認及び損失金額の計算

被災山林状況の確認及び損失金額の計算は，森林組合長が発行する「山林被害の証明書」を基に行うことができる。

図表6-6　山林の標準取得原価表

樹　種	杉				ひのき			
区　分	第1地帯		第2地帯		第1地帯		第2地帯	
造林補助金	無	有	無	有	無	有	無	有
1年	(実額)	(実額)	(実額)	(実額)	(実額)	(実額)	(実額)	(実額)
	万円	万円	万円	万円	万円	万円	万円	万円
2年	94	27	92	27	96	72	95	72
3年	118	49	116	48	120	97	119	97
4年	137	65	136	65	138	121	140	122
5年	151	77	151	76	151	137	152	139
6年	165	88	165	88	167	156	173	161
7年	178	94	180	95	182	172	191	181
8年	191	100	194	102	195	181	209	194
9年	202	105	208	108	207	190	228	209
10年	213	110	221	114	219	199	247	224
11年	225	116	234	120	231	214	257	237
12年	232	119	240	124	243	222	264	241
13年	238	122	246	127	253	226	270	241
14年	244	125	252	129	263	229	275	243
15年	249	128	257	132	272	234	277	244
16年	255	130	264	135	282	240	288	245
17年	260	134	270	139	290	243	295	248
18年	264	137	276	144	296	247	303	253
19年	268	140	282	147	302	251	309	256
20年	271	142	287	151	308	254	315	259
21～25年	281	150	307	164	319	264	328	272
26～30年	285	153	324	175	327	275	340	284
31～35年	293	168	338	194	349	290	351	292
36～40年	295	183	346	214	360	295	363	298
41～45年	304	203	353	236	367	302	379	312
46年以上	306	220	362	260	377	306	398	324

(注)　1　山林の標準取得原価表の適用地域は，次のとおりである。
　　　　　第1地帯　京都府，兵庫県，滋賀県
　　　　　第2地帯　大阪府，奈良県，和歌山県
　　　2　造林補助金「有」とは，国及び地方公共団体から造林補助金を受けて造林された林分をいう。
出所：平成17年2月4日付大阪国税局山林災害通達より抜粋。

4．山林所得の災害損失の検討

　山林災害損失における税務上の問題点は，災害の範囲（異常な災害といえる山林災害とはどの程度をいうのか。），山林損失の判定単位（林分単位又は立木

単位とすべきか。)，災害損失額（取得原価基準又は時価基準のいずれで計測すべきか。)，事業的規模を有する山林所有者と零細な山林所有者は損失の取り扱いに差異を設けるべきかなどであるが，所得税法の本則規定と山林災害通達は異なる取り扱いをしている部分もあり，これらについて検討する。

4-1 山林災害損失の対象となる災害の範囲

山林災害の問題の1点目は，山林災害とはどの程度をもって，所得税法上の災害に該当するのかである。

山林所得の金額の計算上必要経費に算入することのできる災害損失は，所得税法施行令第9条（災害の範囲）に規定する自然現象の異変，鉱害や害虫などによる「異常な災害」による損失をいい，通常の気象条件で発生する樹木の損失や鳥獣虫による被害は通常発生する被害であり，異常な災害に起因する損失とはいえない。したがって，山林の災害損失が「異常な災害」に起因するものであるかどうかの判定は，原則として，その災害の程度が平年の被害程度を相当上回っているかどうかに応じて，個別に判定することになり，災害減免法のように損害金額が2分の1以上という形式基準は設けていない。

山林災害通達では，前記のとおり，今回の台風災害において，激甚災害指定区域内の山林，被害跡地造林の実施対象区域として指定を受けた山林及び森林国営保険等の保険金給付の対象となった山林は「異常な災害」に該当すると取り扱っている。

激甚災害の指定災害は，激甚災害に対処するための特別の財政援助等に関する法律（昭和37年9月6日法律第150号，以下「激甚災害法」という。）によって指定される[39]。激甚災害指定区域内の森林の被害額が1,500万円（その激甚災害が暴風雨によるときは4,500万円）以上であり，かつ，復旧すべき面積が90ヘクタール（その激甚災害が暴風雨によるときは40ヘクタール）以上である市町村には，国から補助金が支払われる（激甚災害法施行令第23条の2）。

森林環境保全整備事業実施要領（平成14年3月29日付13林整整第885号林野庁長官通知）に定める被害跡地造林とは，気象害等による被害森林があり，自

助努力等によっては適切な整備が期待できない森林において，被害跡地の整理・造林を実施するもので，激甚災害法の指定より広い範囲が対象になる[40]。

　森林保険は，人工により生立させた樹木の集団（人工林）が気象上の原因による風害，水害，雪害，干害，凍害，潮害のほか噴火災の8つの災害により契約森林が損害を受けたときに支払われる。震災による損失や保険金額が4,000円未満の少額な損失は対象とされていないが，小規模の被害であっても保険金は支払われている（森林国営保険法第2条，第15条，森林国営保険法施行規則第12条）。

　山林災害通達の各基準を比較すると，激甚災害や森林環境保全整備事業実施要領に基づく被害跡地造林の実施対象区域は「異常な災害」が生じたと認められるが，国営森林保険の保険金の対象となるものには問題がある。それは，国営森林保険契約では，その保険金額が4,000円以上であれば小規模な被害損失でも保険金を支払うとされており，「異常な災害」といえる程度を前提とした保険金の支払いに限定したものではないので，保険加入の有無のみで判断するべきではなく，通達の取り扱いは国営森林保険加入者にのみに有利な基準となっている。

4-2　山林所得の事業規模と必要経費の範囲

　山林所得の災害損失の2点目の問題は，事業所得や不動産所得は事業規模によって損失額の範囲を制限し，業務的規模における災害損失は雑損控除の適用を認めているが，山林所得でも事業規模によって災害損失の認められる範囲は異なるのかということである。

　事業たる山林所得である場合には，所得税を延納した場合の利子税（所得税法第45条1項2号），事業用資産又は繰延資産の損失（所得税法第51条1項）及び事業の遂行上生じた債権の貸倒等による損失（所得税法第51条2項）は必要経費に算入でき，事業廃止による山林の損失は，事業廃止した年分（事業廃止後に損失を生じた場合には，事業廃止の年又はその前年）の必要経費に算入できる（所得税法第63条）。また，青色専従者給与又は事業専従者控除も認め

図表6-7　山林の経営規模の違いによる特例の有無

特例の内容	事業規模の山林	事業規模でない山林	根拠条文
延納利子の必要経費算入	適用あり	適用なし	所得税法45条1項
資産損失の必要経費算入	適用あり	適用なし	所得税法51条1項
貸倒資産の必要経費算入	適用あり	適用なし	所得税法51条2項
災害等損失の必要経費算入	適用あり	適用あり	所得税法51条3項 所得税基本通達51-5の2
損失の前年分からの控除	適用あり	適用なし	所得税法63条
青色専従者給与	適用あり	適用なし	所得税法57条1項
白色専従者控除	適用あり	適用なし	所得税法57条3項
事業用資産の買換え	適用あり	適用なし	租税特別措置法37条

出所：各法令から筆者作成。

られる（所得税法第57条）から，山林経営が事業的規模であれば，所得税において有利な特例を適用できる。

　結論から言うと，所得税は，山林の譲渡による所得を事業所得，山林所得又は雑所得に区分しているが，それは保有期間による区分であって，山林所得は，山林経営の実態によって，更に事業的規模の山林所得と業務的規模の山林所得に区分し，図表6-7のとおり，それぞれで損失の取扱いは異なっているが，山林災害損失のみ山林経営の態様を問わず必要経費算入を認めている。

　所得税は保有期間5年を超えるものは山林所得とし，保有期間5年以下の所得は事業所得又は雑所得としているが，それは所得区分についての判定基準であって，山林所得が「事業的規模」であるか「業務的規模」であるかは5年基準で区分していない。しかし，山林所得の損失の取扱いなど「別段の定め」では，事業的規模か否かで差異を設けているから，山林所得となるものの中に，更に事業的規模の山林所得と事業規模といえない山林所得が存在する。

　所得税法では，山林所得を生ずべき「事業」といえる経営規模とは具体的にどの程度であるのか規定していないが，所得税基本通達は，山林の輪伐のみによって通常の生活費を賄うことができる程度の規模において山林の経営を行うものと例示している（所得税基本通達45-3）。なお，国税当局者の解説によれば，山林の伐採又は譲渡による収入だけで1年間の生活費を賄うためには1ヘクタール程度の面積の山林を伐採又は譲渡しなければならないものとしてい

る。すなわち，山林の植林から標準伐期に達するまでの期間が通常50年を要するとすれば，最低50ヘクタール程度の面積の山林を保有していなければ，毎年同程度の山林を輪伐して同規模の山林経営を続けることはできないから，50ヘクタール以上の規模がなければ，事業的な規模に該当しないというのである[41]。

平成7年6月30日東京地裁は，所得税法における事業概念について，事業所得についての定義規定はあるものの，事業によって生ずる所得は事業所得，不動産所得又は山林所得に分類しているから，事業の意義自体についての一般的な定義規定はなく，その事業概念は，社会通念に従ってこれを判断するほかはないと判示しているが[42]，判例等をみると，山林業が「事業」に該当するかについては厳しい条件を示している。

昭和46年6月8日国税不服審判所裁決[43]では，請求人は所有面積10.8ヘクタールの山林を所有し，過去4年間で4.55ヘクタールの山林に1万5,350本の植林等を行っていたが，山林から継続して収益をあげていないこと，所有山林の面積，植林の実施状況等からみて，国税不服審判所は山林業と称するに足る事業を営んでいるとは認められないと判断した。また，昭和48年5月30日千葉地裁判決[44]では，原告は5町7反前後の山林を保有していたにすぎず，輪伐は不可能であり，事業の用に供している資産に該当しないとした。さらに，昭和56年12月28日国税不服審判所裁決[45]では，請求人は先祖代々山林業を営み山林所得の申告も提出しており，面積のみで山林の事業としての判定をすべきではないと主張した。しかし，国税不服審判所は，山林の育成により相当程度安定した収益を得る可能性をもって林業経営していくためには100ヘクタール以上の山林素地が必要で，請求人の所有土地面積は約9ヘクタールしかなく，単に資産の保有手段として山林を有していたにとどまり，事業に該当する林業を営んでいたとは認められないとした。

いずれも租税特別措置法第37条（特定の事業用資産の買換えの場合の譲渡所得の課税の特例）の特例の適用を争点とするものであるが，山林経営が事業といえるかどうかは所有面積が50から100ヘクタール以上という厳しい基準を示している。

図表6-8　林家数と保有山林面積

区　分	林家数		保有山林面積	
	万戸	%	万ha	%
1～5ha未満	68.1	75	142	27
5～10ha未満	11.9	13	78	15
10～50ha未満	9.7	11	172	33
50～100ha未満	0.7	1	43	8
100ha以上	0.3	0.4	85	16

出所：農林水産省「2010年世界農林業センサス」

　2010年世界農林業センサスによれば，図表6-8のとおり，保有山林面積が50ヘクタール以上の林家は林家総数91万林家のわずか1％程度に過ぎないから，我が国の99％の山林所有者は事業として山林経営しているとは認められず，必要経費に関する別段の規定は適用されないことになる[46]。また，保有期間が5年以下の山林の所得区分は雑所得となるから，その損失は他の所得と損益通算をすることもできない。

　このように，所得税の原則的規定によれば，我が国の99％の山林所有者には災害損失の必要経費算入や特例が適用されず，わずか1％の大口山林所有者のみに有利な規定が適用されることは問題がある。

　確かに，山林経営には，毎年立木の伐採，譲渡が行われる「事業」の実態を備えたものから，時折伐採する程度のものに至るまで種々の態様があり，山林の災害損失の取扱いも，理論的にはその実態に応じ，事業用資産の損失や業務用資産の損失と同様の取扱いとすべきであるが，これまで災害損失を認めてきた経緯と制度の簡易化を考慮して，所得税法は災害損失に限って，山林経営の態様を問わず，その損失は山林所得又は事業所得への必要経費算入を認めている（所得税法第51条3項）。更に雑所得の基因となる山林についても通達で山林所得への必要経費算入を認め（所得税基本通達51-5の2）[47]，その赤字は他の所得との損益通算を認めて（所得税法第69条1項），所得税の原則的な規定はともかく現実的な解決を行っているが，その他の特例適用の機会は少なく小規模山林経営者に対して十分に配慮はされていない。

4-3 山林災害損失の判定単位

　山林所得の災害損失の3点目の問題は，災害損失を林分単位で判定するのか立木単位で個々に判定するのかという損失の測定単位についてである。

　所得税施行令第142条では，山林損失の金額を取得原価基準で計算する旨を定めているにとどまり，損失金額の計算を林分単位で行うのか立木ごと個々に行うのかについての明文の規定は見当たらない[48]。しかし，課税庁は，原則として林分単位で算定するべきとしながら，山林災害通達では壊滅部分とその他の部分とを区分して判定することを認めるという相反する取り扱いをしている。

4-3-1　山林災害損失の判定単位の問題点

　山林全体が滅失（全損）したときには問題は生じないが，林分の一部分が被災したときには，山林が損壊したという物理的状態に着目して損失の発生を認識するのか，林分全体の残存経済価値に着目して損失の発生を認識するか。測定単位のとり方いかんで損失金額は異なる。つまり，山林全体の一部分が滅失（全損）したという事実に着目すれば，その部分の損失は災害損失と認識することもできる。しかし，成長資産では，損失の測定単位と損失金額は反比例の関係になる。

　要するに，立木単位でみると一本の倒木でも損失は認識されるが，林分単位に広げると，被害を免れた部分の立木は成長して時価は上昇しているから，その損失は成長した山林の価値増加分に吸収され，林分全体として時価が下がったといえない。すなわち，数千本から数万本という林分全体からみれば，わずかな倒木があっても災害があったといえず，その損失は控除の対象とならないのである。

　課税庁が林分単位で損失を判定するべきという根拠は，実際の山林経営において，原価は林分全体で把握するのが合理的で個々の立木ごとに管理することは不可能であること[49]，山林の取引は一般に林分ごとに行われるのが通常であること，山林の取得時期の判定も林分ごとに行うと規定していること（所得税基本通達32-3）などがその理由とされ，国税当局者による解説書でも林分単

位で判定すべきとしている[50]。

　一方，山林災害通達では，同一林分であってもその一部が壊滅しているような場合には壊滅部分とその他の部分を区分して判定するなど，その山林の被災状況に即し弾力的に対応して差し支えないとしており，個々の立木ごとに判定することを認めている。

　山林災害通達が立木単位で判定するべきという根拠は，森林国営保険が被災部分を特定した上で保険金を支払っていること，被災山林に対する森林災害等復旧造林事業補助金などは被災（再植林）部分を特定して支給されること，実際の山林売買では一本一本ごとの毎木調査結果を基に取引価額は決められていること，国税不服審判所の裁決では林分単位での判定を否定していることにある[51]。もちろん，実際に山林の一部が崩壊し倒木等が発生したという事実を前にすれば，その部分だけに災害損失が発生したと認識するのは当然であろう。

4－3－2　山林災害損失の判定単位に係る裁決事例

　昭和61年3月31日国税不服審判所裁決では，原処分庁は被災山林は林分単位で判断すべきであり，災害直後の林分の時価4,323万円[52]は統計資料の育林費調査等に基づき推計した取得原価1,569万円を超えているから，所得計算上の損失額は生じなかったものとして更正処分をした。

　請求人は，山林災害（雪害）による損失金額の計算は災害を受けた立木一本ごとに行うべきである旨主張したが，原処分庁は所得税法第51条3項の「山林」を「林分」と読んで，災害を免れた成木の時価はその山林の取得原価を上回るから損失はなかったことになると主張した。国税不服審判所は，ほぼ伐期に達した山林について生じた災害による損失の金額は立木ごとに計算すべきであるとして，原処分庁の処分を取り消した[53]。

　国税不服審判所は，災害等により山林に被害があった場合におけるその災害等による損失の金額の計算単位について，所得税法における山林所得の金額に関する規定及び所得税法第51条3項の規定を合理的に解釈するならば，成長過程にある未成木から成っているときはその山林の集団を基準として行うべきものであるとした。しかし，その山林が既に成長を遂げて標準伐期齢に達した立

木から成っているものであり，かつ，その立木ごとの原価の額の計算が可能であるときには，その被害立木ごとに行うのが相当であると判断した。すなわち，既に成長を終わって用材として資産価値のある立木については，その成長過程における原価の配賦は既に終了しており，その立木はいわば1本1本が資産価値を有するものとして保有されていると考えるべきと判断した。そうすると，このような立木が災害等により異常な損失を受けて滅失した場合にまで，その滅失した立木の原価を他の残存する立木の原価として配賦することは合理的でないというのである。

　税務大学校本多三朗教授は，所得税法第51条3項の「山林」を成木にあっては「立木」と読んだ国税不服審判所の判断に賛成し，材木と同視できる程度に成長している立木の災害による損失を林分ごとにみて，残った立木の価額がその山林の取得原価を上回るから損失はなかったとする原処分は，常識的にみて賛成しかねると述べている[54]。また，税務大学校研究部藤田良一教授も幼齢林のように個々の立木に原価を配賦することが不可能な場合には，原則どおり原価の集積単位である林分を損失の測定単位とすべきであろうが，伐期の到来した山林ないしこれに近い状態にある山林で，個々の立木に原価を配賦することが可能な場合には，個々の立木を損失の測定単位とすることを認めることが合理的であるとしている。このことは，自動車のエンジンが壊れた場合は，壊れたエンジンだけを取り出して損失を算定すべきで，自動車全体から損失額を算定するような計算は合理的でないと，林分単位に固定して取り扱うことを批判している[55]。

4-3-3　山林災害損失の判定単位の在り方

　山林損失の判定単位を林分単位とすることの不合理は，山林災害通達の価額を基に計算すればいっそう明らかである。

　例えば，樹齢50年の杉山1ヘクタールについて，林分単位での損失を山林災害通達に基づいて計算すると，平成16年3月までの森林国営保険の標準金額(時価)は476万円で，山林災害通達の標準取得原価（造林補助金なし）は260万円であるから，216万円を超える時価損失がない限り損失は発生しないことにな

る（図表6-9参照）。

　すなわち，林分全体の半分程度の全損面積がない限り損失は生じたとは認められないことになる。これは，損失額は雑損控除の場合とは異なり，時価損失ではなくその損失の生じた日までに支出した山林の取得原価基準で計算するため，成長部分の損失が無視されるからである（所得税法施行令第142条）。

　さらに，現在は主伐の立木販売収入は育林経費を下回るという状況にあり[56]，林分単位で災害損失額を計算すると，災害を免れた立木の時価下落分（評価損）までも損失に加算され，災害損失額よりも多く算出されてしまう問題もある。

　山林災害損失の判定単位を，林分単位とすべきかどうかは，所得税法と山林災害通達で相違するが，国税不服審判所の裁決で示されたように，壊滅部分だけで計算する方が合理的であるから，所得税での林分単位の取り扱いは改正すべきである。

4-4　山林災害通達による標準取得原価

　山林所得の災害損失の4番目の問題は，山林の取得原価と時価算定についてであり，山林災害損失における最大の難題である。

　山林の災害損失は，被災後の山林時価が，その山林の植林以後の育成及び管理費用の実額合計金額を下回るときに限り認められる。しかし，山林の時価や植林以後の経費を算定することは実務上容易ではないので被災者の便宜を図るため，国税局は山林災害通達によって1ヘクタール当たりの標準取得原価を公表し，山林時価は国営森林保険の金額とすることも認めている。

4-4-1　標準取得原価と各種時価等との比較

　山林災害通達の標準取得原価表は，農林水産省林業経営統計調査における育林費調査報告のデータを基礎にしたものであり，山林の時価は，森林国営保険の標準金額，国税庁の財産評価基本通達による相続税等の課税のための評価額（以下「相続税評価額」という。）及び山元立木価格による価格などが公表されている。

　育林費調査報告は全国のデータであるが，山林災害通達の標準取得原価表や

図表6-9 山林災害通達の標準取得原価及び育林費等の価額

区　分	国税局通達の標準取得原価		林業経営統計調査の育林費		森林国営保険	相続税評価額
樹　種	杉		杉		杉	杉
地　域	奈良県		全国		奈良県	奈良県
補助金等の有無	造林補助金なし	造林補助金あり	林木資本利子を含む	林木資本利子を除く	平成16年度	平成16年分
樹齢 1年	万円(実額)	万円(実額)	万円 76	万円 76	万円 92	万円 10
2年	92	27	96	92	112	10
3年	116	48	121	113	138	10
4年	136	65	141	127	157	10
5年	151	76	166	147	177	10
6年	165	88	251	187	198	10
7年	180	95	251	187	208	10
8年	194	102	251	187	218	10
9年	208	108	251	187	239	10
10年	221	114	251	187	250	10
11年	234	120	338	209	251	10
12年	240	124	338	209	251	11
13年	246	127	338	209	253	11
14年	252	129	338	209	254	11
15年	257	132	338	209	256	11
16年	264	135	439	226	259	11
17年	270	139	439	226	262	11
18年	276	144	439	226	265	11
19年	282	147	439	226	269	12
20年	287	151	439	226	274	12
21～25年	307	164	561	238	279	13
26～30年	324	175	709	247	310	14
31～35年	338	194	832	256	354	16
36～40年	346	214	973	264	409	18
41～45年	353	236	1,136	272	476	26
46～50年	362	260	1,323	278	476	46

出所：山林災害通達の標準取得原価等による数値から筆者作成。

　森林国営保険の標準金額などは都道府県別の樹種別に数値が公表されているから，ここでは全国有数の林業地帯である奈良県の杉の1ヘクタール当たりの山林災害通達の標準取得原価や育林費等の価額（図表6-9参照）を基礎に，山林災害通達の標準取得原価表の適否を検討する。

4-4-2　農林水産省の育林費調査報告

　林業に関する経営調査は，昭和35年の調査から世界農林業センサスとして農林水産省が実施しており，労働力の状況及び林業労働投下量，林業用資産，林業経営収支及びその他林業経営に関連する各項目を調査し，林業経営統計調査報告，林家経済調査及び育林費調査報告等として5年毎に公表している[57]。

　林業経営統計調査は，育林，素材生産の施業・林業経営等を行っている林業経営体について，その経営収支等を把握し，林業施策の具体化及び施策に必要な基礎資料を作成するため，有意に抽出した林家世帯に対して，林業経営日誌を配付して行う記帳調査（自計申告）及び農林水産省の面接により行われている[58]。また，育林費調査報告は，主要樹種別，樹齢・齢級別に育林に要した費用について取りまとめたもので，山林の育林費の実績額を長期間調査した唯一の調査であり，山林災害通達の標準取得原価も育林費調査報告（育林費累年統計）に基づいている[59]。

　山林所得の災害損失額の計算に必要な取得原価を育林費調査報告に基づいて推計することの是非については，昭和61年3月31日裁決の国税不服審判所の事件で争点になっている。請求人は，昭和20年現在の成木の時価に対するその時の取得費等の額の割合（原価率）を基準にした金額を取得費等とすべきと主張したが，原処分庁は，農林水産省の育林費調査報告を基に推計し，所得計算上の損失額は生じていないと主張した。国税不服審判所は，育林費調査報告には本件山林の所在地を含む区域の山林の1ヘクタール当たりの植林費等及び管理費等の額の平均額が所在地別，樹種別，樹齢別に記載されており，その植林費等及び管理費等の平均額は，その地域内の山林20ヘクタール以上の所有者86名について個別に面談して調査したこれら費用の実額を基礎として累積調査法等により算定されたものである。したがって，この資料は一般に信頼性の高いものであるから，育成費調査のデータを基礎として行った本件推計方法は合理的なものと判断している[60]。

　林業経営統計調査等のデータは，その調査開始が昭和35年からの約50年間だけであるから，戦前に植林された山林のデータはないという問題はあるが，国

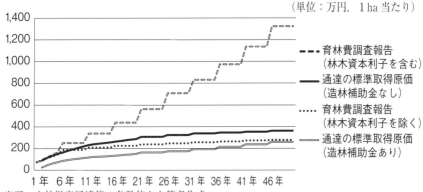

図表6-10　山林災害通達と育林費調査報告の比較

出所：山林災害通達等の各数値から筆者作成。

税不服審判所の裁決によれば昭和35年以後植林された山林については信頼できる金額といえる。

4-4-3　山林災害通達と育林費調査報告

　農林水産省の林業経営統計調査による育林費調査報告は，材木資本利子を含む場合と含まない場合の2つの育林費の金額を公表している。材木資本利子を含む場合の計算方法は，育林費統計金額に取得時点と評価時点との期間に対する計算上の利率による機会原価としての計算利子を複利計算的に加算するもので，いわゆる元利合計額とする方法である。

　毎年の育林費調査報告のうち，杉の育林費を樹齢ごとにまとめた1ヘクタール当たりの林齢・齢級別育林費累年統計値をみると，図表6-10のとおり，材木資本利子を含む場合と含まない場合では，異常値ともいえる大きな金額差が生じている。材木資本利子を含んだ複利年利による金額は，ひとつの計算上の理論額として成立するとしても，この方法で算出された金額で売買取引が成立する可能性は全くない不適切な金額になっている。

　山林災害通達の標準取得原価をみると，農林水産省の林業経営統計調査として実施されている育林費調査報告を基礎とし，その原価額は，材木資本利子を含む育林費は採用せず，材木資本利子を含まない育林費を基礎として，当初の

植林時に造林補助金があるかどうかで区分しており，合理的な基準である。

4-4-4 山林災害通達と森林国営保険

　山林災害通達の標準取得原価，森林国営保険の標準金額，育林費調査報告及び相続税評価額を比較すると，図表6-11のとおり，幼齢林である10年までは，標準取得原価，育林費調査報告及び森林国営保険の標準金額とほぼ同額の金額で推移しているが，その後の金額はそれぞれバラバラになっている。

　幼齢林の評価は，森林国営保険も費用原価に基づき計算しているから，山林災害通達や育林費調査報告とほぼ同額の金額になっているが，市場価値が高まる樹齢39年頃から森林国営保険の標準金額は時価を反映し上昇している。また，山林災害通達の標準取得原価は，幼齢林のときは造林費等の費用原価と同程度であるが，それ以後は育林費調査報告と森林国営保険の標準金額の中間値になっている。本来，山林災害通達の標準取得原価は必要経費の実額合計であるから育林費調査報告と同額程度になるべきであるが，山林が成長するに従って山林の時価を考慮した金額に意識的に引き上げられていることが判明する。

　山林災害通達の標準取得原価が育林費調査額を上回る金額に設定している理由は明らかにされていないが，その理由としては，育林費調査額は全国数値であるから育林費も山林の場所や育成方法等の条件で高低があり，本件吉野山林地帯は山が急峻な上，密植で経費も多額な高級材の生産地域であること，また，育林費調査額は過去の支出額の貨幣価値の修正はされていないから修正したともとれる。あるいは，不服申立てや訴訟などのトラブルになることを回避するため，育林費調査額に価格の安全性を見込んで高めの金額に設定したとも考えられるが，山林災害通達の標準取得原価が育林費調査額を超えることは，根拠付けが可能で妥当なものといえる。

　なお，相続税評価額は，樹齢1年以下の立木は投下資本の現在価値，その後は立木の売買実例価額も参考に評価するとされているので，伐期までの立木の売買実例価格は低額であるという実態を反映して，その評価額は低く設定されており，取得原価として採用することはできない。

　また，概算経費率による算出額を，一応の取得原価とみることができるので

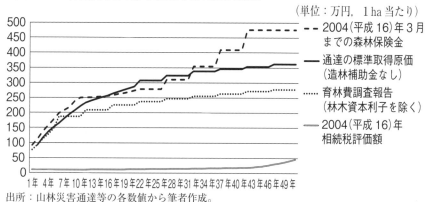

図表6-11 森林保険と山林災害通達の標準原価の比較

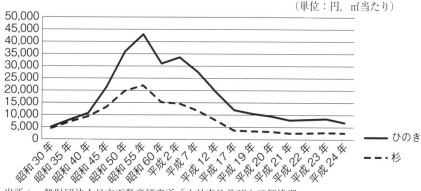

図表6-12 全国平均山元立木価格の推移

はないかとも考えられるが，その割合は15年前の相続税評価額に左右されるから，実際の取得原価を反映するものではない。現在から15年前を振り返れば，図表6-12の一般財団法人日本不動産研究所の山元立木価格[61]をみても木材市場は既に低迷し，相続税評価額は引き下げられてきており，木材価格が現在の水準で推移しても概算経費率は引き下げられることになるから，概算経費率を適用した価額は，実際の取得原価を反映するものではなく災害損失の基準とすることはできない。

4-4-5　奈良県吉野町の林業家の育成費実額

　農林水産省の林業経営統計調査は，昭和39年から約50年間実施されているが，現在，原木市場で取引される杉や桧などの木材は標準伐期（杉60年，桧65年）を経過したものである[62]。特に，吉野林業地帯では長伐期施業の林業経営が特徴で，間伐を経て樹齢150年程度で皆伐するから樹齢100年を超える山林は珍しくはなく，樹齢300年を超える人工林も存在するから，林業経営統計調査の統計数値を基準にすることができない。

　そこで，吉野林業地帯と呼ばれる川上村，東吉野村や吉野町などに山林を保有しており，その地域で代々林業を営み模範となる森林育成を実践している篤林家として知られ，地域経済の主要産業であった山林業を担ってきた奈良県吉野町の林業家である中尾庄平氏に調査協力を依頼した。

　中尾家には，明治33年3月から現在まで，奈良県東吉野村に所在する山林の植林費用や枝打等の育成費用の金額や支出先，間伐の本数や費用のほか，毎木調査の結果や雪害など110年間の収支を代々の当主が『字間立山諸入費勘定帳』に記録している。

　現在の当主である中尾庄平氏から閲覧した『字間立山諸入費勘定帳』は，明治33年3月に当時の当主中尾庄太郎氏ほか2名の地上権共有林として植林した記録から始まっている。まず，明治33年から数年で数十万本を植林しており，記録によれば杉苗は3,000本で1円，桧苗は1,000本を1円程度で購入し，植林後5年間の植林や下草刈費などの出費は総額1,890円となっている。

　植林してから14年後の大正3年に現地実測と毎木調査を行っており，全林分16.7ヘクタールに杉及び桧15万7,000本（杉6割，桧4割の比率）を確認している。この植林数は，吉野林業の特徴である1ヘクタール当たり1万本程度という密植により，無節・完満・通直・本末同大・年輪幅均一の良材育成を目的とした山林経営の実態を明確に反映している[63]。

　『字間立山諸入費勘定帳』によると，植林した明治33年から樹齢35年となる昭和10年までの支出のほとんどが数十銭から数円以下で，植林時の多額な出費でも数十円程度である。その植林から現在までの育成管理費用を各年別に集計

図表6-13 『字間立山諸入費勘定帳』による1ヘクタール当たりの取得原価

期　　間	樹齢	1ha当たりの経費	現在価値換算額
	年	円	円
明治33 ～ 明治37	5	113	571,000
明治38 ～ 明治42	10	28	130,000
明治43 ～ 大正3	15	15	67,000
大正4 ～ 大正8	20	16	73,000
大正9 ～ 大正13	25	61	82,000
大正14 ～ 昭和4	30	3	6,000
昭和5 ～ 昭和9	35	5	11,000
昭和10 ～ 昭和14	40	2	4,000
昭和15 ～ 昭和19	45	―	
昭和20 ～ 昭和24	50		
昭和25 ～ 昭和29	55	2,688	25,000
昭和30 ～ 昭和50	60	5,774	31,000
昭和51 ～ 平成7	95		
平成8 ～ 平成24	112		
合　　計		8,705	1,000,000

出所：中尾家の『字間立山諸入費勘定帳』より筆者集計。

して1ヘクタール当たりの現在価値に換算したものが図表6-13である。植林後112年間の1ヘクタール当たりの費用総額は8,705円で，現在の貨幣価値と比較するため，当時の1石当たりの米の価格[64]をもとに現在価値に換算すると100万円程度になった。

　明治時代の山林経営の実態を記録した資料は少ないが，吉野の大山林所有者であった土倉庄三郎[65]が明治23年に東京上野で開催された第三回内国勧業博覧会に私費を投じて吉野材を出品した際，出品した吉野材に添付した吉野林業を紹介する「第三回内国勧業博覧会大和国吉野材木栫出品解説書」が参考になる。解説書によれば，吉野林業における杉・桧の植林から皆伐までの100年間の1ヘクタール当たりの総費用は90円，杉苗1本当たり0.15銭，桧苗1本当たり0.25銭で，地拵代や植付代などの各日当20銭と記載しているから[66]，中尾家の『字間立山諸入費勘定帳』の記録とほぼ一致する。

　調査結果に基づき，現行所得税法の規定によれば，1ヘクタールの山林の時価が1,000万円であるとして，そのすべてが全損したとしてもわずか8,705円しか所得税の損失額と認められないことになる。すなわち，山林の災害損失は，

被災後の山林時価が山林の原価を下回るときに限り認められるから，99.9％（999万1,295円）を超える損害がない限り一切災害損失は認められないということになり，山林の成長による含み益を一切考慮しない所得税の取り扱いは山林所有者でなくとも納得しがたいであろう。

4-5　損失の生じた直後の山林時価評価

　最後の5番目の問題は，山林の被災損失額の算定には災害直後の山林の時価を確定しなければならないことであるが，被災山林の時価算定は困難である。

　一般に台風や雪害による風倒木等は外観上損傷はなくても「もめ」と呼ばれる「しわ（圧縮破壊）」が生じており，材質劣化により構造用製材には利用できず，製材作業も危険を伴うため取引されないという現状がある。このため，山林災害通達は，災害後における被災山林の立木のうち売却できるものはその売却（見込）価額（山元価額）により評価し，売却できる見込みがないため放置するものはゼロとして評価するなど，個々の被災山林の実態に即して算定するとしている。そして，例外的な取扱いとして，森林国営保険等の保険金算定のための価額を時価とすることも認めている。

　一般不動産の評価理論は米国において発展してきたのに対して，山林評価理論はドイツにおいて合理的な山林経営を行うため発達してきた。一般に不動産評価方法として，原価方式，収益方式，比較方式の3方式が挙げられるが，山林評価においては，山林の特性から原価方式[67]，費用価方式[68]，期望価方式[69]，市場価逆算方式[70]又はグラーゼル方式[71]などが樹齢に応じて適用されている。

　具体的な山林の評価方法は，図表6-14のとおり，不動産鑑定，相続税評価額，森林国営保険及び日本不動産研究所による方法がある。

　まず，不動産鑑定による立木評価は，費用価法，売買価法，市場価逆算法，期望価法，還元価法及びグラーゼル法等の評価方法を立木の成長の程度，状況等に応じて異なった評価方法を組み合わせて評価している[72]。次に，相続税評価額は，樹齢1年以下は植林費実費等の7割，それ以降は，売買実例，精通者意見及び素材の市場価格等に基づき評価し（財産評価基本通達115），さらに，

図表6-14　山林の評価方法

区分	評価立木の区分	評価方法
不動産鑑定	市場価格のない人工林で10年生以下の立木	費用価法
	市場価格のない人工林で11年生以上の立木	期望価法及びグラーゼル法
	市場価格のある立木	売買価法や市場価逆算法
相続税評価額	樹齢1年以下の立木	費用現価の70％相当額
	樹齢1年を超え切替樹齢（m年）未満の立木	グラーゼル近似式
	切替樹齢の立木	売買実例及び精通者意見価格
	切替樹齢（m年）を超え標準伐期までの立木	グラーゼル近似式
	標準伐期の2倍までの立木	標準伐期の標準価額と年2％の利率による複利終価
	標準伐期の2倍超の立木	事情精通者の意見価格を参酌
森林国営保険	市場価格のない11年生未満の立木	費用価法
	市場価格のない11年生以上適伐未満の立木	グラーゼル方式
	市場価格のある立木	市場価逆算法
日本不動産研究所	全国の市町村役場又は森林組合等の調査回答	市場価逆算法

出所：各評価方法から筆者作成。

　森林国営保険の標準金額は，幼齢林については実態に適合した費用価を用い，11年生以上の立木はグラーゼル方式又は市場価格を参考に算出している。なお，一般財団法人日本不動産研究所が公表している「山林素地及び山元立木価格調」は，林業が主要な地域である市町村役場又は森林組合等に調査票を送付し回答を集計したものである。

　評価方法は様々であるが，樹種・樹齢ごとの時価額を明示しているのは，財産評価基本通達と森林国営保険だけであり，いずれもグラーゼル法を基礎としている。しかし，財産評価基本通達に基づく評価額は，その価額があまりに実態と乖離した金額で取得原価としても時価としては採用できないから，山林災害通達が森林国営保険の保険金額を時価として採用したことは合理的といえる[73]。

5．小括

　本章では，これまで山林災害税制はほとんど研究されていないため，奈良県吉野町の山林家の経営実態を調査の上，山林災害通達を含めて分析し，山林災

害税制の在り方を検討した。

5-1　大規模な山林災害と災害通達

　山林所得は，極めて長期間の育成期間を経て伐採されるという山林経営の特殊性もあるが，過去には国民生活に直結する重要な産業と位置づけられて政策的な税制改正も頻繁に行われてきた。現行規定も戦後のインフレの昂進など，立木の育成期間中の貨幣価値の変動やその所得が極めて長い期間にわたって発生するという特徴から，概算経費率による必要経費算定など種々の仕組みが設けられ，所得計算や税額計算方法は一定の配慮がされている。

　一方，山林の災害損失額については，従前は時価基準とされていたが，昭和34年の改正で植林費や育成費用の実績積上額を損失とする取得原価基準とされたため，貨幣価値の変動や成長部分の利益部分が一切考慮されず，山林災害損失に関する規定は被災者に不利なままである。特に，山林災害において，山林の植林費用や管理費用などの支出額を単純に合計した取得原価を基準として山林被災額を算定することは，戦前・戦後のインフレや貨幣価値の変動などもあり不合理な結果になる。それは，奈良県吉野町の山林所有者の明治時代からの山林育成記録の調査結果からも明らかであった。また，小規模な山林所有者にとって山林は事業用財産であるという意識は少なく，今後高齢林の増加が見込まれるから，山林の成長部分の利益を考慮しない現行制度には問題がある。

　所得税法の本則規定には不合理な規定があるから，課税当局は大災害時には山林災害通達を公表して，①山林の被害単位を林分単位ではなく損壊した立木単位での計算を認め，②山林災害損失を取得原価ではなく時価に近い金額の標準取得原価表を公開し，③山林の時価を森林保険の保険金額とすることを認め，④被害額の算定と証明を森林組合に依頼することができるなど，被害の実態に合わせた取り扱いをしている。

　これまで大規模山林災害時には，山林所得の災害通達が発遣されてきた。しかし，平成23年には東日本大震災のほか台風の相次ぐ上陸や集中豪雨等により紀伊半島を中心に記録的な大雨となり山腹崩壊が生じ，平成24年6月から7

月にかけて，梅雨前線と台風第4号の豪雨等により九州北部地方を中心に全国各地で甚大な林野関係被害が発生したときも，激甚災害の指定はされたにも関わらず，災害通達は公表されず，不公平な取り扱いとなった。

　山林災害通達を検討した結果，被害単位を立木単位とすることや山林災害通達の標準取得原価額は合理的なものであり，所得税法の本則規定に明記するなど改正すべきである。

5-2　山林災害における取得原価の在り方

　山林の被災損失は，昭和33年までは雑損控除の対象とされていたから時価基準で損失額を計算してきたが，昭和34年の改正で取得原価基準に変更された。しかし，山林は成長資産であるから樹齢とともに時価は上昇するので，取得原価で計算することは成長部分の利益が一切考慮されないという不合理がある。

　昭和61年3月31日国税不服審判所裁決では，山林が既に成長を遂げて標準伐期齢に達した立木から成り，既に成長を終わって用材として資産価値のある立木については，その成長過程における原価の配賦は既に終了したとしている。すなわち，標準伐期齢に達した立木は，いわば1本1本が資産価値を有する商品として，出荷を待つ状態にあると考えることもできる。

　したがって，標準伐期までの山林と，標準伐期以後の商品としての山林とは区別すべきである。損失の基準は，標準伐採期までは取得原価基準とし，伐期以後は時価基準で被害額を認識することが経営実態や被害実態と一致する。標準伐期で区分すれば，成長木の災害損失を取得原価基準で測定することによって，被害を受けた山林の成長部分の損失が無視され損失額は少なく計算されるという不合理はなくなる。

　山林損失を時価基準で認識することは，時価との差額部分（含み益）をいまだ所得として認識して課税していないから認められないという考えもあるが[74]，昭和25年に創設された雑損控除の範囲に山林災害も含まれ，被害額は時価基準とされていたことからも不合理とはいえない。そもそも所得税は，値上がり益を課税していないから損失を認めないという制度とされていないのであり，評

価益に課税しないことは，昭和28年1月1日の時価を取得価額とする際に，土地を含め多くの問題が生じるため課税しないことで決着している[75]。

　我が国の山林所有者は，毎年植林伐採を行う大口山林所有者もいるが，大部分の山林所有者は山林を事業経営の資産として保有してはいない。山林は自宅等の建築用材のためや家庭生活に必要な燃料確保等のための「生活に必要な資産」として所有し，また，ゆとりがあれば山林を買い，経済的に苦しいときには山林を売るという「非常備蓄的な財産」として山林を所有しており，規模からみても山林が事業用財産であるという意識は少ないと考えられる。

　そうすると，業務的規模の財産として不動産所得や雑所得の対象となる財産には，時価損失額による雑損控除と必要経費算入の選択適用が認められている（所得税基本通達72-1）ことから，小規模山林所有者の有する山林の災害損失にも雑損控除との選択を認めるべきである。

5-3　高齢林の森林保険金の圧縮記帳

　山林の災害損失によって取得する保険金等は，その業務の遂行に係る所得の収入金額となり，例えば，災害損失額より森林国営保険の保険金額が多いときは課税される（所得税法施行令第94条）。所得税は山林所得の損失額を取得原価で計算し，森林保険金は時価評価額で支給されるから，山林に災害があると，課税されるケースがほとんどである。

　このような場合，法人税では災害による保険金等をもって滅失等した所有固定資産に代替する同一種類の固定資産（代替資産）を3年以内に取得したとき，課税を避けるために圧縮記帳の特例を適用できる（法人税法第47条）。

　米国では，被災直前の時点における事業用資産の税務基準額から，保険金等を差し引いた金額を損失として控除するが（内国歳入法第165条（a）），資産の代替資産の特例が設けられており，山林が災害を受けたときの森林保険金によって植林を行うことは，不本意な買換えとして，植林実施年度まで課税が延期され，保険金収入と植林費用が相殺できる（内国歳入法第1033条（h））。

　我が国の所得税法には，森林国営保険の保険金額によって新たに植林を行っ

た場合の圧縮記帳（代替資産）の特例は設けられておらず課税されている。現在は，山林災害がない山林の主伐収入でも育林経費を賄うことができない状況で，再造林さえも実施することが困難になっているから，山林災害後は，森林保険金に課税するより，国土の保全，水源の涵養，木材等の生産等の多面的機能の発揮によって，国民生活及び国民経済に大きな貢献をしているから，再度植林を奨励するために圧縮記帳を認めるべきである。

(第6章／Endnotes)

[1] 森林施業計画に基づき伐採し又は譲渡したときは森林計画特別控除を更に控除できる（租税特別措置法第30条の2，第33条の4）。

[2] 高木文雄（1988）『林業税制への提言』清文社，83頁。

[3] 明治21年5月12日，大蔵省から各府県に対して通牒が発せられ是正されたが，実際にこのように適用されたかは疑問も残る。山本　洋，織井喜義（1990），131～132頁。

[4] 行政3判大4・3・5大正3年56号行録26輯，385頁。

[5] 所得税法第4条ノ3第3号にいういわゆる山林伐採の所得とは，山林を伐採したこと，または伐採させることによる所得を指すものであると判示した。行政3判大8・5・17大正8年3号行録30輯，358頁。

[6] 山林素地など不動産の譲渡所得は，昭和17年臨時利得税に取り込まれるまで課税対象から除外されており，譲渡所得として課税されるのは昭和21年改正による分類所得税制以後で，戦後の制限的所得概念から包括的所得概念（いわゆる所得源泉説から純資産増加説）への移行発展と説明されている。

[7] 勝　正憲（1920）「改正所得税法早わかり」『実業之日本』第23巻第17号，8～9頁。

[8] 当時の所得税法（大正15年3月27日法律第8号）第23条では「山林ノ所得ハ山林以外ノ所得ト乏ヲ区分シ其ノ所得ヲ五分シタル金額ニ対シ此ノ税率ヲ適用シテ算出シタル金額ヲ五倍シタルモノヲ以テ其ノ税額トス」と規定している。

[9] 雪岡重喜（1955）『所得税・法人税制度史草稿』大蔵省主税局調査課，122頁。

[10] 一時的・偶発的所得の中での各種の所得間の差異は無視されたが，2分の1課税の方が5分5乗方式による課税よりも税負担を軽減する効果が大きいという理由で改正された。武田昌輔監修（2013）『DHCコンメンタール所得税法』第一法規，2442頁。

[11] 山林所得の特別控除は，昭和28年に15万円に増額され，昭和42年に30万円，昭和46年に40万円，昭和50年に50万円に改正されている。

[12] 昭和28年8月の改正による5分5乗方式は，大正15年に導入された5分5乗方式と異なり，単独で15万円を控除し，その残額について5分5乗方式で他の総所得金額に上積み課税する方法であった。昭和29年の改正で導入された5分5乗方式は，大正15年に導入された方式と同様，分離課税としての5分5乗方式であり，山林政策の重要性にかえりみて，山林所得の負担をさらに軽減するために導入された。

[13] 昭和36年頃は経済高度成長に伴い木材需要は一層増大したが，農山村から他産業へ労働力が流出したため，民間林造林面積と素材生産は減少の一途をたどり，木材価格は異常に高騰した。政府は木材価格安定緊急対策を閣議決定し，その一環として木材用の立木の伐採を奨励するため，昭和36年と昭和37年の2年間に限り，過去3年間における山林の平均伐採実績

を超えて伐採した部分には，山林所得の税額を2分の1に軽減するとともに，再評価税の課税を行わず，昭和28年1月1日における価額を取得価格とみなすこととし，山林所得の計算の簡易化とともに，課税を軽減する特例を設けた。大村　巍（1973）「最近の税制改正の推移草稿－昭和35年度・36年度」『税務大学校論叢』第7号，337～338頁。

[14] 事業所得又は雑所得の金額の計算上控除する必要経費は，所得税法第37条第1項に「その年における・・・費用」と規定しており，いわゆる期間対応方式である。

[15] 輪伐経営の場合は，ほとんど毎年山林の伐採，譲渡が行われるので，所得税法第37条1項のように期間対応費用を各年の必要経費とする方法も可能であるが，所得税法は画一的にすべての山林の伐採，譲渡による所得の必要経費を伐採，譲渡した山林の収入金額に個別対応させる方法を採用した。武田昌輔監修（2013），3344頁。

[16] 創設当時の所得税法第2条では「資産又ハ営業其他ヨリ生スルモノハ其種類ニ応シ収入金高若クハ収入物品代価中ヨリ，国税，地方税，区町村費，備荒備蓄金，製造品ノ原質物代価，販売品ノ原価，種代，肥料，営利事業ニ属スル場所物件ノ借入料，修繕料，雇人給料，負債ノ利子及雑費ヲ除キタルモノヲ以テ所得トス」と規定している。また，大蔵省主税局編成「所得税納入心得方備考」によれば，「所有山林ノ材木ヲ販売スル如キモノハ，材木ノ代価中ヨリ其山林ニ係ル地租其他ノ諸掛リ物並ニ手入伐出シ等各種ノ費用ヲ引去ル，然レトモ材木ノ儘ニテ販売セス其材木ヲ器具ニ製造シテ販売スル如キモノハ，全年収入スル器具ノ代価中ヨリ前記ノ地租其他ノ費用ト器具製造ニ係ル費用トヲ併セテ引去ルナリ」とされている。国税庁税務大学校研究部編（1988）『租税資料叢書第4巻　明治前期所得税法令類集』国税庁税務大学校研究部，22頁。

[17] 所得税法施行規則（明治32年3月30日勅令第78号）第1条　所得税法第四条第一項第三号ニ依リ総収入金額ヨリ控除ス可キモノハ種苗蚕種肥料ノ購買費，家畜其ノ他飼養料，仕入品ノ原価，原料品ノ代価，場所物件ノ修繕費，其ノ借入料，場所物件又ハ業務ニ係ル公課，雇人ノ給料其ノ収入ヲ得ルニ必要ナル経費ニ限ル　但シ家事上ノ費用及之ト関連スルモノハ之ヲ控除セス。

[18] 昭和2年1月6日主秘第1号大蔵省主税局長・税務監督局長「所得税法施行ニ関スル取扱方通牒」は山林ノ所得に関して次のように取り扱うこととしている。

169　山林ノ所得ハ伐採又ハ譲渡スル迄ニ要シタル全部ノ経費ヲ控除シテ計算スルモノトス。

170　山林所得ノ計算上其ノ立竹木カ他人ヨリ買入レタルモノナル場合ニ於テハ其ノ買入代金ハ所得ヲ得ルニ必要ナル経費トシテ控除スヘキモノトス。

171　桐樹ヲ植栽シタル畑地ヨリ生スル桐樹ノ所得ハ山林ノ所得トシテ取扱フモノトス。

172　山林売却ノ代金ヲ数年ニ跨リ収入スル契約アルモノニ対シテハ其ノ年毎ニ収入スル金額ニ依リ所得ヲ計算スルモノトス。国税庁（1965）『所得税法人税関係通達集』国税庁，964頁。

[19] 再評価法による評価は第三次まで実施され，第一次及び第二次再評価の基準日は昭和25年1月1日，第三次再評価は基準日を昭和28年1月1日として実施された。

[20] 再評価税は，資産の再評価によって，固定資産の帳簿上の価格を法定の限度内の価額まで引き直した場合の再評価差額に対し6％の税率で課税するものである。再評価の目的の第一は，インフレに伴い企業資産の帳簿価額がその実際の価額を反映しない極めて低い価額となっていて適正な減価償却ができず，資本の喰い潰し状態になっているのを是正し，企業の経理を合理化し資本構成の改善に資することにあり，第二は，資産の譲渡があった場合インフレに伴って生じた名目的な所得に対して所得税又は法人税が課税されるという状態を合理化し，適正な譲渡所得の課税を行うとともに，税負担の軽減を図るためである。雪岡重喜(1955)，295頁。

[21] 昭和28年当時の山林所得の計算方法は，山林が資産再評価法の第三次再評価の基準日昭和28年1月1日において有していたものであり，財産税調査時期昭和21年3月3日前に植林し又は取得した山林については物価上昇による名目利益を排除する意味で，山林の財産税評価額を25倍した額を再評価額とし，再評価額と財産税評価額又は取得価額との差額（再評価差額）を課税標準として再評価税が課せられ，その山林の伐採又は譲渡による収入金額から，その再評価額と再評価の基準日以後に支出した山林の管理費，伐採費その他の経費との合計額を控除した金額を山林所得として所得税が課税された。

[22] 桜井史郎（1955）「山林所得計算上の概算経費控除」『税経通信』第10巻第3号，165頁。

[23] 雪岡重喜（1955），433～434頁。

[24] 再評価税は，個人は昭和36年12月，法人は昭和42年7月に廃止された。

[25] 税制調査会（1961），544頁。

[26] 改正前は，昭和21年3月3日とされていた。

[27] 大蔵省主税局（1975）『昭和50年度税制改正検討資料集（所得税関係）』大蔵省主税局，230頁。

[28] 昭和40年度の改正で15年前の1月1日における相続税評価額を基礎とすることに改められたため，これと整合性を図ったのである。武田昌輔監修（2013），5027頁。

[29] 藤田良一（1979），123頁。

[30] 雪岡重喜（1955），11頁。

[31] 災害免除法（昭和22年12月13日法律第175号）。

[32] 同時に災害減免法についても改正が行われ，災害減免法第5条の規定は削除され，事業用資産の災害損失は所得税の雑損控除の対象とし，住宅又は家財の災害損失については，納税者の選択により，雑損控除と災害減免法のうちいずれか一方の制度のみが適用されることに改められた。

33 武田昌輔監修（2013），2446〜2447頁。
34 所得税法施行規則第9条の10第2項では「事業用の固定資産の取りこわし，除却，滅失その他の事由（譲渡所得の基因となる事由を除く。）による当該固定資産の損失の金額（保険金，損害賠償金等により補てんされた金額を除く。）は，法第9条第1項第3号（（注）不動産所得），第4号（（注）事業所得）又は第7号（（注）山林所得）に規定する所得の計算上，これを必要な経費に算入する。」と規定していた。（注）は筆者追記。
35 柿谷昭男（1965）「所得税法の全文改正について」『税経通信』第20巻第7号，26，47頁。
36 林野庁（2011）『第2回森林保険制度に関する検討会〔資料8〕』森林保険制度に関する検討会
〈http://www.rinya.maff.go.jp/j/keikaku/hoken/pdf/shiryou8.pdf〉。
37 森林国営保険は，昭和12年に成立した森林火災国営保険法（昭和12年法律第25号）及び森林火災保険特別会計法（昭和12年法律第26号）に基づき創設され，昭和36年に風害，雪害等の気象災が保険の対象に加えられ，昭和53年に噴火災も保険の対象に加えられた。全国森林組合連合会の森林災害共済は，平成13年4月に全森連共済事業の新規引受を停止し，事業廃止に伴い国営保険に移行されたため，現在，火災，気象災及び噴火災等を扱う森林保険は森林国営保険のみである。
38 標準取得原価表が大阪国税局管内の近畿地区を第1地帯と第2地帯の2区分としているのは，標準取得原価表の基礎データとしている農林水産省の「育林費調査報告（5年毎公表）」及び「林業用固定資産・材木資産評価基準（毎年公表）」が近畿北部又は近畿南部の2区分で数値を公表しているからである。
39 一般的には激甚災害法又は激甚法と呼ばれる。
40 雪起こしは，育成しようとする立木の成立本数の30％以上が倒伏した林分であること。また，森林災害等復旧林道整備については，その林道の利用区域内森林面積のおおむね10％以上が火災，気象上の原因による災害その他の災害を受け，かつ，その森林の所在する市町村区域内の森林のその災害に係る被害額が1,500万円以上であることなど，具体的な被害面積や被害金額基準は，平成25年7月31日25林整整第717号林野庁森林整備部整備課長通知「森林環境保全整備事業実施要領の運用」で規定されている。
41 後藤　昇ほか（2009）『所得税基本通達逐条解説』大蔵税務協会，432頁。
42 東京地判平7・6・30税務訴訟資料第209号，1304頁。
43 国税不服審判所裁決昭46・6・8裁決事例集第2号，35頁。
44 千葉地判昭48・5・30税務訴訟資料第70号，169頁。
45 国税不服審判所裁決昭56・12・28裁決事例集第23号，247頁。
46 不動産所得についての同様の問題が生ずるが，不動産等の貸付けが事業として行われてい

るかどうかは，貸間，アパート等については，貸与することができる独立した室数がおおむね10以上であること又は独立家屋の貸付については，おおむね5棟以上であることを基準としている（所得税基本通達26-9）。

[47] 山林の損失は，災害，盗難又は横領を原因とする損失に限定されている点において，事業用固定資産の損失と比較すると不利である。また，不動産所得は，業務的規模にあるときの業務用固定資産の災害損失は雑損控除と必要経費算入の選択ができるが，山林所得は時価基準で損失額を算定する雑損控除の適用を認めていない。

[48] 本多三朗（1989），374～376頁。

[49] 藤田良一（1979），193～197頁。

[50] 伊藤元夫監修（1981）『資産税質疑応答集』新日本法規出版，278頁。

[51] 国税不服審判所裁決昭61・3・31裁決事例集第31号，42頁。

[52] 森林災害共済契約の森林評価額を基に計算した金額である。

[53] 国税不服審判所裁決昭61・3・31裁決事例集第31号，42頁。

[54] 本多三朗（1989），376頁。

[55] 藤田良一（1979），193～194頁。

[56] 林野庁（2013）「森林・林業白書〔平成24年版〕」，126頁
〈http://www.rinya.maff.go.jp/j/kikaku/hakusyo/24hakusyo/index.html〉。

[57] 世界農林業センサスは，経済統計に関する国際条約に基づきFAO（国連食糧農業機関）の提唱によって，農林業の生産構造，農林業生産の基礎となる諸条件を10年に1度，農林水産省統計情報部が中心となって実施する調査である。日本は昭和25年の「1950年世界農林業センサス」から参加し，林業の参加は「1960年センサス」からであり，世界農林業センサスの中間年には我が国独自の農林業センサスが実施されている。なお，センサスとは，通常すべての客体を調査対象とし，個々の客体について調査票を用い，全般的な多項目にわたる調査を行うことを意味する。

[58] 林業経営統計調査の調査開始時は，保有山林5haから50ha未満の林家のうち，農林業経営が中心である林家から有意選定した500戸を対象に調査していた。昭和47年に調査対象を拡大し，保有山林面積20haから500ha，平成14年には500ha以上も含めることとされ，現在の調査対象は，林家のうち保有山林面積50ha以上で林木に係る施業を行っている林家及び保有山林面積が20ha以上50ha未満で，過去1年間の林木に係る施業労働日数が30日以上の林家である。

[59] 調査方法は，特定の山林について植林から伐採までを継続調査したものではなく，林家の1年間の1ヘクタール当たりの育成費を計算したものである。

[60] 国税不服審判所裁決昭61・3・31裁決事例集第31号，42頁。

[61] 一般財団法人日本不動産研究所では，昭和34年以降，毎年3月末時点で「山林素地及び山元立木価格調」を実施しているが，これは，昭和33年以前は日本勧業銀行が戦前から行っていた諸調査を引き継いだものである。都道府県で林業事情を最もよく反映するとみられる約1,000の市町村（昭和25年2月現在の行政区域）の市町村役場又は森林組合等に調査票を送付し回答を得て作成している。山元立木価格は，林地に立っている樹木の価格であるから，市場での丸太売渡価格（素材価格）から伐採や運搬等にかかる生産諸経費を控除して算出され，森林所有者の収入に相当する。

[62] 国税庁（2013b）「森林の立木の標準価額表」『平成25年分財産評価基準書』
⟨⟨http://www.rosenka.nta.go.jp/main_h25/osaka/nara/others/g520200.htm⟩⟩。

[63] 植栽本数は，全国的には1ヘクタール当たり3,000本程度である。

[64] 近藤義質（1969）『お米の明治百年史』全国食糧事業協同組合連合会，234頁。

[65] 吉野方式の造林法を全国に広めた高名な林業家で，吉野林業の父とも呼ばれる。

[66] 谷 彌平衛（2008）『近世吉野林業史』思文閣出版，22頁。

[67] 原価方式は，幼齢期のものは，造林・保育に必要な原価（歴史的原価や実際原価など）を単純に積算した額（利子を含まない金額）をもって山林の評価額とする。

[68] 費用価方式は，造林に要する原価（費用）の単なる合計額ではなく，機会原価としての計算上の利子も算入した額，即ち元利合計額（複利合計額）をもって山林の評価額とする。

[69] 期望価方式は，幼齢期経過後から伐期前の山林を評価するときに使用されるもので，現在の評価対象材木を伐期まで育成して得られると予測される主間伐収益から，その間に必要とする費用を控除して算出される純収益の評価時点における現在価をもって，その山林の評価額とする。

[70] 市場価逆算方式は，伐期に達した立木の評価に使われるもので，丸太など製品の最寄りの木材市場での販売高見積額から，伐採・搬出・運搬・販売などに要する一切の事業費見積額と平均的（ないし標準的又は正常的）な伐出事業利益とを控除した残額を山林の評価額とする。

[71] グラーゼル方式は，伐期までの山林の評価額を山林の育成原価と伐採収益の両面から折衷的に組み合わせて求めようとする方式である。栗村哲象（1990）「森林評価理論の体系整備とその適用可能性の向上に関する研究」『鳥取大学農学部演習林研究報告』第20巻，84～95頁。

[72] 岡崎 徹（1999）『立木評価の手引き』岡山県農林水産部林政課岡山県林業試験場，2～7頁。

[73] 通常は原木市場で取引されるか，利用できないものは造林の妨げになるので搬出処分する。

[74] 税制調査会（1961），545頁。

[75] 評価益に課税しないことは，昭和28年1月1日の時価を取得価額とするため，同日までの

成長部分について所得税を課税しないことについても問題視されたが，この取り扱いは納税者有利にすることで決着した。税制調査会（1961），545頁。

終章　災害税制の展望

　本研究では，我が国の災害税制を分析し，更に米国災害税制と比較検討を行った。
　第1章では，我が国独自の災害税制である災害減免法の成立と改正経緯から，災害税制のあるべき姿について教訓を得ることができた。そして，第2章では，所得税の雑損控除制度と米国の災害損失控除と比較検討することによって，制度上の欠陥を明らかにし，今後の災害減免法と雑損控除の在り方を示した。
　第3章と第4章では，阪神淡路大震災及び東日本大震災における災害税制を検討し，更に米国の大規模災害時の災害税制と比較検討した。東日本大震災の震災特例法や災害通達においては，阪神淡路大震災で問題となった点は見直されてはいる。しかし，米国の災害税制と比較してみると，米国では被災者支援，被災地復興及び被災者支援のための特例が数多く設けられており，我が国の災害税制を更に改善するうえでの参考とすべき制度が数多く見出された。
　第5章と第6章では，事業所得等の事業用財産や山林所得の山林など，事業用財産についての災害損失制度について，大規模災害時の災害通達による特例を含めて検討し，現行制度の問題点と改正すべき方向を示した。
　以下では，各章での検討結果を基に，今後の災害税制の在り方を述べる。

1．災害税制の在り方

　我が国の災害税制は，かつては災害発生の都度特別法を創設し，それは災害ごとに救済内容の異なる不十分で不公平なものであった。関東大震災の震災特例を基礎として旧災害減免法が創設され，昭和25年には雑損控除制度を導入し，伊勢湾台風や新潟地震以降は災害通達が設けられ，阪神淡路大震災や東日本大震災では特別措置法が創設されるなど，大災害の都度，見直され整備されてきた。

しかし，米国の災害税制と比較してみると，なお改善の余地を残す。すなわち，今後の災害税制は，被災者の税金を減免するだけの制度から，他の災害支援制度や防災制度と連携を図りながら，被災地復興やボランティアなどの被災地支援を促すなど，より多くの役割を果たすことが期待される。

1-1 災害税制の現状と問題点

我が国の災害税制の発展経緯を振り返ると，昭和14年の旧災害減免法創設までは災害の都度特別法を制定していた。関東大震災では，首相不在とその後の政治的混乱もあって，地租の減免は震災後10か月後となるなど救済が遅れた。今回の東日本大震災においても震災特例法の第一弾は震災から47日後であったが，第二弾は258日後と大幅に遅れた。災害の都度特別法を制定していては迅速な救済はできないから，大災害を見据えた基本法の制定が必要であろう。

第2に我が国の災害税制は，災害減免法と雑損控除の二重の制度となっており，いずれか有利な方を選択できる。とはいえ，この制度については，次のような問題点が見い出される。すなわち，災害減免法は，関東大震災において初めて所得税の減免が行われた災害税制を基に整備された画期的な制度であったが，その減免額は雑損控除より少ない。したがって，災害減免法の適用者は，阪神淡路大震災では被災者の10％，東日本大震災では1％にも満たず，その存在意義が疑問視される状況にある。

他方，雑損控除制度についても，創設当時は米国の災害損失控除制度と同様の内容であったが，その後の改正で多くの点で米国税制と乖離し問題が生じてきている。すなわち，我が国では雑損控除の対象となる資産の範囲を制限したが，その範囲が不明確で時価損失額の算定も困難であるから，大災害時には災害通達を公表して，行政及び被災者相互の申告事務負担軽減と公平な執行に努めてきた。

これに対して，米国では，災害の対象，資産の範囲，損失の繰越しや損失の繰戻しなどをより広く認めている。そして，一般災害と大規模災害を区別し，災害の大小に応じて特例を拡大して，大規模災害では税制による救済効果が発

揮できるよう組み立てられている。いいかえるなら，日本の災害税制は，災害規模にかかわらず一律公平な処理を実施してきたが，米国は災害規模に応じて公平な災害税制を構築してきたのである。

　複数の災害税制がそれぞれの利点を発揮しているときはよいが，二重の制度があまりにもバランスを欠いた状態で存在することは，被災者に混乱を与え，誤った選択をさせるから，災害減免法は，その役割が発揮できるよう改正するか，所得税法に吸収して税額控除として，所得控除との選択制度にするべきである。

　我が国では大災害時には特別措置法を創設し，災害通達も公表しなければならないということは，災害減免法や雑損控除の現行災害税制は大規模災害に十分対応できないことを意味している。したがって，現在の災害制度を見直すとともに，大災害時の災害税制を設けるべきである。

1-2　米国災害税制からの示唆

　米国では1803年に災害対応に関する最初の連邦法が制定され，その後，災害発生ごとに制定された様々な救援法は1950年の災害救援法の創設で体系化されたが，その後の大規模災害に対応することができず，1974年にひとつにまとめられた。

　しかしながら，1979年に大規模災害や緊急事態に対する危機管理の一元的行政機関としてFEMAが創設されるまでは，連邦政府における個々の事業・活動は調整されることもなく分断され，災害支援に対する責任は様々な省庁に移管・分散されることによって，誰が災害救助の責任者であるのか分からない状態に陥った。結果的に100以上の連邦機関が災害，危険，緊急事態に関係し，省庁による分散所管による機能低下や非効率性等の弊害が指摘されていた。

　現在は，大規模災害又は緊急事態が生じた場合，州知事の要請に基づき大統領が大規模災害宣言及び緊急事態宣言を発令すると，スタフォード法に基づきFEMAが中心となって各行政機関，軍隊やボランティア団体と連携して救助活動を実施している。

1-2-1　災害対応の一元化

　米国における災害対応は，多くの災害と法令改正を経て上述のように，スタフォード法に基づき，大統領宣言の明確なプロセスと各行政組織横断的な権限を有するFEMAによって一元的に実施されることとなったが，税制上の特例もこれと連動している。

　これに対して，我が国の災害対応は，災害対策基本法を中核として，災害救助法や消防法等の災害応急対策に係る制度，被災者生活再建支援法や災害弔慰金の支給等に関する法律等の被災者への救済援助措置に係る制度，公共土木施設災害復旧事業費国庫負担法や被災市街地復興特別措置法等の災害復旧・復興に係る制度が整備されている。さらに，地震保険に関する法律，農業災害補償法等の保険共済制度や個別の災害事象ごとの災害対策に係る制度もあり，風水害，地震，火山，原子力災害など災害の性格に応じた対応策が用意されている。

　これらの法律に基づき，中央防災会議の下，国における防災関係機関として，平成23年度末現在，24の指定行政機関，23の指定地方行政機関，58の指定公共機関，そして全国の地方公共団体が担っており，それぞれの機関が自らの災害対応予算を管理し，一元的管理には程遠い分離・独立型の複雑な組織運営となっている。

　さらに，災害時の応急対応については，市町村が大きな役割を担う仕組みとなっているが，東日本大震災では，被災により行政機能が著しく低下した市町村に多くの役割を担わせるのは難しかった。広域災害では政府が大きな役割を果たすべきであったにもかかわらず，政府は災害対策基本法が制定されてから初めて緊急災害対策本部を設置するなど対応は遅く，復旧・復興をスムーズに成し遂げるための仕組みもないことが問題とされた。

　こうして，平成24年7月の防災対策推進検討会議の最終報告では，大規模災害からの速やかな復興のため，発災後その都度特別立法を措置するのではなく，復興の基本的な方針の策定，関係行政機関による施策の総合調整等を行う復興本部の設置等を可能とする復興の枠組みをあらかじめ法的に用意すべきであると提言している[1]。

被災者生活再建支援法に基づく支援金の支給にしても，市町村，都道府県と財団法人都道府県会館の三層構造で審査事務が行われている。その結果，支援金支給まで最も早い市町で平均39日，最も遅い市町で平均110日も要することになってしまっている[2]。よって，緊急を要する被災者の立場にたって制度を見直すべきである。

しかも，米国の災害税制は大統領の大規模災害宣言と連動しているが，我が国の国税庁は中央防災会議のメンバーでないため，災害法令と災害税制との不整合が生じている。したがって，激甚災害が発生したときに阪神淡路大震災や東日本大震災での特別措置法や災害通達が設けられるという関連はない。また，災害通達では市町村の発行する罹災証明書の被害認定基準と一致せず，雑損控除等の申告に罹災証明書が利用できないという不便も抱えている。

その結果，阪神淡路大震災では罹災証明書に基づく被災者の申告を認めず，国税当局は1万人以上に修正申告の提出と還付金の返還を求めるなどの問題が生じた。さらに，東日本大震災では被災者が受領した被災者生活再建支援金は課税されないのに課税対象として被災者を申告指導したため[3]，12万件もの申告書を見直して税金還付するなどといった状況が生じた[4]。税制とのミスマッチで迷惑を被るのは被災者であり，税制を含めた整合性を図るべきである。

総じて，大規模災害時には，初動対応の遅れや行政機関の連携不足は致命的となるから，一元的組織の設置により危機管理体制を整えておくことが急務といえる。また，近年の大規模災害では，民間支援団体も大きな役割を果たしているので，関係行政機関と民間支援団体とが連携し，一つの組織として効果的・効率的に行動しうる体制を整えるとともに，災害税制についても連動した制度とすることが急務といえる。

1-2-2　大規模災害における税制の在り方

日米の雑損控除を比較すると，昭和25年の雑損控除制度の創設当時は，大差のない制度で，一般災害であろうと大規模災害であろうと，所得控除額の計算方法は同じであった。その後，米国の災害税制は，一般的な災害の災害損失制度，大規模な災害での特例，そして通常では想定できない甚大な大規模災害で

の特別措置法という三段階の制度へと拡大され，被害の状況に応じた特例が設けられている。

　従前は，災害支援の中心は州地方政府とされていたから，連邦政府は災害支援には消極的であったが，2001年9月11日の同時多発テロと2005年8月末にメキシコ湾岸地域を襲い米国災害史上最大の被害をもたらしたハリケーン・カトリーナ以後，連邦政府は国家的災害や危機に積極的に関与する姿勢に転じた。こうして，税制による支援制度も見直され，現在では充実した制度となっている。

　例えば，大規模災害時の特例では，被災者救済とともに民間投資を活用した住宅や商業施設の建設など，地域経済の再生を支援するきめ細やかな税制が設けられている。また，雇用の回復こそが生活再建の近道との考えがあり，雇用関連の優遇税制も充実している。それは被害地域へ住民が戻らないと復興は進まず，それが更に住民の帰還を遅らせるという，被災の悪循環が形成されてしまうと被災者支援の終わりは見えなくなり，次第に被災者は被災地に戻ることを諦めてしまうからである。そのため，労働者自身への給付付き税額控除である勤労所得税額控除や児童税額控除による就労の促進，事業主への雇用機会税額控除や雇用継続税額控除が拡充され，被災者の雇用拡大に効果を上げている。さらに，NPOやボランティアなど被災地域で活動する支援者に対する寄附金税制なども充実しており，我が国でも参考とすべき制度である。

　大災害といえども限られた財源の中で災害支援を行う以上，無制限な支援はできない。したがって，大規模災害では民間投資や民間の協力を呼び込むシステムが必要で，米国では税制が活用されている訳である。

　たしかに，災害対応において行政の責任は大きいが，行政による対応には限界がある。現実には，住民，企業やボランティア等の民間各団体の支援は不可欠で，ボランティア活動の寄附金控除は，ボランティア不足が続く被災地での参加者増加に効果が期待できる。限られた財源の中で，効果的な政策と災害税制を有機的に組み合わせることで相乗効果を発揮することができるように，我が国でも積極的に税制を活用するべきである。

1-2-3　災害損失の繰越しと繰戻しの在り方

　自然災害のリスクに限らず，事業活動，投資活動及び社会生活には様々なリスクが存在するが，そのリスクを当然発生するものとして捉えれば，税制の仕組みもリスクを前提としたものになるはずで，その損失を相殺することは当然である。

　税制上，災害損失を単年分のみの所得と相殺するか，災害の前後の年分も含めて考慮するかは災害リスクをどのように考えるかということでもある。また，その調整期間をどの程度にするかは災害の規模による損失額の大小も考慮する必要がある。

　シャウプ勧告は，損失の繰戻し及び繰越しを長期間認めることは，所得税の単年課税の欠点を是正し，税の公平に寄与するとともに，納税者が正直な帳簿を行うことの大きな誘因となり，損失が十分に埋め合わされることが外国，国内を問わず日本への投資を促進させることになると述べ，損失は2年間の繰戻しと無期限の繰越しを勧告した[5]。しかし，現行の所得税法では，損失の前年分への繰戻しは認められていない。また，損失の繰越しは3年間だけで，東日本大震災のような大災害時でさえ，震災特例法で3年間を5年間に延長したにすぎない。

　もう少し詳しくみると，所得税法は災害損失を前年分に繰戻すことを認めていないが，青色申告者が事業の全部譲渡又は廃止その他事業の全部の相当期間の休止，重要部分の譲渡をしたことによって純損失を繰越すことができないときには，純損失を前年分及び前前年分の2年間に繰戻しすることを認めている（所得税法第140条）[6]。

　課税当局は，帳簿書類の保存期間や国税当局の事務負担という面から，災害損失の繰戻しや繰越期間の延長を認めていないが，これでは，災害によって事業を廃業した者は救済され，被災地で事業を継続しようとする被災者は救済されないという被災者間に大きな不公平を生むことになっている。それは，現行の規定が阪神淡路大震災や東日本大震災といった数年間で損失を相殺することができないような大災害を想定していないからともいえる。

他方で，法人税法においては，災害損失であっても繰戻還付が1年間認められ，災害損失での繰越しは白色申告であっても9年間認められている。したがって，所得税は災害損失を十分に救済してはおらず，所得税と法人税でも均衡がとれていない。

　米国では，通常の災害損失であっても2年間の繰戻しと20年間の繰越しをすることができる。さらに，大統領によって大規模災害宣言された地域内で被災した災害では，3年間の繰戻し還付が認められ，甚大な大規模災害時には5年間の繰戻し還付が認められている（2005年メキシコ湾岸特区法）。

　突然の大規模災害に遭遇し，財政的に窮地に立たされた被災者の実情からすれば，損失を将来に繰越して将来の税額を圧縮することよりも，まずは当面の生活資金や運転資金が必要である。そのため過年度納付した税額の還付によって緊急に必要な資金を確保させることで，家計破綻や事業倒産を回避させるという社会政策的な機能を重視するべきである。したがって，まずは被災者に過去の納付税額を即時還付することを優先し，その後に損失を繰越すべきで，被災者救済と所得税の担税力の回復までの公平な機会を与えるため，長期間の繰戻還付と繰越損失を認めるべきである。また，大規模災害においては，事業を再開しても事業所得が黒字となり，災害損失との損失が完了するまでは長期間を要すると見込まれるから，事業所得等の損失についても，長期間の損失の繰戻しと繰越しを認めるべきである。

2．災害税制の再編成

　我が国の災害税制は，これまでの経験や教訓から改正されてきてはいるが，二重の災害税制や災害通達の整理，税制と保険金や補助金等との位置づけをどのようにすべきかなどの問題があり，なお見直すべき課題も残されている。

2-1　災害減免法と雑損控除の統合

　我が国の災害税制は，災害減免法と雑損控除の二重の制度となっているが，

それぞれの災害の対象や減免税額は異なっており，ひとつの制度に統合すべきである。

まず，雑損控除は所得控除方式で，災害減免法は税額控除方式であるという違いがある。それぞれにメリット・デメリットはあるが，税額控除方式は各所得階層を通じて同一税額が控除され，税率の引き下げが行われても従来どおりの減免額が得られるから，一般的には公平の点では税額控除方式の方が優ると指摘されている[7]。

しかし，次のような問題点もある。例えば，寄附金控除は当初税額控除方式であったが，寄附金額の多寡ほどに税額控除額に大差がなかったことが寄附者の心理に適合せず，寄附の意思もそがれると批判され[8]，寄附の奨励という面から昭和42年に所得控除に変更され，現在は所得控除と税額控除の併用・選択の制度とされている。

さらに，災害減免法は住宅や家財の損害が時価の半分以上であれば，所得金額に応じて25%，50%又は100%という3段階のみの大雑把な仕組みとなっている。これに対して，雑損控除は災害損害額を時価基準で適正に査定し，その額を公正な所得金額から控除して所得税を算定するから，被災者の担税力の低下を正確に反映するという納税者の期待に応える制度であるということも考慮しなければならない。大雑把な制度は，行政側からみると事務処理が容易であるが，そのように並立する二つの制度の間に有利不利が内在するとなると，納税者は減免額が切り捨てられ，十分な救済を得ることができなかったと不満を持つことになる。

災害損失制度において税額控除と所得控除のいずれが望ましいかについては，昭和39年の税制調査会でも問題になった。その際には，災害減免法を所得税法に吸収して税額控除として規定することが検討されたが結論はでていない[9]。むしろ寄附金控除のように所得控除又は税額控除を選択させるという方法もあり，別々の法令で減免税額を規定し，バランスを欠いた災害税制が複数あるよりも，同一税法の中で選択させる方が問題は少ないといえる。

2-2　災害通達と災害税制の統一

　米国会計検査院は，災害損失控除には適用上の問題が多く，災害損失控除を執行する行政上の困難も大きくなっていると議会報告している。しかし，類似する制度を持つ我が国では，大災害時の数十万件単位の申告においても，トラブルや訴訟事件は少ない。その理由は，大災害時に，多数の被災者の申告時の混乱を避け，被災者の便宜を図るために，国税当局が災害通達を公表しているからである。

　災害通達は，昭和34年の伊勢湾台風以降，大災害の都度，国税当局が独自に設けているもので，その簡易計算の各計数の根拠も説明されていない。しかし，その内容は，課税当局と被災者とのトラブルや訴訟の発生を防止し，課税庁及び納税者双方の負担とコストを軽減することを目的としているため，効率的で公平な処理には貢献しているといえる。

　通達は，国税庁長官や国税局長から税務職員に対する命令であり，行政組織の内部では拘束力をもつが，国民に対して拘束力をもつ法規ではなく，あくまで災害損失制度の範囲内で運用されるものである。通達によって減免税額を増加させたり，救済の範囲を拡大したりすることはできないのであるが，実際には，図表7-1のとおり，所得税の本則規定の例外として，被災者にとって有利な特例が数多く設けられている。

　個々の災害通達は，各章で検討したように妥当なものと認められる。しかしながら，大災害の都度，災害通達を公表しなければならないということは，所得税の本則的な規定だけでは，大規模災害に十分対応できないことを意味しており，現行の災害税制には不備があるといえる。さらに，我が国では大災害は毎年のように発生しているのに，通達はどのような災害のときに公表され，どのような基準になるのか全く予測できず，通達の公表された災害の被災者だけは有利な申告を行うことができ，通達の公表されなかった災害時の被災者は不利な取扱いを受けることにもなる。

　実際，東日本大震災では，地震や津波によって農地や農業施設も大きな被害を受けたが，大災害時に設けられてきた農業所得の災害通達は公表されなかっ

図表7-1　所得税の原則と通達による取扱いの相違点

区分	項目	所得税の原則	災害通達による取扱い
雑損控除	家財の災害損失額	災害損失（時価）を個々に計算する。取得価額から減価償却費を控除する。	世帯主の年齢や家族構成に応じて計算できる。再取得価格を時価とすることができる。
	住宅の災害損失額	個々に損失額を算定する。	簡便法で計算できる。
	被害割合と被害損失額	自分自身で調査し算出する。	被害割合表で簡易に算出できる。
	被害事実の証明	損害を自分自身で証明する。	罹災証明等を基礎に被害率表で計算できる。
	原状回復費用	損害を自分自身で計算する。	簡便法で計算できる。
山林災害	被災部分の判定	林分ごとに判定する。	立木ごとに判定できる。
	被災山林の災害損失額	林分ごとに取得原価を積上げる。	標準取得原価表で簡易に算出できる。実額より有利な金額で設定されている。
	被災山林の時価額	時価額は自分自身で立証する。	森林国営保険の評価額を採用できる。
	被害事実の証明	被災額は自分自身で立証する。	森林組合に証明を依頼することができる。
事業所得	被害割合と被害損失額	自分自身で調査し算出する。	被害割合表で簡易に算出できる。
	修繕費用等	修繕費用は支出年分の費用とする。	災害損失特別勘定繰入額は、繰入時の経費にできる。
農業所得	被害割合と被害損失額	自分自身で調査し算出する。	被害割合表で簡易に算出できる。

出所：各通達から筆者作成。

た。したがって，被災者は損害額を個々に証明しなければならず，大きな負担となった。

　現行の所得税法の適用において災害通達が必要であれば，所得税法を改正してどのような災害被災者であろうと適用できるようにすべきである。その上で，一般災害時と大規模災害時の取扱いは区分し，大災害時の救済規定として法制化し，本則規定との選択制とすべきである。

2-3　災害税制と補助金及び保険制度等との関係

　災害税制にどこまでの機能を持たせるべきかについては，災害税制を充実させて，災害に対する国民災害保険としての機能を付与することも考えられる。

だが，租税の減免による救済は税負担のある者にしか及ばないし，その大きさにも限界があるから，税制，補助金や保険制度などを組み合わせて効果を高める方がより適切であろう。

したがって，個人財産には災害保険制度の加入を推進すべきで，税制上は損害保険料の全額を所得控除できるようにするという選択もある。だが，平成24年分の地震保険料控除額は約485億円（適用者数207万人）に対して[10]，平成24年度の地震保険の保険料総額は約1,830億円[11]，平成24年度の損害保険料の保険料支払額（元受正味保険料）は年間約8兆円もある[12]。いずれも個人法人を含めた総額であるが，このような現状で災害全般を対象とした全額控除を認めると，所得税の税収は大幅に落ち込むから導入は困難であろう。

また，地震保険については，火災保険に付帯する方式での契約となっており，その保険金額は火災保険の保険金額の30％から50％の範囲内とされている。また，1回の地震等における損害保険会社全社の支払保険金総額は6兆2,000億円（平成25年6月現在）までという限度があるから，保険制度ですべての損失に対応することもできない。

そうすると，災害に対しては，保険制度や災害税制とともに生活再建支援制度などを組み合わせて備えるべきこととなる。例えば，現在の被災者生活再建支援制度は，全壊か大規模半壊の被災者には一律の支援金を支給することとして年収要件が撤廃され，早期支給によって緊急を要する当面の救済支援として改善された。けれども全壊住宅再建のための支援金は，基礎支援金と加算支援金を合わせても最高300万円に過ぎない。より多くの被災者に補助金等を配分し，より必要とする被災者に増額するためには，予算に限りがあるから，災害保険の加入率を高めるとともに，所得金額に応じた支給基準を設定しなければならない。

米国では，2005年ハリケーン・カトリーナ被害において，洪水保険未加入者への住宅再建支援は30％減額されており[13]，自助努力が可能であった保険未加入者には自己責任とすることでリスクへの備えを奨励し，保険加入者には満額の住宅再建支援を提供するという優遇策も同時に行って，損害保険の加入率を

高めている。

　また，2001年9月11日のテロ被害者には，1万ドルの税金が納付済であるとみなして，被災者の本来の納税額を超える差額を給付（還付）することで，被災者の所得に応じた公平な救済を行うとともに，被災者にとっても重複する申告・申請事務の手間を省くことができている。

　現在は，災害税制，保険制度や生活再建支援制度などは切り離されているが，保険加入などの自助努力を求めるとともに，保険加入者には補助金や融資などでのメリットを付与し，補助金などの支給には給付付き税額控除に近い制度を導入することで，補助金，義援金又は税の減免などの制度を統合し，複数の申請窓口も統一することで，被災者に早期の救済を行うことができる。

3. 災害税制の今後の在り方

　現在の災害税制は，大規模災害後に創設されているが，今後は，事前に準備し，災害予防，災害時の被災者救済そして被災地復興までを一体のものとして整備し，災害関連法令と関連付けるべきである。

3-1　大規模災害税制の整備

　東日本大震災の震災特例法は，阪神淡路大震災の旧震災特例法と同様の特例を多く含むが，その法律の制定は大幅に遅れ，その間，被災者は税金の還付を求めることができず，復興のための行動を起こすこともできなかった。

　少し時代を遡ってみると，災害の都度，特別の法律を制定することは手続きが煩雑であるのみならず，事後に法律を制定していては災害発生直後に必要な調査を行うこともできず，その法律の適用は往々にして事実に適合しない不公平なこともあるとして，明治34年4月には水害地方田畑地租免除ニ関スル法律が制定された。さらに，関東大震災においては，迅速な災害税制の制定と対応ができなかった反省が旧災害減免法の創設に繋がったにもかかわらず，現代でも上述のような問題が生じているのである。

たしかに，被害状況が判明しないのに特別措置法を準備しておくことは難しい。けれども東日本大震災における震災特例法の第一弾の成立時には，震災による被害状況の全部は判明していなかった。したがって，阪神淡路大震災のときの特例のうち東日本大震災でも設けられた基本的な大規模災害の特例は，今後の大災害時でも盛り込まれるであろうから，大規模災害における基本的な税制として定めておくことは可能である。

東海地震，東南海地震や南海地震の発生も予想されているので，地震防災基本計画と連動した災害税制を設け，また，激甚災害等の指定があれば自動的に特例が即時適用できるよう災害対応の一体性を整えておくことは急務といえる。

3-2 災害予防から被災地復興までを含めた災害税制

阪神淡路大震災までは，政府は個人補償に応じない立場をとっており，大災害時に特別な災害税制も設けられていなかった。自然災害による損失は被災者自らの責任で対処するべきとされ，私有財産自己責任の原則の下では被災者の自立復興も自助努力によるべきものであるという方針がとられていたのである。

個人に対する支援は，財産喪失への補償は持てる者のみへの優遇であるし[14]，十分な減税措置があることが損害保険の加入という自助努力をも阻害するから[15]，それまで政府が支援に消極的であったことも一理ある。しかしながら，大災害時の被害の状況はそのような域を超えており，現在の災害税制は，従前とはその目的が異なってきている。

すなわち，阪神淡路大震災における特別措置法の第1条は「被災者等の負担の軽減を図る等のため」に創設したとあるが，東日本大震災の震災特例法は，その創設理由に「被災者等の負担の軽減及び東日本大震災からの復興に向けた取組の推進を図るため」と災害税制の目的に「復興」を含んでいる。

実際，東日本大震災では，被災者等を雇用した場合の税額控除，新たに取得した事業用機械の即時償却や税額控除，事業用の建物等の割増償却や税額控除，

被災者向けの優良賃貸住宅建設の割増償却や税額控除，開発研究用資産の特別償却や地域貢献会社への出資に係る所得控除などが創設され，その活用により早期の復興が期待されている。これは，米国の2005年ハリケーン・カトリーナ緊急減税法が「被災者に非常時の減税を提供するため」に創設されたのに対し，2005年メキシコ湾岸特区法では「災害からの復興を支援するため」の税制上の優遇措置という位置づけに変化したこととも共通している[16]。災害税制は，被災者救済だけではなく被災地復興まで幅広く活用する方向に変化しているのである。

現在，行政機関や事業者は，大災害に備えて事業継続計画（Business Continuity Planning：BCP）を作成し，災害が発生したとしても，迅速かつ的確な応急対策を講じて業務を継続し，短期間で平常業務へ復帰する体制を構築している。これらの検討では，最悪の事態も想定するのであるが，大災害時の税制が事前に示されておれば，災害後の対応も災害税制を活用し，資金面のコストも軽減されるから，事業継続計画はより事業継続を意識した具体的なものになるであろう。

現在の雑損控除は，災害後の損失だけではなく，被害が発生する前の防災費用も広くその対象に認める方向にあり，災害税制は，災害後の救済だけではなく，リスク回避のための行動を支援することも重要である。

例えば，被害を回避するため，防災費用の控除，事前に安全性の高い場所への移転を促進するための特例を設けておくことや事業継続計画（BCP）に基づき増加する負担を軽減するための税制など，防災事業を支援していくことが災害への備えを促進し，目に見える行動を起こさせることにもつながる。

結論として重要なことは，災害対応を一元化し，災害税制は大規模災害の関連法令に組み込んで整えておくことである。災害関連法に災害税制を含めて調整し強化すれば大きな効果を生み出すことも可能になる。しかし，未調整のままでは効果は上がらず，あるいは逆効果となるだろう。一体として整備することで大規模災害に対する事前対策も検討することができ，災害税制もその期待に応えることができる。

災害税制は，災害後の実情に応じて制定すべきとか，事前に各種特例を考案しておき個々の災害に応じて議会に検討材料として提供すべきとの意見もあるが[17]，災害税制は「将来の災害に備える」「被災者を救済・支援する」「災害後の復興を支援する」という役割を一体として果たせるよう平常時から整備し，身近なものとしておくことが不可欠なのである。

(終章/Endnotes)

[1] 中央防災会議（2012），37頁。

[2] 被災者（申請者）は，申請書類を市町村に提出し，市町村は関係書類を審査し都道府県に送付する。都道府県は関係書類を審査し，支給事務を委託している都道府県会館に送付する。都道府県会館は，関係書類を審査の上，支給金額を決定し，申請者の預金口座に支援金を振り込む。総務省行政評価局（2013），14頁。

[3] 被災者生活再建支援法第21条（公課の禁止）。
租税その他の公課は，支援金として支給を受けた金銭を標準として，課することができない。

[4] 仙台国税局（2013）『東日本大震災への対応（平成23・24事務年度の記録）』，32頁
〈http://www.nta.go.jp/sendai/topics/shinsai/pdf/all.pdf〉。

[5] 福田幸弘（1985），162～164頁。

[6] 昭和40年の税制改正により，青色申告者の事業廃止等に伴う純損失の繰戻しは1年分から2年分に延長された。

[7] 植松守雄主編（1975），49～50頁。

[8] 武田昌輔監修（2013），4786頁。

[9] 税制調査会（1964），5頁。

[10] 国税庁「申告所得税標本調査結果〔平成24年分〕」
〈http://www.nta.go.jp/kohyo/tokei/kokuzeicho/tokei.htm〉。

[11] 日本地震再保険株式会社（2013）「平成24年度 決算公告」
〈http://www.nihonjishin.co.jp/publicnotice/index.html〉。

[12] 日本損害保険協会（2013）「保険種別データ〔2012年度〕」
〈http://www.sonpo.or.jp/archive/statistics/syumoku/〉。

[13] 牧 紀男（2006），9頁。

[14] 阿部泰隆（1995）「大震災被災者への個人補償 政策法学からの吟味」『ジュリスト』第1070号，135～142頁。

[15] Comptroller General of the United States (1979), p. 62.

[16] Lunder, E. et al. (2006), p. 1.

[17] Aprill, Ellen P & Schmalbeck, Richard L. (2006), pp. 98-100.

【参考文献】

〈和文文献〉

青山公三（2009）「米国における災害対応・復興の法システム」『法律時報』第1012号。

阿部泰隆（1995）「大震災被災者への個人補償 政策法学からの吟味」『ジュリスト』第1070号。

石森宏宣（1983）「生活用動産の所得・損失と所得税の取扱い」『国税速報』第3554号。

磯部喜久男（1998）「創設所得税法概説－明治20年の所得税法誕生物語」『税務大学校論叢』第30号。

井手文雄（1959）『要説近代日本税制史』創造社。

伊藤公哉（2009）『米国連邦税法』中央経済社。

伊藤弘之ほか（2010）「ハリケーン・カトリーナ災害を契機とした米国の危機管理体制の改編に関する調査」『国土技術政策総合研究所資料』第598号。

伊藤元夫監修（1981）『資産税質疑応答集』新日本法規出版。

井上一郎（1996）「シャウプ税制使節団への要望・意見等の提出文書－農業所得課税関係資料を中心として－」『税務大学校論叢』第27号。

井上一郎編（2004）『シャウプの第二次日本税制勧告』霞出版社。

井樋三枝子（2012）「米国の連邦における災害対策法制」『外国の立法』第251号。

植月献二，廣瀬淳子（2012）「合衆国法典第42編第68章 災害救助（スタフォード法）（抄）」『外国の立法』第251号。

上前　剛（2011）「雑損控除と災害減免法の選択判断」『税理』第54巻第7号。

植松守雄主編（1975）「注解所得税法」『会計ジャーナル』1975年11月号。

植松守雄（1978）「所得税法における『必要経費』と『家事費』」『一橋論叢』第80巻第5号。

牛米　努（2007）「明治20年所得税法導入の歴史的考察」『税務大学校論叢』第56号。

牛米　努（2010）「所得調査委員会の研究－個人所得税の賦課課税－」『税務大学校論叢』第65号。

内田清四郎（1887）『所得税法・施行細則註解 傍訓』吉川伊助編。

エーオン（AON Benfield）（2013）『気候と自然災害レポート〔2012年版〕』〈http://www.aon.com/japan/〉。

大隈侯八十五年史編纂会（1926）『大隈侯八十五年史　第1巻』大隈侯八十五年史編纂会。

大蔵省主税局（1962）『税制調査会における資産損失及び借地権に関する税制整備の審議経過』大蔵省主税局。

大蔵省主税局（1975）『昭和50年度税制改正検討資料集（所得税関係）』大蔵省主税局。

大蔵省主税局（1988）『所得税百年史』大蔵省主税局。

大蔵省編纂（1937）『明治大正財政史　第4巻』財政経済学会。

大蔵省編纂（1956）『明治大正財政史　第3巻』経済往来社。

大蔵省編纂（1957）『明治大正財政史　第6巻』経済往来社。

大蔵省昭和財政史室編（1977a）『昭和財政史　第7巻』東洋経済新報社。

大蔵省昭和財政史室編（1977b）『昭和財政史－終戦から講話まで　第8巻』東洋経済新報社。

大蔵財務協会（1965）『改正税法のすべて〔昭和40年度版〕』大蔵財務協会。

大蔵財務協会（1981）『改正税法のすべて〔昭和56年度版〕』大蔵財務協会。

大阪市（1934）『明治大正大阪市史　第4巻』日本評論社。

大野栄一郎（1983）『シャウプ勧告と我が国の税制』日本租税研究協会。

大村　巍（1973）「最近の税制改正の推移草稿－昭和35年度・36年度」『税務大学校論叢』第7号。

大村　巍（1979）「所得調査委員会制度沿革概要」『税務大学校論叢』第13号。

大山孝夫（1962）「雑損控除の計算」『税経通信』第17巻第8号。

岡崎　徹（1999）『立木評価の手引き』岡山県農林水産部林政課岡山県林業試験場。

岡村光章（2012）「米国連邦緊急事態管理庁（FEMA）と我が国防災体制との比較論」『レファレンス』平成24年5月号。

小川正雄（1985）「米国連邦個人所得税における事故災害損失控除の研究」『龍谷法学』第17巻第4号。

小野武夫（1948）『地租改正史論』大八洲出版。

小野塚久枝（2004）『現代租税論』税務経理協会。

【参考文献】

柿谷昭男（1965）「所得税法の全文改正について」『税経通信』第20巻第7号。
勝　正憲（1920）「改正所得税法早わかり」『実業之日本』第23巻第17号。
勝　正憲（1930）『所得税の話』千倉書房。
勝　正憲（1938）『日本税制改革史』千倉書房。
勝　正憲（1940）『所得税及び法人税』千倉書房。
金子　宏（2013）『租税法〔第18版〕』弘文堂。
環境省（2013）「東日本大震災への対応－被災ペット対策の状況」
　〈http://www.env.go.jp/jishin/pet.html〉。
神田文人（1989）『占領と民主主義』小学館。
北場　勉（2012）「国民国家の形成と救済－恤救規則の制定に焦点をあてて」『日本社会事業大学研究紀要』第58巻。
近畿税理士会（1997）『震災・その轍－被災地からの報告－』近畿税理士会。
栗村哲象（1990）「森林評価理論の体系整備とその適用可能性の向上に関する研究」『鳥取大学農学部演習林研究報告』第20巻。
経済雑誌社編（1897）『国史大系　第1巻』経済雑誌社。
経済雑誌社編（1901）『国史大系　第2巻』経済雑誌社。
国税庁（2013a）『暮らしの税情報〔平成25年度版〕』国税庁。
国税庁（2013b）「森林の立木の標準価額表」『平成25年分財産評価基準書』
　〈http://www.rosenka.nta.go.jp/main_h25/osaka/nara/others/g520200.htm〉。
国税庁（2015）「平成26年分の所得税及び復興特別所得税，消費税並びに贈与税の確定申告状況等について」
　〈http://www.nta.go.jp/kohyo/press/press/2014/kakusihin_jokyo/index.htm〉。
国税庁税務大学校研究部編（1988）『租税資料叢書第4巻　明治前期所得税法令類集』国税庁税務大学校研究部。
国連国際防災戦略UNISDR兵庫事務所（2009）『国連世界防災白書2009－気候変動における災害リスクと貧困』UNISDR兵庫事務所。
越村俊一（2005）「過去の災害に学ぶ（第4回）1896年明治三陸地震津波」『広報ぼうさい』第28号。
古代中世地震史料研究会（2013）「［古代・中世］地震・噴火史料データベース〈β版〉」

〈http://sakuya.ed.shizuoka.ac.jp/erice/db/〉。

小林惟司（1983）「明治初期における保険思想の一源流－備荒儲蓄法の制定をめぐって」『生命保険文化研究所所報』第65号。

小林　繁（1962）「災害を受けた場合の所得税の軽減免税」『税経通信』第17巻第9号。

近藤民代，永松伸吾（2007）「米国の地方政府におけるIncident Command Systemの適用実態－ハリケーン・カトリーナ災害に着目して－」『地域安全学会論文集』第9号。

近藤義質（1969）『お米の明治百年史』全国食糧事業協同組合連合会。

後藤　昇ほか（2009）『所得税基本通達逐条解説』大蔵税務協会。

斎須朋之ほか（2011）『改正税法のすべて〔平成23年版〕』大蔵財務協会。

坂本成範（2006）「欧米主要国における最近の税制改正の動向」『財政金融統計月報』第648号。

桜井史郎（1955）「山林所得計算上の概算経費控除」『税経通信』第10巻第3号。

佐藤敏充編（1997）『激震・神戸・あれから2年－被災地税理士たちの行動と記録－』近畿税理士会神戸支部。

佐藤英明（1995）「地震による被害と所得税」『税務事例研究』第27号。

佐藤英明（2001）「雑損控除制度－その性格づけ」『所得税における損失の研究』日税研論集第47号。

塩崎　潤（1957）「改正税法総解」『財政』臨時増刊号。

資産評価システム研究センター（2011）『土地に関する調査研究-東日本大震災被災地の土地評価に用いる震災減価率及び個別補正率に関する研究』資産評価システム研究センター。

時事新報社（1923）『震火災減免税便覧』時事新報社。

篠原二三夫（2011）「民間資本による災害復興等における住宅供給手法の検討～米国アフォーダブル賃貸住宅税額控除制度（LIHTC）の可能性を追う」『ニッセイ基礎研REPORT』2011年12月号。

柴崎隆一（2011）「米国ハリケーン・カトリーナ災害における復旧・復興プロセスとわが国への示唆」『国土技術政策総合研究所資料』第650号。

下山憲治（2009）「災害・リスク対策法制の歴史的展開と今日的課題（特集 災害・

【参考文献】

リスク対策の法的課題)」『法律時報』第81巻第9号.

自由法曹団(2011)『災害への保障は政府の責任－いますぐ被災者への直接助成を』自由法曹団

〈http://www.jlaf.jp/menu/pdf/2011/110418_04.pdf〉.

所得税実務研究会(2013)『ケーススタディ所得税実務の手引』新日本法規出版.

進藤直義(2009)「米国2008年緊急経済安定化法」『税務弘報』第57巻第2号.

税制調査会(1961)『昭和36年12月 税制調査会答申及びその審議の内容と経過の説明』税制調査会.

税制調査会(1963)『昭和38年12月 所得税法及び法人税法の整備に関する答申』税制調査会.

税制調査会(1964)『昭和39年3月税制調査会関係資料集－税法整備小委員会資料』税制調査会.

税制調査会(1966)『長期税制のあり方についての中間報告』税制調査会.

税制調査会(1971)『昭和46年8月長期税制のあり方についての答申及びその審議の内容と経過の説明』税制調査会.

税制調査会(1981)『昭和56年3月税制調査会関係資料集』税制調査会.

全国社会福祉協議会(2013)「被災地支援・災害ボランティア情報」

〈http://www.saigaivc.com/ボランティア活動者数の推移/〉.

仙台国税局(2013)『東日本大震災への対応(平成23・24事務年度の記録)』

〈http://www.nta.go.jp/sendai/topics/shinsaitaio.pdf〉.

総務省行政評価局(2013)『申請手続に係る国民負担の軽減等に関する実態調査結果報告書(東日本大震災関連)』総務省行政評価局.

髙木文雄(1988)『林業税制への提言』清文社.

武田昌輔, 神谷修監修(1994)『DHC所得税法釈義』第一法規.

武田昌輔監修(2013)『DHCコンメンタール所得税法』第一法規.

武本宗重郎(1913)『改正所得税法釈義』同文館.

田中静夫(1932)『原始保険之史的研究』交通経済社出版部.

田中康男(2005)「所得控除の今日的意義－人的控除のあり方を中心として－」『税務大学校論叢』第48号.

谷 彌平衛(2008)『近世吉野林業史』思文閣出版.

中央防災会議（2007）「既往の大規模水害時の状況について（ハリケーン・カトリーナ災害における予防，復旧・復興期）」『平成19年1月29日第3回大規模水害対策に関する専門調査会資料』大規模水害対策に関する専門調査会。

中央防災会議（2011）「平成23年9月12日 災害対策法制のあり方に関する研究会（第1回）議事概要」大規模水害対策に関する専門調査会
〈http://www.bousai.go.jp/1info/saigaitaisaku/index.html〉。

中央防災会議（2012）『防災対策推進検討会議（最終報告）～ゆるぎない日本の再構築を目指して～』防災対策推進検討会議。

注解所得税法研究会編（2011）『注解所得税法』大蔵財務協会。

土屋恵司（2007a）「米国合衆国の連邦緊急事態庁FEMAの機構再編」『外国の立法』第232号。

土屋恵司（2007b）「全米緊急事態管理（2006年ポスト・カトリーナ緊急事態管理改革法による改正後の2002年国土安全保障法第Ⅴ編）」『外国の立法』第232号。

東京府（1877）『東京府史行政編第三巻』東京府。

内閣府（2007）『災害に係る住家の被害認定講習テキスト』
〈http://wwwcms.pref.fukushima.jp〉。

内閣府（2012）『阪神・淡路大震災教訓情報資料集』内閣府阪神・淡路大震災教訓情報資料集担当。

内務省地方局（1913）『民政史稿賑恤救済篇内務省地方局蔵版』内務省地方局。

永長正士ほか（1995）『改正税法のすべて〔平成7年版〕』大蔵財務協会。

中田信正（2002）「日本型連結納税制度のあり方」『税務弘報』第50巻第2号。

中村　太，小栁順一（2003）「自衛隊と災害NPOのパートナーシップ－アメリカの災害救援をてがかりに－」『防衛研究所紀要』第5巻第3号。

鍋島成善（1887）『実用手続日本所得税法註釈』発行者須原鉄二。

奈良武衛（1948）「災害被害者に対する租税の減免・徴収猶予等に関する法律解説」『税経通信』第3巻第2号。

西脇　晋（1923）『震災被害者租税ノ減免』西脇晋法律事務所。

二ノ宮英敏編（1999）『所得税実務問答集』納税協会連合会。

日本学生支援機構（2010）『アメリカにおける奨学制度に関する調査報告書』日本学生支援機構。

日本地震再保険株式会社（2013）「平成24年度 決算公告」
　〈http://www.nihonjishin.co.jp/publicnotice/index.html〉．
林　健久（1965）『日本における租税国家の成立』東京大学出版社．
林　敏彦（2007）「米国同時多発テロと犠牲者補償基金」『安全安心社会研究所ワーキングペーパー』安心安全社会研究所
　〈http://www.hemri21.jp/kenkyusyo/seika/anzen/wp/ISSS_wp2007002j.pdf〉．
林　春男ほか（2006）「ハリケーン『カトリーナ』による広域災害に対する社会対応」『京都大学防災研究所年報』第49号A．
兵庫県（2005）『生活復興調査－調査報告書〔平成17年度〕』兵庫県．
笛木俊一（1973）「明治初期救貧立法の構造－備荒儲蓄法研究その１」『早稲田法学会』第23巻．
福田幸弘（1985）『シャウプの税制勧告』霞出版社．
藤田良一（1979）「所得税法上の資産損失制度に関する一考察」『税務大学校論叢』第13号．
藤谷武史（2011）「アメリカにおける寄附文化と税制」『税研』第157号．
北陸税理士会（2010）『日税連公開研究討論会－損失関連税制の検討－税理士の視点から問題点を探る』日本税理士会．
堀口和哉（1997）「明治32年の所得税法改正の立法的沿革」『税務大学校論叢』第28号．
本多三朗（1989）「成長済の山林について生じた災害による損失の金額は，立木ごとに計算するべきであるとした事例（昭和61年３月31日裁決）」『税務大学校論叢』第19号．
牧　紀男（2006）『ハリケーン・カトリーナの災害対応に関する調査研究成果報告書』
　〈http://www.dprf.jp/toppatsu/maki.pdf〉．
松田　岳（2012）「米国のコミュニティ開発金融とその支援策」『Fuji business review』第４号．
水上　潤（2007）「兵庫県経済をみるためのいくつかのポイント」『ひょうご経済』第94号
　〈www.heri.or.jp/hyokei/hyokei94/94tyosa.htm〉．

水野忠恒（2009）『租税法』有斐閣。
三宅伸二（1998）「災害時における税制のあり方－災害減免法の意義と効果を巡って」『兵庫大学論集』第3巻。
村上芳夫（2006）「米国・緊急事態管理庁の組織再編とその影響」『先端社会研究』第5号。
明治財政史編纂会（1904）『明治財政史　第3巻』丸善。
明治財政史編纂会（1971）『明治財政史　第5巻』吉川弘文館。
明治財政史編纂会（1972）『明治財政史　第10巻』吉川弘文館。
森信茂樹（2008）『給付つき税額控除－日本型児童税額控除の提言』中央経済社。
八木寿明（2007）「被災者の生活再建支援をめぐる論議と立法の経緯」『レファレンス』第682号。
安井講三（1887）『所得税法解釈』正文堂。
山内　進（2008）「災害税務に関する日米比較:阪神・淡路大震災とロサンゼルス・ノースリッジ地震を比較して」『福岡大学商学論叢』第52巻第3・4号。
山田英二（2008）「諸外国における寄附の状況と税制の役割」
〈http://www.tax.metro.tokyo.jp/report/tzc20_4/05.pdf〉。
山本　洋, 織井喜義（1990）「創成期の所得税制叢考」『税務大学校論叢』第20号。
雪岡重喜（1955）『所得税・法人税制度史草稿』大蔵省主税局調査課。
林野庁（2011）『第2回森林保険制度に関する検討会〔資料8〕』森林保険制度に関する検討会
〈http://www.rinya.maff.go.jp/j/keikaku/hoken/pdf/shiryou8.pdf〉。
林野庁（2013）「森林・林業白書〔平成24年版〕」林野庁
〈http://www.rinya.maff.go.jp/j/kikaku/hakusyo/24hakusyo/index.html〉。
労働政策研究・研修機構（2004）「アメリカのNPOと雇用」
〈http://www.jil.go.jp/foreign/labor_system/2004_8/america_01.htm〉。
労働政策研究・研修機構（2011a）「米国の災害復興－2005年ハリケーン災害の雇用支援と被災者の就労状況追跡調査」『Business Labor Trend』2011年9月号。
労働政策研究・研修機構（2011b）「米国の災害復興支援はどのように行われたか－2005年ハリケーン等被害に対する雇用支援策を中心に」労働政策研究・研修機構

〈http://www.jil.go.jp/foreign/labor_system/2011_6/america_01.htm〉。
和田　恭（2011）「米国の災害対策におけるITの役割」情報処理推進機構
〈http://www.ipa.go.jp/about/NYreport/index_2011.html〉。

〈統計報告〉
大蔵省主税局『統計年報書（各年度）』大蔵省主税局。
鹿児島地方気象台「桜島の月別の爆発回数」
〈http://www.jma-net.go.jp/kagoshima/vol/data/skr_exp_num.html〉。
国税庁「国税庁統計年報書（各年度）」
〈http://www.nta.go.jp/kohyo/tokei/kokuzeicho/tokei.htm〉。
国税庁「申告所得税標本調査結果〔平成23年分〕」
〈http://www.nta.go.jp/kohyo/tokei/kokuzeicho/tokei.htm〉。
国土交通省総合政策局情報安全調査課建設統計室『建設統計年報〔平成22年度版〕平成21年度計・21年計』建設物価調査会。
震災発「震災基礎データ集」
〈http://www.shinsaihatsu.com/data/kasetsu.html〉。
日本損害保険協会「保険種目別データ（各年度）」
〈http://www.sonpo.or.jp/archive/statistics/syumoku/〉。
農林水産省「育林費調査報告（各年度）」
〈http://www.maff.go.jp/j/tokei/kouhyou/rinkei/〉。
農林水産省（2013）「平成25年農業構造動態調査」
〈http://www.maff.go.jp/j/tokei/kouhyou/noukou/〉。
復興庁「復興特区法に基づく課税の特例に係る指定の状況」
〈https://www.reconstruction.go.jp/topics/247.html〉。

〈欧文文献〉
Aprill, Ellen P & Schmalbeck, Richard L.(2006), "Post-Disaster Tax Legislation: A Series of Unfortunate Events" *Duke Law Journal*, 51.
Beck, Ulrich.(2002), *Das Schweigen der Wörter-Über Terror und Krieg*, Suhrkamp Verlag（邦訳，島村賢一訳『世界リスク社会論-テロ・戦争・自然

破壊』筑摩書房，2010年）．

Comptroller General of the United States (1979), *The Personal Casualty and Theft Loss Tax Deduction*: *Analysis and Proposals for Change*, United States Government Accountability Office.

Federal Emergency Management Agency (2010), *The Federal Emergency Management Agency*, The FEMA Publication 1.

Giddens, Anthony.(1999), *Runaway World*, Profile Books（邦訳，佐和隆光訳『暴走する世界』ダイヤモンド社，2001年）．

Goode, Richard.(1964), *The Individual Income Tax*, Brookings Institution（邦訳，塩崎　潤訳『個人所得税』日本租税研究協会，1966年）．

Government Accountability Office (2012), *Community Reinvestment Act: Challenges in Quantifying Its Effect on Low-Income Housing Tax Credit Investme* 〈http://www.gao.gov/products/GAO-12-869R〉.

House of Representatives (1954), *Internal Revenue Code of 1954*, House Report No. 1337
〈https://bulk.resource.org/gao.gov/83-591/00002F8C.pdf〉.

Internal Revenue Service (2006), *Publication 4492 (1/2006), Information for Taxpayers Affected by Hurricanes Katrina, Rita, and Wilma.*

Internal Revenue Service (2008a), *Publication 3920, Tax Relief for Victims of Terrorist Attacks.*

Internal Revenue Service (2008b), *Publication 547, Casualties, Disasters, and Thefts.*

Internal Revenue Service (2008c), *Publication 4492-A, Information for Taxpayers Affected by the May 4, 2007, Kansas Storms and Tornadoes.*

Internal Revenue Service (2012a), *Publication 547, Casualties, Disasters, and Thefts 2012 Returns.*

Internal Revenue Service (2012b), *Publication 970, Tax Benefits for Education.*

Internal Revenue Service (2013), "*Tax-Exempt Organizations and Nonexempt Charitable Trusts, Fiscal Years 2012*"

〈http://www.irs.gov/file_source/pub/irs-soi/12db25eo.xls〉.
Lindsay, B. R & McCarthy, F. X.(2006), "Considerations for a Catastrophic Declaration: Issues and Analysis" *CRS Report for Congress*.
Lindsay, B. R & Murray, J.(2010), "Disaster Relief Funding and Emergency Supplemental Appropriations" *CRS Report for Congress*.
Lunder, E.(2005), "Katrina Emergency Tax Relief Act of 2005" *CRS Report for Congress*.
Lunder, E. et al.(2006), "The Gulf Opportunity Zone Act of 2005" *CRS Report for Congress*.
Lunder, E. K., et al.(2012), "Tax Provisions to Assist with Disaster Recovery" *CRS Report for Congress*.
Salamon, L. M. (1992), *American's Nonprofit Sector*, The Foundation Center (邦訳, 入山　映訳『米国の「非営利セクター」入門』ダイヤモンド社, 1994年).
Senate Committee on Finance (1986), *Tax Reform Act of 1986*, Senate Finance Committee Report99-313.
Sherlock, M. F., et al.(2006), "Tax Issues and the Gulf of Mexico Oil Spill: Legal Analysis of Payments and Tax Relief Policy Options" *CRS Report for Congress*.
Teefy, J.(2006), "Permanent Tax Relief Provisions for Disaster Victims as Presented in the Internal Revenue Code" *CRS Report for Congress*.
Tolan, Jr. P. E.(2007), "The Flurry of Tax Law Changes Following the 2005 Hurricanes: A Strategy for More Predictable and Equitable Tax Treatment of Victims" *Brooklyn Law Review*, Vol. 72 (3).
United States General Accounting Office (1979), *The Personal Casualty and Theft Loss Tax Deduction: Analysis and Proposals for Change* 〈http://www.gao.gov/assets/130/128468.pdf〉.

■著者紹介

増山　裕一（ますやま　ゆういち）
滋賀大学准教授（租税法・行政法担当）
滋賀大学大学院経済学研究科博士後期課程修了
滋賀大学博士（経済学）
【主著】『勘定科目別法人税・所得税・消費税・相続税の取扱い』清文社，『税法の基本』（共著）実務出版，『わかりやすい所得税の確定申告』（共著）税務研究会出版局，他

災害税制の研究
～ 米国災害税制を含めて東日本大震災までを振り返る ～

平成28年2月25日 初版発行　　著　者　増山 裕一　©2016
　　　　　　　　　　　　　　発行者　池内 淳夫

発行所　実務出版株式会社
〒542-0012　大阪市中央区谷町9丁目2番27号　ファビオ谷九ビル6F
電話 06(4304)0320／FAX 06(4304)0321／振替 00920-4-139542
http://www.zitsumu.jp

＊落丁・乱丁本はお取り替えします。　　印刷製本　大村印刷㈱
ISBN978-4-906520-52-7 C3033